Inckemann / Micha / Sigel / Trautmann

Chancengerechtigkeit durch Schul- und Unterrichtsentwicklung an Grundschulen

Elke Inckemann
Marielle Micha
Richard Sigel
Thomas Trautmann
(Hrsg.)

Chancengerechtigkeit durch Schul- und Unterrichtsentwicklung an Grundschulen

Konzeptionelles, Konkretes und Anschauliches

Verlag Julius Klinkhardt
Bad Heilbrunn • 2019

Die Tagungen und die Publikation des Tagungsbandes wurden aus Mitteln der ZEIT-Stiftung Ebelin und Gerd Bucerius, der Dürr-Stiftung und der Jürgen Sengpiel Stiftung unterstützt.

Dieser Titel wurde in das Programm des Verlages mittels eines Peer-Review-Verfahrens aufgenommen. Für weitere Informationen siehe www.klinkhardt.de.

Bibliografische Information der Deutschen Nationalbibliothek
Die Deutsche Nationalbibliothek verzeichnet diese Publikation
in der Deutschen Nationalbibliografie; detaillierte bibliografische Daten
sind im Internet abrufbar über http://dnb.d-nb.de.

2019.h. © by Julius Klinkhardt.
Das Werk ist einschließlich aller seiner Teile urheberrechtlich geschützt.
Jede Verwertung außerhalb der engen Grenzen des Urheberrechtsgesetzes ist ohne Zustimmung des Verlages unzulässig und strafbar. Das gilt insbesondere für Vervielfältigungen, Übersetzungen, Mikroverfilmungen und die Einspeicherung und Verarbeitung in elektronischen Systemen.

Umschlagfoto: © FatCamera / iStockphoto.
Satz: Maren Gehrmann, Germering.

Druck und Bindung: AZ Druck und Datentechnik, Kempten.
Printed in Germany 2019.
Gedruckt auf chlorfrei gebleichtem alterungsbeständigem Papier.

ISBN 978-3-7815-2296-1

Inhaltsverzeichnis

Einführung

Elke Inckemann, Marielle Micha, Richard Sigel und Thomas Trautmann
Vorwort des Herausgeberteams 9

Beiträge
Ebene Schulentwicklung

Winfried Kneip und Ulrike Sommer
Chancengerechtigkeit durch Schul- und Unterrichtsentwicklung
an Grundschulen 17

Thomas Trautmann
Stärken stärken? Schwächen schwächen? Mentorielle Begleitung
von ViertklässlerInnen im Projekt WEICHENSTELLUNG 35

Marielle Micha
Das Projekt WEICHENSTELLUNG für Viertklässler als Plattform für
mehrperspektivische Einzelfallforschung – ein Beitrag zur Erkennung
problematischer Sozialisationsbedingungen 45

Elke Inckemann und Anna Lautenschlager
Chancen für Kinder mit Fluchthintergrund und neu zugewanderte Kinder
schaffen – Ergebnisse aus dem Projekt „Lernpaten unterstützen Klassen
mit Flüchtlingskindern (LUK!)" 59

Richard Sigel und Kristin Knoll
Gute Lesekonzepte müssen individuell sein – Die gestufte Bibliothek
an Grundschulen im Rahmen der Münchner Viellese-Konzeption 77

Katja Koch und Stefanie Schulz
Schulentwicklung in Netzwerken: Befunde aus dem Projekt DazNet 97

Carolin Rotter
Habitussensibilität qua Migrationshintergrund. Mehr Bildungsgerechtigkeit
durch Lehrkräfte mit Migrationshintergrund? 107

Jessica Lindner
Verbesserte Ausgangsbedingungen und erhöhte Bildungschancen durch sprachliche Frühförderung im Vorkurs Deutsch?! Eine vergleichende Fallanalyse zu Beginn und am Ende des letzten Kindergartenjahres 125

Ina Schenker
Nach unten durchgereicht oder nach oben sozialisiert? Zum professionellen Umgang mit Diversität von kindlichen Lebenslagen in Kindertageseinrichtungen 141

Nina Brück
Jahrgangsübergreifendes Lernen – Eine Möglichkeit zur Verbesserung der Chancengerechtigkeit in der Grundschule? 161

Ebene Unterrichtsentwicklung
Richard Sigel und Kristin Knoll
Individuelle Förderung bildungsbenachteiligter Kinder durch eine verlässliche, adaptive und teildigitalisierte Unterrichtsarchitektur 173

Julia Gerick und Knut Schwippert
Die Bedeutung digitaler Medien für die Bildungsbeteiligungen von Grundschüler*innen – Theoretische Bezüge, empirische Befunde und zukünftige Forschungsperspektiven 195

Katrin Liebers, Ralf Junger und Eric Kanold
Digitale Lernstandsanalysen am Schulanfang – Ein Beitrag zu mehr Chancengerechtigkeit für benachteiligte Kinder? 213

Uta Hauck-Thum
„Starke Geschichten – starke Kinder" Resilienzförderung für Schulanfänger in Deutschklassen 227

Mohcine Ait Ramdan und Verena Beschinsky
Entwicklung der makrostrukturellen Erzählkompetenzen von neuzugewanderten Kindern – Impulse für die Lernausgangsdiagnostik 241

Birgit Grasy
Das Projekt der Inklusionsdidaktischen UNI-Klasse – ein Beitrag der Lehrerbildung für chancengerechteres Unterrichtshandeln 255

Autorinnen und Autoren 267

Einführung

Elke Inckemann, Marielle Micha, Richard Sigel und Thomas Trautmann

Vorwort des Herausgeberteams

Der Band zu den gleichnamigen Dialog-Tagungen
am 20. März 2019 an der LMU München
am 28. März an der UHH Hamburg

Ob Ost oder West, Nord oder Süd – wohin man in Deutschland (und anderswo) auch schaut – die Diskussion über Chancengerechtigkeit in und um Bildung reißt nicht ab. Der Blick richtet sich im deutschsprachigen Raum auf herkunftsspezifische, geschlechtsspezifische und migrationsbedingte Bildungsungleichheit (vgl. Inckemann & Sigel 2016). Dabei reicht der Diskursbogen von der Schaffung guter Voraussetzungen für die Bildung aller bis zur Infragestellung gesellschaftlicher und institutioneller Rahmenbedingungen (vgl. OECD 2014; Stojanov 2011, BIM/SVR-Forschungsbereich 2017; BMBF 2015). Eines scheint in diesem Zusammenhang sicher – das bloße Herumdoktern an Strukturen greift zu kurz. Im „Rahmenprogramm empirische Bildungsforschung" (BMBF 2018) wird „Bildungsgerechtigkeit verbessern" als eines von vier zentralen Handlungsfeldern der Forschungsförderung genannt.

Die Inhalte dieses Bandes gehen darum tiefer und – ähnlich wie der Anlass des Buches – weit über eine bestimmte (Himmels-)Richtung hinaus. Forscherinnen und Lehrerbildner[1] der Ludwig-Maximilians-Universität München und der Universität Hamburg traten in einen gemeinsamen Dialog über ihre gegenwärtigen Projekte ein, die in ihrem jeweiligen Ansatz sowohl mögliche Zugänge zur Bildungsfairness als auch das durchaus multiperspektivische Konzept der Chancengerechtigkeit ins Auge fassen. Dabei wurden Unterschiede, Interdependenzen und partiell deckungsähnliche Aspekte isoliert, die es wert schienen, eine Verallgemeinerung zu erfahren. Mehr noch: Die dort verhandelten Projekte erwiesen sich als so interessant, dass im Frühjahr 2018 beschlossen wurde, sie einer größeren Öffentlichkeit zugänglich zu machen. Ziel ist es überdies, auf die hochindividuellen Potentiale der Projekte aufmerksam zu machen und sie in ihrer Einzigartigkeit in einen diskussionswürdigen Zusammenhang zu bringen. Dabei wurde ganz bewusst die Achse Hamburg-München in den Blick genommen, um zu zeigen, dass

---

1 Wenn nicht anders gekennzeichnet, sind mit der Nennung die Vertreter*innen aller Geschlechter gleichermaßen gemeint.

ganz unterschiedliche Ansätze, regionale Besonderheiten und letztlich variierende Schulformen und Curricula nicht darüber hinwegtäuschen können, dass die Problembereiche gleichermaßen engagiert angegangen werden müssen.

Um einem solchen Band die hinreichende Tiefe zu geben, braucht es die Kompetenz von Fachkolleginnen und -kollegen. Diese zögerten nicht, sich mit Ihrem professionellen Blick und Urteil an dem Diskurs zu beteiligen. Die inhaltlich und methodisch unterschiedlichen Beiträge dieses Bandes kommen aus allen Himmelsrichtungen – u.a. von München und Hamburg, aus Leipzig, Dresden, Braunschweig und Essen/Duisburg. Das zeigt mindestens zwei wichtige Erkenntnisse vorab: Es sind *erstens* viele, die an den thematischen Fragestellungen arbeiten und es gibt *zweitens* wohl keine einfachen Antworten, wie uns mitunter bildungspolitisch oder/und ideologisch Glauben gemacht werden soll. Wenn einige dieser Beiträge aufzuzeigen vermögen, dass die Beschäftigung mit den mannigfaltigen Aspekten dieses Themenfeldes für alle Berufsgruppen, die im Bildungsbereich tätig sind, gewinnbringend und lohnenswert sein kann, können perspektivisch auch von innen heraus Entwicklungen diesbezüglich angestoßen werden.

Die Beiträge sind nach zwei wesentlichen Schwerpunkten geordnet worden. Der Bereich der Schulentwicklung – besser gesagt der Entwicklung von Bildungsinstitutionen, zu denen auch die Kindertagesstätten gehören – macht einen ersten Block von Überlegungen aus. Prozesse der Unterrichtsentwicklung sind – hier als zweiter großer Abschnitt – eine wesentliche Voraussetzung, Lehr-Lernprozesse z.B. unter schulischen Bedingungen erfolgreich werden zu lassen, und zwar für möglichst viele Schülerinnen und Schüler, unabhängig von der individuellen Herkunft und Bildungsbiografie.

Zu den einzelnen Beiträgen:

Winfried Kneip und *Ulrike Sommer* greifen Chancengerechtigkeit durch Schul- und Unterrichtsentwicklung auf. Sie diskutieren schulische Erfolge in Abhängigkeit sozialer Herkunft und stellen systematische Grundschulentwicklung anhand exemplarischer Initiativen in den Fokus. Der Beitrag setzt sich in diesem Zusammenhang auch mit der Rolle von Stiftungen diesbezüglich auseinander und bilanziert die bisherigen Maßnahmen.

Thomas Trautmann stellt in seinem Beitrag das Projekt WEICHENSTELLUNG für Viertklässler vor, welches Kindern in schwierigen Lebensverhältnissen hilft, die Transitionsprozesse zwischen der Klassenstufe 4 bis 6 zu höherer Bildung hin zu bewältigen. Mentorinnen begleiten das Kind als verlässliche Partner in und außerhalb von Schule – und werden selbst begleitet durch Supervision und eine dichte Evaluation ihrer Ergebnisse.

Exemplarisch betrachtet *Marielle Micha* daraufhin qualitative Forschungszugänge innerhalb des von Trautmann vorgestellten Projektes WEICHENSTELLUNG für Viertklässler und ihren etwaigen Mehrwert für die spätere Berufspraxis als Lehrperson. Hierbei sind vor allem die Rollenverhältnisse als Mentorinnen bzw. Forscherinnen innerhalb des Nähe-Distanz Verhältnisses zu den Forschungssubjekten interessant.

Elke Inckemann und *Anna Lautenschlager* präsentieren in ihrem Beitrag Ergebnisse aus der Begleitforschung zu dem Projekt „Lernpaten unterstützen Klassen mit Flüchtlingskindern (LUK!)". Wie entwickeln sich einerseits die (schrift)sprachlichen Fähigkeiten der Kinder und andererseits die Aktivitäten und Fähigkeiten der Studierenden, wenn Studierende einen Schulvormittag/Woche für individuelle Förderung, Kleingruppenförderung oder Teamteaching zur Verfügung stehen.

Richard Sigel und *Kristin Knoll* schildern, wie durch eine gestufte Schulbibliothek eine „Leseschule" gestärkt werden kann. Es handelt sich um ein Viellese-Konzept an einer sozialen Brennpunktschule mit dem Ziel, dass die Kinder der ganzen Schule jede Woche ein Buch lesen. Dabei sind die Bücher in vier Niveaustufen übersichtlich geordnet, so dass die Kinder Bücher auswählen können, die ihren aktuellen Lesefähigkeiten entsprechen. Erste Forschungsergebnisse zur quantitativen und qualitativen Nutzung der gestuften Schulbibliothek werden vorgestellt.

Katja Koch und *Stefanie Schulz* setzen sich in ihrem Beitrag mit Möglichkeiten einer Schulentwicklung in Netzwerken auseinander. Ziel des Projektes DazNet ist es, dass sich über individuelle Lernprozesse unterrichtliches Handeln verändert und gleichzeitig über die Etablierung übergeordneter Strukturen auch organisationsbezogene Veränderungen ergeben.

Carolin Rotter beschäftigt sich mit der Frage, ob Lehrpersonen mit Zuwanderungsgeschichte sozusagen qua Biografie habitussensibel sind und für mehr Bildungsgerechtigkeit einstehen. Ihre Analyse zeigt ein mehrperspektivisches Geflecht zwischen der eigenen Positionierung in der Institution und dem ihnen zugeschriebenen Habitus.

Jessica Lindner geht in ihrem Beitrag auf den „Vorkurs 240" als einem Konzept der sprachlichen Frühförderung ein. Der Vorkurs 240 ist ein zusätzliches Unterstützungsangebot für Kinder mit zusätzlichem Förderbedarf in der deutschen Sprache, das in Bayern in den letzten 18 Monaten vor der Einschulung in Kooperation von Kindertageseinrichtung und Grundschule durchgeführt wird. Jessica Lindner analysiert die Sprachentwicklung eines am Vorkurs 240 teilnehmenden Kindes.

Ina Schenker stellt die Frage nach den Möglichkeiten und Grenzen der Kindertagesstätte, Kinder aus schwierigen Lebenslagen angemessen zu fördern. Sie kommt zur Erkenntnis, dass eine „kindgemäße Didaktik für alle" diese Möglichkeiten nur bedingt stützt, weil die komplexen Selektionsmechanismen der Gesellschaft und des Bildungssystems fast übermächtig wirken.

Eine interessante didaktische Kopplung untersucht *Nina Brück*. Sie stellt die Frage, ob und inwiefern Jahrgangsübergreifendes Lernen realiter eine Möglichkeit zur Verbesserung der Chancengerechtigkeit in der Grundschule spielt. Dieser Blickwinkel tangiert sowohl die Strukturierung von Unterricht als auch die Frage nach der Individualität aus Sicht der lernenden Akteure.

Die Perspektive der Unterrichtsentwicklung eröffnet der Beitrag von *Richard Sigel* und *Kristin Knoll*. Sie beschreiben neue Wege der individuellen Förderung bildungsbenachteiligter Kinder an sozialen Brennpunktschulen. Ausgangspunkt ist die enorme Heterogenität in den Klassen, wenn eine Schule eine große Zahl von Kindern mit Flucht- und Migrationserfahrungen in den Unterrichtsalltag integrieren muss. Hierzu werden unterschiedliche Wege der Unterrichtsarchitektur mit Blick auf Schulorganisation und individuelle Förderung aufgezeigt.

Julia Gerick und Kurt Schwippert untersuchen in ihrem Beitrag Bedeutungen digitaler Medien für Bildungsbeteiligungen am Beispiel von Grundschülerinnen und Grundschülern. Sie synchronisieren und problematisieren dabei empirische Belege mit existierenden theoretischen Paradigmen. Sie kommen u.a. zu einem alarmierenden Ergebnis – dass das Potential digitaler Medien für die Initiierung, Begleitung oder Unterstützung von Lernprozessen bei weitem noch nicht ausgeschöpft wird.

Der Beitrag von *Katrin Liebers, Ralf Junger* und *Eric Kanold* ist ebenfalls auf der Ebene digitaler Medien angesiedelt. Er befasst sich mit einer Form digitaler Lernstandsanalyse am Schulbeginn und stellt die Frage, ob und inwieweit solche diagnostischen Instrumente tatsächlich einen Beitrag zu mehr Chancengerechtigkeit darstellen.

Uta Hauck-Thum geht in ihrem Beitrag der Frage nach, wie Medienerziehung zu Resilienz und Teilhabe bei Kindern mit Zuwanderungserfahrung beitragen kann und präsentiert Ergebnisse der Pilotierungsphase eines Förderkonzepts.

Mohcine Ait Ramdan und *Verena Beschinsky* beschäftigen sich mit der Entwicklung der makrostrukturellen Erzählkompetenzen von neu zugewanderten Kindern. Sie entwickeln Impulse für eine erweiterte Lernausgangsdiagnostik im Bereich der Erzählkompetenzen. Basis ist dabei der Ansatz der ‚story grammar' mit dem klar umrissenen Modell von sieben makrostrukturellen Elementen, die eine Erzählung beinhalten soll. Sie machen Vorschläge, wie durch einen differenzierten diagnostischen Blick Lernvoraussetzungen im Erzählen bei neu zugewanderten Kindern berücksichtigt werden können.

In dem Beitrag von *Birgit Grasy* wird mit der inklusionsdidaktischen UNI-Klasse eine hochschuldidaktische Konzeption vorgestellt, in der Studierende inklusionsbezogenes Professionswissen erwerben, inklusionsspezifische Unterrichtsplanungsmodelle kennen lernen, eigene Einstellungen und Haltungen reflektieren und die schulische Praxis mit ihren spezifischen Herausforderungen damit in Beziehung setzen können. Ziel ist der Erwerb einer professionellen Handlungskompetenz für inklusionsorientiertes Unterrichten.

Die Dialog-Tagungen in München und Hamburg werden eine Reihe von Problemstellungen diskutieren und unter Umständen sogar aufzulösen helfen. Der vorliegende Band erweitert den Fokus und schafft möglicher Weise einige neue, erweiterte oder fokussierte Perspektiven.

Dank sei allen Kolleginnen und Kollegen, die sich – ob bei den Tagungen mit *key notes* oder Diskussionsbeiträgen oder im Band mit ihren Wortmeldungen – aktiv und engagiert beteiligt haben. Anerkennung auch an die vielen guten Geister wie zum Beispiel Maren Gehrmann, ohne die dieses Buch nicht hätte erscheinen können.

München und Hamburg, im Frühjahr 2019

Literaturverzeichnis

Berliner Institut für empirische Integrations- und Migrationsforschung (BIM)/Forschungsbereich beim Sachverständigenrat deutscher Stiftungen für Integration und Migration (SVR-Forschungsbereich) (2017): Vielfalt im Klassenzimmer. Wie Lehrkräfte gute Leistung fördern können. Berlin: SVR.

Bundesministerium für Bildung und Forschung (2018): Rahmenprogramm empirische Bildungsforschung. Berlin: BMBF.

Bundesministerium für Bildung und Forschung (2015): Integration durch Bildung. Berlin: BMBF.

Inckemann, E. & Sigel, R. (2016): Bildungsbenachteiligte Kinder – Grundschulpädagogischer Auftrag und Herausforderungen in der Diagnose- und Förderarbeit. In: Inckemann, E. & Sigel, R. (Hrsg.): Diagnose und Förderung von bildungsbenachteiligten Kindern im Schriftspracherwerb. Bad Heilbrunn: Klinkhardt, 9–17.

OECD (2014): PISA 2012 Ergebnisse. Exzellenz durch Chancengerechtigkeit (Band II). Bielefeld: Bertelsmann.

Stojanov, K. (2011): Bildungsgerechtigkeit. Wiesbaden: VS.

Beiträge

Winfried Kneip und Ulrike Sommer

Chancengerechtigkeit durch Schul- und Unterrichtsentwicklung an Grundschulen

Bildung hat in modernen Gesellschaften einen hohen Stellenwert. Sie entscheidet maßgeblich über die Entwicklungs- und Entfaltungsmöglichkeiten von Einzelnen und damit auch über ihre Chancen auf gesellschaftliche Teilhabe und auf ein selbstbestimmtes Leben. Zugleich ist sie eine wesentliche Grundlage für die Zukunftsfähigkeit, Prosperität und Innovationskraft von Gemeinwesen.
Beide mit Bildung verbundenen Ansprüche – der individuelle und der gesellschaftsbezogene – sind nicht immer umstandslos zur Deckung zu bringen, vielmehr bestimmt das Spannungsfeld zwischen beiden bildungspolitische Diskurse und Auseinandersetzungen.

1 Das Engagement von Stiftungen für mehr Chancengerechtigkeit durch Schul- und Unterrichtsentwicklung

Nach wie vor ist Bildung – und dies gilt in besonderem Maße für schulische Bildung – in Deutschland ein Kernbereich staatlicher Kompetenz und staatlichen Handelns. Während es jedoch lange Zeit deutliche Vorbehalte gegenüber dem Engagement von Stiftungen in zentralen Fragen der Ausgestaltung des Bildungswesens gab, hat sich dies spätestens seit der Jahrtausendwende spürbar verändert. Ein zentraler Auslöser für die seither erkennbare Veränderung im Verhältnis von Staat und Stiftungen waren zweifellos die Ergebnisse der ersten PISA-Studie im Jahr 2000, die die verbreiteten Überzeugungen von der Leistungsfähigkeit und Chancengerechtigkeit des deutschen Bildungssystems grundlegend in Frage stellten. Nicht nur hatten deutsche Schülerinnen und Schüler in allen drei Prüfungsbereichen (Lesen, Mathematik und Naturwissenschaft) im Vergleich mit anderen OECD-Staaten unterdurchschnittlich abgeschnitten. Darüber hinaus belegte die Studie einen engen Zusammenhang zwischen Herkunft und Bildungserfolg: Kinder aus sozial benachteiligten Familien schnitten bei der Testung deutlich schlechter ab als Kinder aus sozial besser gestellten Haushalten. In kaum einem anderen OECD-Land war – und ist – schulischer Erfolg so stark von der sozialen Herkunft abhängig wie in Deutschland (vgl. Stanat u.a. 2002; UNICEF 2018; Vodafone Stiftung Deutschland 2018, 4f)
Die ernüchternden Befunde lösten in der Folge eine breite Debatte über Qualität und Chancengerechtigkeit und damit über die Ausgestaltung des Bildungssystems

in Deutschland aus. Sie hält bis heute an, zumal die Ergebnisse der darauffolgenden PISA-Studien zwar graduelle Verbesserungen, aber keine bahnbrechenden Fortschritte erkennen ließen und lassen (vgl. UNICEF 2018; Vodafone Stiftung 2018, 4f). Schule ist und bleibt die wichtigste und prägendste Bildungseinrichtung für junge Menschen. Insbesondere die Grundschule, die von nahezu allen Kindern besucht wird, ist die zentrale Institution, wenn es darum geht, ungleiche Startvoraussetzungen auszugleichen und Schülerinnen und Schülern bestmögliche Grundlagen für ihre weitere (Bildungs-)Biographie mitzugeben.

2 Systemische Veränderungen anstelle von Leuchtturmprojekten

Auch in der Stiftungswelt haben die PISA-Befunde eine lebhafte Debatte über Reichweite und Wirkung bisheriger Engagements im Bildungsbereich ausgelöst. Die Vorstellung, durch zeitlich mehr oder weniger eng befristete Modell- oder Leuchtturmprojekte substantielle Veränderungen im Bildungssystem herbeiführen zu können, wird seither zunehmend kritisch diskutiert. In der Konsequenz hat – gerade bei den größeren Stiftungen – eine Neuorientierung hin zu Vorhaben mit dem Anspruch auf systemische Wirkung stattgefunden. Solche Vorhaben sind nur in Kooperation mit staatlichen Partnern zu realisieren, die ihre Zurückhaltung gegenüber einem zivilgesellschaftlichen Engagement in einem zentralen Bereich hoheitlichen Handelns zunehmend aufgegeben haben. Stiftungen sind so zu wichtigen Partnern von Bundesregierung und Landesregierungen, aber auch von Kommunen avanciert, wenn es um Bildungsreformen geht. Als zivilgesellschaftliche Akteure können Stiftungen oft erprobend und innovativ tätig werden und dazu beitragen, dass sich Handlungsroutinen verändern. Nachhaltigkeit erlangen solche Veränderungen jedoch immer nur im Zusammenwirken mit staatlichen Akteuren (vgl. Deutsche Kinder- und Jugendstiftung 2009; Thümler 2014).

3 Systematische Grundschulentwicklung im Rahmen der Bildungsinitiative RuhrFutur

Ein Vorhaben mit dem Anspruch auf systemische Wirkung ist die 2013 durch die Stiftung Mercator ins Leben gerufene Bildungsinitiative RuhrFutur (Abbildung 1), die sich unter anderem im Bereich der Schul- und Unterrichtsentwicklung von Grundschulen im Ruhrgebiet engagiert. Warum eine gelungene Schul- und Unterrichtsentwicklung an Grundschulen gerade in einem von Strukturwandel geprägten Ballungsraum wie dem Ruhrgebiet so wichtig ist und wie diese genau aussehen kann, soll im Folgenden näher erläutert und am Beispiel von RuhrFutur konkretisiert werden.

> **Die Bildungsinitiative RuhrFutur**
> *„Perspektiven öffnen, Chancen ermöglichen" – dieser Leitsatz der Strategie der Stiftung Mercator (Stiftung Mercator 2014) ist auch Grundlage der Arbeit von Ruhr-Futur. Die gemeinsame Bildungsinitiative von Stiftung Mercator, Land Nordrhein-Westfalen, Regionalverband Ruhr, fünf Kommunen und sechs Hochschulen engagiert sich für ein leistungsfähigeres und leistungsförderndes Bildungssystem und für mehr Chancengerechtigkeit in der Metropole Ruhr. Dabei geht es insbesondere um eine Verbesserung von Bildungszugängen, Bildungsteilhabe und Bildungserfolge für Kinder, Jugendliche und junge Erwachsene in der Region. Die Partner wirken im Rahmen der Initiative gemeinsam darauf hin, dass allen jungen Menschen in der Metropole Ruhr eine umfassende Bildung ermöglicht wird und dass sie zugleich in der Entfaltung ihrer individuellen Potenziale und Kompetenzen und in ihren Chancen auf gesellschaftliche Teilhabe gestärkt werden.*
> *RuhrFutur engagiert sich in den Bildungsbiographie begleitenden Handlungsfeldern Frühkindliche Bildung, Schule und Hochschule sowie in den Querschnittshandlungsfeldern Sprachbildung und Daten und Analyse. Die Bildungsinitiative ist dem Ansatz des „Gemeinsamen Wirkens" (Collective Impact) verpflichtet. Das in den USA entwickelte Modell basiert auf der Idee, verschiedene Akteure durch eine zielorientierte Vernetzung zusammenzubringen und dadurch die Wirkung ihrer Aktivitäten zu vervielfachen. Collective Impact beruht auf der Überzeugung, dass sich nur dann nachhaltige gesellschaftliche Veränderungen erreichen lassen, wenn alle relevanten staatlichen, kommunalen, und zivilgesellschaftlichen Akteure zusammenarbeiten und so gemeinsam mehr Wirkung erzielen.*
> *www.ruhrfutur.de*

Abb. 1: Beschreibung der Bildungsinitiative RuhrFutur

3.1 Ausgangssituation von Grundschulen im Ruhrgebiet

Ebenso wie in anderen Ballungsregionen gibt es im Ruhrgebiet eine ausgeprägte sozialräumliche Segregation, die sich nachweislich auf die Bildungs- und Teilhabechancen von Kindern auswirkt. Die Studie „Wege zur Metropole Ruhr" (vgl. Jeworutzki u.a. 2017) belegt dies eindringlich auf der Grundlage einer flächendeckenden Untersuchung kleinräumiger Sozialstrukturen in der Metropole Ruhr – im Vergleich zur Gesamtheit Nordrhein-Westfalens – über einen Zeitraum von 40 Jahren.

Insbesondere in den Bezirken des Ruhrgebiets, die sich im Zuge des Strukturwandels von Arbeitervierteln zu sozial benachteiligten Quartieren entwickelt haben, sind die Bildungs- und Teilhabechancen junger Menschen deutlich geringer als in konsolidierten bürgerlichen Bezirken: Ablesen lässt sich dies an der Quote der Übergänge von der Grundschule ins Gymnasium, die zwischen 20% bei Schulen in eher benachteiligter Umgebung und 90 % in Schulen in bürgerlichen Bezirken variiert (Jeworutzki u.a. 2017, 9f).
Noch sichtbarer wird die starke Spaltung zwischen den ehemals montanindustriell geprägten Stadtteilen im Norden und den eher bürgerlich geprägten Stadtteilen im Süden des Ruhrgebiets, zwischen denen die A 40 gewissermaßen als „Sozialäquator" verläuft. Hinzu kommt, dass die Mehrheit der Kinder und Jugendlichen im tendenziell benachteiligten Norden der Metropole Ruhr aufwächst, während der Anteil der Kinder und Jugendlichen, der im eher wohlhabenderen Süden groß wird, erheblich geringer ist (Jeworutzki u.a. 2017, 6).

Die Situation der Grundschulen in den eher benachteiligten Quartieren und die Herausforderungen, mit denen sie sich auseinandersetzen müssen, wird durch ihre soziale Umgebung und die ihrer Schülerschaft bestimmt: Erwerbslosigkeit, Einkommensarmut und die Abhängigkeit von Transferleistungen bestimmen den Alltag vieler Familien. Schülerinnen und Schüler leben daher oft in individuell sehr herausfordernden Lebensverhältnissen, und der Anteil der Kinder, die bei der Einschulung kein oder kaum Deutsch sprechen und wenig Basiskompetenzen mitbringen, ist hoch. Die Zusammenarbeit mit Eltern als Bildungspartnern ist häufig voraussetzungsreich und fordernd, nicht zuletzt lässt vielfach auch die räumliche und personelle Ausstattung der Schulen zu wünschen übrig (vgl. Stiftung Mercator, 2018).
Hinzukommen aber oft auch schulinterne Faktoren: Lehrkräfte orientieren sich an den wahrgenommenen oder vermuteten Defiziten der Schülerschaft und nehmen sich mit Blick darauf in ihren fachlichen und methodischen Ambitionen zurück. Gerade mittelschichtgeprägtes Lehrpersonal hadert oft damit, „diese Kinder" unterrichten zu müssen. Die Belastung und auch die Fluktuation im Kollegium sind oft groß (vgl. Herrmann, 2017; Klein, 2018).

All das wiegt umso schwerer, als es vielfältige Hinweise darauf gibt, dass der Einfluss von Schule für das Lernen von jungen Menschen aus bildungsbenachteiligten Familien deutlich größer ist als für Kinder aus privilegierteren Familien, da Kinder aus eher benachteiligten Umgebungen meist über weniger Lerngelegenheiten außerhalb von Schule verfügen als Kinder aus privilegierteren Umfeldern (vgl. Herrmann 2017, Wübben Stiftung 2017).

Der Bildungsbericht Ruhr zeichnet daher auch das Bild einer gespaltenen Kindheit:

„Die Kinder in den weniger privilegierten Milieus gestalten ihre Freizeit weitgehend selbständig, das Familienleben wird von finanziellen Sorgen belastet, die Schule erfährt zwar eine hohe Wertschätzung, bereitet jedoch häufig Probleme. Die Kinder in den privilegierten Milieus häufen in ihrer durchorganisierten Freizeit bereits früh kulturelles Kapital an; hieraus ergibt sich mitunter ein erheblicher Terminstress im Familienleben, während die Schule meist nebenbei und ohne größere Schwierigkeiten gemeistert wird." (Regionalverband Ruhr 2012, 49).

Festzuhalten bleibt gleichwohl, dass auch der besser gestellte Süden des Ruhrgebiets „failing schools" und Herausforderungen für und an (Grund-)Schulen kennt, auch wenn diese, wenigstens zu Teilen, anderer Art sind. Umgekehrt finden sich auch im Norden der Metropole Ruhr (Grund-)Schulen, die ungeachtet einer herausfordernden Umgebung durch ein hohes Leistungsniveau auffallen – denen es also gelingt, die Bildungspotenziale ihrer Schülerinnen und Schüler trotz herkunftsbedingter Benachteiligungen zu heben (vgl. Herrmann 2017; Klein 2018).

3.2 Schul- und Unterrichtsentwicklung an Grundschulen als Weg zu mehr Chancengleichheit

Gerade die erwartungswidrig leistungsfähigen und leistungsfördernden Schulen zeigen indessen, dass die Qualität von Unterricht und von Schule als Organisation erheblichen Einfluss auf die Bildungs- und Teilhabechancen von Schülerinnen und Schülern hat. Die empirische Bildungsforschung spricht von einem Varianzanteil zwischen 20 und 50 Prozent der Schülerleistungen, der durch die Qualität des Schulwesens erklärt werden kann (vgl. Eikenbusch 2016).

Schul- und Unterrichtsentwicklung – verstanden als Trias von Organisations-, Personal- und Unterrichtsentwicklung – setzt genau da an: bei den Strukturen und Prozessen innerhalb der einzelnen Schule und den bewussten Veränderungen, die von den schulischen Akteuren *selbst* herbeigeführt werden. Dies geschieht idealerweise in Form eines längeren (begleiteten) Prozesses, in dessen Verlauf Schulen ihre Strukturen, ihre Abläufe und insbesondere ihre Unterrichtsqualität auf den Prüfstand stellen und weiterentwickeln. Schulentwicklung betrifft jeden Bereich schulischen Handelns: die Organisation der Schule, die Zusammenarbeit von Schulleitung und Kollegium und innerhalb des Kollegiums, den Kompetenzerwerb von Lehr- und Fachkräften, die Zusammenarbeit mit Eltern als Bildungspartner – vor allem aber die Gestaltung des Unterrichts als zentralem Kern von Schule.

Viele Schulen – auch im Ruhrgebiet – haben in den vergangenen Jahren erhebliche Anstrengungen unternommen, um die Schul- und Unterrichtsentwicklung voranzutreiben. Diese Anstrengungen haben jedoch in der Breite nicht zu einer signifikanten und nachhaltigen Verbesserung der Lernleistungen von Schülerinnen und Schülern geführt. Die Bildungsforschung führt dies darauf zurück, dass viele Maßnahmen der Schul- und Unterrichtsentwicklung nicht systematisch genug geplant und implementiert wurden und werden und dass es häufig bei einer Fülle unverbundener Einzelaktivitäten bleibt, die zwar von allen Beteiligten viel Einsatz und Energie fordern, aber am Ende dennoch keine systemischen Veränderungen erzielen (Rolff 2013, 149f).

3.3 Umsetzung der Maßnahme in staatlich-kommunal-zivilgesellschaftlicher Verantwortungsgemeinschaft

Nachdrücklicher Wunsch der beteiligten kommunalen Akteure und Schulaufsichten war daher auch die Entwicklung einer Maßnahme, die auf eine wirksame und umfassende systemische Veränderung von Schulen zielt und die zudem einem einheitlichen Verständnis von Schulentwicklung folgt. Letzteres auch deswegen, weil es im Rahmen der Bildungsinitiative RuhrFutur nicht nur um die systematische Weiterentwicklung der einzelnen Schule, sondern zugleich auch um eine Weiterentwicklung der gesamten kommunalen und regionalen Schul- bzw. Bildungslandschaft geht.

Konsens bestand auch darüber, dass die Maßnahme Erkenntnissen der Schuleffektivitätsforschung Rechnung tragen und unterrichtliches Handeln als Kern von Schule in den Mittelpunkt stellen (Rolff 2013, 133ff): Davon ausgehend und darauf bezogen sollten dann Fragen wie etwa die nach den Eltern als wesentlichen Partnern für den Lernerfolg der Kinder oder nach dem sozialräumlichen Bezug und der Vernetzung mit anderen Akteuren angegangen werden (RuhrFutur 2016, 3 und 42f).

Unverzichtbar schien allen Beteiligten eine professionelle Begleitung und Unterstützung des angestrebten Veränderungsprozesses. Diese sollte zum einen der hochgradig individuellen Ausgangssituation einzelner Schulen Rechnung tragen, zum anderen aber auch einen verbindlichen gemeinsamen Rahmen zu setzen, um eine breit angelegte Qualitätsentwicklung auf regionaler Ebene sicherzustellen.

Sehr rasch wurde indessen deutlich, dass diese Beratungs- und Begleitungsleistung nicht aus dem staatlichen System zu erwarten war. Dies mag zunächst erstaunen, weil das Land Nordrhein-Westfalen lange Zeit eine Vorreiterrolle bei der Verbreitung von Konzepten der Schulentwicklung und deren Umsetzung innehatte. Mit der Schließung des Landesinstituts für Schule und Weiterbildung im Jahr 2007 und der Beendigung von Schulversuchen wie „Selbständige Schule" (2008) brach diese Entwicklung jedoch ab und wesentliche Kompetenzen im Bereich der Schulentwicklung gingen für das Land verloren (vgl. Dedering u.a. 2010). Erst seit 2014 bildet die Bezirksregierung Arnsberg im Rahmen der Fortbildungsinitiative NRW wieder Schulentwicklungsberaterinnen und -berater für den landesweiten Einsatz aus (Bezirksregierung Arnsberg o.D.).

Mit dem Entwicklungs- und Beratungsnetzwerk „bildung.komplex" – einer Gruppe von Beraterinnen und Beratern, Trainerinnen und Trainern, die seit anderthalb Jahrzehnten im Bereich der Schul- und Unterrichtsentwicklung, der Organisationsentwicklung im Bildungswesen, Regionalisierung und Kooperationsberatung tätig sind und in enger Verbindung zum Hamburger Landesinstitut für Lehrerbildungsanstalt und Schulentwicklung stehen – wurde nach längerem Suchprozess ein geeigneter Partner für den angestrebten Prozess gefunden, der das Vorhaben mit den beteiligten Partnern und der Geschäftsstelle der Initiative weiter konturierte.

Mit dem Beginn des Schuljahres 2014/15 startete eine erste Gruppe von 18 Grundschulen aus den Städten Essen und Mülheim an der Ruhr gemeinsam in einen dreijährigen Schul- und Unterrichtsentwicklungsprozess. Vorangegangen war ein Bewerbungsverfahren, in dem die Schulen ihre Ausgangslage und ihre Motivation für eine Beteiligung an der Maßnahme erläutern mussten, Voraussetzung für die Teilnahme war zudem ein positiver Beschluss der Schulkonferenz und die Bereitschaft, sich in einem Netzwerk der an der Maßnahme beteiligten Grundschulen („RuhrFutur-Schulen") zu engagieren.

Am Beginn der Maßnahme stand für die Schulen eine gemeinsame Auftaktveranstaltung mit dem Ziel der Information und Erwartungsklärung. Danach folgte eine Phase, in der die Beraterinnen und Berater mit den einzelnen Schulen an einer Klärung ihrer jeweiligen Zielsetzungen arbeiteten und der Abschluss von Zielvereinbarungen mit Schulträger und Schulaufsicht. Die Ziele der Schulen bezogen sich überwiegend auf das unterrichtliche Geschehen (individuelle Förderung verbessern, kooperative Lernformen verstärken, eigenverantwortliches Lernen unterstützen, (fachbezogene) Kompetenzentwicklung fördern, durchgängige Sprach- und Leseförderung etablieren etc.

Im weiteren Verlauf umfasste das Unterstützungsangebot an die Schulen drei zentrale Elemente (Abbildung 2): eine Qualifizierung der (erweiterten) Schulleitungen im Umfang von 8 halben Tagen pro Schuljahr(Themen: Steuergruppenarbeit, Change Management, interne Evaluierung, kollegiale Beratung etc.), eine Beratung bzw. ein individuelles Coaching der Einzelschule im Umfang von drei bis vier halben Tagen pro Schuljahr sowie didaktische Trainings bzw. fachliche Qualifizierungen für das gesamte Kollegium (oder als Tandemlösung für die Kollegien zweier Schulen) im Umfang von zwei bis drei halben Tagen pro Schuljahr.

Abb. 2: Elemente des Unterstützungsangebots an die Schulen

Begleitet wurde die Maßnahme durch eine alle zwei Monate tagende Steuergruppe, die sich aus Vertretungen der beteiligten Kommunen, der Schulaufsicht und RuhrFutur zusammensetzte, um regelmäßig den Stand des Vorhabens mit dem Beratungsnetzwerk und in größeren Abständen mit den Schulleitungen reflektierte. Die Koordination der gesamten Maßnahme lag bei der Stadt Essen.

Bereits kurz nach dem Start zeichnete sich ab, dass das Vorhaben eine hohe Attraktivität für weitere Schulen, auch aus bislang noch nicht an der Maßnahme beteiligten RuhrFutur-Kommunen Dortmund, Gelsenkirchen und Herten besaß. Im zweiten Halbjahr des Schuljahrs 2015/16 konnte daher eine zweite Gruppe von weiteren 20 Grundschulen aus allen fünf RuhrFutur-Kommunen in einen vergleichbaren Entwicklungsprozess eintreten.

3.4 Bilanz nach vier Jahren „Systematische Grundschulentwicklung"

Wie eine Evaluierung der „Systematischen Grundschulentwicklung" (2014–2017) durch die Bildungswissenschaftlerin Grit im Brahm (Ruhr-Universität Bochum) belegt, gab es seitens der Schulleitungen und Lehrkräfte ein hohes bis sehr hohes Maß an Zufriedenheit mit der Maßnahme, insbesondere mit der Begleitung durch bildung.komplex, die durchweg als außerordentlich passgenau empfunden wurde. Unverkennbar haben die Schulleitungen noch stärker von der Maßnahme profitiert, sie bewerteten die Qualität (gemessen in Schulnoten von „sehr gut" bis „ungenügend") mit einem „sehr gut" (1,39), die Lehrkräfte hingegen nur mit einem „gut" (2,19). Da die Maßnahme ausdrücklich auch darauf zielt, die Schulleitungen in ihrer Leitungsfunktion zu stärken, ist die Differenz nicht überraschend (Im Brahm 2018).

Sowohl aus der Sicht der Lehrkräfte als auch aus der Sicht der Schulleitungen haben sich die teilnehmenden Schulen deutlich in Richtung der selbst gesetzten

Ziele entwickelt: Die Schulleitungen gehen im Durchschnitt von 77,8% Zielerreichung aus. Die Lehrkräfte beschreiben auf der Basis einer fünfstufigen Skala (1 = keine Veränderung, 5 = Veränderung von Grund auf) durchweg mittlere bis deutliche Veränderungen ihres Unterrichts (Skalenwerte 3 bis 4). An Veränderungen auf der Unterrichtsebene nennen sie:
– eine stärkere Ausrichtung auf das Lernen der Schülerinnen und Schüler und einen veränderten Blick auf das einzelne Kind
– einen bewussteren Methodeneinsatz, insbesondere auch den Einsatz kooperativer Lernformen
– den Einbezug der drei Denkebenen reproduzieren, erklären und anwenden
– mehr individuelle Förderung und bessere Differenzierung
– mehr Zeit für die einzelne Schülerin, den einzelnen Schüler
– Ansprache und Aktivierung aller Kinder
– Zielfokussierung und Bewusstmachung der Zeile gegenüber den Schülerinnen und Schülern (Im Brahm 2018).

Aber auch in der schulischen Organisation gab es deutliche Veränderungen: Genannt werden durch die Lehrkräfte vor allem:
– Weiterentwicklung der Teamarbeit
– verbesserte Kommunikation
– Professionalisierung der Zusammenarbeit
– effektivere Organisation
– mehr Transparenz
– Verbindlichkeit und Einheitlichkeit
– wechselseitige Hospitationen
– stärkere Zielfokussierung (Im Brahm 2018).

Auch die begleitende Agentur bescheinigt den Schulen hohe Ernsthaftigkeit und hohes Engagement im Prozess. Dies wird auch durch die Schulaufsichten bestätigt, die berichten konnten, dass einzelne Schulen inzwischen durch deutliche Verbesserungen bei der Qualitätsanalyse auffielen.
Als besonderes Plus wird von vielen Schulleitungen das Modell der Zusammenarbeit von Kommunalen Entscheidungsträgern, Schulaufsichten und der RuhrFutur-Geschäftsstelle in der Steuergruppe wahrgenommen: Es garantiere eine umfassende und abgestimmte Unterstützung der Leitung und schaffe so eine größere Bereitschaft für Innovationen und ein stärkeres Vertrauen in Change-Prozesse (Im Brahm 2018).
Die bemerkenswerten Fortschritte, die viele Schulen in den drei Jahren des Schulentwicklungsprozesses erzielen konnten, waren und sind Impuls und Motiv für weitere Schulen, sich auf diesen aufwendigen und herausfordernden Entwicklungsprozess einzulassen.

3.5 Erfolgsfaktoren der Maßnahme

Ein wesentlicher Erfolgsfaktor der hier vorgestellten Maßnahme war die enge Begleitung durch das ebenso *kompetente wie erfahrene Team von Schulentwicklungsberatern*, deren Qualität zum einen in der starken Orientierung an den Herausforderungen und Bedarfen der Einzelschule lag, zum anderen aber auch in den aufeinander aufbauenden Fortbildungsbausteinen, im hohen Anwendungsbezug und in einer exzellenten internen Abstimmung und Kooperation der Beraterinnen und Berater. Dies hat maßgeblich dazu beigetragen, dass die Mehrzahl der Schulen den Prozess tatsächlich als Schulentwicklung „aus einem Guss" erlebt hat. Freiwilligkeit der Teilnahme und Themenoffenheit waren ebenfalls wichtige Faktoren für den positiven Verlauf der Entwicklungsprozesse. Die Schulen konnten für sich die Themen in den Mittelpunkt stellen, die aus ihrer Sicht für die weitere Entwicklung zentral waren und sind.

In der Mehrzahl der Schulen ist es gelungen, die *Schulleitung* in ihrer Rolle *als zentrale, treibende Kraft für Veränderungsprozesse* – hinsichtlich der Organisationsentwicklung der Schule, der Personal- und Teamentwicklung, aber auch in Bezug auf das unterrichtliche Handeln – zu stärken. Wie bedeutsam eine transformationsorientierte Führung für das Gelingen von Schulentwicklungsprozessen ist, wurde mittlerweile durch die Bildungsforschung gut belegt (vgl. Klein, 2018). Ein besonderer Wert der Begleitung durch die Schulentwicklungsberaterinnen und -berater von bildung.komplex bestand in diesem Zusammenhang offenkundig darin, die Schulleitungen zu einem strategischen und konzentrierten Vorgehen mit klaren Zielsetzungen zu motivieren, den roten Faden im Auge zu behalten und sich nicht – mit hohem Engagement – in einer Fülle von unverbundenen Vorhaben und Themen zu verzetteln.

In allen Schulen war *das gesamte Kollegium* – idealerweise die gesamte Schulgemeinschaft – *Teil des Entwicklungsprozesses*. Obwohl es gerade zu Beginn auch Reibungen, Konflikte und Widerstände gab, hat der Prozess in der Mehrzahl der Schulen jedoch zu nachhaltig positiv veränderten Formen der Zusammenarbeit geführt.

Für die meisten Schulen war und ist es zudem ein wichtiger zusätzlicher Impuls für ihre Qualitätsentwicklung, Teil eines *schulübergreifenden lokalen und regionalen Netzwerks* zu sein. Dies begünstigt nicht nur Austausch, wechselseitiges Lernen und wechselseitige kollegiale Beratung, sondern fördert auch die Ausrichtung an einer gemeinsamen Vorstellung von Schulentwicklung („alignment").

Ein zentraler Erfolgsfaktor der Schulentwicklungsprozesse bei RuhrFutur ist sicherlich auch die *enge Zusammenarbeit von Schulaufsicht und Schulträger*, die gerade bei den Grundschulen zumeist sehr gut gelingt. So waren sowohl die verantwortlichen unteren Schulaufsichten als auch die auf kommunaler Ebene Leitungsverantwortlichen (Fachbereichsleiterin und Bildungsdezernent) der beiden

Städte Essen und Mülheim an der Ruhr von Anfang an intensiv an der Entwicklung des Vorhabens beteiligt, ganz im Sinne einer erweiterten Schulträgerschaft bzw. einer staatlich-kommunalen Verantwortungsgemeinschaft für systemische Veränderung. Praktisch und organisatorisch begleitet wurde das Vorhaben durch die Regionalen Bildungsbüros.

3.6 Optimierungspotenziale

Gleichwohl lässt sich nach fast vier Jahren Erfahrung mit dem Vorhaben „Systematische Grundschulentwicklung" auch Nachsteuerungsbedarf erkennen und benennen:
Eine der großen Herausforderungen für die Bildungsinitiative RuhrFutur und ihre Akteure besteht darin, auch *auf Dauer eine ausreichende wie auch qualitätsvolle Begleitung für Prozesse der Schul- und Unterrichtsentwicklung* in den beteiligten Kommunen bzw. in der Region *sicherzustellen*. Dies gilt für die Einbeziehung weiterer, neuer Schulen, wie auch für die eine geringere Intensität der Begleitung erfordernde Nachbetreuung der Schulen, die die Maßnahme bereits durchlaufen haben. Die Realisierung dieser Aufgaben mit einer externen Agentur – hier geschehen mit bildung.komplex – ist nicht nur wegen des hohen Ressourcenbedarfs, sondern auch wegen mangelnder Nachhaltigkeit langfristig nicht vertretbar. Stärker als bisher sollte im weiteren Verlauf auch Bezug auf die *Rahmung von Schulentwicklungsprozessen durch die Landesregierung* Bezug genommen werden. Vorstellungen von Schulqualität entwickeln sich kontinuierlich weiter. Um Orientierung zu schaffen und eine Rahmung für die einzelschulische Arbeit zu geben, haben die Länder in den vergangenen Jahren, oftmals verbunden mit entsprechenden Beteiligungsprozessen, Orientierungs- oder Qualitätsrahmen für die Schul- und Unterrichtsentwicklung erarbeitet. In NRW bündelt der „Referenzrahmen Schulqualität" seit 2013 Ansprüche an eine „gute Schule" und an „guten Unterricht" und nimmt dabei Erkenntnisse der Bildungs- und Lernforschung ebenso auf wie konkrete Erfahrungen aus der Praxis von Schulentwicklungsprozessen (MSB NRW 2015). Verbessert werden muss zudem die *inhaltliche Einbindung der Bildungsbüros* in den beteiligten Kommunen, deren Rolle sich bislang überwiegend auf die Organisation und Koordination der Maßnahme vor Ort beschränkt. Sie sollten in die Lage versetzt werden, in enger Zusammenarbeit mit der Schulaufsicht auch eine beratende und (mit-)entwickelnde Funktion zu übernehmen und eine gute Einbindung der Schulen und schulischen Netzwerke in die kommunale und regionale Bildungs- und Präventionslandschaft voranzutreiben.

Im Laufe des Entwicklungsprozesses sind an den beteiligten Schulen eine Fülle von Lösungen und Produkten entstanden, die bislang nur zu Teilen dokumentiert sind. Dies ist ein Defizit der ersten Entwicklungsphase ebenso wie die nur ausschnitthafte *Dokumentation des Prozesses* selbst.

Aus Mangel an Ressourcen gab es in der ersten Phase zwar eine Evaluierung, aber keine umfassende *wissenschaftliche Begleitung der Maßnahme*.

3.7 Fortsetzung der Schul- und Unterrichtsentwicklung im Rahmen von RuhrFutur

2018 ist die Bildungsinitiative RuhrFutur in eine zweite Förderphase eingetreten, die noch bis 2022 andauern wird. Im Rahmen des Handlungsfeldes „Schule" der Initiative gilt es nach wie vor, Schul- und Unterrichtsentwicklung in staatlich-kommunal-zivilgesellschaftlicher Verantwortungsgemeinschaft voranzutreiben und zu verankern, um die Leistungsfähigkeit und Chancengerechtigkeit des Bildungssystems in der Metropole Ruhr zu steigern. Ziel ist es, ein Modell zu entwickeln, wie die bisherigen Unterstützungsangebote und Erfahrungen mit Hilfe von RuhrFutur in ein dauerhaftes System vor Ort überführt werden können, damit Schul- und Unterrichtsentwicklung als langfristige Unterstützungsleistung für Schulen in der Region in der benötigten Intensität und Qualität sicher etabliert sind (Abbildung 3).

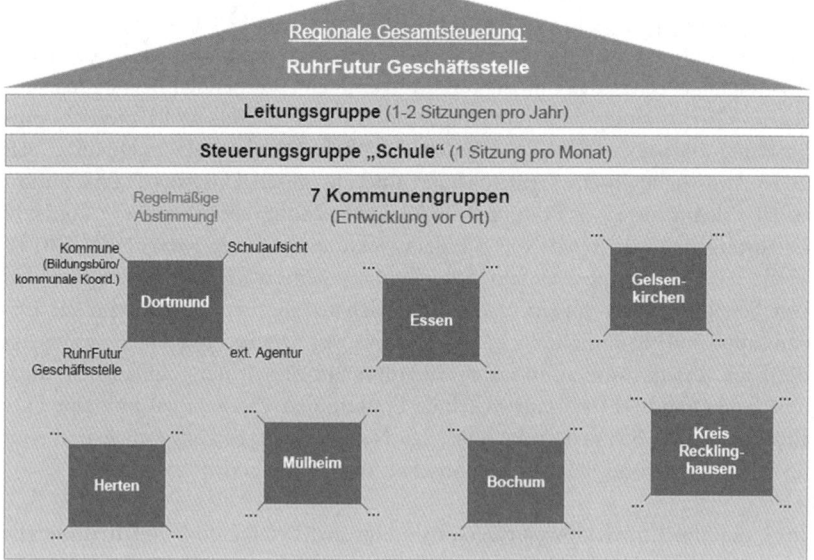

Abb. 3: Struktur der Schul- und Unterrichtsentwicklung im Rahmen von RuhrFutur

Während für die Begleitung der Maßnahme „Systematische Grundschulentwicklung" bislang auf das Netzwerk bildung.komplex als regionsexterne Schulentwicklungsagentur zurückgegriffen wurde, sollen bis 2022 stärker als bisher bereits vorhandene Angebote seitens des Landes Nordrhein-Westfalen einbezogen werden, um so eine eigenständige Unterstützungsstruktur in der Region aufzubauen bzw. bestehende Strukturen so aufzustellen, dass eine Unterstützung durch regionsexterne Agenturen längerfristig nicht mehr erforderlich ist. Im Fokus steht daher das Ziel, bisherige Maßnahmenelemente mit im Regelsystem vorhandenen Strukturen (wie etwa den Kompetenzteams, den durch die Bezirksregierung Arnsberg ausgebildeten Schulentwicklungsberatern etc.) so zu verschränken, dass für die Schulen im Ruhrgebiet auch über das Ende 2022 hinaus ein in Quantität und Qualität angemessenes Unterstützungsangebot mit dem Ziel systemischer Veränderungen zur Verfügung steht.

Künftig wird die Maßnahme aus folgenden sechs Bausteinen bestehen (Abbildung 4):

Baustein Schulentwicklung. Ende 2018 bzw. Anfang 2019 erfolgt die Ausschreibung für eine neue Phase des Schulentwicklungsprogramms von RuhrFutur, die sich an Grundschulen wie auch an weiterführende Schulen (einschließlich Berufskollegs) in den derzeit fünf, ab Januar sieben RuhrFutur-Kommunen richtet. Die bisherigen Teilelemente – Schulleitungs- bzw. Steuergruppenqualifizierung, Beratung/Coaching der einzelnen Schulen, fachliche/didaktische Qualifizierung – haben sich bewährt und sollen beibehalten werden.

Für die Begleitung der Maßnahme werden zum einen Schulentwicklungsagenturen mit einem regionalen Bezug eingebunden, zum anderen wird es aber auch eine Modellregion (Dortmund) geben, in der in Zusammenarbeit mit der Bezirksregierung Arnsberg die Umsetzung aller Teilelemente allein aus dem staatlichen System erprobt werden wird.

Anders als bisher soll bei der fachlichen Qualifizierung künftig auf Ressourcen im System und in der Region zurückgegriffen werden. Geplant ist eine Durchführung der fachlichen Qualifizierungen mit den Kompetenzteams und den drei Ruhrgebietsuniversitäten aus Bochum, Dortmund und Duisburg-Essen, die ihrerseits auch alle Partner von RuhrFutur sind. Denkbar sind Einzelveranstaltungen, aber auch modulartige Angebote, die die Bedarfe der Schulen abdecken. Wenn möglich sollen die Angebote kommunenübergreifend für mehrere Schulen organisiert werden.

Die Maßnahme ist auf drei Jahre angelegt. Teilnehmen können jeweils fünf Grund- und weiterführende Schulen aus dem Kreis der sieben RuhrFutur-Kommunen, also 35 Schulen insgesamt.

Baustein Qualifizierung kommunaler Akteure. Da ein wichtiger Erfolgsfaktor der bisher durchgeführten Maßnahmen in der engen Verzahnung aller Teilelemente bestand (Schulentwicklung aus „einem Guss"), wird dies auch in der zweiten Projektphase eine wichtige Rolle spielen. Stärker als bisher sollen die Kommunen dabei auch in die Bedarfsermittlung an den Schulen vor Ort und in die inhaltliche Koordination der Maßnahme eingebunden werden, gemeinsam mit den Kompetenzteams die fachlichen Module planen und so die Entwicklung vor Ort aktiv mit vorantreiben.

Um diese Entwicklung zu unterstützen, wird den zumeist im regionalen Bildungsbüro verankerten kommunalen Koordinierungen eine speziell auf diese Aufgaben zugeschnittene Qualifizierung in Sachen Schulentwicklungsberatung angeboten. Diese wird insbesondere Grundlagenwissen in Bezug auf Qualitätsentwicklung an Schulen in NRW, in Bezug auf systemische Beratung Veränderungsmanagement, Prozessunterstützung und Evaluierung von Veränderungsprozessen umfassen. Durchgeführt wird sie von der Bezirksregierung Arnsberg, die damit in Bezug auf die Zielgruppe auch Neuland betritt.

Baustein weitere unterstützende Aktivitäten. Zudem sind begleitend weitere Aktivitäten zur Unterstützung der Schulen in den RuhrFutur-Kommunen geplant. Zum einen sollen die Erfahrungen aus einem 2017 in Kooperation mit der Deutschen Schulakademie durchgeführten *Hospitationsprogramm* genutzt werden, um künftig ein eigenständiges RuhrFutur-Hospitationsprogramm zu entwickeln. Das Programm soll interessierten Schulleitungen und Lehrkräften die Möglichkeit einer passgenau organisierten Kurzzeithospitation in geeigneten Schulen mit Vorbildcharakter geben.

Zudem wird ein *Netzwerk Schulentwicklung* für die *Grundschulen* geschaffen, die an der Maßnahme „Systematische Grundschulentwicklung 1 und 2" teilgenommen haben. Damit gibt es einen Rahmen, in dem die Schulen ihre Zusammenarbeit und ihren Austausch als critical friends weiter aufrechterhalten können und Impulse für eine eigenständige Fortführung ihrer Schulentwicklungsprozesse erhalten. Dafür sollen zudem in Zusammenarbeit mit den Schulaufsichten themenspezifischen Fachtage angeboten werden. Darüber hinaus kann das Angebot der deutschen Schulakademie in Form der von ihr entwickelten Werkstätten zu den Themen Beschulung neu zugewanderter Schülerinnen und Schüler, Leistungsbeurteilung und Lernen genutzt werden.

Ein fester Bestandteil der Aktivitäten wird auch zukünftig die jährlich stattfindende sogenannte *Herbstschule* sein, ein vom Zentrum für Lehrerbildung der Universität Duisburg-Essen, den Kompetenzteams der Städte Essen und Mülheim/Oberhausen und RuhrFutur gemeinsam verantwortetes und durchgeführtes Fortbildungsformat für Lehramtsstudierende, Referendare und Lehrkräfte aus der Region.

Baustein Mikroprojekte zur Schulentwicklung. Schließlich wird es künftig einen kleinen Fonds für Mikroprojekte zur Schulentwicklung geben. Mit einer Förderung von bis zu 5.000 Euro sollen konkrete, möglichst innovative Vorhaben an

Schulen unterstützt werden, die auf das jeweilige Entwicklungsziel der Schule einzahlen und dem Schulentwicklungsprozess dienen. Sie können von den Schulen in Absprache mit den beteiligten Kommunen und Kompetenzteams beantragt werden.

Wissenschaftliche Begleitung, Maßnahmendokumentation und Evaluation. Ein weiterer zentraler Aspekt ist die Evaluierung der Angebote mit dem Blick darauf, wie sich das Zusammenspiel mit den Unterstützungsangeboten des staatlichen Systems gestaltet und wie sich die staatlich-kommunale Verantwortungsgemeinschaft weiterentwickeln lässt.

Es ist geplant, alle Fortbildungsangebote zu evaluieren, aller Voraussicht nach wird dafür das auch für Angebote der staatlichen Lehrerfortbildung verwendete Programm EDKIMO eingesetzt werden. Zudem werden die Erfahrungen des Gesamtvorhabens in einer Maßnahmendokumentation festgehalten, in die auch die Evaluierungsergebnisse einfließen.

Angestrebt wird darüber hinaus eine wissenschaftliche Begleitung der Maßnahme.

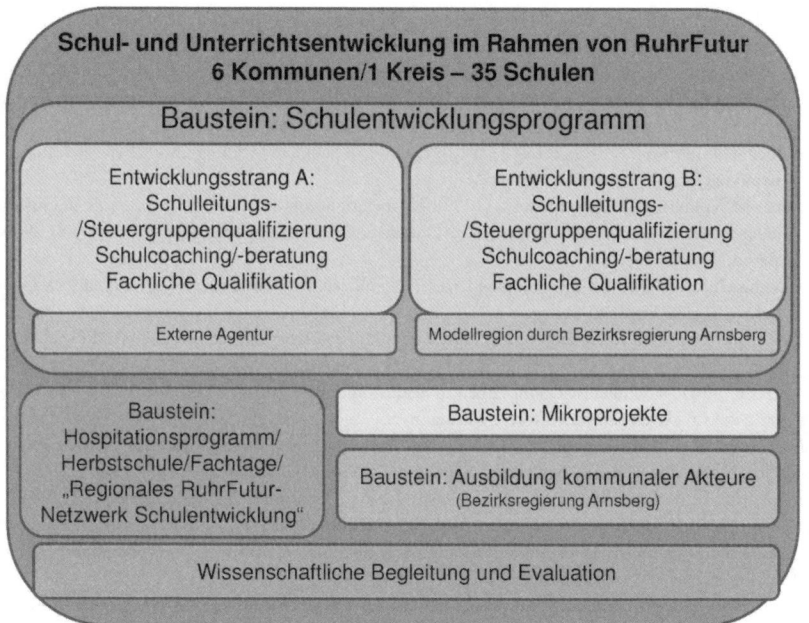

Abb. 4: Bausteine der Schul- und Unterrichtsentwicklung im Rahmen von RuhrFutur

4 Schul- und Unterrichtsentwicklung an Grundschulen: Königsweg zu mehr Chancengleichheit?

Schul- und Unterrichtsentwicklung kann viel bewirken. Allerdings ist auch der beste Entwicklungsprozess kein Ersatz für sozialpolitische Maßnahmen und/oder Quartiersentwicklung, ebenso wenig kann er einen Mangel an Lehrkräften kompensieren. Gleichwohl ist Schul- und Unterrichtsentwicklung eine wesentliche Voraussetzung für die optimale Förderung von Schülerinnen und Schülern im Sinne von mehr Chancengerechtigkeit. So lautet auch eine der zentralen Empfehlungen für gute schulische Bildung im Ruhrgebiet, die die Stiftung Mercator aus über 10 Jahren Erfahrung der von ihr geförderten Schulentwicklungsprojekte gewonnen hat, die nach der Ermöglichung von mehr Schulentwicklungsprozessen (vgl. Stiftung Mercator, 2018). Schul- und Unterrichtsentwicklung an Grundschulen ist also kein Königsweg zu mehr Chancengleichheit, sie kann diesen Weg allerdings ebnen.

Literaturverzeichnis

Beutel, S., Höhmann, K., Pant, H.A. & Schratz, M., (Hrsg.) (2016): Handbuch Gute Schule. Sechs Qualitätsbereiche für eine zukunftsweisende Praxis, Seelze: Kallmeyer/Klett.

Bezirksregierung Arnsberg (o.D.): Schulentwicklungsberatung (SEB). Eigenverantwortliche Schulen stärken – Systemische Schulentwicklung erfolgreich gestalten. Ein Unterstützungsangebot für die Schulen im Rahmen der Fortbildungsinitiative des Landes NRW.

Buhren, C.G. & Rolff, H.-G., (Hrsg.) (2012): Handbuch Schulentwicklung und Schulentwicklungsberatung, Weinheim und Basel: Beltz.

Deutsche Kinder- und Jugendstiftung (2009): Kooperation von Staat und Stiftungen als Voraussetzung für den Transfer von Programmen. Dokumentation der Arbeitstagung vom 10. Juli 2009, Berlin.

Eikenbusch, G. (2016): Können Schulen lernen? Sie müssen! In: Beutel u.a. (Hrsg), Handbuch Gute Schule. Seelze: Friedrich Verlag.

Herrmann, J. (2017): Discussion failed! Hinweise an die deutschsprachige Schulentwicklungsdiskussion zu „failing schools" aus einer Hamburger Perspektive, in: Manitius, V. & Dobbelstein, P., (Hrsg.) (2017): Schulentwicklungsarbeit in herausfordernden Lagen, = Beiträge zur Schulentwicklung des QUA-LiS NRW, Münster: Waxmann.

Im Brahm, G. (2018): Vortrag im Rahmen der Abschlussveranstaltung „RuhrFutur: Systematische Grundschulentwicklung", Schulentwicklung benötigt lernende Schulen (unveröffentlicht).

Jeworutzki, S., Knüttel, K., Niemand, C., Schmidt, B.-J., Schräpler, J.-P. & Terpoorten, T. (2017): Wege zur Metropole Ruhr. Räumlich segregierte Bildungsteilhabe in NRW und im Ruhrgebiet – zentrale Ergebnisse, Bochum: Ruhr-Universität Bochum, Zentrum für interdisziplinäre Regionalforschung.

Klein, E. D. (2017): Bedingungen und Formen erfolgreicher Schulentwicklung in Schulen in sozial deprivierter Lage. Expertise im Auftrag der Wübben Stiftung, = SHIP Working Paper Reihe No. 1

Klein, E. D. (2018): Erfolgreiches Schulleitungshandeln an Schulen in sozial deprivierter Lage. Eine Zusammenschau zentraler Grundlagen und Befunde aus der nationalen und internationalen Bildungsforschung. Expertise im Auftrag der Wübben Stiftung, = SHIP Working Paper Reihe No. 2

Ministerium für Schule und Weiterbildung (nunmehr Ministerium für Schule und Bildung) NRW (2015): Referenzrahmen Schulqualität NRW, = Schule in NRW No. 9051, Düsseldorf. Online unter:www.schulentwicklung.nrw.de/Referenzrahmen.

Regionalverband Ruhr (2012): Bildungsbericht Ruhr. Münster: Waxmann.

Rolff, H.-G. (2013): Schulentwicklung kompakt. Modelle, Instrumente, Perspektiven. Weinheim und Basel: Beltz.

RuhrFutur (2016): Systematische Grundschulentwicklung. Eine gemeinsame Maßnahme der Städte Essen und Mülheim sowie des Landes Nordrhein-Westfalen im Rahmen von RuhrFutur, Essen, online unter: www.ruhrfutur.de/Publikationen.

Stanat, P. u.a. (2002). PISA 2000. Die Studie im Überblick. Grundlagen, Methoden und Ergebnisse, Berlin: Max-Planck-Institut für Bildungsforschung.

Stiftung Mercator (2014): Mercator 2020 – Perspektiven öffnen, Chancen ermöglichen. Die Strategie der Stiftung Mercator, Essen.

Stiftung Mercator (2018): Gute schulische Bildung für das Ruhrgebiet. Empfehlungen der Stiftung Mercator, Essen.

Thümler, E. (2014): Erfolgsbedingungen staatlich-philanthropischer Bildungspartnerschaften, = Policy Paper No. 7 des Centrums für soziale Investitionen und Innovationen (CSI), Heidelberg.

UNICEF (2018): UNICEF Innocenti Report Card 15, Zusammenfassung: Ein unfairer Start ins Leben, Online unter: https://www.unicef.de/blob/177556/a6282e479e4a7188ecc27607fad15dd8/zusammenfassung-reportcard15-data.pdf (Abrufdatum 27.01.2019).

Vodafone Stiftung Deutschland, (Hrsg.) (2018): Erfolgsfaktor Resilienz. Warum manche Jugendliche trotz schwieriger Startbedingungen in der Schule erfolgreich sind – und wie Schulerfolg auch bei allen anderen Schülerinnen und Schülern gefördert werden kann. Eine PISA-Sonderauswertung der Organisation für wirtschaftliche Zusammenarbeit und Entwicklung (OECD) in Kooperation mit der Vodafone Stiftung Deutschland, Düsseldorf.

Wübben Stiftung (2017): impaktmagazin. Schulentwicklung in Brennpunktschulen, Düsseldorf.

Thomas Trautmann

Stärken stärken? Schwächen schwächen?
Mentorielle Begleitung von ViertklässlerInnen im Projekt WEICHENSTELLUNG

1 Das Projekt und seine Akteure

WEICHENSTELLUNG für Viertklässler geht auf eine Idee des Hamburger Erziehungswissenschaftlers Reiner Lehberger zurück. Gemeinsam mit der ZEIT-Stiftung etablierte er ein System mit dessen Hilfe Kindern aus schwierigen Lebensverhältnissen aber mit hohem Lernpotenzial der Übergang auf die weiterführende Schule erleichtert werden soll.

Grundlage ist ein vorwiegend unterrichtliches (in Klassenstufe 4) und anschließend außerunterrichtliches (in den Klassenstufen 5 und 6) Mentoring durch Lehramtsstudierende. Zwei bis drei ViertklässlerInnen bekommen eine/n MentorIn zugewiesen. Diese/r ist einmal pro Woche einen Vormittag mit im Unterricht anwesend bzw. geht mit ihren/seinen Mentees in einen Gruppenraum, um Dinge unterschiedlicher Art – unterrichtsrelevant oder überfachlich – zu erarbeiten. Dabei geht es nicht um Nachhilfe – vielmehr werden Inhalte vertieft (Enrichment), Wissen erweitert und ggf. Lücken geschlossen. Einmal im Monat treffen sich die MentorInnen mit den Mentees zum Kulturausflug. Die Angebote reichen von Planetariumsbesuchen bis zum Dialog im Dunkeln oder Capoeira-Kursen. Diese Annäherung an kulturelles Großstadtleben eröffnet neben Gemeinschaft auch die Erweiterung des eigenen Horizontes der Mentees. Ziel ist es, das Wissen der Kinder in Bezug auf unterschiedliche Kulturen zu erweitern, ihnen neue Perspektiven zu eröffnen, aber auch eine intensive Beziehung zwischen Mentoren und Mentees aufzubauen, sodass ein Vertrauensverhältnis entsteht (vgl. Sagular 2017, 8).

An dieser Stelle soll ein Blick auf die handelnden Akteure geworfen werden. Zunächst sind dies jene Kinder, die – aus den unterschiedlichsten Gründen heraus – in einem biografischen Umfeld aufwachsen, welches nicht hinreichend lernförderlich ist. Umstände können Armut, Bildungsferne oder/und fehlende bzw. zerfallen(d)e familiale Strukturen sein; ebenso wie prekäre Arbeitsverhältnisse der Eltern, eine hohe Geschwisteranzahl und/oder Sebstviktimisierung. Angemerkt werden muss – jene Heranwachsenden werden durch ihre Lehrerinnen und Lehrer in der Klassenstufe 3 als „mit Potenzial ausgestattet" charakterisiert. Grundlage dafür ist ein vom pädagogischen Leitungsteam entwickelter Fragebogen, den die

Lehrpersonen Mitte der Klassenstufe 3 (KS 3) bekommen und für potenzielle Kandidatinnen und Kandidaten ausfüllen. Einige dieser Fragen sollen hier stellvertretend stehen:

Entscheidend: Kommt das Kind aus schwierigen familiären Lebensverhältnissen?

1 gar nicht	2	3	4 teils/teils	5	6	7 absolut

Zeigt das Kind eine hohe Motivation in einigen der Hauptfächer?

1 gar nicht	2	3	4 teils/teils	5	6	7 nahezu immer

Ist das Kind offen gegenüber unbekannten Herausforderungen?

1 gar nicht	2	3	4 teils/teils	5	6	7 nahezu immer

Kann sich das Kind über längere Zeit im Unterricht konzentrieren?

1 gar nicht	2	3	4 teils/teils	5	6	7 nahezu immer

Mit dem Ausfüllen eines solchen diagnostischen Blattes übernehmen die Lehrpersonen eine ganz besondere Aufgabe. Sie antizipieren einen möglichen Bildungsverlauf aus ihrem professionellen pädagogischen Verständnis heraus. Bereits damit werden sie Partner in diesem Prozess und sie bleiben es als KlassenleiterIn in der KS 4. Denn mit der Nominierung des Kindes und seiner Aufnahme ins Projekt ist auch die Lehrperson in der Pflicht, die prognostischen Angaben nicht unbedacht getätigt zu haben.

Die dritte Gruppe der Akteure bilden die Mentorinnen und Mentoren, die wir alle durch persönliche Ansprache im Arbeitsbereich gewinnen. Diese Lehramtsstudierenden fallen in den Seminaren, Praktika oder Vorlesungen durch Aktivität, intensive Auseinandersetzung mit Bildungsfragen und eine hohe Kindzugewandtheit auf. Der Erfolgsfaktor – 99 Prozent der MentorInnen verlängern das erste Jahr im Projekt – scheint dieses Vorgehen zu stützen. Die designierten MentorInnen werden solide eingearbeitet – es gibt vor dem Einstieg Fortbildungen zum Thema Elternarbeit, Lernstrategien und Mentoring.

Das Projekt zieht weitere Kreise – offiziell und informell. Indirekt profitieren also neben den Mentees auch die Mentorinnen und Mentoren sowie Eltern und Lehrkräfte, da sich jede Partei neuen Herausforderungen stellen muss. Durch die enge Kooperation aller Beteiligten wird ein mehrperspektivisches Arbeiten ermöglicht, sodass Lehrkräfte im besten Fall von den Mentorinnen und Mentoren bezüglich neuer Lernmethoden profitieren, die Begabungen dieser Kinder neu betrachten, aber auch den sozialen Hintergrund dieser Kinder erfahren. Mentorinnen und Mentoren wiederum können durch die Teilhabe am Unterricht erste schulische Eindrücke sammeln, sich in das LehrerInnenleben hineinversetzen sowie die in der Theorie erarbeitete Binnendifferenzierung zur Anwendung bringen, da jedes Kind einer individuellen Förderung bedarf (vgl. Trautmann/Micha 2019, 339). Auch viele Mitschülerinnen und Mitschüler (peers) interessieren sich für das Projekt und fragen die ProtagonistInnen, nach Aufnahme oder Mitarbeit. Dadurch wird nicht selten das standing der Mentees in der Gruppe erhöht (und das Selbstbewusstsein vergrößert). Eltern schließlich lernen durch die enge Kooperation und Kommunikation mit den Mentor*innen die Stärken ihrer Kinder kennen. Vielfach bilden sich dabei sogar enge Vertrauensverhältnisse zwischen den MentorInnen und den Eltern. Somit kann realiter von einem mehrdimensionalen Ansatz gesprochen werden.

Bleiben als weitere Akteure noch pädagogische Verantwortliche und „hilfreiche Geister": Das Pädagogische Leitungsteam stellt die Supervision (vgl. folgendes Kapitel) sicher und hält individuelle Beratungsmöglichkeiten vor. Durch die Vernetzung des Projektes mit der Universität Hamburg, der Universität Köln und der Pädagogischen Hochschule Weingarten können sowohl qualitative als auch quantitative Evaluationsinstrumente innerhalb verschiedener Domänen des Projektes eingesetzt werden. Inzwischen arbeiten im Team auch eine Promovendin und eine Post Doc, um die Erträge des Projektes wissenschaftlich aufzuarbeiten. Seitens der ZEIT-Stiftung kümmert sich eine Referentin sorgfältig um das Projekt, stellt Vorschläge zu den Kulturausflügen zusammen, prüft Rechnungen und erarbeitet neue Materialien. Eine enge Kooperation besteht zum Schwesterprojekt WEICHENSTELLUNG für Zuwandererkinder und -jugendliche und den Projektpartnern in Nordrhein-Westfalen und Baden-Württemberg.

2 Mentoring, Supervision und Evaluation

In der angelsächsischen educational area gehört Mentoring traditionell zum Schulalltag mit dem Ziel, den Mentee in seiner persönlichen Weiterentwicklung zu unterstützen (vgl. Raufelder/Ittel 2012). Mentoring im genuinen schulisch-außerschulischen Kontext, wie es im Projekt WEICHENSTELLUNG verstanden wird, stellt die verlässliche und langfristige Betreuung, Beratung, Förderung, Begleitung und das Leiten von Protegés durch eine (meist ältere und erzieherisch professionalisierte) Person dar. Im Projektkontext dient diese Verbindung meist dazu, das Menteekind sowohl schulintern als auch extern-lebensweltlich zu unterstützen. Das bedeutet gegebenenfalls mit ihm Lerninhalte aufzuarbeiten als auch persönlich beratend zu wirken. Engagiert und effektiv ausgeführtes Mentoring wirkt sich somit positiv auf die schulischen Entwicklungen selbst (Leistung, akademisches Selbstkonzept) und auf den personalen Werdegang (Selbstwert, Selbstkonzept, Freundschaften) der betreuten Kinder aus. Der Start im späten

Grundschulalter (wie bei WEICHENSTELLUNG initiiert) erhöht die Chance, dass die am Programm teilnehmenden Kinder langfristig partizipieren und die Unterstützung annehmen, sie frühzeitig an Lerntechniken, Arbeitsformen, Motivationstechniken und inhaltliche Förderung herangeführt und durch eine gute Beziehung zu den Mentorinnen und Mentoren bei Problemen unterstützt werden können (vgl. Trautmann/Micha 2019, 341). Dabei zeigen sich erste Erfolge zunächst unstet und im Mikrobereich. Hier ein Ausschnitt aus dem Forschungstagebuch einer Mentorin:

> Heute war ich ganz begeistert! Obwohl ich im Lehrerzimmer schon wieder kaum ein gutes Wort über S. gehört habe, hat sie bei mir eine halbe Stunde ganz konzentriert gearbeitet. Sie hatte ihr Matheheft dabei und hat fast eine komplette Doppelseite geschafft. Als Belohnung sind wir bei dem schönen Wetter nochmal (sic!) zum Kinderbauernhof gegangen, wo wir ein bisschen über Alltägliches plauderten und einfach die Tiere beobachteten (Schubert 2017, 41/100).

Grundsätzlich agieren die Studierenden in drei Rollen – als MentorIn, als KollegIn (der Lehrperson in den Menteeklassen) und zusätzlich als ForscherIn – indem sie z.B. methodische Instrumente aus den universitären Forschungswerkstätten[1] nutzen, um Daten über die Entwicklung ihrer Mentees zu generieren. Eine wesentliche Kompetenz ist es dabei, Nähe und Distanz im Interaktionsprozess zu synchronisieren (Dörr/Müller 2012). Klar scheint, dass eine lern- und entwicklungsfördernde Unterstützung in der Arbeit mit einem Kind nicht ohne Nähe zu demselben gelingen kann. Andererseits ist aber auch hinreichende Distanz notwendig, da diese es der pädagogischen Fachkraft ermöglicht, in der Doppelrolle der Mentorin/des Mentors und Forscherin/des Forschers überhaupt zu agieren und auf Augenhöhe mit den Lehrpersonen Entwicklungsverläufe zu kommunizieren. Nicht nur daher bedürfen Mentorinnen und Mentoren zumindest partiell des Mentorings auf höherer Ebene. Um dem Prinzip des „train the trainer" zu entsprechen, werden den MentorInnen monatliche Supervisionen, individuelle Beratungen und eine prinzipielle Evaluation angeboten.

Supervision ist eine Beratungsmethode, die den MentorInnen hilft, über ihre eigene Rolle innerhalb von (Mentoring)prozessen und über professionelles Handeln nachzudenken, den eigenen Blickwinkel zu erweitern und so neue Handlungsperspektiven und -strategien für die eigene Tätigkeit zu entwickeln (vgl. Mair o.J., 1).

Bei WEICHENSTELLUNG geht es grundsätzlich darum, das Feld zu klären, also Arbeits- und Interaktionssituationen zu beleuchten, die Arbeitsatmosphäre

---

[1] Forschungswerkstätten sind zweisemestrige universitäre Veranstaltungen im Master. Sie haben das Ziel, Studierende mit (qualitativen bzw. quantitativen) Forschungsmethoden bekannt zu machen und ihnen erste Feldforschung zu ermöglichen.

zwischen Mentee und MentorIn einzuschätzen, die Organisation des Mentorings innerhalb des Unterrichts oder im lebensweltlich Bereich zu diskutieren oder/und aufgabenspezifische Kompetenzen zum Vorschein zu bringen bzw. um Verbesserung dieser zu ringen. Durch die Verschränkung von Mentoring und Forschung werden nicht selten auch theoretische Impulse zu Fragestellungen entwickelt, welche die Arbeit mit den Kindern sinnstiftend ergänzen. Supervisionsprozesse müssen immer lösungsorientiert gestaltet werden. Ein ausschließliches Verharren im Defizitblick wird dem Ansatz und dem Prozess nicht gerecht. Supervision erbringt eine (meist erste) eigene Distanzierung zu bzw. von jenen Abläufen im Mentoring. Solche Distanzierungen aber sind notwendig, um mit psychologischen und didaktischen Mitteln „angemessene Reflexions- und Entscheidungshilfen zu gewinnen, inklusive der Bewertung eigener Schwierigkeiten" (Herrmann/Hertramph 2000, 55). Dabei wird das Augenmerk vor allem auf intra- und interpersönliche Aspekte der Beteiligten gelegt. Die Mentorinnen und Mentoren – Studierende des Lehramtes an Primar- und Sekundarstufe, für das Gymnasium sowie für Sonerpädagogik haben teilweise deutlich differente Blickwinkel innerhalb der Fallanalysen, sodass die gegenseitige Hilfestellung und der Austausch eine multiperspektivische Sichtweise auf Herausforderungen und Geschehnisse ermöglicht. Durch die langjährige Forschung und eigene berufliche Erfahrungen kann der Supervisor dazu nochmals andere mögliche Beweggründe für die spezifische Situation entwickeln bzw. in den Blick nehmen lassen. Für viele der Studierenden bietet sich in den Supervisionen somit die Möglichkeit, das eigene pädagogische Handeln zu hinterfragen und zu reflektieren, Lösungsansätze konstruktiv zu diskutieren und Erfolge sowie Misserfolge aus mehreren Perspektiven heraus zu ergründen (vgl. hier Schubert 2017, 50; auch Benthin 2017, 84).

Evaluation ist Bestandteil nahezu aller professionell organisierten Entwicklungsprozesse. Die Wirkungen von WEICHENSTELLUNG werden aus zwei Perspektiven heraus untersucht. Unsere Kooperationspartner an der PH Weingarten evaluieren mittels eines quantitativen Designs jährlich (vgl. Ewald 2018) alle Standorte. In Hamburg prüfen wir mit Einzelfallanalysen u.a. das „Wie" und „Warum" diagrammatischer Verläufe.

3 Stärken stärken?

Im Mentoring geht es nicht primär und nicht sekundär um die Kristallisation von Defiziten sondern um die grundsätzliche Ermutigung der Kinder. Damit bildet das Projekt eine Spezifik zur allgemeinen Aufgabe der Institution (Grund)Schule. Diese hat neben der Stärkung der Kompetenzen, der Entfaltung von Interessen und Talenten die pädagogische Aufgabe, die Persönlichkeit der Schüler zu stärken und deren Lernmotivation und Anstrengungsbereitschaft zu steigern. Tatsache ist jedoch, dass die Kinder ihren individuellen Bildungsgang, besonders aber Übergangsprozesse aufgrund ihrer individuellen Stärken und Schwächen unterschiedlich erleben und sie höchst unterschiedlich mit den Veränderungen beim Übergang umgehen. In diese Schnittstelle hinein agiert Mentoring. Lehrpersonen und MentorInnen können substanzielle Effektstärken auf den Lernerfolg der SuS auslösen bzw. in Szene setzen. Denkbar sind hierbei das „Einholen von Feedback [...] sowie das Micro-Teaching" (Lotz/Lipowsky o.J., 102). Des Weiteren spielen das Lernangebot selbst, die Klarheit der Instruktion bzw. der Unterrichtsaufgaben selbst und die Auskünfte über Lernprozesse der Mentees eine Rolle (vgl. hier z.B. Hänsel 2017, 1). Ein weiterer, nicht zu unterschätzender Effekt ist das gemeinsame Agieren der Mentees außerhalb des Klassenverbandes bei der Mentorin/ beim Mentor (z.B. in separaten Gruppenräumen). Die Mentees können sich untereinander in ihren Zielen bestärken und das Mikro-Sozialsystem wird gestärkt (vgl. Haselbeck 2007, 116). Eine Mentorin kommt daher auch zu diesem finalen Urteil:

> „ ... dass Olgas Schüchternheit zunächst zu unterschiedlichen Problemen beim Übergang führte, was sich vor allem in der mündlichen Beteiligung und beim Finden von neuen Freundschaften widerspiegelt. Allerdings konnte sie durch ihre Stärken (Ordnung, Fleiß, etc.) den Übergang gut meistern und hatte nur wenige Probleme, sich an die neuen Unterrichtsinhalte und das gesteigerte Leistungsniveau zu gewöhnen. Neue Freundschaften fand sie im Laufe des Schuljahres jedoch durch das gesteigerte Vertrauen in sich selbst und durch die Teilnahme an Kursen. Durch die Unterstützung der Mutter schien Olga zudem stolz auf ihre Leistungen zu sein und wollte weiterhin engagiert lernen." (Schnoor 2017, 112)

4 Schwächen schwächen?

Ein Kind fühlt sich z.B. dann sozial integriert, wenn es sich von seinen Mitschülerinnen und Mitschülern angenommen fühlt und davon ausgeht, dass diese es als vollwertiges Gruppenmitglied anerkennen (vgl. Rauer/Schuck 2003, 10). In diesem Kontext ist ein positives Klassenklima ebenso zu erwähnen, wie eine vertrauensvolle Atmosphäre in den gemeinsamen Mentoring-Aktivitäten. In dessen Rahmen handeln die Mitglieder gemeinsam und niemand wird aufgrund von Schwächen ausgegrenzt. Wie stark dies bei einem männlichen Mentee gelang, zeigt ein Eintrag in einem Forschungstagebuch auf. Während sich Leon[2] am Beginn der Klasse 4 vehement daran stört, einen Fehler zuzugeben klingt dies bereits im Verlaufe des Schuljahres deutlich ab:

---

2 Alle Namen wurden nach den gesetzlichen Vorgaben anonymisiert.

L (liest ein Item aus der Evaluation von WEICHENSTELLUNG selbst vor): Dass niemand merkt, wenn ich etwas nicht verstehe. ...". Stimmt gar nicht! Das kann man ruhig wissen. (Cybulla 2017. 11f)

Auch in Bezug auf Vermeidungsstrategien zeigt sich in einem Interview eine deutliche Werteverschiebung. So äußert Leon bereits am Beginn der Klassenstufe 5:

„I (konfrontiert das Menteekind mit Aussagen, die das Kind kommentieren soll): In der Grundschule ging es mir darum, keine schwierigen Arbeiten oder Tests zu haben. L: Naja, es könnte schon mal, ich könnte schon mal, welche haben, also mittel. Kommt darauf an zu welchem Thema. Mathe könnte zum Beispiel bisschen schwieriger sein." (Cybulla 2017. 49ff)

Gerade in Bezug auf die Erziehungsaufgabe spiegelt sich letztlich die Intentionalität in allen Bereichen des schulischen Lebens und Lernens: in Umgangsformen, den Regeln, dem Schulkonzept, den Lehr- Lernarrangements und den Inhalten. Im Fokus steht die Intention, den Schüler grundsätzlich als Person zu stärken (vgl. hier Dogan 2017, 8).

*„L: ... dass alle merken, wenn ich in Tests gut abschneide. (Kreuzt „Stimmt genau" an.)
I: Warum?
L: Damit alle wissen, dass ich schlau bin."* (Cybulla 2017. 68ff)

5 Haltende Systeme

Für die Entwicklung von Kindern spielt vor allem das familiäre Umfeld eine entscheidende Rolle, da dies die ersten haltenden Systeme sind, die das Kind kennenlernt und in denen es sich entfaltet. Später kommt der soziale Nahraum institutional (etwa durch Kita, Schule und Sportverein) und peergeprägt – hinzu. Doch dies ist nicht immer gegeben. Eine langjährige Mentorin kommt bei ihrer Analyse des Kontextes von WEICHENSTELLUNG hinsichtlich der Notwendigkeit verlässlicher mentorieller Begleitung zu folgendem Urteil:

„Doch gerade diese haltenden Systeme sind es, die scheinbar zahlreichen Kindern an Hamburgs Grundschulen fehlen. Im Projekt WEICHENSTELLUNG für Viertklässler kommen Mentorinnen und Mentoren zum Teil mit Kindern in Kontakt, deren Eltern durch psychische Krankheiten, Drogenabhängigkeit, Überforderung oder Desinteresse keine ideale Begleitung für die heranwachsende Generation sind. Natürlich gibt es auch Eltern, die ihre Kinder sehr gut unterstützen und als stabile Ansprechpartner die Entwicklung ihres Nachwuchses begleiten" (Schubert 2017, 42).

Ziel von Mentoring kann es – unter diesem Blickwinkel – sein, auch „Offenheit für die Sinn- und Regelsysteme der Kinder" (vgl. Heinzel 2012, 22) herzustellen. Wenn dann eben jene Sicht mit deutenden Instrumenten (in Interviews, mittels narrativer Landkarten, im Rahmen von Spielverfahren) erschlossen werden kann, entwickeln sich MentorInnen-Mentee-Konstellationen zu haltenden Systemen. Doch der Einsatz der Mentorinnen und Mentoren ist beileibe keine Einbahnstraße. Auch sie agieren innerhalb haltender Strukturen und erfahren somit Selbstbestätigung. Letztlich ist das Agieren als Mentorin in einer Peer-Gruppe auch eine gute Voraussetzung für das künftige Lehramt selbst. Das Arbeiten in multiprofessionellen Teams scheint stetig an Bedeutung zu gewinnen, da inklusive Bildung genau dies voraussetzt. Die Kooperation von Regelschullehrkräften, Sonderpädagoginnen und -pädagogen, Integrationshelferinnen und -helfern sowie je nach Bedarf und Möglichkeit Therapeutinnen und Therapeuten soll die qualitative Förderung aller Kinder in heterogenen Lerngruppen gewährleisten.

Literaturverzeichnis

Benthin, L. M. (2017). Aspekte des Übergangs zwischen den Klassenstufen 4 und 5 – nachgewiesen an zwei Schülerinnen im Projekt WEICHENSTELLUNG. MA Thesis. Fakultät für Erziehungswissenschaft der Universität Hamburg. Hamburg: UHH.

Cybulla, A. (2017). Ein männlicher Schüler im Projekt WEICHENSTELLUNG. Die Entwicklung zwischen Leistungsmotivation und Kontrollverlust. Forschungstagebuch im Rahmen der Forschungswerkstatt. Hamburg: UHH.

Dogan, M. (2016). Die „gute" Lehrkraft aus Kindersicht – eine kombinierte Stichprobe in Klassenstufe 4. MA Thesis. Fakultät für Erziehungswissenschaft der Universität Hamburg. Hamburg: UHH.

Dörr, M. & Müller, B. (Hrsg.) (2012). Nähe und Distanz – Ein Spannungsfeld pädagogischer Professionalität. Weinheim und Basel: Beltz Juventa Verlag.

Ewald, F. (2018). Evaluation des Projektes WEICHENSTELLUNG für Viertklässler in Hamburg. Zwischenbericht zum Ende des Schuljahres 2016/17. Weingarten: Pädagogische Hochschule Weingarten.

Hänsel, M. (2017). Welche Schlussfolgerungen und Forderungen an die Lehrerschaft erwachsen aus der Hattie-Studie? Einsehbar unter: http://www.mhaensel.de/guter_unterricht/hattie_ergebnisse.html [letzter Zugriff 08.12.2017].

Haselbeck, F. (2007). Schule. Bildungsinstitution und Lebensort. Theorie und Alltag der Schule. Aachen: Shaker Verlag.

Heinzel, F. (2012). Qualitative Methoden in der Kindheitsforschung. Ein Überblick. In: Frederike Heinzel (Hrsg.), Methoden der Kindheitsforschung. Ein Überblick über Forschungszugänge zur kindlichen Perspektive. Weinheim [u.a.]: Beltz Juventa, 22–35.

Herrmann, U. & Hertramph, H. (2000). Der Berufsanfang des Lehrers – der Anfang von welchem Ende? In: Die deutsche Schule, 92 (2000) 1, 54–65.

Lotz, M. & Lipowsky, F. (2015). Die Hattie-Studie und ihre Bedeutung für den Unterricht – Ein Blick auf ausgewählte Aspekte der Lehrer-Schüler-Interaktion. In: Mehlhorn, Gerlinde/Schulz, Frank/Schöppe, Karola (Hrsg.), Begabungen entwickeln & Kreativität fördern. München: kopaed, S 97–136.

Mair, S. (o.J.). Supervision – ein Weg, handlungsfähig zu bleiben oder wieder zu werden. In: Das Kita-Handbuch. Herausgegeben von Martin R. Textor und Antje Bostelmann. Online unter: https://www.kindergartenpaedagogik.de/2244.html (Abrufdatum 01.08. 2018).

Rauer, W. & Schuck, K. D. (2003). Fragebogen zur Erfassung emotionaler und sozialer Schulerfahrungen von Grundschulkindern dritter und vierter Klassen: FEESS 3–4; Manual, Göttingen: Beltz Test.

Raufelder, D. & Ittel, A. (2012). Mentoring in der Schule: ein Überblick; theoretische und praktische Implikationen für Lehrer/-innen und Schüler/-innen im internationalen Vergleich. Diskurs Kindheits- und Jugendforschung Heft 2, 2012, 147–160.

Sagular, A.-A. (2017). Zum personalen Einfluss des sozialen Nahraums auf die Schuleinstellung in Transitionsprozessen – nachgewiesen an einem männlichen Fünftklässler. MA Thesis. Fakultät für Erziehungswissenschaft der Universität Hamburg. Hamburg: UHH.

Schnoor, J. (2017). Die perfekte Schule? Heranwachsende zwischen Unterrichtsalltag und Schulstruktur – Nachgewiesen an drei Kindern im Transitionsprozess zwischen Klasse 4 und 5. MA Thesis. Fakultät für Erziehungswissenschaft der Universität Hamburg. Hamburg: UHH.

Schubert, K. (2017). Resilienzaspekte im Transitionsprozess einer weiblichen Viertklässlerin – eine Einzelfallstudie im Rahmen von WEICHENSTELLUNG. MA Thesis. Fakultät für Erziehungswissenschaft der Universität Hamburg. Hamburg: UHH.

Trautmann, T. & Micha, M. (2019). Qualitative Designs in studentischen Mentoringprozessen – ein unbeackertes Feld in der Kindheitsforschung? In: Hartnack, Florian (Hrsg.) (2019). Qualitative Forschung mit Kindern. Wiesbaden: Springer. 337–375 (i. Dr.).

Marielle Micha

Das Projekt WEICHENSTELLUNG für Viertklässler als Plattform für mehrperspektivische Einzelfallforschung – ein Beitrag zur Erkennung problematischer Sozialisationsbedingungen

1 Studentische Perspektivenerweiterung

> „[…] Heranwachsende aus Multiproblemkonstellationen, deren äußere Lebensumstände durch einen niedrigen Sozialstatus, […] desorganisierte Familienverhältnisse oder Unerwünschtheit […] geprägt sind, zählen zu den bildungsbenachteiligten Schülerinnen und Schülern. Soziale Ungleichheit führt zu schlechten Startchancen im Bildungssystem und hat damit Konsequenzen für eine erfolgreiche Teilnahme am Erwerbsleben" (Herz 2004, 7).

Ob und wie Chancen- und damit Bildungsgerechtigkeit (jemals) herzustellen ist, kann und soll hier nicht abschließend beantwortet werden. Jedoch stellt die Beschäftigung mit den genannten Problemlagen von Kindern und Jugendlichen gerade für zukünftige Lehrpersonen einen wichtigen Aspekt ihrer Professionalisierung dar. Einen Teil der facettenreichen Lebensverläufe von Schülerinnen und Schülern auch außerhalb der Schule kennenzulernen, bietet für Lehramtsstudierende die Möglichkeit, Kinder und Kindheit aus unterschiedlichen Perspektiven zu betrachten. Diese Umstände in Einzelfallanalysen dann auch noch wissenschaftlich zu erforschen, stellt eine weitere Ebene der Orientierung am spezifischen Fall dar, die sowohl für die Studierenden, als auch für ihre Schützlinge einen großen Mehrwert haben kann, auch bezogen auf das allgemeine Verständnis solcher Lebenslagen.

Innerhalb des Projektes *WEICHENSTELLUNG für Viertklässler*[1] bietet sich vielen Mentorinnen und Mentoren (die gleichzeitig Lehramtsstudierende sind) oft zum ersten Mal die Gelegenheit empirische Forschungsmethoden im Feld zu erproben und daraus ihre eigene qualitative Fallstudie zu entwickeln. Durch die langzeitliche Begleitung von bis zu drei Mentees ergeben sich unterschiedliche Perspektiven für die Durchführung einer Einzelfallbegleitstudie, die auf der Grundlage von hochindividuellen Aspekten der Lebensweltgestaltung der

---

1 Ausführlich dargestellt unter: https://www.zeitstiftung.de/projekte/bildungunderziehung/weichenstellung/weichenstellungfuerviertklaessler

Mentees aufgebaut sind. Auf ganz natürliche Weise entsteht so ein Erkenntnisinteresse bei den Mentorinnen/Mentoren, die nun in ihre Rolle als Forschende wechseln. Dieses Interesse kann innerhalb einer Fallstudie besonders umfassend bzw. gründlich untersucht werden, da erstens der Standardisierungsgrad der Forschungsmethoden geringgehalten wird und dafür zweitens ein komplexes Ganzes im Zusammenhang mit der jeweiligen Umwelt betrachtet wird (vgl. Häder 2006, 349). Aufgrund der Beziehung, die zwischen Mentee und Mentor/in durch den intensiven Kontakt miteinander hergestellt wird, bildet sich ein Vertrauensverhältnis auf zwischenmenschlicher Basis, welches auch den Umgang mit dem Forschungsfeld beeinflusst (vgl. Lehmeier 1995, 636). Durch den Eintritt des Mentors/der Mentorin in die Lebenswelten der Mentees bilden sich quasi immanent Interessengebiete heraus, die besonders erforschungswert erscheinen. Aus bestimmten Aspekten des Lebensumfeldes der Mentees, aus bestimmten Situationen, aus Verhaltensweisen oder aus nur schwer fassbaren Umständen entstehen – meist in praxi – wissenschaftliche Fragestellungen, die erforscht werden wollen. Da zudem viele der Mentees mit problematischen Sozialisationsbedingungen aufwachsen, eröffnet sich mit dem forschenden Blick auch das, was als künftige Lehrperson primär erscheint – der Blick auf das Kind selbst, im Rahmen seiner unverwechselbaren Um- und Lebenswelten.

2 Rahmenbedingungen

Die Entstehung des Erkenntnisinteresses innerhalb einer Einzelfallstudie im Projekt WEICHENSTELLUNG stellt einen mannigfaltigen Prozess dar, der immer von der Abhängigkeit subjektiver Eindrücke, Erfahrungen und dem Wunsch nach Hintergrundwissen geprägt ist. Dabei konzentriert sich das Interesse meist ganz von alleine, weil eben innerhalb des Transitionsprozesses auf die weiterführende Schule, welcher bei WEICHENSTELLUNG begleitet wird, jegliche Art von Anpassungsleistung einzigartige Bewältigungsstrategien hervorruft, die einen lohnenswerten Forschungsgegenstand darstellen. Dieser ist zudem besonders befruchtend, da sich der Ansatz von WEICHENSTELLUNG der Begleitung von Kindern aus problematischen Lebenslagen hin zu höherer Schulbildung verpflichtet sieht.

> „In der ersten Phase [der Forschung, MM] erfaßt [sic!] der Forscher zwar Teile der Realität, aber Teile beliebiger Auswahl, bestimmt von ihm, dem Subjekt, nach Lage seiner augenblicklichen Motivation, nach seinen Bedürfnissen und Kenntnissen, nach den gesellschaftlichen Bedingungen in denen er sich befindet, nach eigenem Gutdünken, oder durch äußere Faktoren beeinflußt [sic!]" (Kleining 1982, 245).

Aus der Neugier der Forscherin/des Forschers, einem interessierenden Phänomen und der ersten Auseinandersetzung mit Fachliteratur entsteht dann schließlich eine erste wissenschaftliche Fragestellung, die weitere Überlegungen in Richtung Methodologie, Methodik und Forschungsfeldbestimmung legitimiert (vgl. Przyborski/Wohlrab-Sahr 2014, 1–2). Das hochindividuelle und dynamische Beziehungsgeflecht zwischen Mentorin oder Mentor und den Mentees stellt gleichzeitig eine Herausforderung sowie einen Mehrwert für die Forschung in diesem Kontext dar. Die Forschungskontexte in diesem Bezugsrahmen scheinen schier unerschöpflich und bilden final meist persönliches Interesse des oder der Forschenden ab. Da sie diejenigen sind, die auch außerhalb des Forschungsrahmens mit den Mentees zusammenarbeiten, sind sie qua Amt als Mentorin oder Mentor daran interessiert, die Lebensumstände ihrer Schützlinge kennenzulernen und auch abschätzen zu können. Das Erkenntnisinteresse kann so auch immer ein Stück weit als inhärentes, eigenes Weiterentwicklungsinteresse im Sinne einer parallelen Professionalisierung als zukünftige Lehrperson angesehen werden. Subjektivität, die somit bereits bei der Formulierung des Erkenntnisinteresses eine Rolle spielt, zieht sich durch den gesamten Forschungszeitraum und muss bei der Interpretation von Daten stets mitbedacht werden. Dabei stellt die Subjektivität der Forscherin oder des Forschers keinesfalls ein Defizit qualitativer Forschung dar. Der Umgang mit ihr muss allerdings sehr bewusst und regelgeleitet vollzogen werden. „Die Rolle der Forschenden als Subjekte (mit ihren Forschungsinteressen, Vorannahmen, Lebenserfahrungen) muss [...] reflektiert werden" (Aeppli u.a. 2016, 263). Erst die Akzeptanz dieser Umstände kann zu einer nachhaltig erfolgreichen Forschung führen, die sich mit dem Forschungsgegenstand und der Forscher- und Forscherinnenhaltung ausreichend reflexiv auseinandersetzt. Vor diesem Hintergrund entstehen einzigartige Einzelfallforschungen mit einem oder mehreren Mentees als Hauptuntersuchungssubjekte, welche durch ein subjektives, nicht objektivierbares Interesse am Leben der Mentees entstehen. Zu den qualitativen Gütekriterien, mit denen sich die meist noch unerfahrenen Forscherinnen und Forscher auseinandersetzen müssen, gehören die „Prinzipien der Offenheit, Flexibilität und Kommunikation" (Fuchs-Heinritz u.a. 1994, 209).

Ein Beispiel für die Entstehung eines Forschungsinteresses – die individuellen Sozialisationsbedingungen eines Jungen bei WEICHENSTELLUNG – stellt die Forschungsarbeit einer Mentorin über einen ihrer Mentees dar. Mit diesem exemplarischen Fall soll nun kurz der Bogen zur praktischen Feldarbeit geschlagen werden. Status quo ist ein Junge mit niedriger Impulskontrolle. Die Forscherin – zunächst in der Rolle als Mentorin – lernt den Jungen im Rahmen des Projektes als aufgeschlossen und neugierig kennen. Allerdings zeigt er auch unsoziales Verhalten und fällt durch nicht passende, verwaschene Kleidung auf. Er hat selten seine Schulmaterialien dabei, zieht immer wieder Konflikte an und/oder isoliert sich absichtlich von Anderen. Die Mentorin erfährt die familiären Hintergründe des Jungen: Er lebt alleine bei seinem Vater polnischer Herkunft, der allerdings sehr viel arbeitet und kaum Zeit für den Jungen aufbringen will oder aufbringen kann. Dadurch wird beispielsweise die Anschaffung schulischer Materialien erschwert. Auch das Interesse des Vaters an der deutschen Kultur und Sprache ist eher gering, was es der Mentorin erschwert, in den kommunikativen Austausch mit ihm zu kommen. Der Junge wächst deshalb mit der Bürde auf, sehr viel soziale Verantwortung übernehmen zu müssen (vgl. Höper 2017, 51–54).

Ohne das Hintergrundwissen der familiären Situation des Jungen, wäre es für die Mentorin und Forscherin in diesem Fall nicht möglich gewesen, eine situationsspezifische Forschungsfrage und ein angemessenes Design zur Bearbeitung dieser zu entwickeln. Nur die Kenntnis des Umfeldes und die Nähe zu dem Jungen konnten eine aussagekräftige wissenschaftliche Betrachtung des Falls ermöglichen. Dieses Beispiel zeigt, wie wichtig es ist, gerade bei problematisch sozialisierten Kindern genau hinzuschauen und sich bei der Entwicklung einer Forschungsfrage nicht nur auf die vordergründigen Verhaltensweisen oder auf vorgefertigte Muster zu beziehen. Denn erst die umfassende Beschäftigung mit den Lebensumständen eines Kindes kann überhaupt die Begründung der Komplexität der Entstehung von Handlungsweisen entstehen lassen.

3 Die Entwicklung der Forschungsfrage

Die Formulierung einer Fragestellung, welche die Forschung begleitet, ist am Anfang der Erkundungen unumgänglich, trotzdem ist die Frage im Prozess immer noch veränderbar. „Auf Grundlage einer präzise formulierten Fragestellung zu Beginn lässt sich [...] später genauer bestimmen und dokumentieren, wo und aus welchen Gründen sich Perspektiven im Verlauf der Forschung verändert haben" (Przyborski/Wohlrab-Sahr 2014, 3). Die Forschungsinteressen der Forscherinnen und Forscher bei WEICHENSTELLUNG sind stets unterschiedlich (weil vom individuellen Erkenntnisinteresse getragen) und werden im Kontext der Lebenswelt der Mentees untersucht. Solche Interessenschwerpunkte können sich beispielsweise mit der Entwicklung des Fähigkeitsselbstkonzepts beschäftigen, können Fragen zum sozialen Nahraum des Kindes aufwerfen, betrachten die Außenseiterproblematik oder die Relevanz der Muttersprache im Unterrichtskontext. All diese Faktoren, die u.a. in sozialer Ungleichheit begründet liegen und damit oft problematische Sozialisationsprozesse darstellen, sind forschungsperspektivisch interessant. Dadurch begründet sich das Erkenntnisinteresse meist schon in sich selbst. Die Vorgehensweise, die nötig ist, um sich mit derart komplexen

Bedingungsgefügen auseinanderzusetzen, schließt auch ein, dass verschiedene Akteure der Lebenswelt der Mentees mitberücksichtigt werden. Exemplarisch werden nun einige Forschungsfragen aus Masterarbeiten vorgestellt, um zu verdeutlichen wie unterschiedlich die Fokussierungen der Forschenden ausfallen, selbst, wenn es grob um den gleichen Kontext geht (Transition von der Grund- auf die weiterführende Schule). Die vorgestellten Fragestellungen sind ganz unterschiedlicher Natur, sowohl induktiv als auch an anderer Stelle deduktiver Genese. Manchmal handelt es sich um eine Fragestellung innerhalb von mehreren Kontexten, die nur gemeinsam den gesamten Untersuchungsrahmen erklären können und die später die „zentrale Forschungsfrage" (Richter/Fügert 2016, 57) zusammen begründen. Die Forschungsfragen werden manchmal bereits am Anfang der Arbeit aufgestellt und beibehalten, manchmal sind sie skizzenhaft und werden dazu genutzt, das Themenfeld zu betreten um dann im Forschungsverlauf selbst deutlich präzisiert zu werden. Trotzdem stellen all diese Fragestellungen in ihrer Heterogenität eine Grundlage für etwaige Hypothesenbildung, Methodenwahl oder die Bestimmung des Forschungsrahmens dar und differenzieren das Erkenntnisinteresse weiter aus. Einige Themen werden hier nun exemplarisch knapp skizziert:

– *Welche Einflussqualitäten sind im individuellen Transitionsprozess beim Übergang KS 4 – 5 zu determinieren?*
Hierbei ging es der Autorin darum, mögliche Erklärungen dafür zu finden, woraus die negativ behaftete Schuleinstellung ihres Mentees resultiert. Die sozialökonomisch schwachen Verhältnisse, aus denen der Schüler stammt, bezieht sie bei der Bearbeitung der Frage dabei mit ein und betrachtet auch den Einfluss von Protagonisten des sozialen Nahraums des Jungen (vgl. Sagular 2017, 56).

– *Welche Risiko- und Schutzfaktoren beeinflussen den Übergang, in dem sich das Forschungssubjekt befindet und lassen diesen ge- oder misslingen?*
Im Mittelpunkt dieser Arbeit stand das distanzierte Verhältnis des Jungen zu seiner Mutter und sein ambivalentes Verhalten in der Schule, das eine Reaktion auf innere und äußere Einflüsse zu sein schien. Außerdem spielte die offensichtliche Vernachlässigung des Jungen (keine Verpflegung bei Ausflügen etc.) eine Rolle bei der Ergründung der Umstände (Cybulla 2017, 1 & 32–33).

– *Welche Strategien entwickelt das Gewährskind, um Probleme und Konflikte eigenständig zu lösen?*
Die Forscherin fand folgende Grundkonstellation vor: In der Schule verhielt sich der Junge überaus unsozial und impulsiv. Er musste für seinen alleinerziehenden Vater viele Dinge erledigen und somit schon früh viel Verantwortung übernehmen. Es ging der Autorin vor allem darum, aus diesem Verhalten auch die Kompetenzentwicklung zu betrachten, die der Junge dadurch erfahren konnte (oder musste) (Höper 2017, 60).

– *Verändert sich und wenn ja, wie verändert sich die Haltung des Gewährkindes im Laufe des Transitionsprozesses gegenüber der Schule?*
Dabei handelte es sich um einen männlichen Mentee, der eine hohe sprachliche Kompetenz zeigte. Ein Test ergab, dass der Junge eine Hochbegabung, bezogen auf sein Sprachverständnis, aufwies. Im eklatanten Wiederspruch dazu empfand die Forscherin seine Einstellung zur Grundschule, die der Junge als negativ konnotierten Ort für Lernen und soziale Interaktionen ansah, obwohl er ansonsten große Freude am Lernen zeigte (Sievers 2017, 1 & 5–6).

– *Inwiefern beeinflussen elterliche Erwartungen die schulischen Entwicklungsprozesse des Kindes während der Transition?*
Die Erweiterung auf die familiale Lebenswelt sollte hier klären helfen, warum der Junge schon früh sehr konkrete Berufsvorstellungen hatte und die nötigen Qualifikationen dafür kannte. Es sollte somit vor allem ergründet werden, ob seine Anstrengungsbereitschaft intrinsisch oder extrinsisch begründet liegt, da seine Eltern ein hohes Maß der schulischen Kontrolle an den Tag legten und ihm wenig Raum für Autonomieentwicklung ließen (Micha 2017a, 1–2 & 94–95).

Aus diesen (und anderen) Fragestellungen erwachsen folgerichtig sehr unterschiedlich angelegte Forschungsdesigns, die sich an der qualitativen Methodenvielfalt bedienen und die teilweise einzelne Methoden nach individuellem Bedarf und auf den Einzelfall angepasst abwandeln. Ersichtlich wird an dieser Stelle die zuvor angesprochene, notwendige Berücksichtigung unterschiedlicher Akteure der (zumeist problematischen) Lebenswelten der Mentees. Die Forschungsmethoden sind in vielen Fällen darauf ausgelegt, dass nicht nur Daten vom Gewährkind gesammelt werden, sondern kontextbezogen auch im Umfeld des Gewährskindes geforscht wird. Vielfach werden also auch Lehrpersonen, Mitschülerinnen und Mitschüler und Eltern in die Forschung mit einbezogen. Nicht zu vergessen bleibt darüber hinaus der Einbezug der eigenen Rolle, also die des oder der Forschenden, die ebenso aktiv agiert, den Forschungsverlauf reflektiert und bewusst in den Prozess der Datenauswertung mit einbezogen werden muss. Der sich ausbildende Habitus der Forschenden stellt also ebenfalls einen Teil des Forschungsumfeldes dar. Nur so vollzieht sich mehrperspektivische, qualitative Forschung, die zwar keinen ganzheitlichen Anspruch haben kann, die aber so viele Eventualitäten und Einflüsse wie möglich auslotet und bewusst aufgreift. Generell ist die mehr- oder multiperspektivische Sichtweise innerhalb von (Einzel)fallstudien nötig, um die Komplexität des sozialen Feldes erfassen zu können und die Prozesse sichtbar zu machen, die in der angestrebten Forschung vereinigt werden sollen (vgl. Horstkemper/Tillmann 2004, 301; Koch/Fertsch-Röver 2009, 123).

4 Forschende als Akteure in den Lebenswelten der Forschungssubjekte

Die Besonderheit bei Einzelfallforschungen innerhalb des Projektes WEICHENSTELLUNG ist, dass die Forscherinnen und Forscher auch außerhalb des Forschungsrahmens ein fester Bestandteil der Lebenswelt der Mentees sind, nämlich als ihre Mentorinnen und Mentoren. Die regelmäßigen Treffen und die Involviertheit aller Akteure in schulische, außerschulische und teils familiale Belange haben forschungsperspektivische Vor- sowie Nachteile. Das Verhältnis zwischen Nähe und Distanz zum Forschungssubjekt beschäftigt auch die Forscherinnen und Forscher bei WEICHENSTELLUNG merklich. Es wird in Abschlussarbeiten beispielsweise darauf hingewiesen, dass Nähe und Vertrautheit zum Mentee vorteilhaft seien, weil z.B. bei Interviews ehrlichere, offenere Antworten zu erwarten seien und das Forschungsfeld mit zu wenig Nähe nur im unzureichenden Umfang zu erfassen sei. Es wird jedoch auch die Gefahr der Beeinflussung des Gewährskindes thematisiert, die eine zu geringe Distanz begünstigen könne (vgl. Sievers 2017, 84). In mehreren Masterarbeiten, in denen im Rahmen von WEICHENSTELUNG eine Einzelkindforschung durchgeführt wurde, wird dieses Spannungsfeld thematisiert. Alisia Sagular (2017) schreibt etwa, dass auf der Mentoringebene eine emotionale Bindung an das Kind stattfindet, sodass ein ausgewogenes Verhältnis von Nähe und Distanz während des Forschungszeitraumes erschwert wird (vgl. Sagular 2017, 64). Abhilfe verschaffen sich viele Mentorinnen und Mentoren, die im Projekt WEICHENSTELLUNG forschen, indem sie ein Forschungstagebuch schreiben, welches ihnen dazu verhilft „Erlebnisse im Hinblick auf die Problematik von Nähe und Distanz zu reflektieren und ihre Arbeit mit dem Gewährskind zu optimieren" (Sievers 2017, 84, vgl. hierzu auch: Bigdach/Trautmann 2016, 355). „Erst [...] bei näherer Reflektion des eigenen Forscherinnen-Verhaltens ist diese Erkenntnis [in Bezug auf das Nähe-Distanz-Verhältnis, MM] zustande gekommen, sodass eine mehrperspektivische Sichtweise möglich gewesen ist und für die Forschung berücksichtigt werden konnte" (Sagular 2017, 64). Die Rolle der Mentorin oder des Mentors, die verschiedene Perspektiven des Forschungsumfeldes mitberücksichtigt, befähigt also dazu, lebensweltliche Aspekte des Mentees in Bezug zueinander zu setzen. Dies wird vor allem dadurch ermöglicht, dass das Forschungsfeld keinesfalls isoliert betrachtet wird. Der Mentor oder die Mentorin erkennt an, dass er oder sie ‚nur' eine Momentaufnahme der Übergangssituation des Mentees aufzeigen kann, die mithilfe einer guten und gründlichen Auswertung der Daten einige Anhaltspunkte über hochindividuelle Übergangserfahrungen von Kindern liefert. Dass der Forscher oder die Forscherin in diesem Zusammenhang das Feld in besonderem Maße mitbeeinflusst, weil er oder sie eben auch Mentorin oder Mentor ist, spitzt den Prozess umso spannender zu. Die Notwendigkeit permanenter Selbstreflexion, die

Relativierung von (möglicherweise) sozial erwünschtem Verhalten (oder Opposition) und das Bewusstsein über die Einflussnahme auf den Transitionsprozess an sich, machen die Mentorinnen und Mentoren bei WEICHENSTELLUNG vielleicht zu persönlich betroffenen, aber mutmaßlich auch zu besonders gründlichen Forscherinnen und Forschern.

„Daß [sic!] der Forscher als zentrales kommunikatives ‚Erkenntnisinstrument' bei der qualitativen Forschung nicht als ‚Neutrum' im Feld und im Kontakt mit den (zu befragenden oder zu beobachtenden etc.) Subjekten agieren kann, liegt auf der Hand" (Flick 1991, 154).

Generell wird von den Forscherinnen und Forschern bei WEICHENSTELLUNG eingeräumt, dass es sich bei der Nähe-Distanz-Problematik um ein unauflösbares Dilemma handelt, dem nur entgegengewirkt werden kann, indem man die Vorteile der Vertrautheit zum Gegenüber bewusst nutzt und die Grenzen der Objektivierbarkeit anerkennt (vgl. u.a. Sagular 2017, Sievers 2017, Schnoor 2017). Denn auch die bewusste Distanzierung zum Forschungssubjekt und den damit zusammenhängenden emotionalen Verstrickungen ist zwingend notwendig, um das Erlebte, Beobachtete und Erzählte richtig einordnen, reflektieren und schließlich auswerten zu können.

Diese Reflektion ist auch aus Selbstschutzgründen wichtig. Die häuslichen Verhältnisse, die einige Mentoren bei ihren Mentees vorfinden, sind nicht immer leicht zu verarbeiten. Die Erkenntnis, dass nicht alle Kinder zu retten sind, ist ein Eingeständnis, das die Forscherinnen und Forscher prozesshaft zu machen lernen müssen. Um nur einige mögliche Beispiele zu nennen, lernen die Mentorinnen und Mentoren Kinder kennen, die Aufwachsbedingungen ausgeliefert sind, in denen sie mit viel zu vielen Geschwistern in einem kleinen Zimmer in einer beengten Wohnung leben und zusätzlich auch noch einige Haustiere vorhanden sind, die nicht unbedingt zur guten hygienischen Situation im Haushalt beitragen. Sie lernen Kinder kennen, die teilweise tagelang von ihren Eltern alleine gelassen werden und sich nebenbei um ihre Geschwister kümmern müssen, Kinder, die dreckige, viel zu kleine Kleidung tragen und sich deswegen schämen. Sie treffen Mütter, die hochschwanger vor ihnen stehen, dabei rauchen und so nicht gerade den Eindruck von verantwortungsvoller Erziehungsarbeit vermitteln. Aber sie lernen vor allem die Mentees mit all ihren Stärken kennen, die sie trotz (oder gerade wegen) ihrer (zum Glück nicht immer so prekären) Lebensumstände ausgebildet haben und helfen ihnen, diese Stärken weiter zu stärken.

Wenn man sich den Grundgedanken/die zugrundeliegenden Ziele von WEICHENSTELLUNG für Viertklässler anschaut, wird schnell klar, inwiefern die Mentorinnen Teil der Lebenswelt der Kinder werden. In der Broschüre des Projektes heißt es, dass die Kinder Orientierung in schulischen sowie in lebensweltlichen Dingen erfahren und sie individuell entsprechend ihrer Begabungen gefördert werden (vgl. WEICHENSTELLUNG für Viertklässler 2016, 2). Die Mentorinnen und Mentoren sind es, die diese Orientierung geben und Begabungen fördern sowie Zielvorstellungen mit den Mentees aufbauen. Sie agieren als Zwischen- und Bindeglied von Schule, Eltern und Mentees, kommunizieren mit allen Instanzen und verorten sich selbst in diesem Gefüge. Somit werden sie zu domänenübergreifenden Akteuren in den vielfach problematischen Lebenswelten ihrer Mentees und somit selbst zu einem Teil haltender Systeme. Auch außerschulisch lernen die Mentees mit ihren Mentor*innen neue Dinge bei den monatlichen Kulturausflügen kennen, die wahlweise ins Museum, Theater, Planetarium, Tierpark oder zu vielen anderen kulturellen Orten der Stadt führen. Das Projekt möchte den Kindern so neue Horizonte eröffnen (vgl. WEICHENSTELLUNG für Vierklässler 2016, 2), sie sollen auch rund um ihre Stadtteile Freizeitangebote kennenlernen und so neue Interessen wecken, die ihnen anschließend die Möglichkeit eröffnen, ihre Persönlichkeit und ihr Selbstvertrauen zu stärken. Inwiefern diese Ziele in welcher Intensität erreicht werden, stellt möglicherweise noch ein Forschungsdesiderat dar. Allerdings sind die positiven Effekte von WEICHENSTELLUNG am Einzelfall in unterschiedlichster Ausprägung klar zu definieren (siehe hierzu die Liste aller Qualifikationsarbeiten). Immer an der Seite der Mentees während der bestrebten Realisierung dieser Ziele sind die Mentorinnen und Mentoren. Dabei ist auch für sie ein Mehrwert der mentoriellen Arbeit ein Ziel des Projektes:

> „Doppeltes Lernen – so lautet das Motto bei WEICHENSTELLUNG. Die studentischen Mentoren sammeln praktische Erfahrungen für ihren zukünftigen Beruf als Lehrer und erwerben Kompetenzen für ihre Mentorentätigkeit" (Stifter TV 2018).

Von diesem Mehrwert spüren die Mentoren auch selbst etwas. So gibt es unterschiedliche Passagen in Abschlussarbeiten, die die eigene Rolle als Mentor/in reflektieren:

> „Von der Rolle der Mentorin profitierte ich ebenfalls hinsichtlich meines angehenden Lehrerberufs, da ich insgesamt drei Kinder betreute, welche alle unterschiedliche Stärken und Schwächen aufwiesen. Dies brachte mich dazu, die Kinder individuell zu betrachten und die Lernförderung so anzupassen, dass jedes der drei Mentees einen Nutzen davon hatte" (Sagular 2017, 132).

In dem Moment, in welchem beide Seiten von der Arbeit profitieren und sich dessen auch bewusst sind, ist das Projekt und die Forschungsperspektive, die es liefert, bereits einen großen Schritt in Richtung Chancengerechtigkeit gegangen.

5 Qualitative Forschung, Mehrperspektivität und die Erträge

Wie bereits kurz angedeutet, hat eine qualitative Einzelfallstudie oftmals den Anspruch der mehr- oder multiperspektivischen Sichtweise innerhalb des Forschungsprozesses. Was dies im Detail bedeutet wird klar, wenn man sich den Detaillierungsgrad der Einzelfallstudien ansieht. Die Alltagsnähe der hier vorgestellten bestimmten Art der Einzelfallstudie bringt ein hohes Maß an Komplexität, bezogen auf die Verortung der Forschenden und auf die Definition der eigenen Rolle innerhalb der Lebenswelt der Mentees, mit sich. Dieser Komplexität ist nur mit einem offenen, mehrperspektivischen Ansatz gerecht zu werden, der sich vor allem darin begründet, verschiedene lebensweltliche Aspekte aus unterschiedlichen Domänen der beforschten Umstände mit in die Forschung einzubeziehen (vgl. Koch/Fertsch-Röver 2009, 123). Besonders eindrücklich zeigen auch die exemplarisch aufgeworfenen Fragestellungen vieler Qualifikationsarbeiten, die mannigfaltige Forschungsdesigns konstruieren, dass ihre Beantwortung nur dann zufriedenstellend erfolgen kann, wenn ein umfassendes Engagement und eine übergreifende Involviertheit auch externe Faktoren des Transitionsprozesses des Kindes in den Blick nimmt. *Extern* ist dabei nicht gleichbedeutend mit fremd, sondern soll vielmehr den Bedarf aufzeigen, neben den originären Sichtweisen des Kindes auch die Blickwinkel aus dem Umfeld des Heranwachsenden näher zu betrachten und mit in die Bearbeitung der Fragestellung einzubeziehen. Einschätzungen beispielsweise der Eltern oder der Mitschüler*innen und Lehrpersonen über das beforschte Kind können häufig noch ganz neue Ansichten hervorrufen, die die Forschung eben auch aus anderen Perspektiven betrachtet. Gerade was die Persönlichkeit des Kindes angeht, ist es spannend zu sehen, ob und inwiefern sich das Kind selbst anders einschätzt als sein Umfeld dies tut. Ein Werkzeug hierfür ist beispielsweise der sogenannte SEP-Bogen[2]. Durch seinen Einsatz können „Tendenzen im kindlichen Verhalten durch die Wechselwirkung von Selbst- und Fremdeinschätzung durch Bezugspersonen" ermittelt werden (Wachtler 2007, 96). Ein solcher, umfassenderer Blick auf die Umstände und Einflüsse innerhalb der Lebenswelten des Kindes ist innerhalb dieses Paradigmas also äußerst wünschenswert und führt zu aussagekräftigeren Ergebnissen, denn *„qualitative Forschungsansätze stellen die Bedeutung subjektiver Sichtweisen und die Kultur- und Kontextbezogenheit von Forschungszugängen stärker in Rechnung"* (Aeppli u.a. 2016, 50). Innerhalb eines solchen Forschungskorpus wird auch schnell der Wunsch nach (vermeintlicher) Objektivität durch den Wunsch nach größtmöglicher Erfassung verschiedener Beeinflussungen in der Lebenswelt bei diesem bestimmten Fall ersetzt.

---

2 SEP steht dabei für „Subjektive Einschätzung der kindlichen Persönlichkeit". Es handelt sich hierbei um einen ursprünglich quantitativ eingesetzten Fragebogen, der 2006 von Kathrin Wachtler entwickelt wurde.

„Die im Rahmen klassischer Empirie unabdingbare Standardisierung der Forschungssituation, mit dem Ziel jegliches als Störquelle definiertes Interaktionsgeschehen zwischen Forscher und Forschungssubjekt zu identifizieren und nach Möglichkeit auszuschalten, wird innerhalb des qualitativen Paradigmas [...] aufgelöst [...]" (Lehmeier 1995, 636).

Was sind aber nun also die Erträge einer solchen Studie z.b. hinsichtlich der Analyse schwieriger Aufwachsbedingungen, die sich lediglich auf einen einzigen Fall beziehen und auch nur eine Momentaufnahme dessen ermöglichen? Zunächst einmal muss in diesem Zusammenhang die Einzigartigkeit von (Schul-)übergängen genannt werden, die kaum pauschalisiert dargestellt werden kann. Genau aus diesem Grund stellt die intensive Beschäftigung mit Einzelfällen und die Betrachtung unterschiedlichster Phänomene während der Transition (in diesem Fall von der Grund- auf die weiterführende Schule) ein Fundus an Phänomenen als Fundament der hochindividuellen Übergangserfahrungen dar, auf welchem weiterführende Überlegungen und Fragestellungen aufgebaut werden können. Es zeigen sich aber auch immer wieder die Schwierigkeiten, die mit dieser Forschungshaltung verbunden sind. Die Forschenden sind oftmals in einer Lage, in der sie darüber entscheiden müssen, inwiefern sie Nähe zulassen können, ohne ihr Forschungsvorhaben durch persönliche Einfärbungen zu gefährden. Die Distanzierung vom Forschungsmaterial fällt somit unter Umständen umso schwerer, da die mentorielle Arbeit neben der wissenschaftlichen parallel aktiv weiterläuft. Allerdings hat genau diese Rolle eben auch Vorteile, was die persönlichen Erträge einer solchen Studie angeht. Die Forschenden können im Nachhinein oftmals durchaus kompetenter an ihrem Mentee agieren, da sie sich auf einer anderen Ebene mit seinen oder ihren Lebensumständen beschäftigt haben (vgl. z.B. Micha 2017b, 69–70). Die Mentees profitieren oftmals ebenfalls von dieser gezielteren Förderung, die sie zusammen im Kontext ihres Lebensumfeldes betrachtet. Die Forschung am Kind kann also dazu führen, dass Verhaltensmuster plötzlich erklärbar werden können, dass wiederkehrende Handlungen, die im schulischen Kontext auftauchen, im Umfeld des Kindes verortet werden können, oder dass die individuelle Bildungsbiografie Aufschlüsse auf Persönlichkeitsmerkmale gibt, die somit nachvollziehbar werden. Selbstverständlich erhalten nicht nur diejenigen, die über ihr Menteekind forschen, diese Erkenntnisse. Auch Mentorinnen und Mentoren, die keine expliziten Forschungsmethoden an ihrem Kind ‚anwenden', können Einblicke in verschiedene Bereiche erlangen und so gezielter auf das Kind eingehen, gerade mit dem Wissen darüber, was schwierige Aufwachsbedingunen bedeuten können. Allerdings bietet die Verschriftlichung der entwickelnden Fragestellungen, der hergeleiteten Hypothesen und der Erkenntnisse aus der Forschungsarbeit eine andere Intensität der Beschäftigung mit dem Fall.

„Die Einzelfallstudie gilt als Königsweg der [...] interpretativen Sozialforschung. Wo ‚geschlossene' Verfahren sich über große Fallzahlen gesicherte Ergebnisse erhoffen, setzen ‚offene' Zugänge auf wenige einzelne Fälle, die aber in ihrer konkreten Fülle dokumentiert und auf ihre konstituierenden Prinzipien interpretiert werden, um so zu interessanten, d.h. theoretisch relevanten, Einsichten zu gelangen" (Bude 2003, 60).

Die Erträge einer solchen Vorgehensweise liegen nun auf der Hand. Durch die intensive Beschäftigung mit dem Besonderem – dem Einzelfall – können Erkenntnisse erwachsen, die dann Aufschluss über Prozesse in der sozialen Praxis liefern. Dies ist nur möglich, wenn zunächst einzelne Handlungsweisen ergründet werden. Somit leisten die vielen Einzelfallstudien, die innerhalb des Projektes WEICHENSTELLUNG entstehen, einen Beitrag zu der umfassenden Transitionsforschung, die bisher nur wenige Einzelfälle berücksichtigt . Die Kenntnis über die Verschiedenartigkeit von Übergängen in der kindlichen Bildungsbiografie, die nur innerhalb von Einzelfallanalysen so umfassend beschrieben werden kann, stellt eine wichtige Konstituente innerhalb der Überlegungen zur Bildungsgerechtigkeit dar. Denn nur wenn wir wissen mit welchen Strategien, Ressourcen und mit welcher Absicht das Einzelne Kind den Übergang bewältigt, können wir uns erlauben daraus Schlüsse im Allgemeinen zu ziehen.

Die Forschungsarbeit im Kontext dieser Lebensbedingungen und mit Einbezug des sozialen Umfeldes des einzelnen Kindes birgt also Erkenntnisse über die konkreten Sozialisationsbedingungen. Dabei müssen die Mentorinnen und Mentoren auch teilweise lernen sich abzugrenzen, wenn sie an einen Punkt gelangen, der für sie schwer zu ertragen ist, den sie aber nicht einfach (z.B. mit Einschaltung des Jugendamtes etc.) ändern können. Das kann sehr frustrierend sein, kann aber auch zu neuer Kompetenzentwicklung führen, das Kind so zu nehmen wie es ist – eben auch mit den Lebensumständen aus denen es kommt. Nur so kann ein Ausweg aus einem Teufelskreis gefunden werden – was bei weitem nicht immer gelingen kann. Denn nur, wenn die Umstände akzeptiert werden und im Rahmen der eigenen Möglichkeiten, die die Position als Mentorin oder als Mentor bietet, verbessert werden, kann gezielte und ganzheitlich Förderung am Kind stattfinden. Im besten Falle führt dies zu einer Festigung der Selbstwirksamkeitsüberzeugung der Mentorinnen und Mentoren, die sich auch positiv auf ihr späteres Agieren als Lehrperson auswirken kann. Abschließend bleibt zu erwähnen, dass das ‚doppelte Lernen' bei WEICHENSTELLUNG im Idealfall auch als vierfaches Lernen verstanden werden kann. Denn nicht nur Mentee und Mentorinnen und Mentoren lernen, sondern auch Eltern und Lehrkräfte werden mit in den Mentoringprozess einbezogen und können von unterschiedlichen Seiten neue Sichtweisen und Perspektiven auf ihr Kind/ihre Schülerinnen und Schüler erlangen, die dabei helfen können, festgefahrene Muster aufzubrechen oder zumindest zu überdenken.

Literaturverzeichnis

Aeppli, J.; Gasser, L.; Gutzwiller, E.; Tettenborn, A. (2016): Empirisches wissenschaftliches Arbeiten. Ein Studienbuch für die Bildungswissenschaften. Bad Heilbrunn: Julius Klinkhardt.

Bigdach, O.; Trautmann, T. (2016): Von der Grundschule ins Gymnasium. In: Trautmann, T.; Brommer, J. (Hrsg.): Transitionen exemplarisch. Schulanfang, Klassenstufensprung, Schulartwechsel am Einzelfall. Berlin: Logos.

Bude, H.(2003): Fallrekonstruktion. In: Bohnsack, R.; Marotzki, W.; Meuser, M. (Hrsg.): Hauptbegriffe qualitativer Sozialforschung. Opladen: Verlag Barbara Budrich.

Cybulla, A. (2017): Zwischen „heiß" und „kalt" ... Zur Entwicklung eines männlichen Schülers im Spannungsfeld des Übergangs zwischen den Klassenstufen 4 und 5 im Projekt WEICHENSTELLUNG. MA Thesis. Fakultät für Erziehungswissenschaft der Universität Hamburg. Hamburg: UHH.

Flick, U. (1991): Stationen des qualitativen Forschungsprozesses. In: Flick, U.; von Kardorff, E.; Keupp, H.; von Rosenstiel, L.; Wolff, S. (Hrsg.): Handbuch qualitative Sozialforschung: Grundlagen, Konzepte, Methoden und Anwendungen. München: Beltz Psychologie Verlag.

Fuchs-Heinritz, W.; Lautmann, R.; Rammstedt, O.; Wienold, H. (1994): Lexikon zur Soziologie. Opladen, Westdeutscher Verlag GmbH.

Häder, M. (2006): Empirische Sozialforschung. Eine Einführung. Wiesbaden: VS Verlag für Sozialwissenschaften.

Herz, B. (2004): Einleitung. In: Herz, B. (Hrsg.): „Um das Lernen nicht zu verlernen". Niedrigschwellige Lernangebote für Jugendliche in der Straßenszene. Münster: Waxmann.

Höper, H. (2017): Transitionsaspekte beim Übergang zwischen Klassenstufe 4 und 5 – nachgewiesen am Projekt WEICHENSTELLUNG. MA Thesis. Fakultät für Erziehungswissenschaft der Universität Hamburg. Hamburg: UHH.

Horstkemper, M.; Tillmann, K. (2004): Schulformvergleiche und Studien zu Einzelschulen. In: Helsper, W.; Böhme, J. (Hrsg.): Handbuch der Schulforschung. Wiesbaden: VS Verlag für Sozialwissenschaften.

Kleining, G. (1982): Umriss zu einer Methodologie qualitativer Sozialforschung. In: Kölner Zeitschrift für Soziologie und Sozialpsychologie, 34 (2), 224–253.

Koch, G.; Fertsch-Röver, J. (2009): Multiperspektivität als methodische Antwort auf die Komplexität Sozialer Arbeit. In: Maykus, S. (Hrsg.): Praxisforschung in der Kinder- und Jugendhilfe. Theorie, Beispiele und Entwicklungsoptionen eines Forschungsfeldes. Wiesbaden: VS Verlag für Sozialwissenschaften.

Lehmeier, H. (1995): Benötigt die handlungswissenschaftlich begründete Pädagogik eine eigene Forschungsmethode? In: Zeitschrift für Pädagogik 41, 4. Weinheim und Basel: Beltz Juventa, S.631–650.

Micha, M. (2017a): Aspekte des Transitionsprozesses von Klasse 4 zu Klasse 5 – exemplarisch dargestellt an einem männlichen 5. Klässler an der Stadtteilschule. MA Thesis. Fakultät für Erziehungswissenschaft der Universität Hamburg. Hamburg: UHH.

Micha, M. (2017b): Ein Kind ist ein Kind ist ein Kind ist ein Kind, oder: wie man lernt Vertrauen in den Prozess zu haben. Forschungstagebuch. Fakultät für Erziehungswissenschaft der Universität Hamburg. Hamburg: UHH.

Przyborski, A.; Wohlrab-Sahr, M. (2014): Qualitative Sozialforschung. Ein Arbeitsbuch. München: Oldenbourg Verlag.

Richter, U.; Fügert, N. (2016): Wissenschaftlich arbeiten und schreiben. Wissenschaftliche Standards und Arbeitstechniken, Wissenschaftlich formulieren, Textsorten. Stuttgart: Klett.

Sagular, A. (2017): Zum personalen Einfluss des sozialen Nahraums auf die Schuleinstellung in Transitionsprozessen – nachgewiesen an einem männlichen Fünftklässler. MA Thesis. Fakultät für Erziehungswissenschaft der Universität Hamburg. Hamburg: UHH.

Schnoor, J. (2017): Die perfekte Schule? Heranwachsende zwischen Unterrichtsalltag und Schulstruktur – Nachgewiesen an drei Kindern im Transitionsprozess zwischen Klasse 4 und 5. MA Thesis. Fakultät für Erziehungswissenschaft der Universität Hamburg. Hamburg: UHH.

Sievers, N. (2017): „... und raus bist du." Transitionsaspekte im Übergang der Klassenstufe 4 und 5 – dargestellt am Einzelfall eines sprachlich hoch begabten Jungen. MA Thesis. Fakultät für Erziehungswissenschaft der Universität Hamburg. Hamburg: UHH.

Stifter TV (2018): Projekt WEICHENSTELLUNG – Dr. Tatiana Matthiesen, Online unter: http://stifter-tv.com/media/zeit-stiftung-weichenstellung-dr-tatiana-matthiesen.html, (Abrufdatum: 31.07.2018.

Wachtler, K. (2007): Studie zur >>subjektiven Einschätzung der kindlichen Persönlichkeit<< (SEP) – ein Rückblick und ein Ausblick. In: Trautmann, T.; Steenbuck, O. (Hrsg.): Heterogene Lerngruppenanalyse an der Brecht-Grundschule Hamburg – HeLgA-Brecht. Zweiter Zwischenbericht der wissenschaftlichen Begleitung zum Schuljahr 2006/2007. Hamburg: UHH.

WEICHENSTELLUNG für Viertklässler (2016): Auf einen Blick: Hamburg. Broschüre, Online unter: https://viertklaessler.weichenstellung.info/f/e/Broschuere-HH.pdf (Abrufdatum: 03.09.2018).

Elke Inckemann und Anna Lautenschlager

Chancen für Kinder mit Fluchthintergrund und neu zugewanderte Kinder schaffen – Ergebnisse aus dem Projekt „Lernpaten unterstützen Klassen mit Flüchtlingskindern (LUK!)"

1 Chancengerechtigkeit

Die „Empfehlungen zur Arbeit in der Grundschule" der KMK 2015 fordern:

> „Lernen in der Grundschule ist so zu gestalten, dass jedes Kind gegen Ende der Grundschulzeit bei bestmöglicher Förderung durch die Schule das von ihm leistbare Niveau erreicht. Dabei werden Lernpotenziale entfaltet, die Persönlichkeitsentwicklung gefördert und Kompetenzen gestärkt." (KMK 2015, 3)

Damit wird in den KMK-Empfehlungen 2015 der Auftrag der Grundschule bestärkt, wie er bereits in der Weimarer Verfassung 1919 festgelegt wurde. So legte der Artikel 146 der Weimarer Verfassung als Aufgabe der Grundschule fest:

> „Auf einer für alle gemeinsamen Grundschule baut sich das mittlere und höhere Schulwesen auf. Für diesen Aufbau ist die Mannigfaltigkeit der Lebensberufe, für die Aufnahme eines Kindes in eine bestimmte Schule sind seine Anlage und Neigung, nicht die wirtschaftliche und gesellschaftliche Stellung oder das Religionsbekenntnis seiner Eltern maßgebend." (Weimarer Verfassung 1919, Artikel 146)

Insofern hat sich an dem Auftrag der Grundschule, alle Kinder bestmöglich zu fördern, seit den Gründungstagen der Grundschule in Deutschland 1919/1920 nichts geändert. Spätestens seit der Zeit der Bildungsreform in den 1970er Jahren rückte allerdings ins Bewusstsein, dass eine gemeinsame Grundschule Bildungsbenachteiligungen noch nicht verhindert (Wenzel 2011). Vor diesem Hintergrund forderte der Strukturplan des Deutschen Bildungsrats 1970, dass „Benachteiligungen aufgrund regionaler, sozialer und individueller Voraussetzungen aufgehoben werden müssen" (Deutscher Bildungsrat 1970, 30). Für die Grundschule wurde festgehalten, dass die „Startchancengleichheit" in eine „Längsschnittchancengleichheit" umzuwandeln sei, die bei allen Kindern eine verbesserte Lernfähigkeit ermöglicht (Deutscher Bildungsrat 1970, 124).

In diesem Beitrag soll der Fokus auf Kinder mit Migrationshintergrund, insbesondere auf neu zugewanderte Kinder und Kinder mit Fluchthintergrund gerichtet werden. Wie können für Kinder, die im Grundschulalter neu nach Deutschland zugezogen sind und über keine oder geringe Deutschkenntnisse verfügen, Chancen auf Bildungsbeteiligung geschaffen und verbessert werden? Von zentraler Bedeutung ist hier die sprachliche Bildung. Ohne gute Deutschkenntnisse der Kinder sind Bildungserfolg und gesellschaftliche Teilhabe kaum vorstellbar. Damit sprachliche Bildung gelingt, sind wiederum besondere Fähigkeiten und Kompetenzen der Lehrkräfte nötig, wie sie beispielsweise der Sachverständigenrat der Stiftungen für Integration und Migration in seiner Studie „Lehrerbildung in der Einwanderungsgesellschaft – Qualifizierung für den Normalfall Vielfalt" fordert (SVR 2016). Neben der sprachlichen Bildung wird auch der Kultur- und Wertebildung eine wichtige Rolle zugemessen, insbesondere bei Kindern mit Fluchterfahrung sind die Lehrkräfte außerdem u.U. beim Umgang mit Traumatisierungen zusätzlich gefordert.

2 Das Projekt LUK!

Im Herbst 2015, als die Zahl der schutz- und asylsuchenden Menschen in Deutschland stark anstieg (Nationaler Bildungsbericht 2016), entstand in München durch die Kooperation von Ludwig-Maximilians-Universität München (Prof. Dr. Elke Inckemann, Dr. Anne Frey) und Münchner Lehrer- und Lehrerinnenverband (MLLV) das Konzept „Lernpaten unterstützen Klassen mit Flüchtlingskindern (LUK!).

Grundidee des Konzepts ist, dass zwei Lernpaten mit einer pädagogisch-didaktischen Vorbildung (Studierende des Lehramts oder BA/MA Pädagogik) für die Dauer eines Schul(halb)jahres jeweils an einem Schulvormittag (6 Unterrichtsstunden/Woche) eine Klasse unterstützen, indem sie gemeinsam mit der Lehrkraft mit der gesamten Klasse arbeiten, Kleingruppen betreuen und Kinder individuell fördern. Die Klassen, in denen die Lernpaten im Schuljahr 2015/16 und 2016/17 eingesetzt wurden, waren überwiegend so genannte Übergangsklassen, in denen neu zugewanderte Kinder und Kinder mit Fluchthintergrund in zwei Schuljahren durch gezielte und intensive Sprachförderung auf den Unterricht in einer Regelklasse vorbereitet werden[1]. In den Münchner Grundschulen wurde bis zum Schuljahr 2017/18 unterschieden zwischen der Ü1 für Kinder, die dem Alter nach die 2.–4. Jgs. besuchen müssten und im 1. Sprachlernjahr sind, und der Ü3 für Kinder der gleichen Altersgruppe, die im 2. Sprachlernjahr sind (Referat Bildung und Sport, Landeshauptstadt München o.J.). Zu den Klassen im Projekt LUK!

---

1 Nach der Einteilung der Mercatorstiftung in verschiedene schulorganisatorische Modelle handelt es sich bei den Übergangsklassen um das parallele Modell (Massumi u.a. 2015, 43ff)

gehörten jedoch auch einige so genannte Deutschförderklassen[2] für Kinder mit geringen Deutschkenntnissen, die dem Alter nach die 1. bzw. 2. Jgs. besuchen. Diese Kinder werden für bis zu 14 Unterrichtsstunden aus ihrer Stammklasse herausgelöst und erhalten in einer Gruppe von ca. 12 Schülern gezielte Förderung in Deutsch als Zweitsprache (Staatliches Schulamt in der Landeshauptstadt München/Referat Bildung und Sport Landeshauptstadt München 2017, 5).[3]

Die Studierenden werden von der LMU München in Schulungsseminaren für die Aufgaben eines Lernpaten qualifiziert und in Begleitseminaren unterstützt. In der Schulungsphase beschäftigen sich die Lernpaten mit grundlegenden Aspekten wie Zahlen und Fakten zu Asyl und Flucht, Modelle der schulorganisatorischen Einbindung (Massumi u.a. 2015), Organisationsformen der Förderung (Lütje-Klose 2014) und Umgang mit kultureller Diversität (Inckemann u.a. 2018). Bereits in der Schulungsphase beginnt außerdem die Auseinandersetzung mit Spracherwerb und Schriftspracherwerb bei Kindern mit Deutsch als Zweitsprache (Jeuk 2015). Die Verwobenheit von Spracherwerb und Schriftspracherwerb, die Vielfalt der Teilkompetenzen sowie der Einflussfaktoren für Sprach- und Schriftspracherwerb bei Kindern mit Deutsch als Zweitsprache werden den Lernpaten über die LUK!-Entwicklungsmatrix verdeutlicht (s. Abb.1). In Anlehnung an Ehlich u.a. (2008) lassen sich verschiedene Basisqualifikationen unterscheiden, die als Voraussetzung zur Bewältigung unterschiedlicher sprachlicher Anforderungen gesehen werden: Phonische, pragmatische, semantische, morphologisch-syntaktische, diskursive und literale Basisqualifikation. Für den Schriftspracherwerb unterscheidet Ehlich literale Fähigkeiten I (Vorläuferfähigkeiten) und literale Fähigkeiten II (Lese- und Schreibkompetenzen, die im schulischen Kontext erworben werden). Dabei beinhalten die Teilkompetenzen sowohl produktive Fähigkeiten, das heißt die Fähigkeit zur Erzeugung sprachlicher Äußerungen (Sprechen oder Schreiben), als auch rezeptive Fähigkeiten, das heißt die Fähigkeit, sprachliche Äußerungen zu verstehen (Hör- oder Leseverstehen). Der Erwerb der sprachlichen Qualifikationen stellt an DaZ-Kinder eine spezifische Herausforderung, so dass der Entwicklungsverlauf auf der Ebene Sprache bei DaZ-Kindern z.T. „anders" verlaufen kann als bei einsprachigen Kindern (Jeuk 2015). Für den Schriftspracherwerb dagegen geht man davon aus, dass es im Verlauf keine deutlichen Unterschiede zwischen einsprachigen und mehrsprachigen Kindern gibt (Jeuk 2015).

---

2 Bei den Deutschförderklassen handelt es sich nach der Einteilung der Mercatorstiftung um das teilintegrative Modell (Massumi u.a. 2015, 43ff)
3 Seit dem Schuljahr 2018/19 wird in Bayern das Konzept der Übergangsklassen durch das Konzept der Deutschklassen ersetzt und um die Fördermaßnahmen DeutschPlus ergänzt.

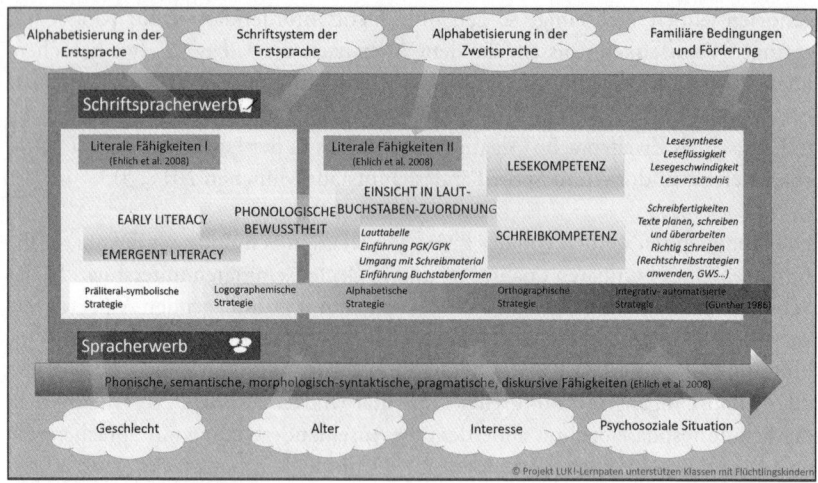

Abb. 1: Entwicklungsmatrix

Im Begleitseminar werden die theoretischen Grundlagen mit den konkreten Erfahrungen und Eindrücken der Lernpaten in den LUK!-Klassen verknüpft, indem zu Stichworten wie Heterogenität und Lernausgangslage, Sprache und Schriftsprache an Fallbeispielen gearbeitet wird. Zentrales Thema im Begleitseminar ist schließlich die Planung von Fördereinheiten und die Auseinandersetzung mit Fördermaterialien. Als eigenes Thema wird im Begleitseminar der Umgang mit Traumatisierungen aufgegriffen.

Das Projekt LUK! wird von der LMU München wissenschaftlich begleitet und evaluiert. Die Studierenden erhielten in den Jahren 2016 und 2017 für die Tätigkeit im Umfang von 7h/Woche eine Vergütung von ca. 1200 €/Schulhalbjahr. Das Projekt LUK! wurde in der Pilotphase von Februar 2016 – August 2016 vom Bayerischen Staatsministerium für Bildung und Kultus, Wissenschaft und Kunst, im Schuljahr 2016/17 von der SWM-Bildungsstiftung finanziell gefördert. Im Schuljahr 2016/17 konnten 50 Lernpatenstellen in 25 Klassen besetzt werden. Eine Kurzübersicht zu LUK! im Schuljahr 2016/17 findet sich in Abb. 2.

3 Ergebnisse aus der Begleitforschung

Die wissenschaftliche Begleitung von LUK! erfasst die Lernausgangslage und Lernentwicklung der Kinder, Maßnahmen und Organisation der Förderung durch die Lernpaten, selbst eingeschätzte Lernausgangslage und Lernentwicklung der Lernpaten sowie Einschätzungen der Lehrkräfte.

Chancen für Kinder mit Fluchthintergrund und neu zugewanderte Kinder schaffen

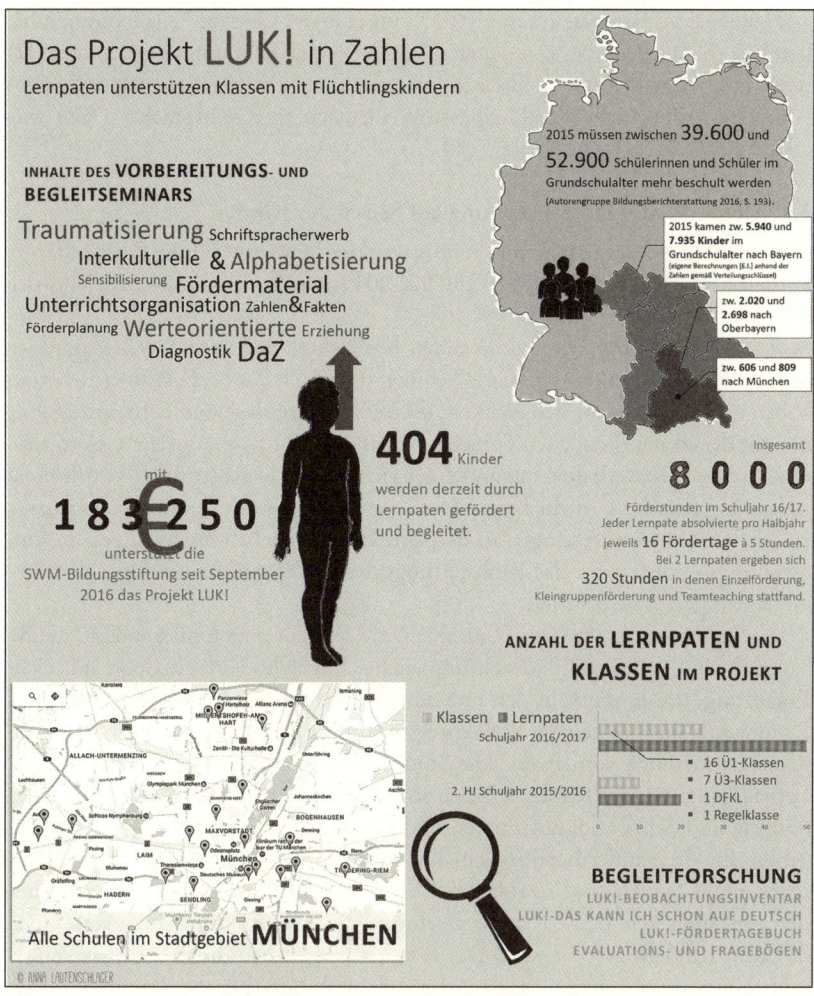

Abb. 2: Luk! Infografik – Das Projekt LUK in Zahlen

In diesem Kapitel werden Ergebnisse zur Ausgangslage und Entwicklung der Kinder aus dem Förderzeitraum September 2016 bis Juli 2017 berichtet. Die Stichprobe umfasst dabei die Kinder im ersten Sprachlernjahr (Ü1, N=269). In allen Klassen waren sowohl Kinder mit Fluchthintergrund als auch Kinder, die aus anderen Gründen nach Deutschland zugewandert sind. Darüber hinaus sollen ergänzend Ergebnisse zu den Fördertätigkeiten von 29 (1. Halbjahr) bzw. 33 (2. Halbjahr) Studierenden, die in den Ü1 Klassen tätig waren, dargestellt werden sowie auf die Ausgangslage und den Lerngewinn der Studierenden im

1. Halbjahr des Förderzeitraums 16/17 eingegangen werden. Teilgenommen haben hier 49 Studierende, von denen 40 (81,6 %) aus Lehramtsstudiengängen kamen (überwiegend LA Grundschule) und neun aus den Studiengängen BA/MA Pädagogik. Eine Fächerkombination mit Deutsch als Zweitsprache (DaZ) wies knapp ein Drittel (14 Lernpaten) auf.

3.1 Methodik der Datenerhebung auf Seiten der Kinder

Die nachfolgend dargestellten Ergebnisse zu der Lernentwicklung der Kinder im Förderzeitraum September 2016 bis Juli 2017 wurden im Projekt LUK! durch folgende Instrumente erhoben:

Beobachtungsinventar: Die Studierenden beobachten gezielt zu vier Zeitpunkten im Schuljahr die Schülerinnen und Schüler. Innerhalb des Beobachtungsinventars haben die Lernpaten die Möglichkeit, die Lernausgangslage und Lernentwicklung der Kinder in den Bereichen Sprache, Schriftsprache, psychosoziale Gesamtsituation und Arbeitsverhalten anhand einer vierstufigen Skala (trifft zu – trifft nicht zu, zusätzliches Feld „nicht beobachtet") zu erfassen sowie zusätzlich Basisdaten zu erheben und Bemerkungen zu den einzelnen Bereichen festzuhalten. Im Vorbereitungsseminar wird das Beobachtungsinventar eingeführt und mit den Studierenden genau besprochen.

LUK!-Das kann ich schon auf Deutsch (LUK!KIS): Für eine umfassende Förderdiagnostik sind neben der Beobachtung auch schriftliche Verfahren eine hilfreiche Ergänzung, um Einblick in den individuellen Lernstand der Kinder zu erhalten. Dazu wurde im Rahmen des Projekts eigens für die Zielgruppe ein informelles Erhebungsinstrument konzipiert. Die Studierenden können über das Verfahren die Lernausgangslage der Kinder erheben sowie deren Entwicklung in den Bereichen Sprache und Schrift dokumentieren und darauf aufbauend spezifische Förderangebote für die Kinder bereitstellen. Die große Heterogenität hinsichtlich Altersspanne und Sprachstand sowohl innerhalb der LUK!-Klassen als auch zwischen den verschiedenen LUK!-Klassen erschwert die Konstruktion eines Verfahrens, das allen Kindern gerecht wird. Der Einsatz des gleichen diagnostischen Verfahrens in den verschiedenen Klassen, das zudem als Gruppentest durchführbar ist, kann nur durch gewisse Abstufungen gelingen. LUK! – Das kann ich schon auf Deutsch untergliedert sich deshalb in vier Teilbereiche, die in ihrer Schwierigkeit ansteigen (zu den einzelnen Aufgaben s. Tab.1).

Der Test beginnt immer bei Teilbereich I, ist aber in seiner Handhabung insofern flexibel, dass die Studierenden auf der Grundlage ihrer Beobachtungen entscheiden, bis zu welchem Teilbereich die Diagnostik in ihrer Klasse durchgeführt wird. Ziel soll es sein, die Fähigkeiten der Schülerinnen und Schüler in Erfahrung zu bringen, um ressourcenorientiert darauf aufbauend passende Fördermaßnahmen anzubieten. LUK!-Das kann ich schon auf Deutsch wird zu drei Zeitpunkten durchgeführt. In den Ü1-Klassen liegt der erste Zeitpunkt zwischen Anfang

Tab. 1: Aufgaben von LUK! Das kann ich schon auf Deutsch

Aufgabe	Sprachliche und schriftsprachliche Kompetenzfelder	Zu erreichende Punkte (ges. 64 P.)
Teil I		15 Punkte
1	Wortverstehen	5 Punkte
2	Buchstaben erkennen	5 Punkte
3	Buchstaben schreiben	5 Punkte
Teil II		17 Punkte
4	Einfache Wörter lesen	8 Punkte
5	Einfache Wörter schreiben	5 Punkte
6	Hörverstehen: Satzverstehen	4 Punkte
Teil III		17 Punkte
7	Komplexe Wörter lesen	8 Punkte
8	Komplexe Wörter schreiben	5 Punkte
9	Einfache Texte lesen und verstehen	4 Punkte
Teil IV		15 Punkte
10	Komplexere Texte lesen und verstehen	5 Punkte
11	Texte verfassen	5 Punkte
12	Hörverstehen: Textverstehen	5 Punkte

November und Mitte Dezember, in den Ü3-Klassen Anfang Oktober, der zweite Erhebungszeitpunkt ist für Ü1-Klassen Anfang des zweiten Halbjahres im Februar, für Ü3-Klassen im Januar innerhalb des ersten Halbjahres. Die Abschlusserhebung findet für alle Klassen Anfang bis Ende Juli statt (Inckemann & Lautenschlager 2018).

3.2 Methodik der Datenerhebung auf Seiten der Studierenden

Die Förderaktivitäten sowie die Lernentwicklung der Studierenden im Förderzeitraum September 2016 bis Februar bzw. Juli 2017 wurden im Projekt LUK! durch folgende Instrumente erhoben:
Die Lernpaten dokumentieren ihre Fördertätigkeit in den einzelnen Klassen in *Fördertagebüchern*, mit denen Organisationsformen, Inhalte, Maßnahmen und Materialien der Förderung erfasst werden. Das Fördertagebuch greift die Bereiche des Beobachtungsinventars Sprache, Schriftsprache, Mathematik sowie Schulerfahrung und psychosoziale Gesamtsituation auf. Die persönliche Einschätzung der Förderung in Bezug auf Passung und Effektivität ergänzen das Tagebuch. Pro Schulhalbjahr liegen von jedem Lernpaten mindestens 10 Fördertagebücher vor.
Fragebogen im Prä-/Postdesign: Für die Erfassung der Ausgangslage und der Lernentwicklung der Studierenden wurde ein Fragebogen konzipiert, der neben den Basisdaten der Lernpaten anhand einer vierstufigen Skala die Bereiche Motivation und

Erwartungen, Erfahrungen, Vorwissen und Kompetenzen bzw. selbst eingeschätzter Kompetenzzuwachs in den Bereichen Deutsch als Zweitsprache (DaZ), Schriftspracherwerb (SSE), Diagnose und Trauma sowie Einstellungen zu migrationsspezifischen Zusammenhängen erfragt. Die schriftlichen Befragungen für die im ersten Schulhalbjahr 2016/17 tätigen Studierenden fand zu Beginn des Begleitseminars im September 2016 sowie am Ende der Förderphase im Februar 2017 statt.

3.3. Ausgangslage und Entwicklung der Ü1-Kinder in Sprache und Schriftsprache

Für die Dokumentation der Ausgangslage und der Entwicklung der Kinder in Sprache und Schrift sind auch weitere Bezugsgrößen von Bedeutung. So beeinflussen neben der jeweiligen Herkunftssprache, dem Schriftsystem der Erstsprache sowie dem Grad der Alphabetisierung des Kindes in der Herkunftssprache einhergehend mit der Schulerfahrung sowie der Kontaktdauer mit der Aufnahmesprache, auch das Alter der Kinder und die psychosoziale Situation (vgl. „Wolken" in Abb.1) den Sprach- und Schriftspracherwerb im Deutschen. Diese Basisdaten wurden von den Lernpaten in Rücksprache mit den Lehrkräften erhoben. Die Kinder in den Ü1 Klassen (N=191) waren im November 2016 zwischen 7 und 11 Jahre alt, wobei das Alter der meisten Kinder zwischen 8 und 9 Jahren lag (rund 70%). Nach Recherchen der Lernpaten stammen die Kinder (N=233) aus 45 verschiedenen Herkunftsländern, wobei die meisten Kinder aus Syrien (17%), Kroatien (11%), Afghanistan (10%) und dem Irak (8%) kommen. Die Sprachenvielfalt in den Ü1 Klassen (N=217) wird mit Benennung von 40 unterschiedlichen Herkunftssprachen deutlich, wobei Kroatisch (16%) und Arabisch (15%) die häufigsten Herkunftssprachen darstellen. Die Beobachtungen der Lernpaten weisen zudem darauf hin, dass rund 13% der Ü1 Kinder (N=188) bereits in einem anderen als dem lateinischen Schriftsystem verschriften. Viele der Kinder kommen bereits mit Schulerfahrungen (17% unter einem Jahr, 45% 1–2 Schuljahre, 21% 3–4 Schuljahre, N=188) in die Ü1 Klasse und konnten vermutlich auch im Lesen und Schreiben bereits erste Erfahrungen sammeln.

Auf Ebene der Sprachrezeption konnten die Lernpaten mit Hilfe des Beobachtungsinventars feststellen, dass die Kinder in den Ü1-Klassen bereits Anfang des Schuljahres im Oktober 2016 zu 69% viele deutsche Wörter (überwiegend) sachgemäß verstehen können (vgl. Abb. 3). Am Ende des Schuljahres gelingt das semantische Verständnis auf Wortebene nach Beobachtungen über der Hälfte der Kinder bereits vollständig, einem Drittel der Kinder überwiegend. Das Verstehen einfacher Sätze und Anweisungen gelingt 45% der Kinder bereits zu Schuljahresanfang und 40% der Kinder verstehen Sätze und Anweisungen überwiegend. Auch auf Satzebene konnten die Lernpaten einen Zuwachs von Oktober bis Juli beobachten. So verstehen 72% der Kinder am Ende der Ü1 einfache Sätze und Anweisungen.

Chancen für Kinder mit Fluchthintergrund und neu zugewanderte Kinder schaffen

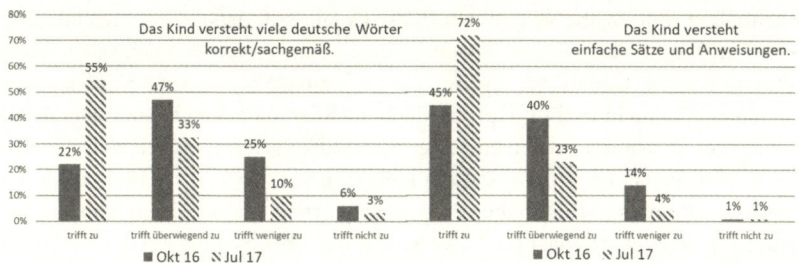

Abb. 3: Semantische Fähigkeiten – Sprachrezeption

Auf Ebene der Sprachproduktion fällt auf, dass die Lernpaten im Oktober 2016 bei 39 % der Kinder noch keine Verwendung von Fachbegriffen beobachten konnten (vgl. Abb.4). Soweit die Kinder Fachbegriffe verwenden, scheint 35 % eine korrekte und sachgemäße Anwendung schwer zu fallen. Allerdings verwenden nach Beobachtungen der Studierenden bereits 5 % Fachbegriffe korrekt und 21 % überwiegend korrekt. Im Laufe des Schuljahres nimmt die Verwendung von Fachbegriffen zu und im Juli können bereits knapp 50 % der Kinder Fachbegriffe korrekt oder überwiegend korrekt verwenden. Das Bilden von komplexeren Satzkonstruktionen wie Satzgefügen erfordert neben semantischen auch morphologisch-syntaktische Fähigkeiten und stellt somit eine sehr anspruchsvolle Form der Sprachproduktion dar. Dies spiegelt sich auch in den Auswertungen zum Item „Das Kind bildet komplexere Satzkonstruktionen korrekt" wider. Zu Schuljahresanfang beobachteten die Lernpaten, dass dem Großteil der Kinder das Bilden komplexerer Satzkonstruktionen weniger oder gar nicht gelingt. Bis zum Schuljahresende lässt sich aus den Beobachtungen schließen, dass die korrekte Bildung zwar zunimmt, viele Kinder aber noch vor Herausforderungen stellt. Erfreulich ist dabei die beobachtete Zunahme von 2 auf 22 % der Kinder, die überwiegend komplexere Satzkonstruktionen korrekt bilden können.

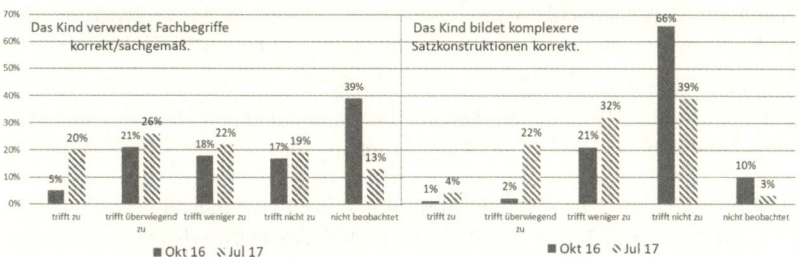

Abb. 4: Semantische und morphologisch-syntaktische Fähigkeiten – Sprachproduktion

Abbildung 5 nimmt die Entwicklung der Kinder in der Schriftrezeption auf Buchstaben- und Wortebene in den Blick. Es fällt auf, dass die Studierenden bereits im Oktober die meisten Kinder beim Erlesen einzelner Buchstaben beobachten konnten. Gemäß der alphabetischen Strategie haben viele Kinder bereits die zentrale Einsicht in die Graphem-Phonem-Korrespondenz erlangt. Der Anteil der Kinder, denen das Erlesen einzelner Buchstaben gelingt, steigert sich dann bis Juli nochmals von 65 auf 85 %. Auch können bereits 38 % der Kinder nach den ersten Schulmonaten Buchstaben zu ganzen Wörtern synthetisieren. Zum Schuljahresende lesen dann sogar 62 % der Kinder nach Beobachtungen der Lernpaten ganze Wörter.

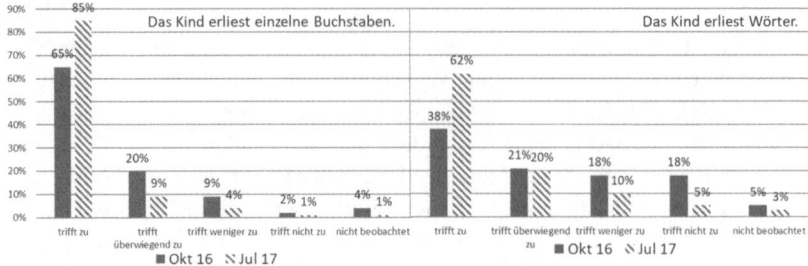

Abb. 5: Lesekompetenz auf Buchstaben- und Wortebene – Schriftrezeption

Im Bereich Schreibkompetenz beobachteten die Studierenden die Kinder unter anderem im Bereich richtig schreiben. Hier fällt auf, dass zum ersten Beobachtungszeitpunkt 18 % der Kinder schon überwiegend orthographisch korrekt verschriften (vgl. Abb. 6). Für 29 % bzw. 34 % der Kinder trifft das orthographisch korrekte Verschriften weniger bzw. nicht zu. Auch konnten die Lernpaten bei 18 % noch kein orthographisches Verschriften beobachten. Zum letzten Beobachtungszeitpunkt im Schuljahr 16/17 gelingt bereits 34 % der Kinder eine korrekte Schreibweise.. Eine weitere Kompetenz auf Ebene der Schriftproduktion stellt neben der Schriftkompetenz die Textkompetenz dar (Becker-Mrotzek 2018). Zu Beginn des ersten Sprachlernjahres konnten die Lernpaten das Verfassen von Texten bei 45 % der Kinder noch nicht beobachten und bei 50 % der Kinder ist die Aussage, dass das Kind Texte mit unterschiedlicher Funktion verfasst, nicht zutreffend (vgl. Abb. 6). Dass das Texte verfassen auch am Ende der Ü1 noch keine große Rolle spielt, zeigen die geringen Zuwächse in den beobachteten Werten.

Die Ergebnisse aus dem Beobachtungsinventar können durch ausgewählte Ergebnisse aus dem schriftlichen Verfahren LUK!-KIS ergänzt werden (vgl. Tab. 1). Es zeigt sich insgesamt, dass die Stichprobengröße für die zu bearbeitenden Aufgaben mit steigender Aufgabenschwierigkeit zum ersten Erhebungszeitpunkt noch stark abnimmt (Wortverstehen N=227, Komplexe Wörter schreiben N=127,

Chancen für Kinder mit Fluchthintergrund und neu zugewanderte Kinder schaffen | 69

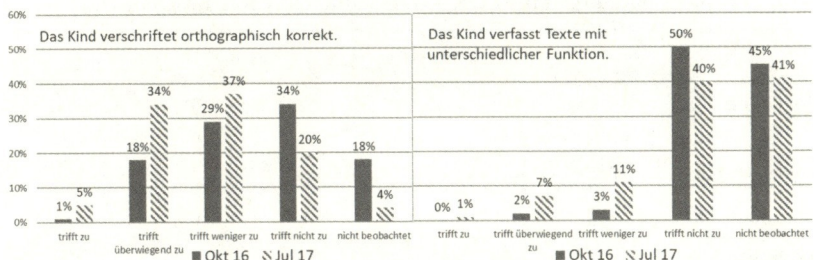

Abb. 6: Schreibkompetenz auf Wort-, Satz- und Textebene – Schriftproduktion

Texte verfassen N=64). Zum letzten Erhebungszeitpunkt im Juli 2017 bleibt die Zahl der Kinder, die die Aufgaben bearbeiteten, bis auf die Aufgabe „Texte verfassen", relativ konstant (N zw. 221–243). Die Aufgaben zur Sprachrezeption auf Wort- und Satzebene können bereits zum ersten Zeitpunkt von vielen Kindern richtig gelöst werden (M=4,3 von 5 Punkten bzw. M=3,6 von 4 Punkten). Beim letzten Erhebungszeitpunkt steigerten sich die Kinder im Mittel nochmals um 5 % in beiden Aufgaben. Für die Schriftrezeption auf Ebene einfacher und komplexer Wörter zeigen sich ebenfalls bereits nach den ersten Schulmonaten hohe Mittelwerte (M=6,7 bzw. M=6,5). Bis zum Schuljahresende erhöht sich der Mittelwert nochmal jeweils um 7 % und die Standardabweichung verringert sich. Dass den Kindern bereits im November die Phonem-Graphem-Zuordnung gut gelingt, zeigen die Ergebnisse zum Schreiben von Buchstaben. Hier werden im Schnitt 4,3 von 5 diktierten Buchstaben bereits richtig verschriftet. Deutliche Zuwächse im Verlauf des ersten Sprachlernjahres lassen sich bei der Schriftproduktion auf Wortebene feststellen. Im November verschriften die Kinder 2,8 von 5 einfachen Wörtern korrekt. Gegen Ende des Schuljahres sind es bereits 3,5 Wörter. Die Ergebnisse zum Schreiben komplexer Wörter decken sich mit den Befunden aus den Beobachtungsinventaren. Im Schnitt schaffen die Schüler(innen) nach drei Monaten in der Ü1 bereits die orthographisch korrekte Verschriftung von 1,1 Wörtern, nach einem Schuljahr bereits von 2 Wörtern, wobei die Streuung gegen Ende des Schuljahres größer wird. Die Aufgabe zum Verfassen kurzer Texte lösen zu Zeitpunkt eins lediglich 64 Kinder und am Ende der Ü1 bereits 157 Kinder, wobei auch der Mittelwert um 11 % ansteigt.

Zusammenfassend lässt sich für die Ergebnisse aus den beiden Erhebungsinstrumenten festhalten, dass die Fähigkeiten der Kinder bei der Rezeption sowohl von Sprache als auch von Schrift den sprach- und schriftproduktiven Fähigkeiten voraus sind. Dies bestätigt die Einschätzung von Jeuk, dass „Kinder sprachliche Strukturen korrekt entschlüsseln, bevor sie diese selbst gebrauchen können." (Jeuk 2015, 56) Einschränkend ist anzumerken, dass bei der quantitativen Aus-

Tab. 2: Ausgewählte Ergebniss LUK! – Das kann ich schon auf Deutsch

	Mögliche Punkte	Zeitpunkt 1 11/16		Zeitpunkt 3 07/17		Zuwächse in %
		N	M (SD)	N	M (SD)	
Wortverstehen	5	227	4,3 (1,3)	242	4,6 (1,1)	+5%
Satzverstehen	4	178	3,6 (0,9)	234	3,8 (0,7)	+5%
Einfache Wörter lesen	8	179	6,7 (2,3)	240	7,2 (1,8)	+7%
Komplexe Wörter lesen	8	130	6,5 (2,3)	235	7,1 (2,0)	+7%
Buchstaben schreiben	5	225	4,3 (1,1)	240	4,5 (0,9)	+5%
Einfache Wörter schreiben	5	177	2,8 (1,7)	231	3,5 (1,6)	+15%
Komplexe Wörter schreiben	5	127	1,1 (1,2)	221	2,0 (1,6)	+17%
Texte verfassen	5	64	2,9 (2,2)	157	3,4 (1,9)	+11%

wertung von LUK!-KIS nur orthographisch richtige Schreibungen in den betreffenden Aufgaben berücksichtigt werden. Wichtige Hinweise für die Ausgangslage und Entwicklung der schriftsprachlichen Fähigkeiten würde darüber hinaus der qualitative Blick auf die Schreibungen, beispielsweise Strategien beim Verschriften der Wörter (Aufgaben 5 und 8), Komplexität und Strategien beim Verschriften des Textes (Aufgabe 12), liefern (Inckemann & Lautenschlager 2018). Allgemein lässt sich aus den Ergebnissen von Beobachtungsverfahren und LUK!KIS eine große Bandbreite an sprachlichen und schriftsprachlichen Vorerfahrungen und Fähigkeiten sowohl zwischen als auch innerhalb der verschiedenen LUK!-Klassen erkennen. Diese Ergebnisse betonen die Relevanz, angehende Lehrkräfte für sprachliche und schriftsprachliche Vielfalt durch die Auseinandersetzung mit theoretischen Inhalten und das Ermöglichen von praktischen Erfahrungen in der Förderung vorzubereiten.

3.4 Förderaktivitäten, Ausgangslage und Entwicklung der Studierenden

Die Ergebnisse aus den Fördertagebüchern zeigen, dass die Lernpaten in den Ü1 Klassen an 77 % der dokumentierten Fördertage im 1. Halbjahr den Bereich Sprache gefördert haben (vgl. Abb. 7). Auch im zweiten Halbjahr wird der Förderbereich Sprache am häufigsten genannt. Fragt man die Lernpaten nach dem Schwerpunkt innerhalb der Förderung im Bereich Sprache, so geben sie in den meisten Fällen die Förderung der semantischen Qualifikation an (45 % im 1. Halbjahr, 54 % im 2. Halbjahr). Eine große Rolle scheint auch die Förderung phonischer Fähigkeiten einzunehmen (34 % bzw. 24 %). Die Förderung pragmatischer und morphosyntaktischer Qualifikationen spielt dagegen in beiden Halbjahren eine eher untergeordnete Rolle (10 % bzw. 9 % im 1. Halbjahr, 7 % bzw. 6 % im zweiten Halbjahr).

Chancen für Kinder mit Fluchthintergrund und neu zugewanderte Kinder schaffen | 71

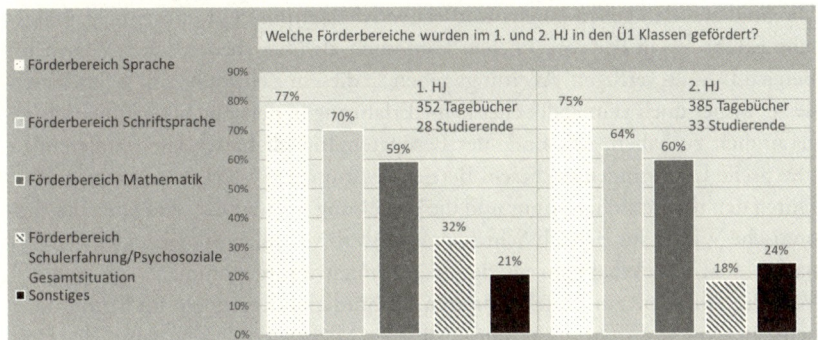

Abb. 7: Förderaktivitäten der Ü1-Lernpaten

Neben dem Bereich Sprache förderten die Lernpaten im 1. und 2. Halbjahr den Bereich Schriftsprache intensiv (an 70 % bzw. 64 % der dokumentierten Fördertage). Als Schwerpunkte nennen die Lernpaten insbesondere die Förderung im Bereich der Phonem-Graphem-Korrespondenzen sowie die Schulung der Lesefertigkeit (31 % bzw. 25 % im 1. Halbjahr, 28 % bzw. 25 % im 2. Halbjahr). Die Förderung im Bereich literale Fähigkeiten I (Ehlich 2008) nimmt vom 1. zum 2. Halbjahr um knapp die Hälfte ab (von 13 % auf 7 %), der Bereich Rechtschreiben hingegen gewinnt an Bedeutung im 2. Halbjahr (von 9 % auf 17 %). Die komplexeren Förderbereiche wie Leseverständnis oder Texte verfassen werden in den Fördertagebüchern kaum als Schwerpunkte genannt.

Die Förderaktivitäten in der Schule sowie die vertiefende Auseinandersetzung mit den praktischen Erfahrungen und theoretischen Inhalten im Vorbereitungs- und Begleitseminar, können zu einer Veränderung in der selbst eingeschätzten Kompetenz der Lernpaten im Bereich der Sprach- und Schriftsprachförderung beitragen. Im theoretischen Wissen im Bereich Deutsch als Zweitsprache schätzen sich die Studierenden (N=46) nach einem Förderhalbjahr signifikant kompetenter ein (p<.05) (vgl. Abb. 8).

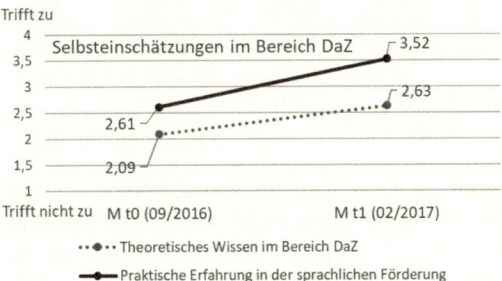

Abb. 8: Ausgangslage und Entwicklung der Lernpaten im Bereich DaZ

Die Studierenden geben bereits zum ersten Messzeitpunkt an, über mehr praktische Erfahrung in der sprachlichen Förderung als über theoretisches Wissen im Bereich DaZ zu verfügen. Allerdings geben zu diesem Zeitpunkt einige Studierende an, bisher noch keine oder eher keine Erfahrung in der sprachlichen Förderung gesammelt zu haben. Am Ende der Lernpatentätigkeit hatten alle Studierenden praktische Erfahrungen in diesem Bereich gesammelt.

Durch den theoretischen Input und die Begleitung im Seminar wird auch das theoretische Wissen im Bereich Schriftspracherwerb von allen Studierenden (N=47) nach einem Projekthalbjahr als signifikant höher wahrgenommen (vgl. Abb. 9). Vor der Teilnahme am Projekt konnten die Studierenden zudem im Schnitt eher keine praktische Erfahrung in der schriftsprachlichen Förderung sammeln. Dass diese praktische Erfahrung innerhalb des Projekts ermöglicht wurde, zeigen die hohen Zustimmungswerte am Ende der ersten Förderphase im Februar 2017.

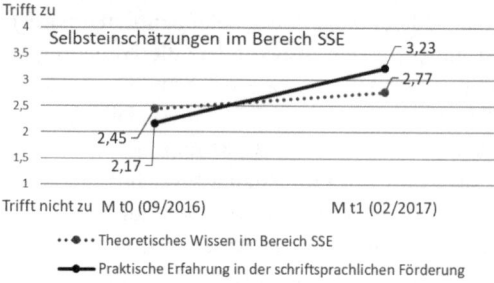

Abb. 9: Ausgangslage und Entwicklung der Lernpaten im Bereich SSE

4 Diskussion/Fazit

Aktuelle Studien weisen darauf hin, dass auch gegenwärtig Handlungsbedarf hinsichtlich zuwanderungsbezogener Disparitäten besteht. So hält der IQB Bildungstrend 2016 fest:

> „Insgesamt zeigen sich im Jahr 2016 in allen betrachteten Kompetenzbereichen zuwanderungsbezogene Disparitäten, die am stärksten im Zuhören und am geringsten in der Orthographie ausgeprägt sind und die seit dem Jahr 2011 relativ stabil geblieben sind." (Rjosk u.a. 2017, 271)

Die größten Unterschiede sind dabei zwischen Kindern ohne Zuwanderungshintergrund und Kindern, die selbst mit ihren Eltern nach Deutschland zugewandert sind, festzustellen. Die zuwanderungsbezogenen Disparitäten haben sich „für Kinder der ersten Generation im Lesen und Zuhören zwischen den Jahren 2011 und 2016 signifikant vergrößert" (Rjosk u.a. 2017, 249).

Gerade für neu zugewanderten Kindern und Kindern mit Fluchterfahrung müssen Lerngelegenheiten für den Erwerb von Sprache und Schriftsprache geschaffen und die Weiterentwicklung zu bildungssprachlicher Kompetenz unterstützt werden, damit sich Chancen auf Bildungsbeteiligung und gesellschaftliche Teilhabe verbessern. Im Weltbildungsbericht 2019 der UNESCO wird für Flüchtlinge als erklärtes Ziel betont, sie „vollständig in das nationale Bildungssystem zu inkludieren, damit sie gemeinsam mit den Kindern aus dem Gastgeberland lernen, nachdem sie bei Bedarf für kurze Zeit in Aufholklassen auf den Eintritt in die für ihre Altersstufe passende Klassenstufe vorbereitet wurden (Deutsche UNESCO-Kommission 2018, 20). Projekte wie LUK! beleuchten die sprachliche und schriftsprachliche Lernentwicklung von neu zugewanderten Kindern und Kindern mit Fluchterfahrung in Übergangsklassen, die eine zusätzliche Unterstützung durch Lernpaten erhalten. Das Design der Begleitforschung lässt keinen Vergleich mit der Lernentwicklung von neu zugewanderten Kindern und Kindern mit Fluchterfahrung zu, die in Regelklassen unterrichtet werden oder in Übergangsklassen ohne zusätzliche Unterstützung durch Lernpaten. Aber die Ergebnisse verdeutlichen, dass sich die sprachlichen und schriftsprachlichen Fähigkeiten der Kinder bei entsprechenden Unterstützungsstrukturen einerseits innerhalb des ersten Sprachlernjahres rasch entwickeln, andererseits aber die komplexeren sprachlichen und schriftsprachlichen Fähigkeiten hinsichtlich Wortschatz, Satzbau, Textproduktion noch weiterer Förderung bedürfen. Dieses Ergebnis passt zu der Einschätzung, wie sie Petra Stanat und Anja Felbrich nach einer Analyse des Forschungsstands zu Sprachförderung ziehen: „Es braucht Zeit, um die sprachlichen Kompetenzen zu entwickeln, die für erfolgreiches schulisches Lernen erforderlich sind" (Stanat & Felbrich 2013, 95). Sie verweisen auf Länder wie Schweden, die auf diese Erkenntnis damit reagiert haben, dass das Fach „Schwedisch als Zweitsprache" nicht nur in der Grundschule, sondern auch in der Sekundarschule durchgängig angeboten wird. Die Ergebnisse der Begleitforschung zum Projekt LUK! verweisen darüber hinaus auf die ausgeprägte Heterogenität innerhalb der Gruppe der neu zugewanderten Kinder hin, die flexible Unterstützungsstrukturen und einzelfallbezogene Lösungen erforderlich machen.

Diese Befundlage macht schließlich auf die Bedeutung der Lehrerbildung aufmerksam. So hebt der UNESCO Weltbildungsbericht 2019 hervor: „Lehrkräfte sind der Schlüssel zu Inklusion" (Deutsche UNESCO-Kommission 2018, 21). Auch zu diesem Aufgabenbereich liefert die LUK!-Begleitforschung vielfältige Ergebnisse. Förderprojekte wie LUK! können einen Ansatz darstellen, in der Lehrerbildung theoretischen Input, praktische Erfahrung und reflektierende Begleitung zu kombinieren (Inckemann u.a. 2019). Aufgabe der Professionalisierungsforschung wird zukünftig sein, für die Erfassung von Kompetenzen und -entwicklung neben der Selbsteinschätzung der Studierenden vermehrt handlungsnähere Erhebungs- und Beurteilungsformen zu entwickeln und einzusetzen (Terhart 2017).

Auch bezüglich der Chancen von neu zugewanderten Kindern und Kindern mit Fluchterfahrung gilt der Appell, mit dem der IQB Bildungstrend 2016 schließt:

„Eine der größten Herausforderungen besteht im Umgang mit der Heterogenität der Schülerschaft, die voraussichtlich auch in Zukunft zunehmen wird. Diese Herausforderung kann nur durch gemeinsames Handeln aller Akteure im Schulsystem bewältigt werden." (Stanat u.a. 2017, 410)

Literaturverzeichnis

Autorengruppe Bildungsberichterstattung (2016): Bildung in Deutschland 2016. Ein indikatorengestützter Bericht mit einer Analyse zu Bildung und Migration. Bielefeld: Bertelsmann. Online unter: http://www.bildungsbericht.de/de/bildungsberichte-seit-2006/bildungsbericht-2016/pdf-bildungsbericht-2016/bildungsbericht-2016 (Abrufdatum 20.11.2018).

Becker-Mrotzek, M. (2018): Kapitel 2: Was sind eigentlich Sprache und Schrift? Erwerbsgegenstand gesprochene und geschriebene Sprache. In: C. Titz/S. Geyer/A. Ropeter/H. Wagner/S. Weber & M. Hasselhorn (Hrsg.): Konzepte zur Sprach- und Schriftsprachförderung entwickeln. Stuttgart: Kohlhammer, 34–52.

Deutscher Bildungsrat (1970): Strukturplan für das Bildungswesen. Stuttgart: Klett.

Deutsche UNESCO-Kommission (2018): Migration, Flucht und Bildung: Brücken bauen statt Mauern. Deutsche Kurzfassung des Weltbildungsberichts 2019. Online unter: https://www.unesco.de/sites/default/files/2018-11/Deutsche%20Kurzfassung%20GEMR%202019%20-%20FINAL.pdf (Abrufdatum 21.11.2018).

Ehlich, K./Bredel, U. & Reich, H. H. (2008): Referenzrahmen zur altersspezifischen Sprachaneignung. Berlin: BMBF.

Forschungsbereich Sachverständigenrat deutscher Stiftungen für Integration und Migration (SVR) (Hrsg.) (2016): Lehrerbildung in der Einwanderungsgesellschaft. Qualifizierung für den Normalfall Vielfalt. Policy Brief des SVR-Forschungsbereichs 2016-4. Berlin: Mercator Institut für Sprachförderung und Deutsch als Zweitsprache.

Inckemann, E./Lautenschlager, A. (2018): Flüchtlingskinder und neu zugewanderte Kinder auf dem Weg zur Schrift unterstützen – Erweiterung der methodisch-didaktischen Kompetenzen on Lehramtsstudierenden im Projekt «LUK!». In: leseforum.ch 2/2018. Online-Plattform für Literalität. Online unter: https://www.leseforum.ch/sysModules/obxLeseforum/Artikel/633/2018_2_de_inckemann_lautenschlager.pdf (Abrufdatum: 16.11.2018).

Inckemann, E./Lautenschlager, A./Frey, A. & Prestel, C. (2018): Vorurteilsbewusste Erziehung – Konzepte für die Lehrerbildung. In: Deutsch als Zweitsprache Heft 2/2018, 17–22.

Inckemann, E./Lautenschlager, A. & Frey, A. (2019): Lernpaten unterstützen Klassen mit Flüchtlingskindern (LUK!) – Ergebnisse aus der Begleitforschung und Implikationen für die Lehrer(innen)bildung. In: A. Wildemann u.a. (Hrsg.): Tagungsband DGfE Koblenz-Landau 2017 (im Druck).

Jeuk, S. (2015): Deutsch als Zweitsprache in der Schule. Grundlagen – Diagnose – Förderung. Stuttgart: Kohlhammer.

KMK (2015): Empfehlungen zur Arbeit in der Grundschule. Beschluss der Konferenz der Kultusminister vom 02.07.1970 i.d.F. vom 11.06.2015. Online unter: https://www.kmk.org/fileadmin/Dateien/pdf/PresseUndAktuelles/2015/Empfehlung_350_KMK_Arbeit_Grundschule_01.pdf (Abrufdatum: 20.11.2018).

Lütje-Klose, B. (2014): Kooperation in multiprofessionellen Teams. In: Friedrich Jahresheft, 2014, 26–29.

Massumi, M./Dewitz, N. v./Grießbach, J./Terhart, H./Wagner, K./Hippmann, K./Altinay, L./Becker-Mrotzek, M & Roth, H.-J.(2015): Neu zugewanderte Kinder und Jugendliche im deutschen Schulsystem. Bestandsaufnahme und Empfehlungen. Köln: Mercator Institut für Sprachförderung und Deutsch als Zweitsprache.

Referat Bildung und Sport, Landeshauptstadt München (o.J.): Übergangsklassensystem. Online unter: http://www.ue-klasse.musin.de/index.php/wissenswertes/uebergangsklassensystem (Abrufdatum 22.11.2018).

Rjosk, C./Haag, N./Heppt, B. & Stanat, P. (2017): Zuwanderungsbezogene Disparitäten. In: P. Stanat, P./S. Schipowski/C. Rjosk/S. Weirich & N. Haag (Hrsg): IQB Bildungstrend 2016. Münster: Waxmann, 237–275.

Stanat, P./Felbrich, A. (2013): Sprachförderung als Voraussetzung für die Sicherung von Mindeststandards im Bildungssystem: Ansatzpunkte und Herausforderungen. In: Deißner, D. (Hrsg.): Chancen bilden. Wege zu einer gerechteren Bildung – ein internationaler Erfahrungsaustausch. Wiesbaden: Springer VS, 81–100.

Stanat, P./Schipowski, S./Rjosk, C./Weirich, S. & Haag, N. (2017): Zusammenfassung und Einordnung der Befunde. In: P. Stanat, P./S. Schipowski/C. Rjosk/S. Weirich & N. Haag (Hrsg.): IQB Bildungstrend 2016. Münster: Waxmann, 387–410.

Staatliches Schulamt in der Landeshauptstadt München/Referat Bildung und Sport Landeshauptstadt München (2017): Gemeinsame Pressekonferenz der Fachlichen Leiterin des Staatlichen Schulamtes Alexandra Brumann und der Stadtschulrätin Beatrix Zurek vom 11.09.2017. Online unter: https://docplayer.org/61550049-Presseinformation-die-schule-beginnt.html (Abrufdatum 22.11.2018).

Terhart, E. (2017): Kommentar. In: Hartmann, U./Hasselhorn, M. & Gold, A. (Hrsg.): Entwicklungsverläufe verstehen – Kinder mit Bildungsrisiken wirksam fördern. Stuttgart: Kohlhammer, 473–476.

Wenzel, H. (2011): Chancengleichheit in der Schule – eine nicht abgegoltene Forderung. In: H.-H. Krüger/U. Rabe-Kleberg/R.-T. Kramer & J. Budde (Hrsg.): Bildungsungleichheit revisited. Wiesbaden: VS Verlag, 57–67.

Richard Sigel und Kristin Knoll

Gute Lesekonzepte müssen individuell sein – Die gestufte Bibliothek an Grundschulen im Rahmen der Münchner Viellese-Konzeption

1 Leseschwache Kinder nutzen die Bibliothek immer weniger – IGLU 2016 zeigt sehr bedenkliche Entwicklungen von 2006–2016 auf

Lesekompetenz ist die zentrale Kompetenz für das schulische Lernen. Schulbibliotheken fördern den Erwerb der Lesekompetenz in besonderem Maße. Rosebrock und Nix (2008, 49) weisen darauf hin, dass gerade schwache Leser kaum Bücher lesen, weil dies für sie sehr schwierig und anstrengend ist. Schwache Leser lesen nicht viel, weil sie nicht gut lesen können. Und sie verbessern sich nicht, weil sie nicht viel lesen. Die neuesten Daten zu IGLU (Internationale Grundschul-Lese-Untersuchung) zeigen mit Blick auf die bildungsbenachteiligten Kinder sehr bedenkliche Entwicklungen (Hußmann u.a., IGLU 2016, 19)

Bibliotheksnutzung. Die Antworten auf die Frage „Wie oft leihst du dir Bücher (einschließlich E-Books) aus der Schulbibliothek oder der Bibliothek in deinem Ort aus?" verweisen auf ungünstige Werte für Deutschland im internationalen Vergleich. Rund 35 Prozent der Schülerinnen und Schüler leihen sich nie oder fast nie Bücher aus. In nur drei Staaten ist dieser Anteil noch höher (Chile, Slowakei und Tschechien). Im Mittel der Vergleichsgruppe EU sind es knapp 20 Prozent. Auch der Anteil der Kinder in Deutschland, die mindestens wöchentlich Bücher entleihen (24.2 %), liegt deutlich unter dem EU-Durchschnitt (32.8 %). Problematisch ist vor allem der Befund, dass sich zwischen 2011 und 2016 in Deutschland der Anteil derjenigen, die nie oder fast nie Bücher aus der Bibliothek ausleihen, um 10 Prozentpunkte vergrößert hat, wobei sich im Vergleich der Leistungsgruppen etwas stärkere Zunahmen derjenigen, die nie oder fast nie Bücher entleihen, in der Gruppe der Leseschwachen finden.

Zwar ist in fast allen Staaten und Regionen dieser Anteil der Wenignutzer gestiegen, in Deutschland aber besonders deutlich. In fast allen Staaten und Regionen ist auch der Anteil an Kindern, die häufig beziehungsweise mindestens einmal pro Woche Bücher entleihen, von 2006 zu 2016 signifikant gesunken, in Deutschland um 5 Prozentpunkte. Signifikante Unterschiede zeigen sich allerdings nur bei den leseschwachen Schülerinnen und Schülern auf Kompetenzstufe I und II (um rund 10 %) und bei den Schülerinnen und Schülern auf Kompetenzstufe III (um rund 7 %). Dass sich in den letzten 10 Jahren gerade in der Gruppe der Leseschwachen die größten Veränderungen zeigen, ist durchaus bedenkenswert.

Fazit ist, dass sich in allen relevanten Bereichen der Bibliotheksnutzung die Daten der Kinder mit schwachen Leseleistungen (zumeist bildungsbenachteiligte Kinder und Kinder mit Deutsch als Zweitsprache) in den letzten 10 Jahren signifikant und erschreckend deutlich verschlechtert haben. Zentrale Problempunkte sind:

- Rund 35 % der Kinder leihen sich nie oder fast nie Bücher aus (Vergleichsgruppe EU 20 %).
- Der Anteil der Kinder, die wöchentlich Bücher ausleihen, liegt mit 24 % deutlich unter EU-Durchschnitt mit 33 %
- Der Anteil der Kinder, die sich nie Bücher ausleihen, hat sich von 2011–2016 um 10 Prozentpunkte vergrößert.
- Der Anteil der Kinder auf den Lesestufen I und II (also sehr schwache Leser), die sich Bücher häufig ausleihen, hat sich von 2006 zu 2016 um 10 % verringert.
- Besonders leseschwache Kinder ziehen sich von der Bibliotheksnutzung überdurchschnittlich zurück.

Bildungspolitisch macht es deshalb Sinn, den Ausbau der Schulbibliotheken auf die Tagesordnung zu nehmen. Damit leseschwache Kinder mehr Bibliotheken nutzen, müssen sie an eine kluge und ihren Fähigkeiten entsprechende Buchausleihe herangeführt werden. Es reicht nicht, dass diese Kinder irgendwelche Bücher ausleihen! Sie müssen an jene Bücher herangeführt werden, die sie in ihrer individuellen Leseentwicklung weiterbringen können. Dieses Ziel kann mit dem folgenden Konzept der gestuften Bibliothek an Grundschulen effizient erreicht werden.

Die Schule, die eine zentrale Schulbibliothek besitzt, erleichtert auch den schwachen Lesern den Zugang zu Büchern. Die Einteilung der Bücher in Leseniveaustufen (Levels) sorgt dafür, dass die Kinder jene Bücher zu lesen bekommen, die für ihre aktuelle Lesefähigkeit passend sind. Voraussetzung hierfür ist eine dem Kind durch fachliche Lesediagnostik zugewiesene, individuelle Kompetenzstufe. Für jede Lesekompetenzstufe muss es ein Äquivalent beim Angebot der Bücher in Form einer Buchniveaustufe geben. Damit ist dem Grundsatz von Vygotski (1978) Rechnung getragen, dass Lernen vor allem in der nächsten Zone der Lernentwicklung stattfindet. In Bezug auf die Lesekompetenzentwicklung bedeutet dies zum Beispiel, dass zuerst die kognitive Repräsentation von einzelnen Sätzen beherrscht werden muss, bevor man das Lesen von kurzen Texten auf der Ebene der lokalen Kohärenz in Angriff nimmt. Und erst nach erheblichen Kompetenzfortschritten konfrontiert man Kinder mit Büchern, die ein Textverstehen auf der Ebene der globalen Kohärenz einfordern. Die Niveaustufung der Bücher sorgt dafür, dass die Kinder jene Bücher aussuchen können, die für ihr Niveau angemessen sind. Damit wird tendenziell eine Überforderung und daraus resultierend auch mangelnde Lesemotivation vermieden. Eine Schulbibliothek, die niveaugestufte Bücher anbietet, die eine übersichtliche Sortierung der einzelnen Themenbereiche aufweist und die aktuelle Kinderliteratur sowie passende Öffnungszeiten anbietet, setzt den Rahmen für eine erfolgreiche Viellese-Konzeption.

2 Kurzer Überblick zum Projekt, Gestufte Bibliothek an Münchner Grundschulen'

Mit Unterstützung der SWM Bildungsstiftung konnte eine gestufte Schulbibliothek an einer sozialen Brennpunkt-Grundschule in München mit 2000 Büchern eingerichtet werden. Ziel ist, dass jedes Kind an der Schule jede Woche mindestens ein Buch liest. Dabei sollen den Kindern durch die niveaugestufte Ordnung der Bibliothek Bücher mit passendem Text- und Sprachniveau zur Verfügung stehen. Die jeweilige Klassenlehrkraft ordnet ihren Schülerinnen und Schülern gemäß der alltäglichen Unterrichtsbeobachtung und mit Hilfe eines standardisierten Gruppenlesetests (SLS 2–9 oder IEL–1) die passende Lesestufe zu. Alle Klassen der Schule haben einmal in der Woche ein festes 30-minütiges Zeitfenster, in dem Bücher ausgeliehen und zurückgegeben werden können. Die Ausleihe organisieren acht Eltern mit Unterstützung des Elternbeirates. Nach 12 Wochen Nutzungsdauer leihen nach wie vor fast alle Kinder ein Buch pro Woche aus. Der Buchbestand besteht aus 1700 Geschichten- und 300 Sachbüchern. Die Bücher sind in vier Niveaustufen geordnet (siehe Kapitel 4). Die Niveaustufen orientieren sich an den IGLU-Lesekompetenzstufen (Bos u.a. 2007) und an spezifischen Lesequalitätskriterien (Schriftgröße, Satzlänge, Textumfang, Kontextpassung sowie thematische Kinderpräferenzen). Inhaltlich wurden Bereiche gewählt, die bei den Kindern beliebt sind. Dabei haben wir uns beim Kauf der Bücher an den Verkaufszahlen der Verlage orientiert und dabei vorher die Passung der Texte zu den Qualitätskriterien überprüft. Die folgenden vier Niveaustufen sind in der Bibliothek räumlich voneinander getrennt und die Themenbereiche deutlich in großen Lettern farblich ausgewiesen.

Auf der Niveaustufe 1 können die Kinder unter folgenden Themenbereichen auswählen:
Millie und ich (Serie), Leserabe (Serie), Coolman und ich (Serie), Abenteuer, Fußball, Monster und Geister, Schule, Freundschaft, Zauberland und Feen, Tiere und Pferde.

Auf der Niveaustufe 2 werden folgende Themenbereiche angeboten:
Hexe Lilly (Serie), Super-Hugo (Serie), Cowboy Claus (Serie), Das Sams (Serie), Die Olchis (Serie), Tiere, Pferde, Weltraum, Schule, Abenteuer, Monster und Geister sowie Fußball.

Auf der Niveaustufe 3 finden sich etwas andere Serien und Themenbereiche:
Mädchen Dunne (Serie), Magisches Baumhaus (Serie), Star Wars (Serie), Ninjago (Serie), Die Olchis (Serie), King-Kong das Schwein (Serie), Tiere, Schule, Ritter, Abenteuer und Lustiges.

Auf der Niveaustufe 4 wurden folgende Themen und Serien ausgewählt:
Gregs Tagebuch (Serie), Die Olchis (Serie), Das Sams (Serie), Petronella Apfelmus (Serie), Lola (Serie), Lola (Serie), Lotta (Serie), Magische Tierschule (Serie), Bibi Blocksberg (Serie), Conny (Serie) und Abenteuer.

Auch die 300 Sachbücher sind in vier Niveaustufen geordnet. Wobei hier auf den Niveaustufen 1 und 2 das Angebot der Verlage eher knapp ist. Die Niveaustufen sind im Bibliotheksraum klar getrennt und farblich gekennzeichnet. Jedes Buch ist mehrfach vorhanden, so dass die Peers auch Bücher gleichzeitig lesen können. Wir gehen davon aus, dass dies die Kommunikation über die Buchinhalte unter den Kindern fördert. Auf Wunschlisten können Kinder Bücher anmerken, die für die Bibliothek bestellt werden sollen.

Abb. 1: Gestufte Bibliothek an einer Grundschule – Lesestufe 1

Abb. 2: Gestufte Bibliothek an einer Grundschule

Begleitet wird das tägliche Lesen durch das ‚Leserattentagebuch' (für Klassenstufe 1 und 2 in einfacher Ausgabe, für Klassenstufe 3 und 4 in inhaltlich anspruchsvollerer Ausgabe). Darin sollen die Kinder ihre Lektüre kurz zusammenfassen und bildlich darstellen. Nach 20 Leserattentagebuch-Eintragungen gibt es jeweils Urkunden (in Bronze, Silber und Gold). Ziel ist es, dass die Kinder für jede Lesestufe ein Lesetagebuch mit 20 Buchbeschreibungen bearbeiten (ein voll bearbeitetes Leseratten-Tagebuch ist die Voraussetzung für das Ausleihen von Büchern auf der nächsthöheren Stufe).

Nach zwölf Wochen Nutzungsdauer der gestuften Schulbibliothek wurde das Projekt aus Sicht der Kinder und der Lehrkräfte evaluiert. Dies wird am Ende des Artikels zusammenfassend dargestellt.

3 Gute Lesekonzepte müssen individuell sein – die gestufte Bibliothek an Grundschulen und ihre Ziele

Zentrales Anliegen einer gestuften Kinderbibliothek ist es, jedem einzelnen Kind die Möglichkeit zu geben, jene Bücher auszuleihen, die dem persönlichen Interesse entsprechen, die sprachlich nicht zu schwierig sind und die Lese-Erfolgserlebnisse ermöglichen. Gerade Kinder mit Leseproblemen neigen dazu, viel zu schwierige und zu umfangreiche Bücher bei einem Bibliotheksbesuch auszuwählen. Dies scheint oft an Art von sozialer Erwünschtheit zu liegen. Kinder wissen, dass Lesen wichtig ist und wollen manchmal als gute Leser gesehen werden, auch wenn sie es nicht sind. Zu schwierige, zu komplexe, zu differenzierte und zu lange Texte führen beim leseschwachen Kind zu Demotivierung und zu einer negativen Selbstwirksamkeitsüberzeugung (vgl. Pekrun 2015). Wichtige fachliche und pädagogische Ziele bei der Implementierung einer gestuften Schulbibliothek sind (vgl. ISB 2004):

- Bücher mit unterschiedlichem Text- und Sprachniveau anbieten,
- die individuell passende Buchauswahl von schwachen Lesern steuern,
- strukturell garantieren, dass die Kinder wöchentlich mindestens ein Buch lesen,
- Leseinteressen der Kinder berücksichtigen,
- Überforderungen durch unpassende oder zu schwierige Texte vermeiden helfen,
- Leseerfolge subjektiv spürbar machen (auch durch Leseurkunden und Lesebuttons),
- kumulativ – über Jahre hinweg – positive Leseerfahrungen für die Kinder generieren,
- Aufbau einer stabilen und positiven Lese-Selbstwirksamkeitsüberzeugung sichern,
- durch Angebote vieler Kinderbuchserien die Lese-Kommunikation in der Peer-Group stärken,
- positive Atmosphären während der Ausleihe herstellen und keinen Stress mit vergessenen Büchern bei der Buchrückgabe provozieren sowie
- das Kulturerlebnis ‚Bibliotheksbesuch' zu einer alltäglichen positiven Erfahrung machen – besonders für Kinder aus bildungsfernen Familien.

Ein weiteres Ziel ist die Motivierung der Lehrkräfte, die gestufte Bibliothek in ihren alltäglichen Unterricht zu integrieren. Es gilt die lesedidaktischen Fähigkeiten der Lehrkräfte durch Fortbildungen zu stärken. Die Arbeit mit festen Lesezeiten in der Schule, mit einem Lesetagebuch, mit immer komplexer werdenden Lesestrategien und mit lesekulturellen Angeboten sollten mehr zeitlichen Raum im Alltagsunterricht einnehmen. Darüber hinaus müssen die Formen der individuellen Förderung mit vorgeschalteter Lesediagnostik, mit individuellen Förderplänen und standardisierten Lernprozessbeobachtungen speziell bei Risikokindern vermehrt Eingang in die Alltagspädagogik der Grundschule finden.

4 Ausgewählte fachliche Problemstellungen

Die gestufte Schulbibliothek ist eine Viellese-Konzeption. ‚Lesen lernt man durch viel Lesen' lautet eine eher schlicht klingende These. Aus der Analyse von Lesebiographien (Rosebrock & Nix 2008, 51) weiß man, dass gute Leser oft kein spezifisches Lesetraining hatten, sondern in einer bestimmten Kindheits- und Jugendphase einfach viel gelesen haben. Auch quantitative Daten deuten darauf hin, dass Viellese-Verfahren zu mehr Lesekompetenz führen (vgl. Schön 2002). Zudem weiß man, dass Kinder Lesereihen bevorzugen und darüber eine vielfältige Kommunikation zwischen den Peers evoziert wird, was sich positiv auf die Lesemotivation und die Lesequantitäten auswirkt (vgl. Munser-Kiefer 2014). Verstärkte Lesekommunikation zwischen Peers geschieht besonders dann, wenn gemeinsame Bibliotheksbesuche stattfinden, die im Schulalltag in Bibliotheken innerhalb der Schule gut organisierbar sind. Auch die besonders für bildungsbenachteiligte Kinder wichtige Kontaktaufnahme zur Bibliothekskultur weist auf die Vorteile einer zentralen Bibliothek innerhalb der Schule hin. Damit werden Schwellenängste bei späteren Besuchen von öffentlichen Bibliotheken, besonders bei Kindern aus bildungsfernen Familien, vermindert.

Für den Lesekompetenzerwerb ist letztlich kaum entscheidend, ob aus Vergnügen oder aus Pflicht gelesen wird. Wichtig ist die Quantität des Lesens, um die nötigen Automatismen einzuüben, die für eine schnelle Worterkennung, ein zügiges Verstehen von Satzzusammenhängen und für eine sinnvolle Gesamtkonstruktion des Textes nötig sind. Natürlich muss das Lesen aus Vergnügen besonders gefördert werden, weil diese Art des Lesens sicherstellt, dass auch weitergelesen wird. Man weiß aber auch, dass in Ländern, in denen Lektüren in größeren Mengen verpflichtend vorgeschrieben sind (zum Beispiel in Japan), die Lesekompetenz besonders hoch ist (vgl. Rosebrock & Nix 2008, 52). Eventuell eröffnet eine gestufte Bibliothek die Möglichkeit, Pflicht und Vergnügen im Leselernprozess näher zueinander zu bringen. Empirisch ist auch belegt, dass schwache Leser durchgehend um ein Vielfaches weniger Textmengen lesen als gute Leser (ebd.). Es bietet sich also an, eine Art Lesekultur an der Schule zu etablieren, die jede Woche das Lesen eines Buches als selbstverständlich vorgibt. Die Festlegung verbindlicher Lesezeiten in der Schule und zuhause unterstützt dieses Vorhaben.

Lesen lernen basiert auf hierarchisch aufeinander folgenden Kompetenzstufen. In den nachstehenden Punkten werden die sechs fachlichen Kompetenzebenen (vgl. Schründer-Lenzen 2009, Mayer 2010 und Sigel 2017) des Leselernprozesses und eine Querebene beschrieben. Die rein fachlichen Ebenen sind

a) Vorläufer- und Voraussetzungsfähigkeiten,
b) Worterkennung durch phonetisches Recodieren (über die Graphem-Phonem-Korrespondenz),
c) Worterkennung durch mentalen Zugriff auf größere Einheiten (Silben, Häufigkeitswörter, Signalgruppen),
d) Sinnkonstruktionen in einem Satz,

e) Sinnkonstruktion in kurzen Texten (Lokale Kohärenz) und
f) Sinnkonstruktion in längeren Texten (Globale Kohärenz).

Beginnend mit der Kompetenzebene ‚Sinnkonstruktion in einem Satz' wird die Nutzung einer Bibliothek fachlich und pädagogisch sinnvoll, wenn adäquate und niveauangepasste Buchangebote vorrätig sind. Die Kompetenzebenen ‚Lokale und Globale Kohärenz' werden durch klassische belletristische Kinderbücher sowie Kinder-Sachbücher (mit erst kurzen, einfachen und dann immer längeren und anspruchsvolleren Texten) abgedeckt.

Zu diesen explizit fachlichen Ebenen des Leselernprozesses kommt eine querliegende Kompetenzebene (vgl. Sigel 2017) hinzu: die emotional-motivational-kommunikative Ebene. Darunter sind folgende Merkmale zu verstehen:
a) Lesemotivation,
b) Leseinteresse,
c) Anstrengungsbereitschaft,
d) Selbstwirksamkeitsüberzeugung,
e) Lese-Anschlusskommunikation und
f) lesekulturelle Angebote

Sowohl zu den rein fachlichen wie zu den emotional-motivational-kommunikativen Kompetenzebenen passt fachlich ein Viellese-Konzept – umgesetzt durch die schuleigene Bibliothek. Es müssen vielfältige Automatisierungsfähigkeiten bei der Worterkennung entwickelt sowie Wortschatz, Syntax und Grammatik erweitert werden. Zudem müssen die Fähigkeiten größere Zusammenhänge zu verstehen, sowie Inferenzen (Schlussfolgerungslücken) interpretieren zu können, vielfach eingeübt und automatisiert werden. Aber Kinderbücher sind in der Qualität des Wortschatzes, der Syntaxkomplexität und des inhaltlichen Gesamtrahmens sowie in Textumfang und Schriftgröße sehr unterschiedlich. Eine gute gestufte Schulbibliothek stellt den Kindern die Bücher mit dem passendem Leseniveau zur Verfügung. Ziel ist die Automatisierung von hierarchieniedrigen Leseprozessen wie zum Beispiel die fehlerfreie und schnelle Worterkennung sowie eine schnelle Satzrepräsentation mit folgender inhaltlicher Einpassung in den Gesamtzusammenhang. Den Wert von Viellese-Konzeptionen durch die Einübung hierarchieniedriger Leseprozesse beschreibt Dube (2014, 49) wie folgt:

> Stolpern Kinder aber beim Lesen immer wieder über unbekannte Wörter, werden in Anlehnung an die Automaticity Theory von LaBerge & Samuels (1974, 293) Kapazitäten des Arbeitsgedächtnisses gebunden, die für anschließende Dekodier- und Verstehensprozesse nicht mehr zur Verfügung stehen. Da die Kapazität unseres Gedächtnisses sowohl hinsichtlich der Informationsmenge als auch der Ressourcen, die für die Informations- verarbeitung zur Verfügung stehen, beschränkt ist, können komplexe Verste-

hensprozesse nur erfolgreich bewältigt werden, wenn die am Leseprozess beteiligten Fertigkeiten im Sinne von „It can complete its processing while attention is directed elsewhere" automatisiert sind. Liegt diese Automatisierung nicht vor, kann der Leistungsanspruch eines komplexen Lesevorgangs vom Arbeitsgedächtnis nicht bewältigt werden.

Es ist offensichtlich, dass der Grad der Automatisierung basaler Lesefertigkeiten darüber entscheidet, wie stark hierarchiehöhere Verarbeitungsprozesse (zum Beispiel die Berücksichtigung von komplexeren Kontexten, Inferenzen, sachlogischen Verknüpfungen verschiedener Informationsebenen und interpretativen Überlegungen) vollzogen werden können (vgl. Wolf 2009, 169). Das bedeutet, dass in der alltäglichen Leseförderung die Förderung und Automatisierung der hierarchieniedrigen Leseprozesse (zum Beispiel schnelle Worterkennung, sinnvolle Satzrepräsentation, schnelle Zuordnung der Pronomen und Adverbien, Verstehen der Konjunktionen, ...) eine große Berücksichtigung finden sollten. Diese Automatismen werden zu einem guten Teil durch Viellese-Verfahren entwickelt.
Um diese Automatismen entwickeln zu können, müssen Kinder auf Literatur Zugriff haben, die in ihre aktuelle Kompetenzentwicklung hineinpasst. Das Prinzip von Vygotski (1978), dass man vor allem in der nächsten Zone der Kompetenzentwicklung lernt, gilt natürlich auch für den Leselernprozess. Die Herausforderung besteht also darin, den Kindern jene Texte und Bücher zur Verfügung zu stellen, die Leselernfortschritte ermöglichen und wiederkehrende Misserfolgserlebnisse vermeiden. Im Folgenden wird die theoretische Verknüpfung der nach vier Niveaustufen kategorisierten Bücher mit dem IGLU-Lesekompetenzmodell entwickelt.

5 Die vierstufige Leseniveau-Kategorisierung von Kinderbüchern und die Verknüpfung zu den IGLU-Kompetenzstufen

Die Aufteilung des Buchbestandes gemäß gestufter Leseniveaus stammt aus der Tradition der amerikanischen Leseförderung (Leveling Reading), bekannt auch als ‚Leveled Classroom Libraries'. Dem ‚Leveling Reading' an amerikanischen Schulen liegt eine ausgefeilte Diagnostik zugrunde, die zu sehr differenzierten Niveaustufen (Levels) führt. Der bekannteste ‚Guided reading leveling Chart' ist der ‚DRA Level' (Developmental Reading Assessment DRA'). Amerikanischen Eltern wird diese Niveaueinstufung wie folgt erklärt (vgl. scholastik 2019):

„DRA Testing: The DRA test is traditionally administered on an annual or semi-annual basis. The test measures nine categories of reading behavior and six types of er-

rors. It was developed in 1986 (and revised in both 2000 and 2003) by a committee of educators and is intended to evaluate certain aspects of your child's reading level. How DRA Levels and Testing Work Together?
Tasks measured by the DRA test are divided into several skill sets. Rhyming, alliteration, segmentation, and phonemic awareness are tested in the phonemic awareness section. Letter naming, word-list reading, spelling, decoding, analogies, structural analysis, and syllabication are tested in the alphabetic principle/phonics portions. Oral reading fluency or words per minute for contextual reading are tested under fluency. Vocabulary, comprehension, and reading engagement skills are also measured in the test.

Die Level-Differenzierungen sind vielfältig. Der Guided Reading Leveling Chart weist sieben Gütestufen und 36 Niveaus auf – mit entsprechenden Übungssequenzen und entsprechend angepasster Literatur. Die jeweiligen standardisierten Tests sind Einzeltests und somit zeitaufwendig. Sie werden auch oft im monatlichen Rhythmus eingesetzt, was lernprozessdiagnostisch zwar sinnvoll ist, jedoch Lehrkräfte eventuell zeitlich überfordern kann.

Der an deutschen Schulen übliche Umgang mit standardisierten Testverfahren lässt aus Gründen der Arbeitsbelastung (in Bayern zum Beispiel 28 Stunden Unterrichtsverpflichtung in der Woche) und der didaktischen Tradition kaum ein solch aufwendiges Diagnostikverfahren zu. Auch findet in dieser Richtung im Lehramt Grundschule bisher eher wenig Ausbildung an Universitäten oder in der Lehrerinnenweiterbildung statt. Wir haben uns deshalb für ein zeitlich weniger aufwendiges Diagnostikverfahren mit standardisierten Gruppentests entschieden:

– Durchführung eines standardisierten Gruppentests zur Feststellung der aktuellen Lesekompetenz (zum Beispiel das Salzburger Lesescreening 2-9 und das Inventar zur Erfassung der Lesekompetenz im 1. Schuljahr),

– laufende Lern- und Unterrichtsbeobachtungen besonders bei leseschwachen Kindern durch die Klassenlehrkraft und

– Triangulation in Zweifelsfällen bei der Feststellung der aktuellen Lesekompetenz eines Kindes (das heißt reflektiver Abgleich des Testergebnis mit den alltäglichen Lernbeobachtungen sowie Einbeziehung einer weiteren Lehrkraft, die das Kind kennt und/oder eine Einbeziehung der schulischen Bibliotheksbeauftragten).

IGLU (Bos u.a. 2007, 109) bietet ein Lesekompetenzstufenmodell an, das mit einer Niveaustufung von Büchern gut verknüpfbar ist. Dort wird die Lesekompetenz auf fünf Niveaus inhaltlich beschrieben.

Tab. 1: Lesekompetenzstufenmodell in IGLU 2006 – 5 Kompetenzstufen

I	Dekodieren von Wörtern und Sätzen
II	Explizit angegebene Einzelinformationen in Texten identifizieren
III	Relevante Einzelheiten und Informationen im Text auffinden und miteinander in Beziehung setzen
IV	Zentrale Handlungsabläufe auffinden und die Hauptgedanken des Textes erfassen und erläutern
V	Abstrahieren Verallgemeinern und Präferenzen begründen

Diese Kompetenzebenen reichen allerdings alleine nicht aus, um eine Niveaustufung von Kinderbüchern vorzunehmen. Man benötigt zusätzliche Kriterien. Diese zusätzlichen Kriterien beeinflussen den Leselernprozess im Anfangsunterricht und in der gesamten Grundschulzeit. Bei den zusätzlichen Kriterien handelt es sich um

– sprachliche Syntaxqualität (Hauptsatz ohne Nebensatz/mit Nebensatz, Satzlänge, Kontextherausforderung)
– Zahl der Sätze pro Seite und im gesamten Text
– Schriftgröße
– Wortschatzqualität (auch mit Blick auf Kinder mit Migrations- und Fluchthintergrund)

Es gibt auf dem deutschen Kinderbuchmarkt im Gegensatz zum amerikanischen Markt keine Kinderbücher, die fachtheoretisch begründet genau den IGLU-Kompetenzstufen zugeordnet werden könnten. Zudem müssen im Anfangsunterricht der Grundschule – also zu Beginn des Leselernprozesses – wichtige Zusatzaspekte berücksichtigt werden, die einen Leselernprozess positiv beeinflussen können. Kinder müssen das Lesen im Alltag emotional positiv erleben. Das zu lesende Buch muss vom Schwierigkeitsniveau so beschaffen sein, dass Kinder den aktuellen Leseprozess meist mit Erfolg abschließen können. Kumulativ angehäufte Misserfolgserlebnisse führen zum Verlust der Leselernmotivation. Es gilt eine stabile Lese-Selbstwirksamkeitsüberzeugung zu generieren (vgl. Pekrun 2015 und Schründer-Lenzen 2009), so dass die Kinder auch in schwierigen und anstrengenden Phasen des Leselernprozesses nicht schnell aufgeben. Wir beachten bei der Niveaueinstufung der Bücher folgende Kriterien:

– Klarheit und Komplexität der Syntax,
– Anzahl der Sätze pro Seite und im gesamten Text,
– Schriftgröße und
– Bildunterstützung zum besseren Verständnis der Handlung.

Zudem müssen die üblichen altersgemäßen Konzentrations- und Ermüdungsgrenzen im anfänglichen Leselernprozess beachtet werden. Zu Beginn des Leselernprozesses ist das kindliche Gehirn allein durch die vielen noch nicht automatisierten Worterkennungsprozesse belastet und ermüdet entsprechend schnell. Dies muss individuell passend für das jeweilige Kind mit einer adäquaten Schriftgröße, einem entsprechend wenig komplexen Satzbau sowie einem passenden Gesamtumfang des Buches/des Büchleins gesteuert werden (vgl. Munser-Kiefer 2015). Zudem wird die Auswahl der Bücher in der gestuften Bibliothek stark nach Kinderinteressen vorgenommen (Rosebrock und Nix 2008, 48).

In folgender Tabelle werden nun die IGLU-Lese-Kompetenzstufen und spezifische Textkriterien in einen Zusammenhang gebracht. Nötig ist dieses Vorgehen, weil der Kinderbuchmarkt zwar selbst kriteriengeleitete und gestufte Kinderliteratur anbietet, aber die fachtheoretische Begründung zu Lesekompetenzstufen durchgängig fehlt. Im Kinderbuchmarkt finden sich gestufte Angebote. Meist unterscheiden die Verlage drei Niveaustufen. Wir haben uns hier für vier Buchniveaustufen entschieden, weil dadurch eine Zuordnung zu den IGLU-Kompetenzstufen fachlich begründet möglich ist.Zuordnung der vier Lesestufen zum IGLU-Kompetenzstufenmodell.

Tab. 2: Zuordnung der vier Lesestufen zum IGLU-Kompetenzstufenmodell.

4 kriterienorientierte Lese-Niveaustufen von Büchern für Leselerner	Zuordnung zu IGLU Lese-Kompetenzstufen-Modell	Anmerkungen Ziel der Stufung ist immer das Ermöglichen von Leserfolg in der passenden Stufe des Leselernprozesses.
Buchstufe 1 – sehr große Schriftgröße – kurze Hauptsätze und übersichtliche Verbklammern – nur 3–5 Hauptsätze pro Seite – vielfach bildunterstützt – einfache Inhaltskontexte – max. 30 Seiten – Gesamtlesezeit 15–30 Minuten	I Dekodieren von Wörtern und Sätzen (niveauniedrig) II Explizit angegebene Einzelinformationen in Texten identifizieren (niveauniedrig)	Gerade Leseanfänger, die nur wenige oder gar keine Leseprozesse voll automatisiert haben, benötigen einfache und kurze Syntaxstrukturen, um erfolgreich sein zu können. Auch die Lesezeit ist wegen der hohen kognitiven Belastung beschränkt. Sehr wichtig ist die Schriftgröße für Leseanfänger. Bilder helfen beim Textverstehen.

Die gestufte Schulbibliothek

Buchstufe 2 – große Schriftgröße – eher kürzere Sätze mit eher einfachen Nebensatzkonstruktionen – 6–12 Sätze pro Seite – bildunterstützt – übersichtliche Inhaltskontexte – max. 50–70 Seiten – Gesamtlesezeit 30–60 Minuten	II Explizit angegebene Einzelinformationen in Texten identifizieren (niveauhöher) III Relevante Einzelheiten und Informationen im Text auffinden und miteinander in Beziehung setzen	Auf Stufe 2 spielen die Schriftgröße und Satzlänge immer noch eine große Rolle. Bildunterstützung hilft den Kindern beim Verstehen und lockert den Text auf. Die inhaltlichen Kontexte werden automatisch etwas komplexer. Die Gesamtlesezeit nimmt zu. Das Lesen in Etappen wird für viele Kinder wegen Ermüdungsphänomenen notwendig sein.
Buchstufe 3 – etwas größere Schriftgröße – Sätze mit Nebensatzkonstruktionen – 12–20 Sätze pro Seite – etwas bildunterstützt – komplexere Inhaltskontexte – max. 70–120 Seiten – durchschnittliche Gesamtlesezeit 60–120 Minuten	III Relevante Einzelheiten und Informationen im Text auffinden und miteinander in Beziehung setzen IV Zentrale Handlungsabläufe auffinden und die Hauptgedanken des Textes erfassen und erläutern	Auf Stufe 3 sind Worterkennungsprozesse schon weitgehend automatisiert. Die Kontexte werden komplexer und die Ansprüche der Erfassung von Zusammenhängen werden größer. Auch nimmt das Verständnis von Schlussfolgerungslücken zu. Damit wird ein besseres und umfangreicheres Verstehen der Handlungsabläufe möglich. Die Lesezeit je Buch macht bei vielen Kindern ein Etappenlesen nötig.
Buchstufe 4 – kaum vergrößerte Schrift – Sätze mit auch elaborierten Nebensatzkonstruktionen – 15–25 Sätze pro Seite – kaum bildunterstützt – komplexe Inhaltskontexte – 120–200 Seiten und mehr – Gesamtlesezeit 180 Minuten und mehr	IV Zentrale Handlungsabläufe auffinden und die Hauptgedanken des Textes erfassen und erläutern V Abstrahieren, Verallgemeinern und Präferenzen begründen	Auf Buchstufe 4 lesen die Kinder fast auf dem Erwachsenenniveau. Sie können umfangreiche Textmengen kognitiv und sachlogisch verarbeiten. Zudem können sie Zusammenhänge über den konkreten Text hinaus konstruieren und begründen.

Die Klassenlehrkräfte ordnen ihren Kindern die jeweils aktuell passende Lesestufe zu. Nur in dieser Stufe darf das Kinder Bücher ausleihen. Dies sichert die Passung zu den aktuellen Lesefähigkeiten und hilft den Kindern jene Bücher auszuwählen, die für den Lernfortschritt geeignet sind. Verbesserungen der Lesefähigkeiten zieht das Aufsteigen in die nächste Lesestufe nach sich. Darüberhinaus muss stets berücksichtigt werden, dass die Kinder Bücher aus ihren thematischen Interessensgebieten ausleihen können. Eine gute Schulbibliothek verfügt also über ein vielfältiges Angebot an unterschiedlichen Themen für alle Lesestufen.

6 Das Leseratten-Tagebuch – Eine schriftliche Auseinandersetzung mit gelesenen Büchern

Das Projekt *Gestufte Bibliothek an Grundschulen* wird begleitet vom Einsatz eines *Leseratten-Tagebuchs*. In diesem Lesetagebuch sollen möglichst viele Bücher, die ein Kind gelesen hat, schriftlich und zeichnerisch zusammengefasst werden. Dies dient einer kognitiven Auseinandersetzung mit dem gelesenen Buch. Hierfür liegen zwei niveauunterschiedliche Ausgaben vor (eine für die 1./2. Jahrgangsstufe und eine für die 3./4. Jahrgangsstufe). Im Leseratten-Tagebuch wird das Vielleseverfahren den Eltern und Kindern erklärt. In dem Begleittext werden für Eltern Tipps zur Unterstützung der Leseentwicklung ihres Kindes gegeben. Die Eltern können das Tagebuch auch für Lektüre verwenden, die von den Eltern beschafft wird. Zur Zusammenfassung eines Buches sind im Leseratten-Tagebuch für die Jahrgangsstufen drei und vier folgende Aufgaben gestellt:
– Angaben über Autor, Titel des Buches, Lesetermin und Seitenzahl des Buches,
– Angabe von fünf Schlüsselwörtern, mit denen man den Inhalt kurz nacherzählen kann,
– sehr kurze Inhaltsbeschreibung in drei Sätzen,
– Bild zeichnen zur wichtigsten Person im Text und
– eine ganz wichtige/lustige Stelle im Buch beschreiben.
Die Aufgaben des Leseratten-Tagebuchs für die 1. und 2. Jahrgangsstufe sind ähnlich gestaltet gemäß des Leistungsniveaus der Kinder jedoch inhaltlich reduziert. Im Folgenden werden das Titelbild und ein Beispiel aus der 3. Klasse gezeigt.

Abb. 3: Die Titelseite des Leseratten-Tagebuchs

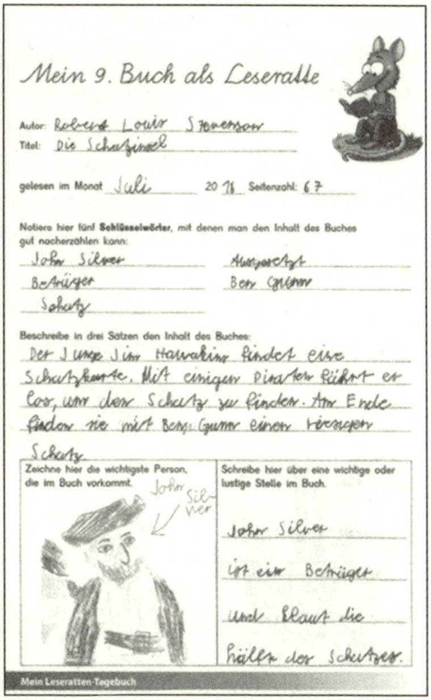

Abb. 4: Ein Schülerbeispiel aus dem Leseratten-Tagebuch eines Kindes aus der 3. Jahrgangsstufe

7 Evaluation der Nutzung der gestuften Bibliothek an einer Münchner Brennpunkt-Grundschule nach zwölf Schulwochen

Die oben beschriebene Konzeption einer niveaugestuften Schulbibliothek wurde von September bis Dezember 2018 zwölf Schulwochen lang erprobt. Am Ende dieser Erprobungszeit erfolgte eine erste Evaluation aus der Perspektive der Lehrkräfte und der Kinder. Die Kinder aus der ersten Jahrgangsstufe sind nicht erfasst, da nur 19 der 80 Kinder bereits Lesefähigkeiten entwickelt hatten, die für das Lesen von Kinderbelletristik notwendig sind. Schön war zu beobachten, wie bereits Anfang Dezember der Bibliotheksbesuch aus der ersten Jahrgangsstufe sukzessive zunahm. Die Freude bei den Schulanfängern war außergewöhnlich hoch, endlich die Schulbibliothek besuchen können. Auf eine Befragung der Kinder aus den ersten Klassen mittels eines Fragebogens wurde verzichtet, da diese Altersstufe in der Regel noch zu viele Verstehensprobleme bei den Themenstellungen in Fragebögen haben (vgl. Lamnek 2016).

Insgesamt nahmen an der Evaluation zehn Klassenlehrkräfte und zehn Klassen teil (drei Klassen der 2. Jahrgangsstufe, vier Klassen der 3. Jahrgangsstufe und drei Klassen der 4. Jahrgangsstufe). Alle Klassen nutzen die gestufte Schulbibliothek wöchentlich. Jede Klasse hat mindestens einmal wöchentlich zu einem festen Zeitpunkt 30 Minuten Ausleih- und Rückgabezeit. Die Ausleihe wurde von einem Elternteam organisiert (in der Zeit von 8.00 – 9.30 Uhr täglich). Drei Klassen gehen sogar zweimal in der Woche in die Bibliothek, um neue Bücher auszuleihen.

Tab. 3: Nutzung der Bibliothek und des Leseratten-Tagebuchs

Fragen an die Klassenlehrerinnen N 10	2. Jgst. N 61 Kinder	3. Jgst. N 79 Kinder	4. Jgst. N 67 Kinder	gesamt 207 Kinder
Wie viele Kinder nutzten die gestufte Bibliothek wöchentlich?	61 100%	71 90%	62 93%	194 94%
Wie viele Kinder bearbeiteten das Leseratten-Tagebuch?	54 89%	57 72%	62 93%	173 84%

Die Ursachen für die Nicht-Nutzung der gestuften Bibliothek durch insgesamt 13 Kinder wurden von den Lehrerinnen wie folgt beschrieben:
– Frustration über die niedrige Lesestufe,
– nur Lektüre von eigenen Büchern zuhause,
– zu wenig Lesemotivation bzw. zu wenig entwickelte Lesekompetenzen und
– psychische Belastungen durch traumatische Flucht- und Migrationserfahrungen.
Die Nutzung des Leseratten-Tagebuchs wird in den Klassen unterschiedlich gehandhabt. Vier Lehrerinnen arbeiten mit dem Leserattentagebuch im Unterricht und geben es zur Bearbeitung auch mit nach Hause. Sechs Lehrerinnen arbeiten in der Schule nicht mit dem Lese-Tagebuch. Sie stellen es den Kindern frei, ob sie zuhause mit dem Leserattentagebuch arbeiten. Eine Förderlehrerin arbeitet am Lesetagebuch nur in der Schule, da sie einen Kurs mit besonders leseschwachen Lesern betreut. Über vier Fünftel der Kinder arbeiten mit dem Leseratten-Tagebuch mit unterschiedlicher Intensität. Das bedeutet auch, dass ein guter Teil der Kinder freiwillig daran arbeitet. Als Ursachen für eine Nicht-Bearbeitung der Leseratten-Tagebücher durch ein Fünftel der Kinder nennen die Lehrkräfte
– zeitliche Probleme,
– zu wenig Anstrengungsbereitschaft,
– individuell zu schwierige Aufgabenstellungen und
– damit mangelnde Motivation, weil kein Erfolg in Aussicht steht.

Die wöchentliche Unterrichtszeit, in der die Lehrerinnen Leseförderung betreiben variiert: In fünf Klassen wird eine Stunde, in vier Klassen zwei Unterrichtsstunden und in einer Klasse drei Stunden Lesen gefördert. Mit der Organisation der Bibliothek durch die Elterngruppe sind alle Lehrkräfte sehr zufrieden. Die Kinder der 2., 3. und 4. Jahrgangstufe beantworteten einen eigenen Fragebogen, der Daten im Umgang mit der Bibliothek und dem Leseratten-Tagebuch aufzeigt.

Tab. 4: Kinderdaten zur Lesemotivation und zur Wahl der Lesestufe

Fragen an die Kinder (10 Klassen)	2. Jgst. N 57 Kinder	3. Jgst. N 76 Kinder	4. Jgst. N 65 Kinder	gesamt 198 Ki.
Ich lese sehr gerne >>>>>>>	72%	43%	34%	48%
Ich lese gerne >>>>>>>>>>	19%	32%	45%	32%
Ich lese nicht so gerne >>>>	9%	21%	21%	18%
Ich lese gar nicht gerne >>>	0%	4%	0%	2%
Ich besuche die Bibliothek sehr gerne >>>>>>>>>>>>	77%	64%	46%	61%
gerne >>>>>>>>>>>>>>	19%	22%	46%	29%
nicht so gerne >>>>>>>>>	4%	13%	8%	9%
gar nicht gerne >>>>>>>>	0%	1%	0%	1%
Ich lese auf Lesestufe 1 >>>>	56%	9%	0%	nicht zielführend
Ich lese auf Lesestufe 2 >>>>	33%	30%	17%	
Ich lese auf Lesestufe 3 >>>>	11%	28%	38%	
Ich lese auf Lesestufe 4 >>>>	0%	33%	45%	

In der letzten IGLU-Befragung 2016 gaben rund 70%[1] der Kinder am Ende der 4. Jahrgangsstufe an, gerne zu lesen. Die Kinder unserer sozialen Brennpunktschule liegen hier 10 Prozentpunkte höher. Das ist überraschend positiv, da diese Schule klar unterdurchschnittliche Werte in der Lesekompetenz erreicht und dies normalerweise zu weniger Lesemotivation führt. Überraschend ist auch, dass 90 % der Kinder die gestufte Bibliothek gerne oder sehr gerne besucht. Ihnen gefällt es offensichtlich, dass sie dort Bücher gemäß ihren Interessen und Lesepräferenzen finden (70 %), dass es Bücher mit großer Schrift gibt (21 %) und dass sie Gelegenheit haben, in der Schule zu lesen (9 %).
In jeder Jahrgangsstufe ist eine große Heterogenität bei der Verteilung der Lesestufen zu erkennen. Von den vier Niveaustufen finden sich in jeder Klasse drei Stufen. Es zeigt sich dadurch, wie wichtig ein niveaugestuftes Angebot an Kinderliteratur ist.
Wie viele Bücher haben die Kinder nun ausgeliehen? Und wie viele wurden im Leseratten-Tagebuch bearbeitet und zusammengefasst?

---

1 Fragestellung: Was gefällt Dir an der Schulbibliothek? Mehrfachnennungen waren möglich.

Tab. 5: Schülerdaten zu Leseumfang und Arbeit mit Leseratten-Tagebüchern

Schülerangaben (Zeitspanne 12 Wochen)	2. Jgst. N 57 Kinder	3. Jgst. N 76 Kinder	4. Jgst. N 65 Kinder	gesamt 198 Ki.
Gelesene Bücher nach Schülerangabe in 12 Wo.	667 gesamt	860 gesamt	720 gesamt	2247
Mittelwert je Schüler	11,7 Bücher	11,3 Bücher	11,0 Bücher	11,3 Bücher
Wie viele Bücher hast Du in den letzten 12 Wochen im *Leseratten-Tagebuch* zusammengefasst?	520 Bücher	490 Bücher	405 Bücher	1415 Bücher
Mittelwert je Schüler	9,1 Bücher	6,4 Bücher	6,2 Bücher	7,1 Bücher

Es scheint gelungen zu sein, dass die Kinder jede Schulwoche ein Buch lesen. Die Zahl der im Lese-Tagebuch bearbeiteten Bücher ist in Teilen beeindruckend. Durch eine relativ hohe Zahl an Kindern mit sehr vielen Einträgen im Leseratten-Tagebuch muss man die Mittelwerte aber kritisch sehen. Etwa ein Drittel der Kinder hat wenige oder gar keine Bücher im Leseratten-Tagebuch bearbeitet. Dies hängt auch mit der Tatsache zusammen, dass sechs der zehn Lehrerinnen die Bearbeitung als freiwillig vermittelte. Als Gründe für die Nicht-Nutzung der Leseratten-Tagebücher gaben die Lehrkräfte an, dass es für einen Teil der Kinder zu anstrengend und zu wenig motivierend war. Allerdings gibt es Unterschiede zwischen den Klassen. Dort wo Lehrerinnen großen Wert auf die Arbeit mit dem Leseratten-Tagebuch legen, fassen auch mehr Schüler mehr Bücher zusammen.

Zusammenfassend lässt sich sagen, dass auch an einer sozialen Brennpunktschule mit einem hohen Anteil an Kindern mit Migrations- und Fluchthintergründen eine gestufte Bibliothek erstaunlich gut angenommen wird. Es deuten einige Aspekte darauf hin, dass die Niveaustufung im Buchangebot dafür sorgt, die Freude und die Motivation am Lesen zu steigern. Wesentlich war mit großer Wahrscheinlichkeit, dass sowohl für Mädchen als auch für Jungen kindgemäße und beliebte Inhalte angeboten wurden und dass diese Inhalte übersichtlich ausgeschildert im Bibliotheksraum verortet waren.

Am Ende des Schuljahres 2018/2019 wird mit standardisierten Tests überprüft, ob die Lesekompetenz signifikant über das normale Maß der Steigerung verbessert werden konnte. Dabei wird spannend sein, ob die Kinder, die viel mit dem Leseratten-Tagebuch gearbeitet haben, besser abgeschnitten haben als jene Kinder, die sich wenig oder gar nicht damit beschäftigt haben. Auch interessant wird sein, ob sich über das Jahr hinweg die Zustimmung der Kinder zum Lesen und zum Bibliotheksbesuch ändert.

Literaturverzeichnis

Bos, W., Valtin, R., Hornberg, S., Buddeberg, I., Goy, M. & Voss, A. (2007): Internationaler Vergleich 2006: Lesekompetenzen von Schülerinnen und Schülern am Ende der vierten Jahrgangsstufe. In W. Bos, S. Hornberg, K.-H. Arnold, G. Faust, L. Fried, E.-M. Lankes, K. Schwippert & R. Valtin (Hrsg.), IGLU 2006. Lesekompetenzen von Grundschulkindern in Deutschland im internationalen Vergleich (109–160). Münster: Waxmann.

Dube, J. (2014): Erfolgreiche Leseförderung für ZweitsprachlernerInnen mit einem Recreational Reading Programm. Online unter: www.gfl-journal.de/2-2014/Dube.pdf. (Abrufdatum: 10.01.2019)

Hattie, J. (2013): Lernen sichtbar machen. Überarbeitete deutschsprachige Ausgabe von „Visible Learning" besorgt von Beywl, W. und Zierer, K. Hohengehren: Schneider.

Hußmann, A. (2017) Wendt, H.; Bos, W.; Bremerich-Vos, A.; Kasper, D.; Lankes, E.; Mcelvany, N.; Stubbe, T. C.; Valtin, R. (Hrsg.)(2017): IGLU 2016. Lesekompetenzen von Grundschulkindern in Deutschland im internationalen Vergleich. Münster; New York: Waxmann, 342.

ISB (2004): Praxisleitfaden Schulbibliothek. Online unter: https://www.isb.bayern.de/schulartuebergreifendes/medienbildung/lesefoerderung-schulbibliotheken/praxisleitfaden-schulbibliothek/

LaBerge, D. & Samuels S. (1974): Toward a theory of automatic information process in reading. In: Cognitive Psychology 6, 293–323.

Mayer, A. (2010): Gezielte Förderung bei Lese- und Rechtschreibstörungen. München: Ernst Reinhardt Verlag.

Munser-Kiefer, M. (2014): Leseförderung im Leseteam in der Grundschule. Eine Interventionsstudie zur Förderung von basaler Lesefertigkeit und (meta-)kognitiver Lesestrategien. Münster.

Pekrun, R. (2015): Lernen mit Gefühl. Online unter: https://www.uni-muenchen.de/forschung/news/2015/sl_pecrun_lernen.html (Abrufdatum: 10.01.2019)

Rosebrock, C. & Nix, D. (2008): Grundlagen der Lesedidaktik und der systematischen schulischen Förderung. 2. korrigierte Auflage. Hohengehren: Schneider.

Schoen, E. (2002): Einige Anmerkungen zur PISA-Studie, auch aus literaturdidaktischer Perspektive. Oder: Lesen lernt man durch lesen. In K. Franz & F.J. Payrhuber (Hrsg.), Lesen heute. Leseverhalten von Kindern und Jugendlichen im Kontext der PISA-Studie (72–91). Baltmansweiler: Schneider.

Scholastik.com. Online unter: https://www.scholastic.com/parents/books-and-reading/reading-resources/book-selection-tips/assess-dra-reading-levels.html. (Abrufdatum: 10.01.2019)

Schründer-Lenzen, A. (2009): Schriftspracherwerb und Unterricht. Bausteine professionellen Handlungswissens, 3. Auflage. Wiesbaden: VS Verlag für Sozialwissenschaften.

Sigel, R. (2010): Förderung von leseschwachen Schülern mit und ohne Migrationshintergrund. In: Bayerisches Staatsministerium für Unterricht und Kultus (Hrsg.): ProLesen. Auf dem Weg zur Leseschule – Leseförderung in den gesellschaftswissenschaftlichen Fächern. Donauwörth: Auer, 37–56.

Sigel, R. (2016): Arme und bildungsbenachteiligte Kinder – Risiko-Monitoring als Präventionschance. In: Inckemann, E./Sigel, R. (Hrsg.): Diagnose und Förderung von bildungsbenachteiligten Kindern im Schriftspracherwerb. Bad Heilbrunn: Klinkhardt.

Sigel, R. (2017): Leitfaden zur Lernausgangs- und Lernprozessdiagnostik für Kinder mit aktueller Flucht- oder Migrationserfahrung. In: Sigel, R. & Inckemann, E. (Hrsg.): Diagnose und Förderung von Kindern mit Zuwanderungshintergrund im Sprach- und Schriftspracherwerb. Bad Heilbrunn: Klinkhardt.

Vygotsky, L. S. (1978): Mind in society: The development of higher psychological processes. Cambridge, MA: Harvard University Press.

Katja Koch und Stefanie Schulz

Schulentwicklung in Netzwerken: Befunde aus dem Projekt DazNet

Das niedersächsische Projekt DaZNet, das im Schuljahr 2010/11 mit einer Pilotphase startete und im Schuljahr 2015/16 beendet wurde, zielte darauf, in den beteiligten Schulen Netzwerke zu etablieren, die langfristig dazu beitragen sollten, die bildungssprachlichen Kompetenzen von Kindern mit Migrationshintergrund entlang der Bildungsbiografie zu verbessern und somit deren Chance auf Teilhabe an schulischen Lernprozessen zu erhöhen. In seiner Projektstruktur war es angelehnt an das im Kontext des BLK-Programms FÖRMIG entwickelte Konzept der „Durchgängigen Sprachbildung", das Sprachlernen als integrierten Grundsatz des Unterrichts und anderer kindlicher Lernsituationen betrachtete (Gogolin u.a. 2011). Darüber hinaus verknüpfte das Konzept der „Durchgängigen Sprachbildung" aber explizit mit der aus dem Züricher Projekt QUIMS entlehnten Vorstellung einer von bildungsadministrativer Seite initiierten und gestützten Verstärkung von Schulentwicklungsprozessen, insbesondere in Schulen mit einem hohen Anteil an Kindern mit Migrationshintergrund. Ein Ansatz, der auch im von der Mercator-Stiftung geförderten Projekt „Sprachsensible Schulentwicklung"[1] (Demski & Racherbäumer 2015) enthalten ist. Kernelemente des Projektes DazNet waren daher die sprachbezogene Qualifizierung von Moderator*innen sowie Sprachlernkoordinator*innen und die schulentwicklungsbezogene Etablierung von schulformübergreifenden Netzwerken in Niedersachsen. Im folgenden Beitrag soll zunächst das Projekt DaZNet und seine Evaluation kurz beschrieben und einige Ergebnisse skizziert werden. Vor dem Hintergrund des in Niedersachsen mit diesem Projekt vollzogenen Turn von Sprachförderung hin zu Sprachbildung soll dann die Frage diskutiert werden, welchen Beitrag Projekte wie DazNet zum Abbau von sozialen Ungleichheiten leisten können.

1 Das Projekt DazNet und seine Evaluation

Das Projekt DaZNet, das im Schuljahr 2010/11 in einer Pilotphase implementiert wurde, wurde als lernendes Projekt konzipiert, bei dem sich über individuelle Lernprozesse der beteiligten Personen deren unterrichtliches Handeln verändern und gleichzeitig über die Etablierung übergeordneter Strukturen auch organisationsbezogene Veränderungen auf Ebene der einzelnen Schule ergeben sollten. Die

---

1 Näheres siehe: http://www.sprachsensible-schulentwicklung.de

übergeordnete Projektleitung lag beim Niedersächsischen Kultusministerium, die konkrete Projektkoordination erfolgte durch das Niedersächsische Landesinstitut für Qualitätsentwicklung (NLQ). Die Einführung und Implementation des Projektes wurde wissenschaftlich von der TU Braunschweig begleitet. Das Projekt wurde zudem vom FörMig-Kompetenzzentrum beraten. Am Projekt nahmen insgesamt 145 Schulen aus unterschiedlichen Schulformen am Projekt teil. Die Rekrutierung der Schulen erfolgte über eine Ausschreibung, d.h. die Schulen haben sich aktiv um die Teilnahme beworben und stellen somit aber auch eine Positivauswahl von Schulen an Schulentwicklung im Kontext von Mehrsprachigkeit interessierten Schulen dar.

Zu Projektbeginn wurden in den Jahren 2013 und 2014 15 regionale Zentren für Deutsch als Zweit- und Bildungssprache aufgebaut (sog. DaZNet-Zentren). Jedes dieser DaZNet-Zentren umfasst zwischen 8 und 10 Schulen. In den Zentren wurde die Fortbildung der in den Schulen tätigen Sprachlernkoordinator*innen sowie der fachliche Austausch zwischen den Schulen und Lehrkräften der teilnehmenden Schulen organisiert, und später die didaktischen Werkstätten eingerichtet. Sie fungierten somit als zentrales Netzwerk das bei der Verbreitung von Innovationen eine bedeutsame Rolle spielte (vgl. Nds. Kultusministerium 2005, Brackhanh 2004, Berkemeyer u.a. 2015).

Eine besondere Bedeutung für das Projekt hatten die in den DazNet-Zentren wirkenden DazNet-Moderator*innen und die in den Schulen eingesetzten Sprachlernkoordinator*innen. Die DaZNet-Moderator*innen, die mit Beginn der Pilotphase eine einjährige Schulung im FörMig-Kompetenzzentrum erworben hatten, fungierten im ersten Jahr der Implementation v.a. als Multiplikator*innen für die Durchführung und Koordination der Fortbildung für die Sprachlernkoordinator*innen und gaben so ihr Wissen an diese weiter. In dieser Zeit wurde in den einzelnen DaZNet-Zentren auch die mentalen Modelle der Teilnehmer*innen, z.B. im Hinblick auf Sprachförderung und Sprachbildung, sowie bezüglich der Wertschätzung von Mehrsprachigkeit thematisiert und – wie die Evaluation zeigt – bei den Projektbeteiligten verändert (Koch/Zahlten 2016). Sobald die fachlichen Kompetenzen in den einzelnen DaZNet-Zentren „gleich" verteilt waren, wurde das Lernen im Team in den Didaktischen Werkstätten wichtiger. Hier verfolgten die beteiligten Personen gemeinsame, auf die Veränderung der unterrichtlichen Praxis in ihren Stammschulen bezogenen, Ziele.

Besonders wichtig für die Implementation in den Schulen waren die Sprachlernkoordinator*innen, da sie das organisatorische Bindeglied zwischen der lokalen Organisationseinheit der Schulen und den dezentralen DaZNet-Zentren darstellten. Im Wesentlichen sorgte dieser Personenkreis dafür, dass die im jeweiligen DaZNet-Zentrum schulformübergreifend erarbeiteten Vorschläge in die Schulen transferiert wurden. Dabei erfüllten sie eine doppelte Funktion: Zum einen ging es darum, Sprachbildung im Sinne des Projekts DaZNet in den Schulen organisatorisch zu verankern und zum anderen sollten innerschulische Lerngemeinschaften etabliert werden, die die Sprachbildung schulbezogen weiterentwickeln, um letztendlich Veränderungen auf der Unterrichtsebene zu etablieren. Die mit dem zweiten Projektjahr einsetzende Evaluation des Projektes DaZNet durch die TU Braunschweig zielte darauf, Gelingensbedingungen der Implementation in den Netzwerken zu eruieren und zu prüfen, ob das Projekt auch Veränderungen im Hinblick auf schulische Entwicklungsprozesse im Kontext von sprachlicher Heterogenität in den beteiligten Schulen bewirken konnte (Koch/ Zahlten 2016, Zahlten/Koch 2016a, 2016b,). Methodisch schloss die Evaluation an Erfahrung aus der Pilotstudie des Projektes DaZNet an (Schulz & Koch 2013). Zum Einsatz kamen quantitative und qualitative Befragungsinstrumente. Die am Projekt beteiligten DaZNet-Zentren wurden in jährlichen Abständen mit einem in der Pilotstudie entwickelten Online Fragebogen befragt. Mithilfe fokussierter Gruppen- und Einzeldiskussionen wurde geklärt, welche Erfahrungen die an DaZNet beteiligten Akteure gemacht haben und welche Faktoren ein gutes Netzwerk kennzeichneten. Um festzustellen, ob die Implementation von DaZNet zu Veränderungen auf der Ebene der schulischen Qualitätsentwicklung und der Professionalisierung der Lehrkräfte geführt hatten, wurde die Befragung auch an einer Vergleichsgruppe von Schulen, an denen DaZNet nicht implementiert wurde, eingesetzt (jeweils parallel zur Erhebung in den DaZNet Zentren). Die Auswahl der Vergleichsschulen erfolgte zufällig, orientierte sich aber an den in den DaZNet-Zentren jeweils repräsentierten Schulformen und der Region, in der die DaZNet-Zentren angesiedelt waren. Zudem wurden Vergleichsschulen ausgewählt, die bezüglich der Größe der Schülerschaft, des Kollegiums und in Hinblick auf den Anteil der Schülerinnen und Schüler mit Migrationshintergrund vergleichbar waren.

2 Einige ausgewählte Ergebnisse

Gelingensbedingungen der Netzwerkarbeit
Für das Projekt DaZNet lässt sich vor diesem Hintergrund konstatieren, dass sich die wichtigsten Gelingensbedingungen erfolgreicher Netzwerkprojekte (vgl. Rürup u.a. 2015) im Projektverlauf sowohl auf der Ebene der Netzwerke als auch auf der Ebene einzelner Schulen etablieren konnten. So billigten z.B. die Projektbeteiligten dem Projekt DaZNet einen *hohen individuellen Nutzen* zu, fühlten sich ausreichend von der Projektkoordination unterstützt und verfolgten realistische Zielsetzungen. Im Projektverlauf optimiert werden konnte die Nutzung der vorhandenen Ressourcen (Budget, Raum, Zeit) und auch auf der Ebene der einzelnen Schule haben sich im Laufe des Projektes *Strukturen entwickelt*, die ein

Gelingen des Projektes absichern. So haben sich eine das Projekt unterstützende Schulleitung und feste Ansprechpartner für Fragen des Projektes etabliert und auch die Projektakzeptanz in den Schulen sowie die Verbreitung von kooperativen Unterrichtsformen im Kollegium konnten verbessert und ausgebaut werden. Die *Motivation zur Mitarbeit* im Projekt und die allgemeine Zufriedenheit der Projektbeteiligten waren bereits zu Beginn des Projektes hoch und bleiben dies auch bis zum Ende.

Als die wichtigste Gelingensbedingung stellte sich die *professionelle Moderation* des schulübergreifenden Netzwerkes dar. Die Moderator*innen der Regionalen Netzwerke organisierten verbindliche Treffen, an denen die Sprachlernkoordinator*innen zunächst eine 12 Module umfassende Fortbildung in Vorbereitung auf ihre künftige Arbeit in den Schulen absolvierten. Diese von der Projektarchitektur vorgegebene Struktur ermöglichte es in der ersten Phase die vorgesehenen Arbeitsschritte schnell umzusetzen und schulformübergreifend zu arbeiten. Die Get-in-Work Phase verlief im Projekt DaZNet auch in der Wahrnehmung der Beteiligten sehr strukturiert. Eine erste Veränderung in den DaZNet Zentren zeigt sich in der zweiten Phase des Projektes, in der es um eine weniger stark von den Moderator*innen angeleitete, eigenständige Arbeit in den Didaktischen Werkstätten ging. Der Übergang in die selbständige Arbeit in den Didaktischen Werkstätten gelang jenen Zentren besser, in denen die Moderator*innen auch weiterhin eine koordinierende und moderierende Funktion eingenommen haben: Professionell agierende Moderatorinnen und Moderatoren haben über die beiden Phasen des DaZNet hinweg die Sprachlernkoordinator*innen fachlich beraten und emotional im Hinblick auf die Umsetzung von Netzwerkimpulsen an den DaZNet-Schulen unterstützt und so zum Gelingen der Implementation in den Netzwerken und den Schulen beigetragen

Sprachbezogene Qualitätsentwicklung
Neben der Frage nach den Faktoren einer erfolgreichen Netzwerkarbeit, ging es in der Evaluation auch darum zu prüfen, ob sich Veränderungen auf der Ebene schulischer Qualitätsentwicklung zeigen und ob sich weitere Effekte, z.B. im Bereich der Professionalisierung von Lehrkräften, nachweisen ließen. Dass Netzwerke grundsätzlich auch bei der Qualitätsentwicklung in heterogen zusammengesetzten Schulen eine bedeutsame Rolle spielen, zeigt die Metaanalyse zum Züricher Projekt QUIMS. Dort boten die jährlich stattfindenden Netzwerktreffen nach Aussagen der befragten Steuergruppenmitglieder vor allem einen intensiven „Austausch unter den Schulen und Hilfe für die praktische Umsetzung von QUIMS " (Maag Merki u.a. 2012, 63). Im Rahmen der Online-Befragung wurde in der Evaluation von DaZNet der Fokus dabei auf sprachbezogene Konzepte und Strategien der DaZNet-Schulen sowie die sprachbildende Gestaltung des eigenen Unterrichts gelegt.

Ein wichtiges Ergebnis der Studie war, dass sich in den DaZNet-Schulen im Laufe der Projektlaufzeit eine Reihe von Sprachfördermaßnahmen etablieren konnte. Relativ viele DaZNet Schulen hatten bereits zu Beginn des Projektes ein *schriftlich fixiertes Sprachförderkonzept* und im Projektverlauf haben auch weitere Schulen ein Sprachförderkonzept ausgearbeitet. Der Vorteil derartiger Konzepte ist darin zu sehen, dass sie differenzierte übergeordnete Leitlinien der Sprachbildung und Sprachförderung beschreiben und mittel- bis langfristige Schwerpunkte benennen. Sprachförderkonzepte dienen der übergeordneten Verständigung darüber, was im Schwerpunkt Sprachförderung und Sprachbildung innerhalb der einzelnen Schule erreicht werden soll, mit welchen Methoden es zu erreichen ist und wer dafür verantwortlich ist. Insofern erfüllen sie eine steuernde Funktion. Fehlen derartige Konzepte, ist zu vermuten, dass z.B. bei einem Wechsel der aktuell mit Sprachförderung und Sprachbildung betrauten Lehrkräfte die nachfolgenden Kolleg*innen eher durch das Tun in der schulischen Praxis und weniger von übergeordneten Zielsetzungen geleitet werden. Hier hat das Projekt DaZNet dazu beigetragen, die in den Schulen schon vorhandenen Strukturen zu verfestigen. Dies zeigt sich insbesondere auch im Hinblick auf die befragten Vergleichsschulen: So sind z.B. schriftlich fixierte Sprachförderkonzepte an DaZNet-Schulen signifikant häufiger vorhanden als an Vergleichsschulen. Ist ein derartiges Sprachförderkonzept an den Vergleichsschulen vorhanden, sind seine Inhalte den Lehrkräften kaum bekannt. Auch dies ein Unterschied zu den DaZNet-Schulen.

Die *Sprachförderung* in den DazNet Schulen selbst erfolgt in der Praxis sowohl integrativ als auch additiv. Im Projektkontext (und auch im Fragebogen) wurde unterschieden zwischen zusätzlich zum Regelunterricht angeboter Sprachförderung und in den Regelunterricht integrierter Sprachbildung. In integrierten Kontexten greift die Lehrkraft Situationen auf, plant und gestaltet sprachlich bildende Kontexte und integriert sprachliche Förderstrategien in das Sprachangebot des Regelunterrichts. Additive Sprachfördermaßnahmen hingegen richten sich spezifisch an Schüler*innen mit sprachlichen Schwierigkeiten (vgl. auch Schneider et al., 2012). Erwartungsgemäß dominierten zum ersten wie zum zweiten Messzeitpunkt in den DazNet-Schulen additive Formen der Sprachförderung, da diese strukturell gesehen die häufigsten Formen schulischer Fördermaßnahmen darstellen. Dies zeigt, dass die Etablierung integrativer Formen der Sprachbildung ein langfristiger Prozess ist, der mit einem Projekt wie DaZNet angestoßen werden kann, der sich aber verstetigen muss. Eine bedeutsame Veränderung im Projektzeitraumzeigt sich jedoch insofern, als dass inhaltlich nicht an den Regelunterricht angebundener additiver Sprachfördermaßnahmen am Nachmittag verändert wurden zu gezielten und auf einzelne Kinder bezogene Sprachförderstunden parallel zum Regelunterricht. Zugenommen haben im Projektzeitraum aber auch integrative Formen der Sprachförderung im Unterricht, die besonders von den am

Projekt beteiligten Sprachlernkoordinator*innen selbst praktiziert werden. Diese Entwicklungen finden sich in den Vergleichsschulen nicht.

Die Anerkennung der *mehrsprachigen Lebenswelt* von Schülerinnen und Schülern und deren Einbezug in die pädagogische Praxis gilt als ein wichtiger Aspekt gelingender Sprachbildung. Bezüglich der Wertschätzung von Mehrsprachigkeit als Ressource zeigen sich unter den Befragten im Projektverlauf keine bedeutsamen Veränderungen. Dies stellt also ein bedeutsames Entwicklungspotential dar. Allerdings muss einschränkend betont werden, dass dies auch ein Element ist, das weit von der üblichen strukturellen Organisation von Schule in Deutschland entfernt ist. Wichtig ist jedoch zu betonen, dass die Wertschätzung von Mehrsprachigkeit an den DaZNet-Schulen im Projektverlauf deutlich ansteigt und auch vermehrt sichtbar wird. Insofern tragen Projekte wie DaZNet dazu bei, bisherige Strukturen langsam zu verändern. Zudem steigt die Sensibilität für die mitgebrachten sprachlichen Ressourcen der Schüler*innen im Laufe des Projektes an. So erfahren an den DaZNet-Schulen z.B. die Herkunftssprachen der Schülerinnen und Schüler im Unterricht eine stärkere Berücksichtigung und auch die Eltern werden stärker in die sprachliche Förderung einbezogen als an den Vergleichsschulen.

Als konstitutives Moment von Unterricht nimmt Mehrsprachigkeit im gesamten Projektverlauf jedoch weder in den DazNet-Schulen noch in den Vergleichsschulen eine bedeutsame Rolle ein. Alle im Fragebogen aufgelisteten Möglichkeiten zur *Einbindung von Mehrsprachigkeit* in den Unterricht wurden nach Selbstauskunft der Lehrkräfte selten oder nie in den Unterricht eingebunden. Allerdings ist hier ein profunder Unterschied zwischen Lehrkräften, die nicht in das Projekt involviert sind und den Sprachlernkoordinator*innen zu erkennen. Diese binden Unterrichtshandlungen zur Förderung von Mehrsprachigkeit (z.B. mehrsprachige Wortlisten) häufiger ein als das übrige Kollegium ihrer Schule. Dieser Unterschied, der schon zum Zeitpunkt der ersten Befragung vorhanden war, baute sich im Laufe des Projektes noch stärker aus und lässt sich vor allem auf die intensive Fortbildung der Projektbeteiligten zurückführen, in der das förderliche Potential von Mehrsprachigkeit explizit thematisiert wird.

Zusammenfassend lässt sich konstatieren, dass die intendierte Implementation über Netzwerke gelungen ist, da strukturelle Gelingensbedingungen bereits vorhanden waren oder von unterschiedlicher Seite bereitgestellt wurden. Auch konnten Veränderung im Hinblick auf die sprachbezogene Qualitätsentwicklung im Sinne einer Festigung bereits angelegter Strukturen konstatiert werden. Veränderungen auf der Ebene des Unterrichts bis hin zu einer sprachsensiblen Unterrichtspraxis zeigen sich in den DaZNet-Schulen hingegen nur bei den direkt in das Projekt involvierten Sprachlernkoordinator*innen. In die Tiefenstruktur des Unterrichts sowie in die mentalen Vorstellungen einer breiten Lehrerschaft konnte das Projekt innerhalb der Projektlaufzeit nicht vordringen. Dies verweist darauf, dass es nach einer Projektlaufzeit von drei Jahren zwar gelingt, bei den Projektbeteiligten die mit dem Projekt DaZNet intendierten Ziele des individuellen Kompetenzerwerbs und der Veränderung von Einstellungen in Bezug auf Sprachbildung, Sprachförderung und Mehrsprachigkeit umzusetzen. Eine darüberhinausgehende, den Unterricht insgesamt verändernde, Praxis vieler Lehrkräfte der Schule braucht hingegen einen längeren Atem und andere Formen der Fortbildung, die z.b. über Supervisionen und Coaching die Praxis des eigenen Unterrichts direkt verändern (vgl. z.B. Demski & Racherbäumer 2015). Diese Formen der Fortbildung waren im Projekt DaZNet jedoch nicht vorgesehen. Und damit stellt sich hier die Frage, was bewirken Projekte mit kurzer Laufzeit in Schulen eigentlich und tragen Sie dazu bei soziale Ungleichheit abzubauen?

3 Die soziale Dimension des Turns von der Sprachförderung zur Sprachbildung

Gleichwohl Fragen der sozialen Ungleichheit und deren Abbau nicht im Vordergrund des Projektes standen, waren sie indirekt immer präsent durch den Fokus auf die Vermittlung von Bildungssprache. Lernen in schulischen Kontexten ist in hohem Maße abhängig von Sprache, denn das Gros der Vermittlungsprozesse im Unterricht verläuft sprachbasiert. Die Teilhabe an den unterrichtlichen Kommunikationsprozessen spielt daher eine wichtige Rolle bei der Frage des zu erwartenden Erfolgs unterrichtlicher Vermittlungsbemühungen und dies gilt insbesondere für Kinder mit einer anderen Herkunftssprache (vgl. Hormann u.a. 2015), aber auch für Kinder aus unteren sozialen Schichten. Das Projekt DaZNet zielte vor diesem Hintergrund darauf, eine durchgängige Sprachbildung vom Elementarbereich bis in die berufliche Bildung aufzubauen und die individuelle sprachliche Bildung von Kindern und Jugendlichen als Aufgabe aller Lehrkräfte systematisch zu verankern sowie pädagogische Ansätze im Kontext von Mehrsprachigkeit zu fördern und weiterzuentwickeln. Die Förderung der sprachlichen Kompetenzen war dabei eng verbunden mit der Bemühung, die interkulturellen Kompetenz der am Projekt beteiligten Lehrkräfte zu erhöhen und in den beteiligten Schulen eine interkulturelle Öffnung durch entsprechende Bausteine zu initiieren. In seiner spezifischen Ausrichtung folgt das Projekt also den seit einigen Jahren zu beobachtenden Turn von der additiven Sprachförderung zur integrierten Sprachbildung als Leitfigur des adäquaten Umgangs mit sprachlicher Heterogenität in Bildungsinstitutionen (Abb.1).

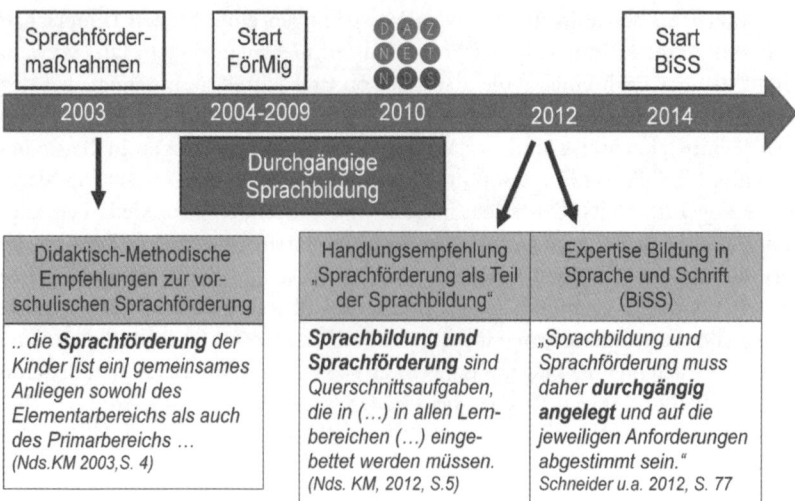

Abb. 1: Turn von der additiven Sprachförderung zur integrativen Sprachbildung

Sichtbar wird diese Entwicklung v.a. in den bildungspolitischen Handlungsempfehlungen und in der Ausrichtung bundesweiter Forschungs- und Entwicklungsprogramme. In den didaktisch-methodischen Empfehlungen zur vorschulischen Sprachförderung z.B., die 2003 im Zuge des niedersächsischen Pilotprojektes „Fit in Deutsch" formuliert wurden, werden noch explizit Sprachfördermaßnahmen als Bezugspunkt vorschulischer Förderbemühungen genannt. Gemeint waren dabei hauptsächlich additive Fördermaßnahmen, die zusätzlich zum Regelunterricht in der Schule oder zum bestehenden sprachlichen Bildungsangebot im Elementarbereich angeboten wurden. Die Selbstbeschreibungen des Projektes DazNet lehnten sich hingegen verstärkt an Vorstellungen einer durchgängigen Sprachbildung an. Diese sollte in „den DaZNet-Schulen „von Anfang an" integriert in alle Fächern und Kompetenzbereichen und nur ausnahmsweise als ergänzende, additive Förderung etabliert werden. Sprachbildung sollte so zu einem festen Bestandteil der Qualitätsentwicklung von Schule und Unterricht werden" (Nds. Kultusministerium 2013, auch Schanz 2013). Auch die 2012 überarbeiteten Handlungsempfehlungen „Sprachförderung als Teil der Sprachbildung im Jahr vor der Einschulung durch Grundschullehrkräfte" (2012) wiesen in ihren Überlegungen in dieselbe Richtung. Sie betonten vor allem, dass Sprachbildung und Sprachförderung Querschnittsaufgaben seien, die in die Lebenswelt der Schülerinnen und Schüler eingebettet sein müssten, um wirksam zu sein (Nds. Kultusministerium 2012, 5). Ähnlich argumentierten damals auch die Autor*innen der Expertise des BMBF-Programms Bildung in Sprache und Schrift (BiSS): „Sprachbildung und Sprachförderung muss daher durchgängig angelegt und auf die jeweiligen Anforderungen abgestimmt sein" (Schneider u.a. 2012, 77). Für Kinder, die sprachstrukturelle Probleme haben, wird eine zusätzliche additive Förderung empfohlen, die mit dem Unterricht verzahnt erfolgen soll (ebd., 77). Zudem soll eine gezielte sprachliche Bildung in den Sachfächern den Aufbau von fachlichem Wissen erleichtern (ebd., 81).

Sprachbildung, die darauf zielt benachteiligten Schüler*innen Teilhabe an schulischen Lernprozessen zu ermöglichen sollte demnach drei Komponenten enthalten: Additive Elemente, die eine individuelle sprachbezogene Förderung mit einzelnen Schüler*innen ermöglichen, eine in den Regelunterricht integrierte allgemeine Sprachbildung und auf den jeweiligen fachlichen Kontext bezogene Einheiten, die das Sprachlernen im Fach ermöglichen. An die Kompetenzen der Lehrkräfte stellen diese Formen allesamt hohe Ansprüche, die zunächst aufgebaut werden müssen und dann aber einer dauerhaften externen Unterstützung bedürfen. Um den Austausch zwischen Lehrkräften und Schulen durch entsprechend professionell agierende und fachlich versierte Personen zu begleiten wurden die DaZNet-Zentren nach Projektende als Sprachbildungszentren verstetigt und an die Landesschulbehörden angebunden. Die Sprachbildungszentren beraten Schulen zu Mehrsprachigkeit, interkultureller Schulentwicklung und durchgängiger Sprachbildung. Die Ressourcen für die Sprachlernkoordinator*innen in den Schulen wurden im Kontext der Verstetigung jedoch nicht mehr zur Verfügung gestellt. Somit fehlt in den Schulen eine zentrale Person, die die Entwicklung vor Ort vorantreibt. Bisherige Erfahrungen zur Schulentwicklung in multikulturellen Schulen zeigen allerdings, dass diese Personen genauso wichtig sind wie dezentrale Unterstützungsstrukturen. Eine langfristige Veränderung der Lehr- und Lernkulturen in Richtung eines sprachsensiblen Unterrichts braucht Personen, die Zeit und Ressourcen haben, diese Entwicklung vor Ort voranzutreiben (Kucharz, Mackowiak & Beckerle 2015). Dies könnte dann auch der Schlüssel sein, um soziale Ungleichheiten durch sprachbezogene Förderung ein stückweit auszugleichen.

Literaturverzeichnis

Berkemeyer, N., u.a. (2015): Netzwerkbasierte Unterrichtsentwicklung. Ergebnisse der wissenschaftlichen Begleitforschung zum Projekt „Schulen im Team". Münster: Waxmann.

Brackhahn, B. (Hrsg.) (2004): Qualitätsverbesserung in Schulen und Schulsystemen – QuiSS. 3. Unterstützungssysteme & Netzwerke. München: Kluwer.

Demski, D. & Racherbäumer, K. (2015): Sprachsensible Schulentwicklung – Einstellung und Unterrichtspraxis von Lehrkräften. In: transfer Forschung – Schule, 1, 68–78.

Gogolin, I., Dirim, I., Klinger, T., Lange, I., Lengyel, D., Michel, U., Neumann, U., Reich, H., Roth, H.-J. & Schwippert, K. (2011): Förderung von Kindern und Jugendlichen mit Migrationshintergrund FörMig. Bilanz und Perspektiven eines Modellprogramms. Münster u.a.: Waxmann.

Hormann, O., Krüger, M., Jüttner, A.-K., Hofmann, B. & Koch, K. (2015): Von Strukturen und Prozessen zu Strukturen in Prozessen. In: Cloos, P., Koch, K. & Mähler, C. (Hrsg.): Entwicklung und Förderung in der frühen Kindheit. Interdisziplinäre Perspektiven. Weinheim und Basel: Beltz Juventa, 160–177.

Koch, K. & Zahlten, S. (2016): Projekt „Netzwerk für Deutsch als Zweit- und Bildungssprache, Mehrsprachigkeit und Interkulturelle Kompetenz in Niedersachsen (DaZNet)". Abschlussbericht der Evaluation, Teil I. Online-Befragung von DaZNet-Schulen und Vergleichsschulen. Hildesheim: Niedersächsisches Landesinstitut für schulische Qualitätsentwicklung (NLQ).

Kucharz, D., Mackowiak, K. & Beckerle, C. (2015): Alltagsintegrierte Sprachförderung. Ein Konzept zur Weiterqualifizierung in Kita und Grundschule. Weinheim: Beltz.

Maag Merki, K., Moser, U. & Roos, M. (2012): Qualität in multikulturellen Schulen (QUIMS). Eine Sekundäranalyse zur Überprüfung der Wirkungen und Wirkungsbedingungen von QUIMS anhand vorliegender Daten. Definitiver Schlussbericht; Universität Zürich.

Niedersächsisches Kultusministerium (2005): Qualitätsnetzwerke. Qualitätsentwicklung in Netzwerken. Abschlussbericht. Hannover.

Rürup, M., Röbken, H.,Emmerich, M. & Dunkake, I. (2015): Netzwerke im Bildungswesen: Eine Einführung in ihre Analyse und Gestaltung. Wiesbaden: VS Verlag für Sozialwissenschaften.

Schanz, C. (2013): Durchgängige Sprachbildung in der Praxis voranbringen. Bildungspolitische Ausgangspunkte für Konzeption und Umsetzung. In: Schulverwaltung. Niedersachsen, 24, 3, 73–75.

Schneider, W., Baumert, J., Becker-Mrotzek, M., Hasselhorn, M., Kammermeyer, G., Rauschenbach, T., Roßbach, H.-G., Roth, H.-J., Rothweiler, M. & Stanat, P. (2012): Expertise „Bildung durch Sprache und Schrift (BISS)". Bund-Länder-Initiative zur Sprachförderung, Sprachdiagnostik und Leseförderung. Online unter: http://www.biss-sprachbildung.de/pdf/BiSS-Expertise.pdf (Abrufdatum: 27.01.2019)

Schulz, S. & Koch, K. (2013): Projekt „Netzwerk für Deutsch als Zweit- und Bildungssprache, Mehrsprachigkeit und Interkulturelle Kompetenz in Niedersachsen (DaZNet)". Abschlussbericht der Pilotstudie 2012; Hildesheim: Niedersächsisches Landesinstitut für schulische Qualitätsentwicklung (NLQ).

Zahlten, S. & Koch, K. (2016a): Projekt „Netzwerk für Deutsch als Zweit- und Bildungssprache, Mehrsprachigkeit und Interkulturelle Kompetenz in Niedersachsen (DaZNet)". Abschlussbericht der Evaluation, Teil II. „Dieses eine Ziel vor Augen ..." Ergebnisse der Gruppendiskussionen zur Implementation des Projektes DaZNet. Hildesheim: Niedersächsisches Landesinstitut für schulische Qualitätsentwicklung (NLQ).

Zahlten, S. & Koch, K. (2016b): Projekt „Netzwerk für Deutsch als Zweit- und Bildungssprache, Mehrsprachigkeit und Interkulturelle Kompetenz in Niedersachsen (DaZNet)". Abschlussbericht der Evaluation, Teil III. Ein Unterrichtstag in der Sprachlernklasse. Videographie und Vorschläge für den Einsatz in der Lehrerfortbildung. Hildesheim: Niedersächsisches Landesinstitut für schulische Qualitätsentwicklung (NLQ).

Carolin Rotter

Habitussensibilität qua Migrationshintergrund. Mehr Bildungsgerechtigkeit durch Lehrkräfte mit Migrationshintergrund?

1 Einleitung

Mit Blick auf die u.a. durch die internationalen PISA-Studien aufgezeigten Bildungsdisparitäten von Schüler*innen mit Migrationshintergrund werden in den letzten Jahren zunehmend Stimmen laut, die Zahl an Lehrkräften mit Migrationshintergrund im deutschen Bildungssystem zu erhöhen. Zur Umsetzung dieser Forderung finden sich verschiedene Maßnahmen auf Bundes- und auf Länderebene sowie zahlreiche Initiativen von diversen Stiftungen[1]. Zum einen resultiert diese Forderung aus dem quantitativen Missverhältnis zwischen dem Anteil an Lehrkräften mit Migrationshintergrund und demjenigen an Schüler*innen mit Migrationshintergrund. Im Jahr 2010 verfügten laut Statistischem Bundesamt 6,1 % der Lehrkräfte über einen Migrationshintergrund (vgl. Autorengruppe Bildungsberichterstattung 2012). Auch wenn im Vergleich zu den Jahren davor eine Steigerung des Anteils zu verzeichnen ist, liegt dieser noch weit hinter dem Anteil an Schüler*innen mit Migrationshintergrund. Denn im Jahr 2016 hatten 33 % der Schüler*innen einen Migrationshintergrund, in einigen Regionen sogar noch mehr (vgl. Statistisches Bundesamt 2018). Die Steigerung der Quote von Lehrkräften mit Migrationshintergrund kann vor dieser Kulisse als Ziel, eine adäquate gesellschaftliche Repräsentanz von Personen mit Migrationshintergrund in staatlichen Institutionen zu schaffen, gelesen werden, wie es bei der Polizei oder der öffentlichen Verwaltung ebenfalls zu finden ist, die gleichermaßen um diesen Personenkreis werben. Allerdings ist dies nicht das vorrangige Ziel, das mit den verschiedenen Rekrutierungsmaßnahmen verknüpft ist. Vielmehr werden zum anderen mit diesen Lehrkräften besondere, sehr unterschiedliche Erwartungen verbunden, die alle darauf abzielen, den schulischen Erfolg von Schüler*innen mit Migrationshintergrund deutlich zu steigern und vorhandene Bildungsdisparitäten abzubauen. Dahinter steckt die Annahme, dass Lehrkräfte mit Migrationshintergrund aufgrund ihrer eigenen (Bildungs-)Biografie über spezielle ‚interkulturelle' Ressourcen verfügen und eine besonderen Zugang zu Schüler*innen mit Migrationshintergrund hätten.

---

1 Exemplarisch sei hier genannt: https://www.zeit-stiftung.de/projekte/bildungunderziehung/studienorientierung/schuelercampusmehrmigrantenwerdenlehrer

Im Rahmen dieses Beitrags sollen die an Lehrkräfte mit Migrationshintergrund herangetragenen Erwartungen, die im folgenden Abschnitt ausführlicher dargestellt werden (Abschnitt 2), aus einer praxeologisch-wissenssoziologischen bzw. habitustheoretischen Perspektive betrachtet werden (Abschnitt 3). Anhand von empirischen Befunden aus einer eigenen qualitativen Studie zu Lehrkräften mit Migrationshintergrund soll sodann der Frage nachgegangen werden, ob Lehrkräfte durch eine vermeintliche bzw. mögliche Habitussensibilität zu mehr Bildungsgerechtigkeit im deutschen Bildungssystem beitragen und auf diese Weise die Bildungsbiografien von Schüler*innen mit Migrationshintergrund unterstützen (können) (Abschnitt 4). Der Beitrag schließt mit einer zusammenführenden Diskussion weiterführender Perspektiven für die Lehrerausbildung (Abschnitt 5).

2 Erwartungen an Lehrkräfte mit Migrationshintergrund

An Lehrkräfte mit Migrationshintergrund werden in bildungspolitischen Diskussionen, öffentlichen Statements und in unterschiedlichen Veröffentlichungen von verschiedenen Akteuren zahlreiche Erwartungen gerichtet, die zusammengefasst auf eine Kernaussage hinauslaufen: Diese Lehrkräfte verfügen aufgrund ihrer familiären Migrationsgeschichte über besondere Ressourcen, derer das deutsche Bildungssystem für einen Umgang mit migrationsbedingter Heterogenität und zum Abbau von Bildungsbenachteiligungen dringend bedarf – so die allgemein konsensfähige Annahme. Es wird davon ausgegangen, dass Lehrkräfte mit Migrationshintergrund einen Beitrag zu erfolgreichen Bildungsprozessen und damit Schulkarrieren von Schüler*innen mit Migrationshintergrund leisten können. In ihrer Analyse verschiedener Dokumente unterschiedlicher Urheberschaft bündeln Akbaba, Bräu und Zimmer (2013, 39ff) die dort formulierten Erwartungen zu sieben Schwerpunkten. Diese sollen im Folgenden knapp skizziert werden (für eine ausführliche Darstellung siehe z.B. Akbaba u.a. 2013; Rotter 2014a, Rotter 2012).

Vorbild: Besonders häufig wird auf die Vorbildfunktion von Lehrkräften mit Migrationshintergrund hingewiesen. Einhellige Meinung besteht darin, dass diese Lehrkräfte aufgrund ihrer eigenen Position im deutschen Bildungssystem Zeugnis für einen gelungenen Bildungsweg seien und als „authentische Vorbilder" (MSW NRW 2010, 4) zeigen könnten, „dass Aufstieg durch Bildung unabhängig von der Herkunft der Eltern" möglich ist (Laschet 2018). Lehrkräfte mit Migrationshintergrund könnten folglich im schulischen Alltag ein motivierendes Beispiel für Schüler*innen mit Migrationshintergrund sein, an den eigenen Bildungserfolg zu glauben und ein entsprechendes schulisches Engagement zu zeigen.

Vertraute/Vertrauensperson: Neben dieser Funktion als Vorbild für eine erfolgreiche Integration und einen „gelungenen Aufstieg durch Bildung" (MSW NRW, 2010, 3) wird zudem davon ausgegangen, dass diese Lehrkräfte aufgrund ihrer eigenen Migrationsgeschichte „bei schulischen Schwierigkeiten den Zugang zu Schüler*innen mit Migrationshintergrund eröffnen" (Rau 2008, 4) könnten. Dies wird möglich, da sie aufgrund kulturell-sprachlicher Gemeinsamkeiten eine Nähe und ein besonderes Vertrauensverhältnis zu diesen Schüler*innen aufbauen könnten. Einher geht mit den (antizipierten) Ähnlichkeiten in der (Bildungs-)Biografie von Lehrkräften und Schüler*innen mit Migrationshintergrund die Annahme eines besonderen Einfühlungsvermögens für die schulische und familiäre Situation von Lernenden mit Migrationshintergrund (BAMF 2010, 19).

*Integrationshelfer*innen:* Lehrkräfte mit Migrationshintergrund könnten als Integrationshelfer*innen für die Anerkennung der Gesellschaftsordnung und der schulischen Werte bei Schüler*innen und Eltern mit Migrationshintergrund werben (vgl. Bürgerschaft der Freien und Hansestadt Hamburg 2007, 4658).

*Brückenbauer und Vermittler*innen:* Aufgrund ihrer „Doppelperspektivität" (Ackermann & Georgi 2011, 162) könnten sie als ‚Brückenbauer' alle schulischen Akteure zusammenbringen (Ministerium für Schule und Weiterbildung des Landes Nordrhein-Westfalen 2017), d.h., „die verschiedenen kulturellen Wertvorstellungen verstehen und gegenseitige Erwartungen einfühlend transportieren" (Fabel-Lamla & Klomfaß 2014, 213). Grundlage für die Übernahme dieser Mittlerfunktion zwischen Elternhaus, Schüler*innen mit Migrationshintergrund und Schule ist ein „bikulturelle[s] Potenzial" (Ministerium für Schule und Weiterbildung NRW 2007, 3), das Lehrkräften mit Migrationshintergrund zugeschrieben wird. Diese könnten Probleme verstehen, „die sich aus dem Leben zwischen zwei Kulturen und der Zweisprachigkeit ergeben" (BY 2009, 1).

Interkulturelle Kompetenz: Darüber hinaus sollen Lehrkräfte mit Migrationshintergrund zur interkulturellen Öffnung der Institution Schule beitragen und an der Entwicklung eines differenzsensiblen Schulklimas maßgeblich mitwirken. Insbesondere sollen sie aufgrund ihrer persönlichen Erfahrungen ihre Kolleg*innen ohne Migrationshintergrund im Umgang mit einer migrationsbedingten Heterogenität der Schülerschaft unterstützen (vgl. BAMF 2010; BIM 2017) und „eine Perspektivenvielfalt einbringen" (BW 2009, 1). Der Migrationshintergrund wird als „Zusatzqualifikation" (BW 2009, 1) bezeichnet. Lehrkräften mit Migrationshintergrund wird eine „natürliche[...]' und in ihrer Bildungsbiografie erworbene[...] multikulturelle[...] Kompetenz" (NRW 2007, 6) sowie eine „diskriminierungsfreie[...] Einstellung" (SH 2007, 5434) zugeschrieben. Damit könnten sie die „interkulturelle Qualifizierung" (NRW 2008, 49) des Kollegiums unterstützen.

Mutmacher und Wertschätzer: Aufgrund ihrer eigenen Biografie und ihrer eigenen Zweisprachigkeit könnten Lehrkräfte mit Migrationshintergrund „Schülerinnen und Schüler mit anderer Herkunftssprache unterstützen und ermutigen" (NRW 2006, 9). Die Wertschätzung von Mehrsprachigkeit ergibt sich dabei aus der eigenen Erfahrung des Aufwachsens mit einer anderen Muttersprache: *„Als Muttersprachler*innen tragen sie zur Wertschätzung der Muttersprache der mehrsprachig aufgewachsenen Kinder bei"* (BE 2011, 1).

Übersetzer*innen: Nicht zuletzt zählt zu den unterstellten Ressourcen von Lehrkräften mit Migrationshintergrund die Kenntnis einer weiteren Sprache neben Deutsch. Damit können Lehrkräfte mit Migrationshintergrund zur Überwindung sprachlicher Barrieren zwischen der Schule und Eltern, die die deutsche Sprache nur unzureichend beherrschen, eine Rolle als Übersetzer*innen in ‚kulturellen' und sprachlichen Belangen übernehmen.

Aus migrationspädagogischer Perspektive wären an dieser Konstruktion von Lehrkräften mit Migrationshintergrund als Lehrkräfte mit einem spezifischen, gleichsam naturwüchsigen Kompetenzprofil einige kritische Anmerkungen notwendig. Auch wenn sich dieser Beitrag mit der Perspektive der Habitussensibilität einer anderen Fragestellung widmet, sollen die skizzierten Erwartungen nicht unkommentiert stehen gelassen werden. Zunächst einmal wird das schlechtere Abschneiden von Schüler*innen mit Migrationshintergrund im deutschen Bildungssystem auf den Migrationshintergrund und damit auf die Zugehörigkeit einer von der Mehrheitsgesellschaft abweichenden ethnisch und kulturell homogenen Gruppe zurückgeführt. Die Beteiligung des Bildungssystems an der Hervorbringung von Chancenungleichheit wird ausgeblendet, indem strukturelle und institutionelle Missstände kulturalisiert und die ausschließliche Verantwortung für das schulische Abschneiden bei den Individuen gesehen wird. Zudem gehen die Erwartungen bzw. Hoffnungen, die mit Lehrkräften mit Migrationshintergrund verbunden werden, von einem problembehafteten Verhältnis zwischen der Institution Schule und Migrantenfamilien aus, auf das reagiert werden müsse. Der Migrationshintergrund wird mit diversen Defizitzuschreibungen wie Integrationsprobleme, fehlende Sprachkenntnisse oder Identitätskonflikte (vgl. Karakaşoğlu u.a. 2013) belegt und als Ursache für den Misserfolg von Lernenden mit Migrationshintergrund auf ihrem Bildungsweg identifiziert. Schüler*innen mit Migrationshintergrund und ihre Eltern werden als „kulturell andersartige Identitäten" (Akbaba 2017, 33) entworfen, die besonderer Lehrkräfte bedürfen. Bei Lehrkräften wird der Migrationshintergrund nicht als pädagogisch zu bearbeitendes Problem gesehen, sondern vielmehr als besondere Ressource. Doch der „Migrationsstatus [wird] als Wesenszuschreibung [...] weder der Komplexität einer individuellen Biografie gerecht, noch einer professionellen" (Akbaba u.a. 2013, 48). Lehrkräfte mit Migrationshintergrund werden homogenisiert; ihre Individualität und auch

Professionalität scheinen vollständig in ihrem Migrationshintergrund aufzugehen. Mit der Etikettierung durch den Migrationshintergrund geht zudem eine Besonderung einher, durch die stereotype Vorstellungen reproduziert werden und so eine Nicht-Zugehörigkeit zum Ausdruck kommt. Mit dem Migrationshintergrund werden spezifische Aufgaben begründet, die diesen Lehrkräften augenscheinlich zukommen sollen und sich von denen der ‚normalen deutschen Lehrkräfte' (vgl. Schleswig-Holsteinischer Landtag 2007, 5540) unterscheiden. Aus professionstheoretischer Perspektive ist allerdings zu betonen, dass ein Migrationshintergrund keine Qualifikation oder gar Kompetenz darstellt (vgl. Knappik & Dirim 2012). Es scheint, als beruhe das berufliche Handeln von Lehrkräften mit Migrationshintergrund vornehmlich auf biografischen Ressourcen, von denen angenommen wird, dass sie alle Lehrkräfte mit Migrationshintergrund besäßen (vgl. Rotter 2014a, 80). Die im Rahmen der universitären und schulpraktischen Ausbildung erworbenen und entwickelten fachwissenschaftlichen und methodisch-didaktischen Kompetenzen werden hingegen nicht benannt. Aus einer solchen Betrachtung resultiert eine Gefahr der Deprofessionalisierung von Lehrkräften mit Migrationshintergrund, indem ihr berufliches Profil auf vermeintliche biografische Erfahrungen reduziert wird (vgl. Rotter 2014b).

3 Lehrkräfte mit Migrationshintergrund aus der Perspektive der praxeologischen Wissenssoziologie

Im Folgenden sollen die skizzierten Erwartungen an Lehrkräfte mit Migrationshintergrund aus einer praxeologisch-wissenssoziologischen Perspektive gelesen werden. Die praxeologische Wissenssoziologie ist mit dem Namen Ralf Bohnsack verbunden und schließt an die Wissenssoziologie Karl Mannheims (1980), die Ethnomethodologie Harold Garfinkels (1967) sowie die Kultursoziologie Pierre Bourdieus an und rezipiert dabei breit dessen Habituskonzept. Der Habitus wird in verschiedenen Theorietraditionen als zweiseitig gedacht: Die erste Seite ist der Habitus als generatives Prinzip der Handlungspraxis, die Bourdieu (1982, 279) als die Praxis strukturierende Struktur bezeichnet. In diesem Sinne beinhaltet der Begriff die impliziten Wissensbestände, die als modus operandi das Handeln leiten (vgl. Bohnsack 2014). Bourdieu (1982, 280) stellt der strukturierenden die strukturierte Struktur als zweite Seite des Habitus gegenüber. Damit wird der Habitus als erfahrungsgeprägtes, d.h., in unterschiedlichen Erlebniszusammenhängen fundiertes Wissen konzipiert. Dies bedeutet, dass gleiche soziale Lagen bzw. Existenzbedingungen zu einem ähnlichen Habitus führen und sich in diesem niederschlagen (vgl. ebd., 279). Mannheim bezeichnet dies als die „Seinsverbundenheit des Wissens" (Mannheim 1995, 227) bzw. des Habitus. Mit diesen Verweisen auf die Prägung des Habitus durch die Teilhabe an einer gemeinsamen Handlungspraxis ist immer zugleich eine Kollektivität im Habituskonzept impliziert: „Wenn man vom Habitus redet, dann geht man davon aus, dass das Individuelle und selbst das Persönliche, Subjektive etwas Gesellschaftliches ist, etwas Kollektives" (Bourdieu & Wacquant 1996, 159). Entscheidend für eine ähnliche Sicht auf die Welt und ähnliche Modi der Welterfahrung (vgl. Meuser 2007, 210f) sind jedoch nicht die unmittelbaren Interaktionen der jeweiligen Akteure, sondern strukturidentische Erfahrungen (vgl. Bohnsack 2013, 185). Mannheim verwendet in diesem Zusammenhang den Begriff des „konjunktiven Erfahrungsraums" (vgl. Mannheim 1980), der auf jene strukturidentischen Erfahrungen abhebt und mit dem eine spezifische Form des Wissens, das sog. konjunktive Wissen, korrespondiert.

Wenn man diese theoretische Perspektive nun auf die Diskussion um Lehrkräfte mit Migrationshintergrund wendet bzw. die in der Diskussion formulierten Erwartungen in das Begriffsinventar der praxeologischen Wissenssoziologie ‚übersetzt', dann ist die zentrale Annahme, dass Lehrkräfte mit Migrationshintergrund aufgrund strukturidentischer Erfahrungen über ähnliche Wahrnehmungen von Welt und ähnliche Handlungsmuster verfügen, wodurch der Zugang dieser Lehrkräfte zu Schüler*innen mit Migrationshintergrund erleichtert und ein besonderes Verständnis für die Lebenssituation dieser Schüler*innen ermöglicht werde. Denn gemäß der praxeologischen Wissenssoziologie ist ein unmittelbares Verstehen nur zwischen denjenigen möglich, die über ein ähnliches konjunktives Wissen verfügen. Diejenigen, die nicht über diese ähnlichen, d.h., konjunktiven Erfahrungen verfügen, müssen sich gegenseitig interpretieren, d.h., das konjunktive Wissen der Interaktionspartner*innen muss interpretierend erschlossen werden. Mannheim spricht in diesem Zusammenhang von der kommunikativen Verständigung und grenzt diese von der konjunktiven Verständigung ab (vgl. Mannheim 1980, 272). Dabei wird unterstellt, dass allein die Zugehörigkeit zur abstrakten Kategorie ‚mit Migrationshintergrund' einen Lehrkräfte und Schüler*innen verbindenden konjunktiven Erfahrungsraum stiftet. Es wird folglich angenommen, es gäbe einen einzigen konjunktiven Erfahrungsraum, der alle Menschen mit Migrationshintergrund verbindet, obwohl die Handlungspraxen (wie z.B. eine gemeinsame Sprache, Teilhabe an ‚derselben Kultur'), auf die in den Erwartungen Bezug genommen wird, eben nicht für alle Menschen mit Migrationshintergrund strukturidentisch sind. Die zugeschriebenen Erfahrungen bilden höchstens für einige einen konjunktiven Erfahrungsraum, der dann aber eben nicht aus der Kategorie des Migrationshintergrunds resultiert.

Es wird von einer „habituelle[n] Übereinstimmung" (ebd.) von Lehrkräften und Schüler*innen mit Migrationshintergrund ausgegangen, die zu einer besonderen Habitussensibilität (vgl. Kubisch 2014) bei Lehrkräften mit Migrationshintergrund, d.h., zu einer Sensibilität für die Habitus von Schüler*innen mit Migrationshintergrund führen soll. Diese kann nicht nur über den Zugang der kommunikativen Verständigung erfolgen wie bei Lehrkräften ohne Migrationshintergrund, sondern basiert auf einem unmittelbaren Verstehen aufgrund konjunktiver Erfahrungen. Diese Habitussensibilität soll nicht nur den Zugang zu diesen Schüler*innen erleichtern. Vielmehr soll sie diesen Lehrkräften ermöglichen, als „Transformationsakteure" (Kramer 2015) zu fungieren und die Bildungssituation von Schüler*innen mit Migrationshintergrund nachhaltig zu verbessern sowie den empirisch nachgewiesenen Zusammenhang von sozialer Herkunft und Bildungserfolg zu durchbrechen. Mit dem Begriffsinventar der strukturtheoretischen Professionstheorie Oevermanns (1996) kann eine Habitussensibilität für den Umgang mit der Vielfalt der Klientel von Professionellen als Fallverstehen bezeichnet werden. Ein fallspezifisches Verstehen ist notwendig, um die Besonderheiten des jeweiligen Falls berücksichtigen zu können. Denn ein Merkmal professionellen Handelns ist dessen fehlende Standardisierbarkeit. Das bedeutet, dass wissenschaftliches Wissen nicht subsumtionslogisch im Sinne von standardisierten Strategien zur Lösung von individuellen Krisen oder Problemen angewendet werden kann, sondern einzelfallspezifisch gewendet werden muss (vgl. Oevermann 1996, 126ff). Neben wissenschaftlichen Erkenntnissen wird der Einsozialisation in das jeweilige berufliche Handlungsfeld mit dem Ziel einer „Habitusformation" (ebd., 123) eine große Bedeutung für professionelles Handeln beigemessen. Darüber hinaus finden sich in einem (berufs-)biografisch geprägten professionstheoretischen Diskurs Verweise auf die Bedeutung biografischer Erfahrungen von Professionellen, die in das eigene Handeln einfließen. So verweist Nagel in diesem Zusammenhang auf „biografische[...] Einfühlungs- und Interaktionsressourcen" (2000, 366). In der Diskussion um Lehrkräfte mit Migrationshintergrund wird diesen folglich unter Verweis auf spezifische aus dem Migrationshintergrund resultierenden biografischen Erfahrungen ein besseres Fallverstehen, d.h., ein besseres Verstehen der (Bildungs-)Situation von Schüler*innen mit Migrationshintergrund sowie der habitualisierten Stellung der Eltern zur Institution Schule zugeschrieben. Dieses erzeugt bei ihnen im Vergleich zu Lehrkräften ohne Migrationshintergrund ein erweitertes Spektrum pädagogischen Handelns eröffnen soll. Wissenschaftliches Wissen als Grundlage professionellen Handelns, das es auf den Einzelfall anzuwenden gilt, wird hingegen in diesem Zusammenhang nicht thematisiert.

Verschiedene Studien im Bereich der Sozialen Arbeit gehen der Frage nach, welche Bedeutung biografischen Ressourcen und dem Habitus der professionellen bzw. habituellen Orientierungen für das Handeln im pädagogisch-professionellen Setting zukommt. So zeigen Bauer und Wiezorek (2008) im Rahmen einer Fallstudie aus der Beratung, dass ähnliche soziale Erfahrungen, in diesem Fall das Leben mit einer körperlichen Behinderung, zwar zu einer habituellen Übereinstimmung führen und den Vertrauensaufbau vor allem zu Beginn des Arbeitsbündnisses deutlich vereinfachen. Allerdings wird an dem Fallbeispiel auch deutlich, dass eine habituelle Übereinstimmung nicht zwangsläufig zu einem besseren Fallverstehen führt. Die Beraterin verstrickt sich in ihren eigenen biografischen Erfahrungen und projiziert diese unreflektiert auf ihre Klientin, so dass es dieser kaum möglich ist, ihre eigenen Wahrnehmungen zu entfalten und sich selbst in ihrer Problemlage zu positionieren. Die (vermeintliche) habituelle Übereinstimmung verstellt in dieser Interaktion gerade den Blick für die Besonderheiten des individuellen Falls und ermöglicht der Beraterin nicht, ihrer professionellen Rolle gerecht werden zu können. In der Studie von Friederike Schmidt (2012) zu Pädagogisch-Professionellen in der Wohnungslosenhilfe zeigt sich, dass eine (vermeintliche) Habitussensibilität nicht zwangsläufig dazu führt, die Belange der Klient*innen wahrzunehmen. So lassen sich in der Untersuchung (vermeintlich) habitussensible Wahrnehmungen und Umgangsweisen mit den Klient*innen rekonstruieren, die durch eine Orientierung der Fachkräfte bei ihrer Arbeit an den Einstellungen, Haltungen und Weltanschauungen der Klient*innen gekennzeichnet sind. Verbunden ist mit einer solchen Orientierung jedoch eine Milieukonstruktion, „bei der ein Vergleich mit der eigenen Einstellung zum Leben, die teils explizit, teils implizit als Wahrnehmungsgrundlage herangezogen wird, zentral ist" (Schmidt 2012, 249). Die Klient*innen werden somit nicht in ihrer Individualität und in ihrer Einzigartigkeit wahrgenommen, sondern in Relation zu der eigenen Lebensweise gesetzt und vor diesem Hintergrund erfolgt auch das Verstehen des Falls durch den Pädagogisch-Professionellen. Biografische Erfahrungen und eigene Wahrnehmungen bilden die Grundlage pädagogischen Tuns. Dem wissenschaftlichen Wissen, das im Rahmen der Ausbildung erworben wurde, kommt dagegen eine eher zweitrangige Bedeutung zu. Zu ähnlichen Ergebnissen kommen auch Busse und Ehlert (2006), die in ihrer Studie das berufliche Selbstverständnis von angehenden Sozialpädagog*innen mit Migrationshintergrund untersuchen. Sie können zeigen, dass eine Vielzahl der Interviewten die eigenen Erfahrungen mit der Migration und der Minderheitenzugehörigkeit auf die Klient*innen übertragen, so dass auch hier eine professionelle Offenheit für den pädagogischen Einzelfall behindert wird. Die Lebenserfahrung bestimmt das pädagogische Handeln, wohingegen das im Studium vermittelte Wissen von den Befragten nicht mit dem praktischen Tun in Beziehung gesetzt wird. Somit wird eine „Persistenz biografischer Muster gegen die mehr oder weniger vergeblichen akademischen Modellierungsbemühungen zur Herausbildung eines professionellen Habitus" (ebd., 167). Alle skizzierten Studien verdeutlichen die Gefahr einer „deprofessionalisierenden Verstrickung in die eigene Biografie" (Rotter 2014b, 101), die professionelles Handeln nicht vollkommen unmöglich macht, jedoch zumindest erheblich erschweren kann. Ein (vermeintlich) konjunktiver Erfahrungsraum ist folglich nicht per se mit einer Habitussensibilität verbunden, die zu einem besseren Fallverstehen führt.

4 Empirische Befunde

Im Folgenden soll anhand von Interviewausschnitten am empirischen Material diskutiert werden, inwiefern die eingangs skizzierten Erwartungen an Lehrkräfte mit Migrationshintergrund und die Fremdzuschreibung eines besonderen Kompetenz- bzw. Aufgabenprofils qua Migrationshintergrund mit problematischen Selbstzuschreibungen einhergehen (können), die zu spezifischen Herausforderungen für professionelles Handeln im schulischen Alltag führen (können). Der folgende Interviewausschnitt ist aus einer Studie der Autorin (vgl. Rotter 2014a) entnommen, in der verschiedene Lehrkräfte mit Migrationshintergrund zu ihrem beruflichen Selbstkonzept befragt wurden. In der Studie konnten drei unterschiedliche Typen rekonstruiert werden, die sich in ihrer Relevanzsetzung des Migrationshintergrunds für das eigene pädagogische Handeln im schulischen Alltag voneinander unterscheiden. Während bei zwei Typen das berufliche Selbstkonzept auf dem Wissen und den Qualifikationen, die im Rahmen der Ausbildung erworben wurden, gründet und dem Migrationshintergrund im beruflichen Kontext kaum eine Relevanz zugesprochen wird, stellt die eigene Migrationserfahrung für den als „Kompetenter Migrationsandere" bezeichnete Typus einen zentralen Bestandteil des eigenen beruflichen Selbstverständnisses dar. Die Benennung des Typus greift auf die Bezeichnung „Migrationsanderer" zurück, die von Mecheril in Abwendung von dem „das Bild essentialistischer Abstammung aufrufenden Ausdruck »Menschen mit Migrationshintergrund«" (Mecheril 2010, 17) in den wissenschaftlichen Diskurs um gesellschaftliche Pluralität eingeführt wurde, um gerade auf den Konstruktionscharakter und die aktive Beteiligung der Akteure bei der Differenzsetzung hinzuweisen. Mit diesem Begriff sollen gerade das Problem der Pauschalisierung durch kategorisierende Bezeichnungen angezeigt sowie Prozesse und Strukturen in den Blick genommen werden, in denen die Anderen als Andere geschaffen werden.

Der folgende Transkriptausschnitt stammt aus einem Interview mit einer weiblichen Lehrkraft mit Migrationshintergrund, die an einer Schulform der Sekundarstufe I in Nordrhein-Westfalen tätig ist. Der Interviewausschnitt stellt die Auseinandersetzung mit der Frage dar, wie die Befragte ihre Interaktion mit Schüler*innen mit Migrationshintergrund beschreiben würde.

> **L:** Ich glaube, das ist einmal so dieses... was man empfindet, andererseits, wenn man dann die Rückmeldungen von anderen Lehrern hat: „Der Schüler XY ist bei mir so-

undso, ich komme nicht klar" und sonst was... dass man dann zum Teil so schwierige Fälle hat. Und ich bin der Meinung, dass wir da Ansprechpartner sind für... gerade für diese türkischen Schüler. Ich glaube, da sind wir nicht so im Sinne von: „Das ist die Lehrerin Frau [Name der Lehrerin mit Migrationshintergrund I], das ist die Lehrerin Frau [Name der Lehrerin mit Migrationshintergrund II]", das sind dann eher... sind Ansprechpartner in dem Moment. Nicht im Sinne von Lehrer. [...] Bezugspersonen, aber nicht im Hinblick auf Lehrer. Ich glaube, die schalten das weg, dass wir Lehrkräfte in dem Sinne sind. Wir sind einfach nur Bezugsperson. Ich finde, das macht sich schon bemerkbar. Erwachsene, vor denen die dann Respekt haben. Vielleicht sehen die mich dann so als ihre Tante oder eine ältere Freundin, die da einen Rat gibt und so. [...] Die kommen dann viel offener. Ich kann mit denen auch ganz anders umgehen, auch mit Problemfällen. Also ich kann mit diesen Schülern auch schimpfen und dann manchmal auch auf Türkisch schimpfen. Und dann so grundsätzlich türkische Sachen dann sagen, wie zum Beispiel: „Schämst du dich nicht?" Das hören die öfters. Das hört man im Türkischen sehr oft, das „Schämst du dich nicht für dein Verhalten? Findest du das richtig?" und so. Wenn ich das dann auch auf Türkisch sage, dann gehen die da ganz anders mit um als wenn die das... auch wenn die das von mir auf Deutsch hören. Das kriegen die gar nicht so mit. Aber wenn ich dann auf Türkisch denen das sage, dann reagieren die ganz anders (LmMHw2, Z. 56-82; 161–182).

In diesem Ausschnitt wird deutlich, dass die Lehrperson einige der an sie herangetragenen Erwartungen als Bestandteil ihres beruflichen Selbstkonzepts formuliert. So beschreibt sie sich als „Ansprechpartner" und „Bezugsperson[...]" vor allem für „türkische Schüler" und sieht sich in den wahrgenommenen Reaktionen der entsprechenden Schüler*innen bestätigt. Ihren Status als Bezugsperson differenziert sie weiter aus – als „Erwachsene, vor denen sie Respekt haben", als „Tante" oder „ältere Freundin, die da einen Rat gibt". Auf der Ebene der sprachlichen Hervorbringung ihrer Selbstbeschreibung ist in dieser Replik der nahezu ausschließliche Gebrauch des bestimmten Artikels ohne folgendes Substantiv („die schalten das weg") oder des Demonstrativpronomens („gerade für diese türkischen Schüler") zur Benennung bzw. Beschreibung der Schüler*innen, für die sie sich als Bezugsperson sieht, auffällig. Diese Sprachverwendung verweist auf eine Bestimmung der Schülergruppe durch Generalisierung, d.h., die Befragte bringt zum Ausdruck, dass die Merkmale der betreffenden Schülergruppe, also die Gruppe der Schüler* innen mit türkischem Migrationshintergrund, als bekannt vorausgesetzt werden können.

Hinzu kommt, dass von der befragten Lehrperson eine diffuse Beziehungslogik als Bestandteil ihres schulischen Alltags und ihres pädagogischen Handelns vor allem in der Interaktion mit Lernenden, denen sie sich habituell verbunden sieht, gesehen wird. Das diffuse Beziehungsmuster umfasst dabei u.a. den Rückgriff auf die türkische Sprache, durch die sie eine Nähe zu den Schüler*innen mit türkischem Migrationshintergrund sieht. Die türkische Sprache wird von ihr als konjunktiver Erfahrungsraum in die Schüler-Lehrer-Interaktion hineingeholt und besondert gleichzeitig die Schüler*innen mit türkischem Migrationshintergrund gegenüber der übrigen Lernenden, die durch die Wahl einer Nicht-Unterrichtssprache aus der Kommunikation ausgeschlossen werden. Offen muss an dieser Stelle gelassen werden, ob türkische Sprachkenntnisse tatsächlich Lehrperson und die auf diese Weise adressierten Schüler*innen im Sinne eines konjunktiven Wissens verbindet. Aus ihrer Perspektive sieht sich die Lehrerin jedenfalls durch die Reaktion der Schüler*innen mit türkischem Migrationshintergrund bestätigt, denn diese „reagierten ganz anders" und kämen viel offener auch im Fall von privaten Problemen auf sie zu. Der Gebrauch des Türkischen eröffnet in den Augen der Lehrerin zudem ein erweitertes Spektrum an Handlungsweisen, das durch familiäre Interaktionsmuster wie Schimpfen gekennzeichnet ist. In Problemsituationen sieht die Lehrperson somit für sich ein breiteres Handlungsrepertoire im Vergleich zu ihren Kolleg*innen ohne Migrationshintergrund.

Zur Kontrastierung dieser Selbstzuschreibung von spezifischen Aufgaben, die aus dem eigenen Migrationshintergrund resultieren und die auf eine bestimmte Gruppe an Schüler*innen abzielen, der Lehrkräfte innerhalb des Typus „Kompetenter Migrationsanderer" soll im Folgenden ein Transkriptausschnitt einer weiteren Lehrperson mit Migrationshintergrund präsentiert werden. Diese unterrichtet an einem Berufskolleg in Nordrhein-Westfalen und ist dem Typus „Pädagogisch professioneller Lernbegleiter" zuzuordnen. In dem Ausschnitt erzählt der Befragte von der Fremdzuschreibung einer Zuständigkeit für die Belange von Schüler*innen mit türkischem Migrationshintergrund, die ihm im schulischen Alltag durch seine Kolleg*innen widerfährt.

> L: [...] Wenn sie [die Kolleg*innen] mit den türkischen Schülern nicht klarkommen: „Hör mal, deine Landsleute." Ich bin ja mittlerweile mehr hier als in der Türkei gewesen, also ich bin 23 Jahre in der Türkei gewesen oder 24 und mittlerweile bin ich 32 Jahre in Deutschland, trotzdem bin ich ja noch der Türke und ich bin angepasst bei allem, ich esse Schweinefleisch, trinke alles aber bei jeden Feierlichkeiten oder irgendwas: „Hör mal, darfst du das essen?" Ich habe das Gefühl, sie haben einen Sport daraus gemacht, mich zum Narren zu halten. Trotzdem, sie sprechen mich bei Problemen an. Am Anfang war das bei jeder Kleinigkeit so. Und mit Kleinigkeit meine ich bei Problemen, die in jedem Unterricht, in jeder Klasse auftreten. Sie haben ja auch selber studiert. Probleme hat jeder, lautes Reden oder Krach oder mal irgendwas... solche Sachen. Ich sollte das lösen. Ich hab gesagt: „Es tut mir sehr leid, ich habe genau die gleiche Qualifikation wie ihr, ich bin Lehrer, ich würde auch schon genauso... Woher soll ich denn wissen, was für Probleme du ihnen gemacht hast? Da kann ich nicht immer hingehen und da... macht eure Sachen alleine." (LmMH6m, Z. 171–217)

In diesem Transkriptausschnitt zeigt sich eine deutliche Ablehnung einer spezifischen Adressierung aufgrund des eigenen Migrationshintergrunds sowie der Übernahme einer besonderen Zuständigkeit für Schüler*innen mit türkischem Migrationshintergrund durch den Lehrern. Von den Kolleg*innen wird ihm eine

Positionierung im schulischen Kontext nicht über seine Ausbildung und Qualifikation angeboten; vielmehr erfolgt eine Differenzierung entlang der Merkmale Ethnizität bzw. Nationalität und Sprache, so dass eine Besonderung zu seinen Kolleg*innen entsteht. Damit erfolgt eine Reproduktion gesellschaftlicher Differenzordnungen im schulischen Kontext mit erheblichen Folgen für die betroffene Lehrperson. Denn „Differenzordnungen strukturieren und konstitutieren Erfahrungen, sie normieren und subjektivieren, rufen [...] Individuen als Subjekte an" (Mecheril 2008, 78). Dabei sind die jeweiligen Positionen der Subjekte hierarchisiert, d.h., im Vergleich mit mehr oder weniger Privilegien verbunden. Im Unterschied zum ersten Typus weist der Lehrer den konjunktiven Erfahrungsraum ‚türkischer Migrationshintergrund' („deine Landsleute"), die ihm seine Kolleg*innen zuschreiben und der ihn mit seinen Schüler*innen verbinden soll, deutlich von sich. Der Fremdpositionierung als „Migrationsanderer" setzt er eine Selbstpositionierung als Lehrperson entgegen, die ihr pädagogisches Handeln auf ihrer pädagogisch-fachlichen Qualifikation gründet. Einher geht damit eine Ablehnung der Kulturalisierung schulischer Schwierigkeiten von Schüler*innen (mit Migrationshintergrund). Vielmehr verweist er auf die Notwendigkeit eines professionellen Fallverstehens unter Hinzuziehen wissenschaftlichen, im Rahmen der Ausbildung erworbenen Wissens.

Mit Blick auf eine Habitussensibilität und ein professionelles Fallverstehen, wie es oben als Basis professionellen Handelns skizziert wurde, lässt sich somit Folgendes festhalten: Die Lehrkräfte mit Migrationshintergrund, die in der zitierten Studie dem Typus „Kompetenter Migrationsanderer" zugeordnet werden konnten, projizieren eine Übereinstimmung im Habitus auf ihre Schüler*innen, die ebenfalls über einen sog. Migrationshintergrund – in diesem Fall einen türkischen – verfügen. Daraus resultieren für sie eine besondere Nähe und ein besonderer Zugang zu diesen Schüler*innen. Damit lösen diese Lehrkräfte die Erwartungen ein, die von bildungspolitischer und öffentlicher Seite an sie gerichtet werden. Mit dieser besonderen Zuständigkeit, die sie sich selbst für Schüler*innen mit Migrationshintergrund zuschreiben (siehe dazu z.B. auch ähnliche Befunde in Georgi u.a. 2011), tragen die Lehrpersonen jedoch ungewollt zu einer Reproduktion der Kategorie des Migrationshintergrunds zur Klassifizierung von Schüler*innen bei und sind auf diese Weise an einer Besonderung dieser Schüler*innen im schulischen Alltag, die diese auch in anderen sozialen Kontexten erfahren, indirekt beteiligt. In dem oben vorgestellten Interviewausschnitt nimmt die Lehrerin Unterscheidungen entlang verschiedener Dimensionen vor: schwirige vs. nichtschwirige Schüler*innen, Schüler*innen mit (türkischem) Migrationshintergrund vs. Schüler*innen ohne Migrationshintergrund, Kenntnis der türkischen Sprache vs. keine Kenntnis der türkischen Sprache. In ihrer Interaktion mit ihren Schüler*innen wendet die Lehrerin somit soziale Differenzordnungen sowie nicht unbekannte Argumentationsmuster einer Defizitperspektive („schwirige Fälle",

"Problemfälle") an, die Ausgangspunkt für vielfältige Benachteiligungen sind. Den Schüler*innen mit Migrationshintergrund wird auf diese Weise eine Selbstpositionierung verwehrt; sie gehen (nahezu vollständig) in ihrer Biografie bzw. in ihrer familiären Migrationsbiografie auf und verschwinden in ihrer Individualität hinter dem Türkisch-Sein.

5 Diskussion und Fazit

An Lehrkräfte mit Migrationshintergrund werden von verschiedener Seite zahlreiche, z.T. divergierende Erwartungen herangetragen, die sich mit der Formel „Vertraute, Vorbilder, Übersetzer" (vgl. Kolat 2007) zusammenfassen lassen. Die Erwartungen werden mit einer besonderen Nähe zwischen Schüler*innen und Lehrkräften begründet, die aus der gemeinsam geteilten Erfahrung, nicht der Mehrheitsgesellschaft anzugehören, sondern eine familiäre Migrationsgeschichte zu haben, resultieren soll. Überträgt man die Begründungsmuster, die sich im öffentlichen Diskurs finden lassen, in die Begrifflichkeiten der praxeologischen Wissenssoziologie, so ließe sich von einer gemeinsam geteilten „Seinsverbundenheit" von Lehrkräften und Schüler*innen aufgrund des Migrationshintergrunds sprechen. Dieser stellt einen „konjunktiven Erfahrungsraum" dar und soll dieser Gruppe an Lehrkräften zu einem besseren Fallverstehen als Ausgangspunkt und Grundlage professionellen Handelns verhelfen. Dabei werden Lehrkräfte mit Migrationshintergrund auf ihre (vermeintlichen bzw. möglichen) biografischen Ressourcen reduziert; ein Verweis auf eine berufliche Qualifikation erfolgt in der Diskussion indes nicht. Damit besteht für diese Lehrkräfte die Gefahr einer Deprofessionalisierung, indem sie sich in ihrer eigenen Biografie verstricken.
An den Ausschnitten aus Interviews mit Lehrkräften mit Migrationshintergrund sollte zweierlei gezeigt werden:

a) Zunächst einmal wird jenseits einer theoretischen Analyse auch an dem empirischen Material deutlich, dass die vielerseits geäußerten und an Lehrkräfte mit Migrationshintergrund herangetragenen Erwartungen und die diesen zugrundeliegenden Begründungen zu kurz greifen und dem Individuum, das mit der Kategorie des sog. Migrationshintergrunds gelabelt wird, nicht gerecht werden. In der Diskussion tritt der Migrationshintergrund in den Vordergrund, wohingegen individuelle Biografien, Ressourcen, Qualifikationen und Kompetenzen weitgehend unbeachtet bleiben. Insbesondere die Lehrkräfte des Typus ‚Pädagogisch-professioneller Lernbegleiter' gründen ihr berufliches Selbstkonzept auf ihrer akademischen und schulpraktischen Ausbildung und setzen sich gegen eine Reduktion auf ihren Migrationshintergrund im schulischen Kontext zur Wehr. Die Zuschreibung eines konjunktiven Erfahrungsraums, der sie mit ihren Schüler*innen mit

Migrationshintergrund verbinden soll, wird abgelehnt und ist aus ihrer Sicht auch nicht gegeben. Gleiches gilt für eine habituelle Übereinstimmung oder zumindest eine habituelle Ähnlichkeit. Vielmehr wird auf die Notwendigkeit einer situativen Reflexion des eigenen Handelns vor dem Hintergrund des in der Ausbildung erworbenen Wissens verwiesen.

b) An dem Interviewausschnitt, der exemplarisch für den Typus ‚Kompetenter Migrationsanderer' steht, zeigt sich, dass eine habituelle Übereinstimmung nicht grundsätzlich zu einem besseren Fallverstehen beiträgt. Dabei ist es irrelevant, ob diese nur subjektiv empfunden oder tatsächlich vorhanden ist. Vielmehr verstellt in dem dargestellten Fall eine empfundene habituelle Nähe zwischen Lehrerin und Schüler*innen mit (türkischem) Migrationshintergrund gerade den Blick für den Einzelfall, der hinter der Zuschreibung von Kategorien in seiner individuellen Besonderheit verblasst. Dieser Befund schließt an die Ergebnisse verschiedener Studien im Bereich der Sozialen Arbeit an, die oben skizziert wurden (vgl. Bauer & Wiezorek 2008; Schmidt 2012). Durch den Versuch der Lehrerin, den an sie herangetragenen Erwartungen gerecht zu werden, wird sie eben nicht zum „Transformationsakteur" (vgl. Kramer 2015), der durch sein professionelles Handeln zur Überwindung von Benachteiligungen im Bildungssystem und zu mehr Bildungsgerechtigkeit beiträgt. Als „Reproduktionsagent" (vgl. ebd.) schreibt sie eher gesellschaftlich etablierte Differenzsetzungen und Besonderungen fort und reproduziert auf diese Weise ungewollt die soziale Ordnung. Den Schüler*innen werden eben nicht „Ansatzpunkte zur Überwindung von Begrenzungen aufgezeigt […], die im Habitus ja immer auch angelegt sind" (Kubisch 2014, 127), um ihnen neue Handlungsspielräume zu eröffnen.

Losgelöst von den jeweiligen Versuchen, sich als Lehrkraft (mit Migrationshintergrund) im schulischen Kontext zu positionieren, wie sie sich in dem empirischen Material zeigen, verweisen die Befunde auf die Notwendigkeit einer Habitussensibilität als „Charakteristikum eines professionellen Habitus" (Kubisch 2014, 127) für alle Lehrkräfte. Habitussensibilität umfasst dabei zwei Aspekte: Mit Blick auf die Vielfalt der Schüler*innen und deren unterschiedliche (Lern-)Bedürfnisse zielt Habitussensibilität zum einen darauf, sich den Habitus von Schüler*innen zu erschließen, um zu gemeinsamen Problemlösungen und zu einer gelungenen Lehrer-Schüler-Interaktion zu gelangen. Dies beinhaltet auch Reflexionen über Möglichkeiten und Grenzen, den Habitus des Gegenübers überhaupt erfassen zu können. Zum anderen verweisen die angeführten Studien aus der Sozialen Arbeit und die Befunde der eigenen Untersuchung zu Lehrkräften mit Migrationshintergrund auf die Einflussnahme habitueller Orientierungen, Denk- und Wahrnehmungsmuster und auf die Handlungspraxis von Professionellen. Aus dieser handlungsleitenden Bedeutung resultiert somit auch eine Notwendigkeit, sich als Professionelle bzw. als Professioneller die eigenen habituellen Orientierungen reflexiv zugänglich zu machen und deren Einfluss auf die eigene Handlungspraxis kritisch zu reflektieren (vgl. Bressler & Rotter im Erscheinen), wobei einer solchen Reflexion aufgrund der erschwerten Zugänglichkeit des eigenen Habitus auch ihre Grenzen gesetzt sind. Habitussensiblität als „Charakteristikum eines professionellen Habitus" (Kubisch 2014, 127) bedeutet demnach sowohl eine Sensibilität für den Habitus der Klientel, d.h., im Falle von Lehrkräften für den Habitus der Schüler*innen, als auch eine Sensibilität für den eigenen Habitus als Professionelle*r, als Lehrkraft, im Sinne einer Wahrnehmung der eigenen habituellen Standortgebundenheit. Was Kubisch (vgl. ebd.) mit Blick auf die Forschung im Bereich der Sozialen Arbeit konstatiert, gilt auch für die Schulforschung: Bislang mangelt es an Studien, die sowohl die Habitus von Schüler*innen als auch von Lehrkräften in den Blick nehmen und Fragen nach Passungsverhältnissen und nach Prozessen des Erschließens von Habitus nachgehen. Eine einseitige Fokussierung von Habitussensibilität auf die Habitus von Schüler*innen ist für pädagogisch-professionelles Handeln problematisch, denn eine solche verkennt den Einfluss der Habitus von Professionellen auf die Interaktionspraxis und verhindert Reflexionsprozesse, die für professionelles Handeln notwendig sind und den Ausgangspunkt für Professionalisierungsprozesse darstellen. In der Diskussion um Lehrkräfte mit Migrationshintergrund kommt noch erschwerend hinzu, dass diesen Lehrkräften bereits im Vorfeld ein spezifischer Habitus zugeschrieben zu werden scheint, so dass sich diese Lehrkräfte neben der Reflexion eigener habitueller Orientierungen auch noch der Herausforderung stellen müssen, sich mit diesen Zuschreibungen auseinandersetzen bzw. sich in irgendeiner Weise zu diesen positionieren zu müssen.

Literaturverzeichnis

Ackermann, L. & Georgi, V. B. (2011): Lehrende mit Migrationshintergrund im Verhältnis zu schulischen Akteurinnen und Akteuren. In: V. B. Georgi, L. Ackermann & N. Karakaş (Hrsg.): Vielfalt im Lehrerzimmer. Selbstverständnis und schulische Integration von Lehrenden mit Migrationshintergrund in Deutschland. Münster: Waxmann, 145–183.

Akbaba, Y. (2017): Lehrer*innen und der Migrationshintergrund. Widerstand im Dispositiv. Weinheim. Basel: Beltz Juventa.

Akbaba, Y., Bräu, K. & Zimmer, M. (2013): Erwartungen und Zuschreibungen. Eine Analyse und kritische Reflexion der bildungspolitischen Debatte zu Lehrer*innen mit Migrationshintergrund. In: K. Bräu, V. B. Georgi, Y. Karakaşoğlu & C. Rotter (Hrsg.): Lehrerinnen und Lehrer mit Migrationshintergrund. Zur Relevanz eines Merkmals in Theorie, Empirie und Praxis. Münster u.a.: Waxmann, 37–57.

Autorengruppe Bildungsberichterstattung (2012): Bildung in Deutschland 2012. Ein indikatorengestützter Bericht mit einer Analyse zur kulturellen Bildung im Lebenslauf. Online unter: https://www.bildungsbericht.de/de/bildungsberichte-seit-2006/bildungsbericht-2012. (Abrufdatum: 22.10.2018).

Bauer, P. & Wiezorek, C. (2008): Perspektiventriangulation im professionellen Fallbezug – Exemplarische Anmerkungen an biografische Voraussetzungen pädagogischen Fallverstehens. In: K.-S. Rehberg (Hrsg.): Die Natur der Gesellschaft. Verhandlungen des 33. Kongresses der Deutschen Gesellschaft für Soziologie in Kassel 2006. Teilbd. 1 u. 2. Frankfurt a.M.: Campus Verlag, 1576–1584.

Bayerischer Landtag (BY) (2009): Bildung und Integration: Mehr Migrantinnen und Migranten für das Lehramt gewinnen! Drucksache 16/1048. Antrag Bündnis 90/Die Grünen vom 26.03.2009. Online unter: https://www.bayern.landtag.de/www/ElanTextAblage_WP16/Drucksachen/Basisdrucksachen/0000000500/0000000861.pdf. (Abrufdatum: 16.10.18).

Berliner Institut für empirische Integrations- und Migrationsforschung (BIM)/Forschungsbereich beim Sachverständigenrat deutscher Stiftungen für Integration und Migration (SVR-Forschungsbereich) (2017): Vielfalt im Klassenzimmer. Wie Lehrkräfte gute Leistung fördern können. Online unter: https://www.stiftung-mercator.de/media/downloads/3_Publikationen/2017/Juli/Vielfalt_im_Klassenzimmer_final.pdf. (Abrufdatum: 16.10.18).

Bohnsack, R. (1998): Milieu als konjunktiver Erfahrungsraum. Eine dynamische Konzeption von Milieu in empirischer Analyse. In: U. Matthiesen (Hrsg.): Die Räume der Milieus. Neue Tendenzen in der sozial- und raumwissenschaftlichen Milieuforschung, in der Stadt- und Raumplanung. Berlin: Ed. Sigma, 119–131.

Bohnsack, R. (2013): Dokumentarische Methode und die Logik der Praxis. In: A. Lenger, C. Schneickert & F. Schumacher (Hrsg.): Pierre Bourdieus Konzeption des Habitus. Grundlagen, Zugänge, Forschungsperspektiven. Wiesbaden: Springer VS, 175–200.

Bohnsack, R. (2014): Habitus, Norm und Identität. In: W. Helsper, R.-T. Kramer & S. Thiersch (Hrsg.): Schülerhabitus. Theoretische und empirische Analysen zum Bourdieuschen Theorem der kulturellen Passung. Wiesbaden: Springer Fachmedien Wiesbaden, 33–55.

Bourdieu, P. (1982): Die feinen Unterschiede. Frankfurt a.M.: Suhrkamp.

Bourdieu, P. & Wacquant, L. J. D. (1996): Die Ziele der reflexiven Soziologie. In: P. Bourdieu & L. J. D. Wacquant (Hrsg.): Reflexive Anthropologie. Frankfurt am Main: Suhrkamp, 95–246.

Bressler, C. & Rotter, C. (im Erscheinen): Seiteneinsteigende im Lehrerberuf. Zur Notwendigkeit einer Auseinandersetzung mit erziehungswissenschaftlichem Wissen in der (alternativen) Lehrerbildung. In: J. Böhme, C. Cramer & C. Bressler (Hrsg.): Erziehungswissenschaft und Lehrerbildung im Widerstreit!? Verhältnisbestimmungen, Herausforderungen und Perspektiven. Bad Heilbrunn: Klinkhardt.

Bundesamt für Migration und Flüchtlinge (BAMF) (2010): Bundeskongress Lehrkräfte mit Migrationshintergrund. Potenziale gewinnen – Ausbildung begleiten – Personalentwicklung gestalten. Kongressdokumentation. Online unter: http://www.bamf.de/SharedDocs/Anlagen/DE/Downloads/Infothek/Integrationsprogramm/doku-tagung-lehrer.pdf?__blob=publicationFile. (Abrufdatum: 16.10.18).

Busse, S. & Ehlert, G. (2006): Professionalisierung und Professionalität des Personals in der Sozialen Arbeit. In: B. Bütow, K. A. Chassé & S. Maurer (Hrsg.): Soziale Arbeit zwischen Aufbau und Abbau. Transformationsprozesse im Osten Deutschlands und die Kinder- und Jugendhilfe. Wiesbaden: VS Verlag, 161–175.

Fabel-Lamla, M. & Klomfaß, S. (2014): Lehrkräfte mit Migrationshintergrund. Habitussensibilität als bildungspolitische Erwartung. In: T. Sander (Hrsg.): Habitussensibilität. Eine neue Anforderung an professionelles Handeln. Wiesbaden: Springer Fachmedien, 209–228.

Garfinkel, H. (1967): What is Ethnomethodology? In: H. Garfinkel (Hrsg.): Studies in Ethnomethodology. Englewood Cliffs und New Jersey: Prentice-Hall, 1–34.

Georgi, V. & Ackermann, L. & Karakaş, N. (2011): Vielfalt im Lehrerzimmer. Selbstverständnis und schulische Integration von Lehrenden mit Migrationshintergrund in Deutschland. Münster u.a.: Waxmann Verlag.

Knappik, M. & Dirim, I. (2012): Von Ressourcen zu Qualifikationen – Was es heißt, LehrerIn mit Migrationshintergrund zu sein. In: K. Fereidooni (Hrsg.): Das interkulturelle Lehrerzimmer. Perspektiven neuer deutscher Lehrkräfte auf den Bildungs- und Integrationsdiskurs. Wiesbaden: VS, 89–94.

Kolat, K. (2007): Quote für ausländische Lehrer. Online unter: http://www.focus.de /schule/lehrerzimmer/schule_aid_122289.html. (Abrufdatum: 25.01.07).

Kramer, R.-T. (2015): „Reproduktionsagenten" oder „Transformationsakteure"? Lehrkräfte im Blick der Bildungssoziologie von Pierre Bourdieu. In: ZSE (4), 35. Jg., 344–359.

Kubisch, S. (2014): Habitussensibilität und Habitusrekonstruktion. Betrachtungen aus der Perspektive der dokumentarischen Methode am Beispiel Sozialer Arbeit. In: T. Sander (Hrsg.): Habitussensibilität. Eine neue Anforderung an professionelles Handeln. Wiesbaden: Springer Fachmedien Wiesbaden, 103–133.

Landtag von Baden-Württemberg (BW), Antrag der Abg. Renate Rastätter u.a. GRÜNE und Stellungnahme des Ministeriums für Kultur, Jugend und Sport (2009): Migrationshintergrund als Zusatzqualifikation bei der Einstellung in den Schuldienst. 05.03.2009, Drucksache 14/4144. Online unter: https://www.landtag-bw.de/files/live/sites/LTBW/files/dokumente/WP14/Drucksachen/4000/ 14_4144_D.pdf. (Abrufdatum: 15.10.2018).

Laschet, A. (2018): Neujahrsansprache 2018. Online unter: https://www.wz.de/politik/landespolitik/laschets-erste-neujahrsansprache-im-wortlaut_aid-26088321. (Abrufdatum: 22.10.2018).

Mannheim, K. (1980): Strukturen des Denkens. Frankfurt a.M.: Suhrkamp.

Mannheim, K. (1995): Ideologie und Utopie. Frankfurt a.M.: Vittorio Klostermann.

Mecheril, P. (2008): "Diversity". Differenzordnungen und Modi ihrer Verknüpfung. In Heinrich-Boell-Stiftung (Hrsg.), Politics of Diversity. Dossier, 77–84. Online unter: http://www.migration-boell.de/web/diversity/48_1712.asp. (Abrufdatum: 23.8.2014).

Mecheril, P. (2010): Migrationspädagogik. Hinführung zur Perspektive. In: P. Mecheril, M. d. M. Castro Varela, I. Dirim, A. Kalpaka, C. Melter (Hrsg.): Migrationspädagogik. Weinheim: Beltz, 7–22.

Meuser, M. (2007): Repräsentation sozialer Strukturen im Wissen. Dokumentarische Methode und Habitusrekonstruktion. In: R. Bohnsack, I. Nentwig-Gesemann & A.-M. Nohl (Hrsg.): Die dokumentarische Methode und ihre Forschungspraxis. Grundlagen qualitativer Sozialforschung. Wiesbaden: VS Verlag für Sozialwissenschaften, 209–224.

Ministerium für Generationen, Familie, Frauen und Integration des Landes Nordrhein-Westfalen (2008): Nordrhein-Westfalen: Land der neuen Integrationschancen. 1. Integrationsbericht der Landesregierung, 41 ff. Online unter: http://www.integrationsmonitoring.nrw.de/integrationsberichterstattung_nrw/berichte_analysen/Zuwanderungs-_und_Integrationsberichte/1_Integrationsbericht.pdf. (Abrufdatum: 22.10.2018).

Ministerium für Schule und Weiterbildung des Landes Nordrhein-Westfalen (2007): Mehr Lehrkräfte mit Zuwanderungsgeschichte. Handlungskonzept. Online unter: http://www.schulministerium.nrw.de/ZBL/Wege/Zuwanderungsgeschichte/Handlungskonzept.pdf. (Abrufdatum: 01.02.2009).

Ministerium für Schule und Weiterbildung des Landes Nordrhein-Westfalen (2010): Mehr Lehrkräfte mit Zuwanderungsgeschichte. Fortschreibung des Handlungskonzepts. Online unter: https://www.schulministerium.nrw.de/docs/bp/Lehrer/Lehrkraft-werden/Lehrkraefte-mit-Zuwanderungsgeschichte/Handlungskonzept/Handlungskonzept.pdf. (Abrufdatum:16.10.2018).

Ministerium für Schule und Weiterbildung des Landes Nordrhein-Westfalen (2017): 10 Jahre Netzwerk Lehrkräfte mit Migrationshintergrund. Ministerin Löhrmann: Lehrkräfte mit Zuwanderungsgeschichte sind Vorbilder und Brückenbauer. Pressemitteilung vom 17.02.2017. Online unter: https://www.schulministerium.nrw.de/docs/bp/Ministerium/Presse/Pressemitteilungen/Archiv/2017_16_LegPer/PM20170217_Lehrkraefte_Zuwanderungsgeschichte/pm_17_02_-Netzwerk-Lehrkraefte-mit-Zuwanderungsgeschichte_docx.pdf. (Abrufdatum: 16.10.18).

Nagel, U. (2000): Professionalität als biographisches Projekt. In: K. Kraimer (Hrsg.): Die Fallrekonstruktion. Sinnverstehen in der sozialwissenschaftlichen Forschung. Frankfurt a.M.: Suhrkamp, 360–378.

Oevermann, U. (1996): Skizze einer revidierten Theorie professionalisierten Handelns. In: A. Combe & W. Helsper (Hrsg.): Pädagogische Professionalität. Untersuchungen zum Typus pädagogischen Handelns. Frankfurt a.M.: Suhrkamp, 70–182.

Rau, H. (2008): Grußwort des Ministers für Kultus, Jugend und Sport des Landes Baden-Württemberg. In: Landeshauptstadt Stuttgart. Staatsabteilung für Integrationspolitik (Hrsg.): Migranten machen Schule! Vielfalt im Klassenzimmer – Vielfalt im Lehrerzimmer, 4–5. Online unter: https://www.stuttgart.de/img/mdb/publ/15847/28654.pdf. (Abrufdatum: 16.10.18).

Rotter, C. (2012): Lehrkräfte mit Migrationshintergrund: bildungspolitische Erwartungen und individuelle Umgangsweisen. In: Zeitschrift für Pädagogik 58 (2), 204–221.

Rotter, C. (2014a): Zwischen Illusion und Schulalltag. Berufliche Fremd- und Selbstkonzepte von Lehrkräften mit Migrationshintergrund. Wiesbaden: Springer VS.

Rotter, C. (2014b): Die Betonung des Migrationshintergrunds als Deprofessionalisierung von Lehrkräften – Ergebnisse einer qualitativen Studie. In: Zeitschrift für interpretative Schul- und Unterrichtsforschung 3, Professionalisierung und Deprofessionalisierung im Lehrer*innenberuf, 101–114.

Schmidt, F. (2012): Implizite Logiken des pädagogischen Blickes. Eine rekonstruktive Studie über Wahrnehmungen im Kontext der Wohnungslosenhilfe. Wiesbaden: Springer VS.

Schleswig-Holsteinischer Landtag (2007): Eine interkulturelle Bildung braucht mehr pädagogische Fachkräfte mit Migrationshintergrund. Debatte in Plenarsitzung 13.12.2007, Plenarprotokoll 16/75, 5433-5441. Online unter: http://www.landtag.ltsh.de/export/sites/ltsh/infothek/wahl16/plenum/plenprot/2007/16-075_12-07.pdf. (Abrufdatum: 16.10.18).

Senatsverwaltung Bildung, Wissenschaft und Forschung, Berlin (2011): Berlin braucht mehr Lehrer und Erzieher mit Migrationshintergrund. Antwort der Senatsverwaltung Bildung, Wissenschaft und Forschung auf die Anfrage einer Abgeordneten der CDU 19.01.2011, Drucksache 16/14998.

Statistisches Bundesamt (Destatis) (2018): Schulen auf einen Blick. Ausgabe 2018. Online unter: https://www.destatis.de/DE/Publikationen/Thematisch/BildungForschungKultur/Schulen/BroschuereSchulenBlick0110018189004.pdf?__blob=publicationFile. (Abrufdatum: 22.10.18).

Jessica Lindner

Verbesserte Ausgangsbedingungen und erhöhte Bildungschancen durch sprachliche Frühförderung im Vorkurs Deutsch?!

Eine vergleichende Fallanalyse zu Beginn und am Ende des letzten Kindergartenjahres

1 Einleitung

Deutschsprachige Fähigkeiten gelten nicht nur als entscheidende Determinante des Schulerfolgs in allen Fächern, sondern auch als Schlüsselkompetenz in einer Wissens- und Kommunikationsgesellschaft sowie als Voraussetzung zur gesellschaftlichen Teilhabe. In diesem Zusammenhang sind in den vergangenen Jahren im Zuge der Bildungsreformen im Elementarbereich in den einzelnen Bundesländern zahlreiche Maßnahmen zur Diagnose und sprachlichen Frühförderung institutionell verankert worden. In Bayern liegt das Konzept des Vorkurses 240 vor, welches zum Ziel hat, die vielseitig diskutierte Anschlussfähigkeit sprachlicher Kompetenzen und eine kompensatorische Chancengleichheit vor Schulbeginn zu gewährleisten, indem in einem Zeitraum von 18 Monaten vor der Einschulung und in einem Umfang von 240 Wochenstunden Sprachfördermaßnahmen initiiert werden.

In diesem Beitrag sollen zunächst die grundlegenden organisatorischen, diagnostischen und curricularen Grundlagen des Vorkurskonzepts vorgestellt werden, um anschließend anhand von empirischen Sprachdaten zu reflektieren, ob die vielseitig diskutierte Integration und die Anschlussfähigkeit sprachlicher Kompetenzen durch solche bildungspolitisch-strukturellen Konzeptionen umgesetzt werden können. Dazu sollen im Rahmen einer vergleichenden Fallanalyse Sprachdaten von einem am Vorkurs Deutsch teilnehmenden Kind präsentiert werden, die zu Beginn und am Ende des letzten Kindergartenjahres durch einen standardisierten Sprachstandstest (LiSe-DaZ; Schulz & Tracy 2011) generiert wurden. Aus den Auswertungsergebnissen sollen abschließend Konsequenzen für organisatorische und didaktische Entscheidungen hinsichtlich der Sprachförderung und Diagnose im frühpädagogischen Bereich abgeleitet und zur Diskussion gestellt werden.

2 Das Konzept des Vorkurses 240 in Bayern

Spätestens mit der Veröffentlichung der PISA-Ergebnisse wurden von vielen Seiten Veränderungsprozesse im Bildungssystem gefordert. Folglich sind in den vergangenen Jahren im Zuge der Bildungsreformen im Elementarbereich in den einzelnen Bundesländern zahlreiche Maßnahmen zur Diagnose und sprachlichen Frühförderung institutionell verankert worden (vgl. für einen Überblick der Erhebungsverfahren in den einzelnen Bundesländern z.b. Lengyel 2012; Neugebauer & Becker-Mrotzek 2013). Das primäre Ziel, welches durch die Implementierung von frühpädagogischen Fördermaßnahmen verfolgt wird, ist eine nachhaltige Sprachförderung für Kinder mit zusätzlichem Förderbedarf in der deutschen Sprache. Damit soll der Übergang vom Kindergarten in die Grundschule erleichtert werden und dies insbesondere aus der Perspektive von anschlussfähigen sprachlichen Fähigkeiten und Kompetenzen. In Bayern liegt das Konzept des Vorkurses 240 vor, das im Folgenden überblicksartig dargelegt werden soll.

2.1 Implementierung und Entwicklung

Der Vorkurs Deutsch wurde für Kinder, die das Deutsche als Zweitsprache erwerben, erstmals im Kindergarten- und Schuljahr 2001/2002 implementiert, um ein zusätzliches Unterstützungsangebot in der deutschsprachigen Entwicklung zu gewährleisten. Zu diesem frühen Zeitpunkt wurden zunächst 40 Förderstunden in den letzten drei Monaten vor der Einschulung in der Grundschule durchgeführt. In den folgenden Jahren wurde das Vorkurskonzept im Hinblick auf Umfang, Dauer und Adressatenkreis sukzessive ausgebaut. Im Rahmen der Neueinführung des Bayerischen Kinderbildungs- und -betreuungsgesetzes (BayKiBiG), dessen Ausführungsverordnung (AVBayKiBiG) und der Einführung des Bayerischen Bildungs- und Erziehungsplans (BayBEP; Bayerisches Staatsministerium 2016b) ist im Jahr 2005/2006 die Anzahl der Förderstunden auf 160 Stunden erhöht worden. Außerdem wurde im Zuge dessen beschlossen, dass die Förderung zu gleichen Anteilen in den Kindergärten und in den Grundschulen realisiert wird. Damit stehen die pädagogischen Fachkräfte der Kindertageseinrichtungen und die Lehrerinnen und Lehrer der Grundschule in gemeinsamer Verantwortung für die sprachliche Entwicklung der Kinder und treten als Bildungspartner auf. Im Kindergarten- und Schuljahr 2008/2009 wurde die Anzahl der Förderstunden auf einen Umfang von 240 Stunden erhöht. Die Gesamtstundenanzahl von 240 ist bis heute beständig und auch namengebend für das aktuelle Konzept des Vorkurses 240. Des Weiteren besteht seit Inkrafttreten des Bildungsfinanzierungsgesetzes im Jahr 2013 für alle Kinder mit zusätzlichem Förderbedarf im Deutschen die Möglichkeit, am Vorkurs Deutsch teilzunehmen. Dabei ist nicht entscheidend, ob Deutsch die Erst- oder Zweitsprache darstellt (vgl. Bayerisches Staatsministerium 2016a, 8; Kieferle 2016, 126).

2.2 Das aktuelle Vorkurskonzept

Das aktuelle Vorkursangebot erstreckt sich auf einen Gesamtzeitraum von eineinhalb Jahren und umfasst einen Umfang von insgesamt 240 Stunden. Die Förderstunden werden zu gleichen Teilen von den pädagogischen Fachkräften der Kindergärten und von den Grundschullehrkräften durchgeführt. Damit werden insgesamt 120 Stunden in den Kindertageseinrichtungen und 120 Stunden in der Grundschule realisiert. Im Kindergarten beginnt das Sprachförderangebot in der Mitte des vorletzten Kindergartenjahrs vor der Einschulung. Insgesamt finden im Zeitraum von Januar/Februar bis Juli 40 Förderstunden statt. Im letzten Kindergartenjahr wird die Sprachförderung gemeinsam mit der Grundschule durchgeführt. Im Kindergarten werden noch 80 und in der Grundschule 120 Förderstunden realisiert. Damit umfasst der Vorkurs im vorletzten Kindergartenjahr zwei und im letzten Kindergartenjahr fünf Wochenstunden. Der Vorkurs endet im Juli im letzten Kindergartenjahr, bevor die Kinder im September eingeschult werden. Der nachfolgenden Tabelle ist eine überblicksartige Zusammenstellung des aktuellen Vorkurskonzepts mit den jeweiligen Vorkursanteilen der Kindertageseinrichtungen und der Grundschulen zu entnehmen (vgl. Bayerisches Staatsministerium 2016a, 26ff).

Tab. 1: Zeitvorgaben für die Vorkursanteile von Kindertageseinrichtung und Grundschule (Bayerisches Staatsministerium 2016a, 29)

Für jeden Jahrgang:	VORKURSANTEIL KITA	VORKURSANTEIL GS
Gesamtumfang	120 Stunden à 45 Minuten	120 Stunden à 45 Minuten
Dauer	1,5 Jahre (40 + 80 Stunden)	1 Jahr (120 Stunden)
Vorkursbeginn	Mitte vorletztes Kindergartenjahr (Januar/Februar)	Beginn letztes Kindergartenjahr (September)
Vorkursende	Ende letztes Kindergartenjahr (Juli)	
Umfang pro Woche	2 Wochenstunden à 45 Minuten (90 Min./Woche – 20 Min./Tag)	3 Wochenstunden à 45 Minuten

2.3 Diagnostische und curriculare Grundlagen

Die diagnostische Grundlage für eine Vorkursempfehlung stellen in Bayern die Beobachtungsbögen SISMIK (Ulich & Mayr 2006) beziehungsweise SELDAK (Ulich & Mayr 2007) dar. *SISMIK* steht für **S**prachverhalten und **I**nteresse an **S**prache bei **Mi**grantenkindern in **K**indertageseinrichtungen und *SELDAK* für **S**prachentwicklung und **L**iteracy bei **d**eutschsprachig **a**ufwachsenden **K**indern. SISMIK wird bei Kindern herangezogen, deren Eltern beide nicht deutschsprachiger Herkunft sind und/oder die das Deutsche als Zweitsprache erwerben. SELDAK findet entsprechend seine Anwendung bei Kindern, die deutschsprachig aufwachsen. Die Kindergärten sind verpflichtet, bei allen Kindern im letzten Kindergartenjahr den sprachlichen Entwicklungsstand in der deutschen Sprache zu erfassen. Die Verwendung der Beobachtungsbögen SISMIK beziehungsweise SELDAK ist nach § 5 Abs. 2 und 3 AVBayKiBiG verbindlich vorgeschrieben:

> (2) ¹Der Sprachstand von Kindern, deren Eltern beide nichtdeutschsprachiger Herkunft sind, ist in der ersten Hälfte des vorletzten Kindergartenjahres anhand des zweiten Teils des Bogens „Sprachverhalten und Interesse an Sprache bei Migrantenkindern in Kindertageseinrichtungen (SISMIK) – Sprachliche Kompetenz im engeren Sinn (deutsch)" zu erheben. Die sprachliche Bildung und Förderung von Kindern, die nach dieser Sprachstandserhebung besonders förderbedürftig sind oder die zum Besuch eines Kindergartens mit integriertem Vorkurs verpflichtet wurden, ist in Zusammenarbeit mit der Grundschule auf der Grundlage der entsprechenden inhaltlichen Vorgaben „Vorkurs Deutsch lernen vor Schulbeginn" oder einer gleichermaßen geeigneten Sprachfördermaßnahme durchzuführen.

> (3) ¹Der Sprachstand von Kindern, bei denen zumindest ein Elternteil deutschsprachiger Herkunft ist, ist ab der ersten Hälfte des vorletzten Kindergartenjahres vor der Einschulung anhand des Beobachtungsbogens „Sprachentwicklung und Literacy bei deutschsprachig aufwachsenden Kindern (SELDAK)" zu erheben. Auf Grundlage der Beobachtung nach dieser Sprachstandserhebung wird entschieden, ob ein Kind besonders sprachförderbedürftig ist und die Teilnahme am Vorkurs Deutsch oder einer gleichermaßen geeigneten Sprachfördermaßnahme empfohlen wird. Der Bogen kann auch in Auszügen verwendet werden (Verordnung zur Ausführung des Bayerischen Kinderbildungs- und -betreuungsgesetzes 2005).

Wird ein Förderbedarf anhand von SISMIK oder SELDAK festgestellt, erhält das Kind eine Vorkursempfehlung und kann eine zusätzliche Unterstützung von insgesamt 240 Wochenstunden in der deutschen Sprache im Rahmen des Vorkurses beziehen (vgl. Bayerisches Staatsministerium 2016a, 13f). Für Kinder mit ermitteltem Förderbedarf besteht jedoch keine Verpflichtung, am Vorkursangebot teilzunehmen. Die Eltern sind die letzte Entscheidungsinstanz, ob das Kind das Sprachförderangebot wahrnimmt oder nicht (vgl. ebd., 19).

Die curriculare Grundlage des Vorkurses stellt der Bayerische Bildungs- und Erziehungsplan für Kinder in Tageseinrichtungen bis zur Einschulung (BayBEP; Bayerisches Staatsministerium 2016b) dar, weil sich das Vorkursangebot an Kinder vor der Einschulung richtet. Die Bayerischen Leitlinien für die Bildung und Erziehung von Kindern bis zum Ende der Grundschulzeit (BayBL) dient zur fachlichen Verständigung und zum konstruktiven Austausch der Kooperationspartner (vgl. ebd., 43).

---

1 Ein Förderbedarf ist gegeben, wenn ein festgelegter Summenwert unterschritten wird, der auf altersbezogenen Vergleichsnormen basiert.

3 Sprachliche Entwicklungsprozesse im letzten Kindergartenjahr – Eine Fallanalyse

Zunächst werden das methodische Vorgehen und das Setting der vorliegenden Studie beschrieben. Anschließend werden die Sprachdaten eines Jungen vorgestellt, der im Rahmen des Vorkurses zusätzliche Förderung im Deutschen erhält.

3.1 Das Diagnoseinstrument LiSe-DaZ

Im Folgenden soll das Diagnoseinstrument *LiSe-DaZ* (**Li**nguistische **S**prachstand**e**rhebung **D**eutsch **a**ls **Z**weitsprache), das von Petra Schulz und Rosemarie Tracy (2011) entwickelt wurde, in seinen Grundzügen dargestellt werden, da mit diesem Instrument die Sprachdaten generiert wurden, die im Gliederungspunkt 3.3 aufgezeigt und analysiert werden.[2]

LiSe-DaZ ist ein Diagnoseinstrument, welches speziell für die hier vorliegende Zielgruppe – Kinder, die das Deutsche als Zweitsprache erwerben – entwickelt wurde. Dabei stehen Kinder mit Deutsch als Zweitsprache im Alter von 3;00-7;11 Jahren und 0-71 Kontaktmonaten mit der deutschen Sprache im Fokus. Das Instrument verfolgt drei diagnostische Hauptzielsetzungen. Diese sind zum einen die Einschätzung des sprachlichen Entwicklungsstandes und zum anderen die Ableitung von konkreten Förderentscheidungen aus den Testergebnissen. Außerdem ermöglicht es die Überprüfung von Entwicklungsfortschritten durch Wiederholungsmessungen. Im vorliegenden Beitrag werden der zuerst und der zuletzt genannte Punkt fokussiert. Es handelt sich um eine Individualtestung. Das heißt, dass die Kinder in einer Einzelsituation durch einen Testleiter geprüft werden. Die Durchführung und Auswertung erfolgt standardisiert und dauert circa 60 Minuten pro Kind. LiSe-DaZ testet Sprachverständnis und Sprachproduktion in zentralen grammatischen Kategorien der deutschen Sprache. Im Bereich des Sprachverständnisses wird das Verstehen von Verbbedeutungen, von W-Fragen und der Negation fokussiert. Die zentralen Kategorien der Sprachproduktion sind die Satzklammer, die Subjekt-Verb-Kongruenz, unterschiedliche Wortklassen (Präpositionen, Fokuspartikeln, Voll-, Modal- und Hilfsverben sowie Konjunktionen) und der Kasus (vgl. Schulz & Tracy 2011, 16).

3.2 Setting

Die vorliegenden Sprachdaten wurden zu Beginn und am Ende des letzten Kindergartenjahres 2017/2018 erhoben (Oktober 2017 und Juli 2018). Insgesamt liegt eine Stichprobe von 40 Kindern vor, die alle im letzten Kindergartenjahr eine

---

[2] In der vorliegenden Studie wurde das Diagnoseinstrument LiSe-DaZ neben dem bayernweit verpflichtenden Beobachtungsbogen SISMIK (siehe Kapitel 2.3) herangezogen, da es eine detailliertere Sprachdatenanalyse ermöglicht.

zusätzliche Deutschförderung im Rahmen des Vorkurses 240 in Bayern erhalten. Für die qualitative Sprachdatenanalyse werden ausschließlich die Daten von Rasim herangezogen, der Türkisch als Erstsprache spricht. Zum ersten Testzeitpunkt steht Rasim[3] seit einem Jahr und zehn Monaten im regelmäßigen Kontakt zur deutschen Sprache (Kontaktzeit: 22 Monate; Alter: 5;4 Jahre).

3.3 Sprachdatenanalyse

Die Sprachdatenanalyse verfolgt folgendes Erkenntnisinteresse: Wie entwickelt sich der sprachliche Entwicklungsstand von Rasim im letzten Kindergartenjahr in den einzelnen rezeptiven und produktiven Kategorien? Um der skizzierten Zielstellung nachzugehen, soll eine vergleichende Fallanalyse durchgeführt werden, die eine qualitative Analyse und Interpretation der Sprachdaten ermöglicht. In diesem Zusammenhang werden zunächst produktive Fähigkeiten beleuchtet, anschließend steht das Sprachverständnis (Rezeption) im Fokus der Untersuchung.

3.3.1 Produktive Sprachfähigkeiten

Im sprachproduktiven Testteil finden die Kategorien Satzklammer, Subjekt-Verb-Kongruenz, unterschiedliche Wortklassen (Präpositionen, Fokuspartikeln, Voll-, Modal-, und Hilfsverben, Konjunktionen) sowie der Kasus Beachtung. Die Grundlage für die Untertests der Sprachproduktion stellt eine zusammenhängende Bildergeschichte dar, bei der Lise und ihre Freunde verschiedene Abenteuer im Park erleben. Insgesamt werden 26 Fragen gestellt, die das Kind dazu anregen, sprachliche Strukturen unterschiedlicher Komplexität zu produzieren. Es handelt sich dabei sowohl um direkte Fragen, die vom Kind beantworten werden sollen, als auch um Satzanfänge, die zu vervollständigen sind.
Nachfolgend sind zunächst die Sprachdaten überblicksartig zusammengestellt. In der linken Spalte ist die jeweilige Impulsfrage einzusehen, die von der Testleitung gestellt wird. In der mittleren und der rechten Spalte sind die sprachlichen Äußerungen Rasims zu beiden Messzeitpunkten (Oktober 2017 und Juli 2018) vergleichend gegenübergestellt.[4] Damit wird es möglich, Entwicklungstendenzen abzubilden. Die Sprachdaten wurden mit Hilfe eines Aufnahmegeräts erhoben und sind im Folgenden analog zur Zielstellung, der Analyse des sprachlichen Entwicklungsstands transkribiert worden.[5]

---

[3] Der Name des Kindes wurde aus datenschutzrechtlichen Gründen geändert.
[4] Die Gegenüberstellung beinhaltet ausschließlich die für die Auswertung notwendigen Impulsfragen. Die narrativen Elemente der Geschichte werden an dieser Stelle nicht aufgeführt.
[5] Entsprechend der Zielstellung wurde an dieser Stelle auf eine umfassende Transkription mit Zeitmarken verzichtet. Die Transkription ist leicht geglättet, sodass eine einfache Lesbarkeit gegeben ist.

Tab. 2: Gegenüberstellung der sprachlichen Äußerungen Rasims zu Beginn und am Ende des letzten Kindergartenjahres (Oktober 2017 und Juli 2018)

	Impulsfrage	Äußerung des Kindes – Okt. 2017	Äußerung des Kindes – Juli 2018
1.	Was muss Ibo Lise fragen?	/	Darf ich mal dein Rucksack schauen?
2.	Warum macht der Hund so ein trauriges Gesicht?	/	Weil er nicht raus kannte.
3.	Deshalb sagt Ibo zu Lise: Wir können den Hund NUR retten, …	/	… wenn er die Mülltonne umkippt.
4.	Und was macht Lise hier?	/	Haltet ihn
5.	Guck mal, was passiert auf diesem Bild?	/	Das Mädchen schießt den Ball, der Junge waffnet seine Fauste.
6.	Was will der denn?	Stopp	Damit sie nicht zu nah kommen.
7.	Was hat denn der Mann mit dem Baum gemacht?	Aufgeschneidet	Abgeschnitten
8.	Ibo sagt zu dem Hund: Du darfst NUR mitkommen, …	/	… wenn du nicht mehr wegrennst.
9.	Das Eichhörnchen sitzt …	Im Baum	In den – Auf dem Baum
10.	Die Enten sind …	Im Wasser	Den Wasser
11.	Der Hase sitzt …	Unten	In den Ball
12.	Die Karotte gibt sie wem?	In die Hase	Den Hasen
13.	Und für wen sind die Nüsse?	Für die Eichhörnchen	Für den Eichhörnchen
14.	Und wem hat sie das Brot gegeben?	Für die Enten	Von die Enten
15.	Warum wollen die zu Lise?	/	Weil er eine Nuss hat.
16.	Was fragt er Lise?	/	Wann bist du fertig?
17.	Was fragt sie die Jungen?	/	Darf ich mal dein Skateboard ausprobieren?
18.	Was fragen sie Lise?	/	Bist du schon einmal mit ein Skateboard gefahren?
19.	Und was macht der Hund?	Steht auf den Skateboard	Er liegt in den Skateboard.

20.	Was hat Lise mit dem Helm gemacht?	/	Sein Kopf hingetan
21.	Er sagt zu dem Jungen: Nein, SKATEboard fahren ...	... will ich nicht.	... ist nicht leicht.
22.	Was haben die Kinder jetzt gemacht?	Ein Ballon	Luftballons
23.	Und wen kannst du hier noch sehen?	Den Hund	Den Hund
24.	Warum läuft der Hund so dicht hinter dem kleinen Jungen her?	/	Weil er den Wurst sieht.
25.	Was, glaubst du, passiert jetzt gleich?	/	Der Luftballon wird platzen.
26.	Und was macht Lise?	/	Winkt

Die in Tabelle 2 aufgezeigte Gegenüberstellung der sprachlichen Äußerungen Rasims soll im Folgenden hinsichtlich des sprachlichen Entwicklungsstandes entsprechend der sprachproduktiven Kategorien Satzklammer, Subjekt-Verb-Kongruenz, Kasus und verschiedene Wortklassen analysiert und ausgewertet werden. Das Diagnoseinstrument LiSe-DaZ bezieht sich hinsichtlich der Kategorie Satzklammer auf das sogenannte topologische Satzmodell. Dieses Modell ermöglicht es, einzelne Elemente des Satzes unterschiedlichen Feldern zuzuordnen und orientiert sich insbesondere an der Stellung der Verben. Insgesamt werden in diesem Zusammenhang vier Entwicklungsstufen unterschieden: Wenn eine sprachliche Äußerung kein Verb enthält, wird sie der Entwicklungsstufe 0 zugeordnet. Dies ist beispielsweise unter 22. einzusehen (*Ein Ballon*). Die erste Stufe enthält einzelne verbbezogene Elemente wie Verb(partikeln) oder Partizipien (z.B. *aufgeschneidet* bzw. *abgeschnitten* unter 7.). Das Erreichen der zweiten Stufe impliziert die Zuordnung des verbalen Elements in die rechte Satzklammer, wie es bei Rasim unter 20. realisiert wird (*Sein Kopf hingetan*). Die Realisierung des Verbs in der linken Satzklammer ist ein charakteristisches Merkmal des deutschen Hauptsatzes und der dritten Entwicklungsstufe zuzuordnen (z.B. *Er liegt in den Skateboard* unter 19. oder *Der Luftballon wird platzen* unter 25.). Auch Fragesätze können der dritten Entwicklungsstufe zugeordnet werden. Beispielhaft sei an dieser Stelle auf 1. *Darf ich mal dein Rucksack schauen?* oder unter 18. *Bist du schon einmal mit ein Skateboard gefahren?* verwiesen. Die vierte Entwicklungsstufe ist durch eine Nebensatzkonstruktion charakterisiert, bei der eine Konjunktion die linke Satzklammer einnimmt und in der das Verb nach mindestens zwei weiteren Elementen in der rechten Satzklammer erscheint (z.B. unter 3. *... wenn er die Mülltonne um-*

kippt oder unter 24. *Weil er den Wurst sieht*). Insgesamt erzielt Rasim zum ersten Messzeitpunkt in der Subkategorie Satzklammer die Entwicklungsstufe eins, da auf den höheren Erwerbsstufen nicht mindestens drei Realisierungen vorhanden sind. Zum zweiten Testzeitpunkt, am Ende des Kindergartenjahres und damit auch am Ende des Vorkurs Deutsch, erreicht er die Entwicklungsstufe 4.

In der Kategorie Subjekt-Verb-Kongruenz werden alle Strukturen, die ein Subjekt und ein Verb enthalten daraufhin geprüft, ob das Subjekt und das Verb kongruieren. Dabei spielen weitere sprachliche Abweichungen im Satz keine Rolle. Für den ersten Messzeitpunkt wird diese Kategorie nicht ausgewertet, da in der Kategorie Satzklammer nicht mindestens die zweite Entwicklungsstufe erreicht wurde. Für den zweiten Testzeitpunkt können insgesamt 14 Strukturen identifiziert werden, die ein Subjekt und ein Verb enthalten. In keiner der Strukturen stimmt das Verb mit dem Subjekt nicht überein.

In der dritten Kategorie – verschiedene Wortklassen – finden Präpositionen, Fokuspartikeln, Konjunktionen sowie Voll-, Modal- und Hilfsverben Beachtung. Zu beiden Messzeitpunkten sind insgesamt je sechs Realisierungen in der Unterkategorie Präpositionen zu verzeichnen. Zum ersten Testzeitpunkt sind dies die Präpositionen *in/im, auf* und *für* (z.B. *im Baum* unter 9.; *Für die Enten* unter 14.; *Steht auf den Skateboard* unter 19). Für den zweiten Messzeitpunkt sind zusätzlich die Präpositionen *von* und *mit* sprachlich realisiert (unter 14. *Von die Enten* und unter 18. *Bist du schon einmal mit ein Skateboard gefahren?*). Damit liegt quantitativ die gleiche Anzahl an Präpositionen vor, qualitativ ist die Verwendung zum zweiten Testzeitpunk differenzierter, auch wenn noch nicht alle Präpositionen zielsprachlich korrekt realisiert werden. Hinsichtlich der Fokuspartikeln verwendet Rasim sowohl zum ersten als auch zum zweiten Messzeitpunkt das negierende Element *nicht*. In dieser Subkategorie sind vom ersten zum zweiten Testzeitpunkt insbesondere quantitative Unterschiede vorhanden. Während zum ersten Messzeitpunkt ausschließlich eine einzige Verwendung zu verzeichnen ist (unter 21. *... will ich nicht.*), sind es zum zweiten Testzeitpunkt insgesamt vier Realisierungen. Ein sehr großer Unterschied ist hinsichtlich der Verwendung von verschiedenen Verbformen vorhanden. Während zu Beginn des letzten Kindergartenjahrs in der Subkategorie Vollverben ausschließlich die Formen *stopp* und *steht* realisiert werden[6], ist am Ende des letzten Kindergartenjahres eine Formenvielfalt von vierzehn Vollverben zu verzeichnen (*schauen, umkippt, haltet, schießt, kommen, wegrennst, hat, bist, ausprobieren, liegt, ist, sieht, platzen, winkt*). Ähnliche Entwicklungstendenzen sind bei den Modal- und Hilfsverben festzustellen. Zum ersten Messzeitpunkt wird lediglich eine einzelne Äußerung realisiert (unter

---

6 Entsprechend der Angaben im Manual von LiSe-DaZ werden Partizipien (wie z.B. *aufgeschneidet* unter 7.) nicht in die Kategorie Vollverben aufgenommen. Dies wird dadurch begründet, dass Partizipien von Laien nicht vom adjektivischen Gebrauch zu unterscheiden sind (vgl. Schulz & Tracy 2011, 50).

21. *…will ich nicht.*). Für den zweiten Messzeitpunkt sind sechs Realisierungen vorhanden (z.B. unter 17. *Darf ich mal dein Skateboard ausprobieren?* und unter 25. *Der Luftballon wird platzen.*). Die vierte Unterkategorie der verschiedenen Wortklassen stellt der Kasus dar. Zum ersten Messzeitpunkt realisiert Rasim zwei korrekte Akkusativformen. Auf die Impulsfrage *Und für wen sind die Nüsse?* reagiert er mit *Für die Eichhörnchen* (unter 13.). Die Frage *Und wen kannst du hier noch sehen?* beantwortet er mit *Den Hund* (unter 23.). Ebenso sind für den Dativ zwei eindeutig korrekte sprachliche Äußerungen vorhanden. Auf den Impuls *Das Eichhörnchen sitzt…* reagiert er mit *… im Baum* (unter 9.). Ebenso bei *Die Enten sind…* antwortet er zielsprachlich korrekt mit einer Dativform *… im Wasser* (unter 10.). Die weiteren Äußerungen müssen als abweichend oder als andere Antwort klassifiziert werden. Zum zweiten Testzeitpunkt äußert er drei eindeutige Akkusativformen, auch wenn bei einer Realisierung der Artikel falsch markiert ist (unter 13. *Und für wen sind die Nüsse? – Für den Eichhörnchen*). Hinsichtlich der Dativmarkierung sind zwei korrekte Äußerungen zu verzeichnen. Auf den Impuls *Das Eichhörnchen sitzt…* reagiert Rasim mit *… auf dem Baum* und auf die Frage *Die Karotte gibt sie wem?* antwortet er mit *Den Hasen*.

Zusammenfassend kann für die produktiven Fähigkeiten festgehalten werden, dass Rasim im letzten Kindergartenjahr enorme Fortschritte im Spracherwerbsprozess durchläuft. Bereits auf den ersten Blick wird ersichtlich, dass Rasim zum zweiten Messzeitpunkt auf alle Fragen sprachlich reagiert. Dies ist zum ersten Testzeitpunkt bei weniger als fünfzig Prozent der Impulsfragen eingetroffen. Ein sehr großer Entwicklungsschritt ist hinsichtlich der Subkategorie Satzklammer zu verzeichnen.[7] Während Rasim zum ersten Testzeitpunkt die erste Entwicklungsstufe erreichte und damit im Vergleich zur Normstichprobe im untersten Bereich lag, erzielt er am Ende des letzten Kindergartenjahres die vierte und höchste Entwicklungsstufe, was impliziert, dass er besser als 39 % der Kinder in seiner Vergleichsgruppe abschneidet. Zum ersten Messzeitpunkt war der zweite Untertest – die Subjekt-Verb-Kongruenz – noch nicht auswertbar, da im Subtest Satzklammer nicht mindestens die zweite Erwerbsstufe erreicht wurde. Zum zweiten Testzeitpunkt produziert Rasim insgesamt vierzehn zielsprachlich korrekte Strukturen ohne Fehler, was ihm ein Abschneiden im obersten Viertel im Rahmen seiner Vergleichsgruppe beschert. Im Untertest Wortklassen erreichte Rasim zum ersten Messzeitpunkt für die Subkategorien Fokuspartikeln, Voll-, Modal- und Hilfsverben sowie Konjunktionen einen Prozentrang von unter zehn Prozent. Dies bedeutet, dass in den genannten Kategorien jeweils mindestens 90 Prozent der Vergleichsgruppe besser abschnitten. Eine Ausnahme stellte die Subkategorie Prä-

---

7 Die folgenden Angaben zur Vergleichsgruppe stammen aus dem beiliegenden Manual des Diagnoseinstruments LiSe-DaZ. Insgesamt liegt diesem eine Normstichprobe von 609 DaZ-Kindern im Alter von 3;0 bis 7;11 Jahren vor (vgl. Schulz & Tracy 2011, 85).

positionen dar. Hier befand sich Rasim im Mittelfeld (Prozentrang: 54,0). Zum zweiten Testzeitpunkt erreicht er in den Subkategorien Präpositionen, Fokuspartikeln, Voll-, Modal- und Hilfsverben einen tendenziell etwas unterdurchschnittlichen Wert (Prozentrang zwischen 24,2 bis 42,1). Ausschließlich bei der Subkategorie Konjunktionen erzielt er einen Prozentrang von 72,6 und ist damit besser, als rund dreiviertel seiner Vergleichsgruppe. Im letzten Untertest (Kasus) sind zu beiden Messzeitpunkten deutlich überdurchschnittliche Leistungen zu verzeichnen (1. Testzeitpunkt – Prozentrang: 86,4 und 2. Testzeitpunkt – Prozentrang: 72,6).

Insgesamt kann festgehalten werden, dass für die sprachproduktiven Fähigkeiten zum zweiten Messzeitpunkt, und damit am Ende des Vorkurses Deutsch, kein sprachbereichsumfassender Förderbedarf mehr vorliegt.

3.3.2 Rezeptive Sprachfähigkeiten

Im Bereich der rezeptiven Sprachfähigkeiten werden das Verstehen von Verbbedeutungen, von W-Fragen und von Negation fokussiert. Im ersten Untertest – dem Verstehen der Verbbedeutung – werden dem Kind Bildkarten vorgelegt. Bei der ersten Testaufgabe sieht das Kind beispielsweise zunächst eine verschlossene Dose. Die Testleitung skizziert die Situation, indem sie sagt: *Diese Frau hat eine Dose. Guck da ist ihre Hand, und hier ist die Dose. Und dann ...* Daraufhin wird der zweite Bildausschnitt aufgedeckt, der die selbe Dose geöffnet zeigt. Die Testfrage lautet: *Hat sie sie aufgemacht?*. Das Kind muss die Verbbedeutung von aufmachen entschlüsseln und die Situation sprachlich korrekt interpretieren. Insgesamt liegen bei diesem Untertest zwölf Aufgaben vor, die ähnlich konzipiert sind, wie die eben skizzierte Teilaufgabe. Rasim erzielt zum ersten Testzeitpunkt zehn von zwölf möglichen Punkten. Zum zweiten Messzeitpunkt interpretiert er alle Testfragen zielsprachlich korrekt.

Der zweite Untertest erfasst das Verstehen von W-Fragen. Dem Kind werden in diesem Testteil Fragen gestellt, die im Zusammenhang mit der zuvor gelesenen Bildergeschichte stehen. Während die Testfrage gestellt wird, sieht das Kind zusätzlich eine Bildkarte, die die entsprechende Situation zeigt. Beispielhaft sei an dieser Stelle die fünfte Testfrage dargestellt. Die Testleitung zeigt dem Kind die Bildkarte und sagt: *Ibo hilft dem Hund aus der Tonne. Er ist eingesperrt und kann nicht allein raus.* Anschließend stellt sie die Testfrage: *Wem hilft Ibo aus der Tonne?*. Das Kind muss nun die Testfrage beantworten. Insgesamt werden zehn Testfragen gestellt. Rasim beantwortet zum ersten Testzeitpunkt sechs Fragen korrekt, zum zweiten Messzeitpunkt erzielt er die volle Punktzahl.

Der letzte Subtest erfasst das Verstehen von Negation. Dem Kind werden Bildkarten vorgelegt, die eine bestimmte Situation abbilden. Beispielsweise zeigt die erste Testaufgabe ein Mädchen, das auf einer Schaukel sitzt und schaukelt. Die Testleitung sagt: *Guck mal, hier ist ein Mädchen und eine Schaukel.* Daraufhin gibt eine dem Test beiliegende Handpuppe den Impuls: *Das Mädchen schaukelt nicht.* Das Kind muss entsprechend der abgebildeten Situation auf der Bildkarte entscheiden, ob die Äußerung der Handpuppe zutrifft oder nicht. Rasim erzielt bei dieser Testaufgabe zu Beginn des letzten Kindergartenjahres sechs Punkte. Zum zweiten Messzeitpunkt fünf Punkte. Dieses Testergebnis zeigt auf den ersten Blick keine Verbesserung der Verstehensfähigkeiten von (nicht-)zutreffenden Negativen. Allerdings muss in diesem Zusammenhang beachtet werden, dass Rasim zum ersten Testzeitpunkt alle Aussagen verneint. Da es nur zwei mögliche Antworten gibt (ja bzw. nein), erzielt er durch diese Ratestrategie zu fünfzig Prozent richtige Antworten, die allerdings nicht auf seine sprachlichen Verstehenskompetenzen zurückzuführen sind, sondern auf einen Rateeffekt. Im zweiten Testdurchgang beantworte er die Impulse mit ja bzw. nein und löst die Aufgaben somit mit seinen rezeptiven Fähigkeiten.

Insgesamt kann festgehalten werden, dass Rasim auch hinsichtlich seiner rezeptiven Fähigkeiten große Fortschritte macht. Zum ersten Messzeitpunkt erreicht er im ersten Untertest – Verstehen von Verbbedeutung – den Prozentrang 24,2. Das bedeutet, dass 75,8 der Vergleichsgruppe ein besseres Testergebnis erzielt haben. Zum zweiten Messzeitpunkt verbessert sich Rasim. Er erreicht einen Prozentrang von 75,8, was impliziert, dass sich die Größenverhältnisse umgekehrt haben und anteilig nur noch 24,2 Prozent der Kinder der Vergleichsgruppe besser abschnitten. Ein ähnliches Ergebnis kann für die zweite Subkategorie – das Verstehen von W-Fragen – verzeichnet werden. Zu Beginn des letzten Kindergartenjahres befand sich Rasim auf dem Prozentrang von 21,2. Zum zweiten Messzeitpunkt erzielte er einen Prozentrang von 81,6. In der letzten Subkategorie – Verstehen von Negation – kann aufgrund der zuvor beschriebenen Vorgehensweise, wie Rasim die Aufgabe zum ersten Testzeitpunkt gelöst hat, kein direkter Vergleich der Ergebnisse der beiden Messzeitpunkte erfolgen. Trotzdem kann festgehalten werden, dass ihm diese Kategorie zu beiden Testzeitpunkten eindeutig die größten Schwierigkeiten bereitet. Mit einem Rohwert von fünf von möglichen zwölf Punkten erreicht er zum zweiten Testzeitpunkt einen T-Wert von 30 und einen Prozentrang von 2,3. Dies bedeutet, dass 97,7 der Kinder in seiner Vergleichsgruppe besser abgeschnitten haben. Der größte Förderbedarf ist damit auch kurz vor Schuleintritt in dieser Kategorie zu verzeichnen.

3.3.3 Teilhabemöglichkeiten im Anfangsunterricht der Grundschule

Aus den vorangegangenen Ausführungen geht hervor, dass sich sehr große Fortschritte in der sprachlichen Entwicklung von Rasim zeigen. Während anfänglich alle Teilbereiche als förderbedürftig eingestuft werden können, ist dieser Befund am Ende des letzten Kindergartenjahres ausschließlich für die Subkategorie Verstehen von Negation zu verzeichnen. Abschließend stellt sich die Frage, ob das pädagogische und bildungspolitische Ziel erreicht wurde, dass durch die entsprechenden Sprachfördermaßnahmen im Rahmen des Vorkurses Deutsch sprachlich anschlussfähige Kompetenzen aufgebaut wurden, die es Rasim ermöglichen, im Anfangsunterricht der Grundschule erfolgreich zu partizipieren. Um dieser Frage nach Chancenausgleich und Teilhabemöglichkeiten nachgehen zu können, werden alle Kinder der Stichprobe im Rahmen dieser Studie – darunter auch Rasim – in ihrer schriftsprachlichen Entwicklung bis zum Ende des ersten Schuljahres begleitet. Ergebnisse aus dem ersten Schuljahr liegen zu diesem Zeitpunkt noch nicht vor.

4 Implikationen für Didaktik und Förderung

Abschließend sollen aus den Ergebnissen der Fallanalyse Konsequenzen für organisatorische und didaktische Entscheidungen hinsichtlich der Sprachförderung und Diagnose im frühpädagogischen Bereich abgeleitet und zur Diskussion gestellt werden.

Die Förderung der deutschen Sprache wird als ein zentraler Aspekt im Hinblick auf Chancengerechtigkeit für Kinder mit Deutsch als Zeitsprache im deutschen Bildungssystem gewertet. Damit kommt der Erhebung des Sprachstands eine zentrale Rolle zu, denn aus den Ergebnissen können Aussagen über sprachliche Fähigkeiten und Förderbedarf abgeleitet werden. Das hier verwendete Diagnoseinstrument LiSe-DaZ stellt insgesamt eine gute Möglichkeit dar, um den sprachlichen Entwicklungsstand des Kindes im Deutschen sowohl im Bereich der rezeptiven als auch der produktiven Fähigkeiten zu erfassen.[8] Zu einem vergleichbaren Ergebnis kommen Uwe Neugebauer und Michael Becker-Mrotzeck (2013). In ihrer gleichnamigen Veröffentlichung untersuchen sie die Qualität von Sprachstandsverfahren im Elementarbereich. Das Diagnoseinstrument LiSe-DaZ erzielte in einem Vergleich von 21 Verfahren, die in Deutschland im frühpädagogischen Bereich zum Einsatz kommen, insgesamt den dritten Platz (vgl. Neugebauer & Becker-Mrotzeck 2013, 42).

Ebenso erwies sich im Rahmen der vorliegenden Untersuchung die organisatorischen und institutionellen Rahmenbedingungen als ausreichend gut, so dass Rasim seine sprachlichen Fähigkeiten entsprechend der vorausgegangenen Analyse ausbauen konnte. Im Folgenden werden deshalb die Bedingungen überblicksartig skizziert, um Anknüpfungspunkte für die Organisation und Durchführung

---

8 Nichtsdestotrotz muss an dieser Stelle erwähnt werden, dass es aufgrund des komplexen Untersuchungsgegenstandes Sprache nicht möglich ist, alle Facetten sprachlicher Kompetenz in einem Test zu erfassen. Außerdem können situative Faktoren, wie Müdigkeit oder andere Störfaktoren, die Testergebnisse verfälschen.

von Sprachfördermaßnahmen im Elementarbereich zu erhalten.[9] Es wird auf personenbezogene, institutionelle, methodische sowie didaktische Rahmenbedingungen eingegangen. Der Vorkursanteil im Kindergarten wird von zwei Erzieherinnen übernommen, die seit acht beziehungsweise zehn Jahren Erfahrung mit der Sprachförderung im Vorkurs Deutsch haben. Beide sprechen Kroatisch als Erstsprache und haben eine zusätzliche Ausbildung im Bereich Deutsch als Zweitsprache beziehungsweise eine Schulung zur interkulturellen Erzieherin besucht. Während eine der beiden einen Realschulabschluss und anschließend die Fachakademie für Sozialpädagogik absolviert hat, gibt die andere Erzieherin das Abitur und ein Studium als Bildungsabschlüsse an. Die Sprachförderlehrerin aus der Grundschule, die den zweiten Teil des Vorkurses übernimmt, gibt ebenfalls an, seit acht Jahren Erfahrung hinsichtlich der Sprachförderung in Vorkursen zu haben. Mit 55 Jahren ist sie deutlich älter als die beiden Erzieherinnen (34 und 37 Jahre). Die Grundschullehrerin spricht Deutsch als Muttersprache und hat keine zusätzliche Ausbildung im Bereich Deutsch als Zweitsprache. Sie gibt als Bildungsabschlüsse das Abitur und ein Hochschulstudium an. Hinsichtlich der institutionellen Rahmenbedingungen kann festgehalten werden, dass alle an der Förderung von Rasim beteiligten Personen das Zeitfenster von eineinhalb Jahren und den Gesamtförderumfang von 240 Wochenstunden als angemessen bewerten. Die Vorkursgruppe im Kindergarten kann mit vier Kindern als überdurchschnittlich klein gewertete werden. Die Gruppengröße des Vorkurses, welchen Rasim anteilig an der Grundschule besucht, beträgt zehn Kinder. Das Bayerische Staatsministerium gibt als Empfehlung eine Gruppengröße von 6-8 Kindern an (vgl. 2016a, 29). Die Kooperation zwischen dem Kindergarten und der Grundschule wird von allen drei beteiligten Personen als gelungen gewertet. Jedoch geben beide Erzieherinnen an, dass sie sich einen regelmäßigen und intensiveren Austausch mit der Vorkurslehrerin der Grundschule wünschen. Im Hinblick auf die methodische und didaktische Schwerpunktsetzung kann festgehalten werden, dass sich sowohl die Erzieherinnen als auch die Lehrerin am Lehrplan für die Grundschule im Allgemeinen und auch speziell am Lehrplan Deutsch als Zweitsprache orientieren. Den Bayerischen Bildungs- und Erziehungsplan (BayBEP) nutzen ausschließlich die Erzieherinnen als Orientierungsrahmen. Auch die Erstsprachen der Kinder beziehen ausschließlich die Erzieherinnen mit ein. Sie geben an, diese in Literacy-Projekten in den Vorkurs einfließen zu lassen. Abschließend sei noch erwähnt, dass alle drei Personen angeben, dass sie Weiter- und Fortbildungsmaßnahmen für vorkursdurchführende Personen als notwendig erachten und sie davon ausgehen, dass der Vorkurs einen eindeutigen Mehrwert für die deutschsprachige Entwicklung der Kinder darstellt sowie der Übergang von der Kindertageseinrichtung in die Grundschule erleichtert wird.

---

9 Die nachfolgend dargestellten Informationen und Aussagen wurden mittels einer Fragebogenerhebung elizitiert.

5 Fazit

Aus den vorangegangene Überlegungen lassen sich zentrale externale Einflussgrößen auf diagnostischer, personeller, institutioneller, methodischer und didaktischer Ebene allgemeiner Art für Sprachfördermaßnahmen im Elementarbereich ableiten. Dazu zählen die zur Verfügung stehenden Diagnoseverfahren, die Aus- und Fortbildungsangebote im Bereich Deutsch als Zweitsprache, die Erfahrung der beteiligten Personen im Sprachförderbereich, die Gruppengröße des Vorkurses, die Kooperation zwischen Kindertageseinrichtung und Grundschule, der zeitliche Rahmen sowie der Einbezug von Bildungs- und Lehrplänen. Diese Einflussgrößen sind maßgeblich mit daran beteiligt, wie sich die Kinder im Rahmen des Vorkurses Deutsch entwickeln. In diesem Bereich ist es notwendig, weitere Forschungsprojekte zu initiieren, um das pädagogische und bildungspolitische Ziel des Chancenausgleichs und die Partizipationsmöglichkeiten im Anfangsunterricht der Grundschule auch empirisch zu evaluieren.

Literaturverzeichnis

Bayerisches Gesetz zur Bildung, Erziehung und Betreuung von Kindern in Kindergärten, anderen Kindertageseinrichtungen und in Tagespflege (Bayerisches Kinderbildungs- und -betreuungsgesetz – BayKiBiG) vom 8. Juni 2005.

Bayerisches Staatsministerium für Arbeit und Soziales, Familie und Integration. Bayerisches Staatsministerium für Bildung und Kultus, Wissenschaft und Kunst (2014): Gemeinsam Verantwortung tragen. Bayerische Leitlinien für die Bildung und Erziehung von Kindern bis zum Ende der Grundschulzeit.

Bayerisches Staatsministerium für Arbeit und Soziales, Familie und Integration. Bayerisches Staatsministerium für Bildung und Kultus, Wissenschaft und Kunst (2016a): Vorkurs Deutsch 240 in Bayern. Eine Handreichung für die Praxis. Modul A Rechtlich-curriculare Grundlagen.

Bayerisches Staatsministerium für Arbeit und Soziales, Familie und Integration. Bayerisches Staatsministerium für Bildung und Kultus, Wissenschaft und Kunst (2016b): Der Bayerische Bildungs- und Erziehungsplan für Kinder in Tageseinrichtungen bis zur Einschulung. Berlin: Cornelsen Scriptor, 7. Auflage.

Kieferle, C. (2016): Vorkurs Deutsch 240 in Bayern. In: E. Inckemann & R. Sigel (Hrsg.): Diagnose und Förderung von bildungsbenachteiligten Kindern im Schriftspracherwerb. Theorien, Konzeptionen und Methoden für den schriftsprachlichen Anfangsunterricht in der 1. und 2. Jahrgangsstufe der Grundschule. Bad Heilbrunn: Julius Klinkhardt, 125–140.

Lengyel, D. (2012): Sprachstandsfeststellung bei mehrsprachigen Kindern im Elementarbereich. Expertise für das Projekt Weiterbildungsinitiative Frühpädagogische Fachkräfte (WiFF). München: Deutsches Jugendinstitut e.V.

Neugebauer, U. & Becker-Mrotzek, M. (2013): Die Qualität von Sprachstandsverfahren im Elementarbereich. Eine Analyse und Bewertung. Köln: Mercator-Institut für Sprachförderung und Deutsch als Zweitsprache.

Schulz, P. & Tracy, R. (2011): LiSe-DaZ. Linguistische Sprachstandserhebung – Deutsch als Zweitsprache. Göttingen u.a.: Hogrefe Verlag.

Ulich, M. & Mayr, T. (2006): sismik Sprachverhalten und Interesse an Sprache bei Migrantenkindern in Kindertageseinrichtungen. Freiburg im Breisgau: Herder Verlag.

Ulich, M. & Mayr, T. (2007): seldak Sprachentwicklung und Literacy bei deutschsprachig aufwachsenden Kindern. Freiburg im Breisgau: Herder Verlag.

Verordnung zur Ausführung des Bayerischen Kinderbildungs- und -betreuungsgesetzes (Kinderbildungsverordnung – AVBayKiBiG) vom 5. Dezember 2005.

Ina Schenker

Nach unten durchgereicht oder nach oben sozialisiert?

Zum professionellen Umgang mit Diversität von kindlichen Lebenslagen in Kindertageseinrichtungen

Der für die Überschrift des Artikels verwendete, etwas provokativ formulierte Satz von Ulrich Schneekloth (2011, 44) bringt treffend zum Ausdruck, welche Auswirkungen die soziale Herkunft auf den Start von Kindern in das Bildungssystem Deutschlands hat. Kindertageseinrichtungen, als erste organisierte pädagogische Institution im Leben eines Kindes, bilden die *Brücke* in das deutsche Bildungssystem. Durch die verschiedenen Lebenslagen der Familien, in denen die Kinder aufwachsen, eröffnen sich unterschiedliche Gestaltungsspielräume für Eltern, adäquate Bildungsinstitutionen für ihre Kinder zu wählen. Kinder aus prekären Lebenslagen haben aus sehr verschiedenen Ursachen heraus, schlechtere Startchancen, deren Auswirkungen sich wie ein roter Faden durch deren Alltag und den gesamten institutionellen Bildungsweg zieht und wie ein Teufelskreis oder eine Abwärtsspirale wirkt (Schneekloth 2011, 37).

Anliegen und Ziel dieses Beitrages soll sein, aus der Perspektive einer *Regelkindertageseinrichtung* heraus *alltagsintegrierte* Unterstützungsmöglichkeiten für Kinder aus schwierigen Lebenslagen aufzuzeigen. Auf das Beschreiben von Formen der Kooperation mit Familien, was unabdingbar bei diesem Thema ist, wird aus Platzgründen verzichtet.

Vier Schlüsselbegriffe ziehen sich als roter Faden durch die Inhalte des Artikels, *Wohlbefinden, Selbstbestimmung und Selbsttätigkeit* des Kindes auf der einen Seite und *Passung* der pädagogischen Angebote[1] und Kontextbedingungen auf der anderen.

1 Kinder in prekären Lebenslagen

Kinder von HARTZ IV-Empfängern, Menschen ohne Berufsausbildung, lebenslang mit sozialen und familiären Problemen belastet, alleinerziehende Mütter mit

---

1 Der Begriff „Angebot" ist im Sprachgebrauch von Kindertageseinrichtungen üblich. Zu hinterfragen ist, welcher Sinn damit gemeint ist: Angebot kann sein, dass die Kinder freiwillig entscheiden, ob sie z.B. beim Malen mitmachen oder nicht. Angebot kann auch die Bedeutung haben, dass aus einer pädagogisch-konstruktivistischen Perspektive heraus unsicher ist, wie das Kind die von den Pädagog*innen vermittelnden Inhalte aufnimmt. Im vorliegenden Artikel wird eher die zweite Intention favorisiert.

wenig Geld oder Kinder aus Migrantenfamilien können sich in prekären Lebenslagen befinden.
Merkmale prekärer Lebenslagen werden durch gesellschaftlich vorgegebene und gelebte Statusformen – meist denen der bürgerlichen Mitte bzw. der oberen Mittelschicht – durch das staatliche Rechts – und Bildungssystem sowie die damit verbundenen, auch gesellschaftlich anerkannten, gelebten Regeln und Normen bestimmt (vgl. http://www.bpb.de, Zugriff am 4.7.2018).

Konfliktfelder, welche Entwicklungsbeeinträchtigungen oder -risiken von Kindern zur Folge haben können, sind die Wohnsituation der Familie, deren ökonomische Lebenssituation, bedingt durch die (nicht vorhandene) Erwerbstätigkeit der Eltern, fehlende Beziehungen zu Erziehungs- und Sorgeberechtigten oder Peers, von der Alltagsgestaltung überforderte Eltern, ein kriminelles Wohnumfeld, das Wohlfühlen in pädagogischen Institutionen, dauerhaft vorhandene Entwicklungsbeeinträchtigungen, gesundheitliche Aspekte und physische, psychische, verbale und sexuelle Gewalt (vgl. Klemm 2011).

Das Leben in widrigen Aufwachsbedingungen, Stress durch Armut, eine niedrige Erziehungsqualität, Differenzen zu den in der Gesellschaft gelebten kulturellen Werten und andere psycho-soziale Belastungsfaktoren haben Auswirkungen auf die geistige und körperliche Entwicklung von Kindern (vgl. Fröhlich-Gildhoff & Rönnau- Böse 2004/2014).
Entwicklungsrisiken entstehen jedoch auch durch das häufig beschrieben Stadt-Land-Gefälle und die damit verbundenen Probleme die Familien haben, welche abseits der sozialen Ballungsräume leben.

Besonders in Großstädten kumulieren prekäre Lebenslagen. Bei näherem Betrachten von Stadtteilanalysen sind deutlich die unterschiedlichen Sozialstrukturen zu erkennen, die so „auf dem Land" nicht vorhanden sind.
Schon in der Anzahl der vorhandenen Kita zeigen sich erste *Selektionsmechanismen*: Im Gegensatz zum ländlichen Raum gibt es in Großstädten eine Fülle von Kindertageseinrichtungen, welche sich aufgrund des Subsidiaritätsprinzips in verschiedenen Trägerschaften befinden und sich qualitativ zu unterscheiden scheinen.

Eltern, besonders aus der Mittel- und Oberschicht, selektieren bewusst dadurch, dass sie sehr viel Energie darauf verwenden, die *passende* Kindertageseinrichtung, mit einem besonders hohen professionellen Standard, für ihr Kind auszuwählen. Das Ziel der Familien ist eine Einrichtung zu finden, welche die Bildung ihres Kindes bestmöglich unterstützt, um dessen schichtspezifische „Platzierung" in der Gesellschaft zu garantieren. Die Auswahl der „richtigen Betreuung" geschieht anhand der von den Trägern nach außen hin postulierten ethischen Vorstellungen, spezifischen (reform-)pädagogischen Ansätzen, deren praktische Umsetzung und die Qualifikationen und Qualität des pädagogischen Personals. Eltern aus den sog. Bildungsmilieus haben ein eher distanziertes Verhältnis zu kommunalen Kindertageseinrichtungen: Die Betreuung in einem familiären Netzwerk, durch Tagesmütter oder bei freien Trägern werden von ihnen als qualitativ hochwertiger und kindorientierter bewertet. Soziale Aspekte, wie Freunde der Familie bzw. die gleiche Schicht der Eltern in derselben Kita, scheinen häufig wichtiger zu sein, als die Infrastruktur bspw. schnelle Erreichbarkeit durch Wohnortnähe oder lange Öffnungszeiten (Sühnker 2003 zit. von Braches-Chyrek & Sühnker 2014, 55). Kinder aus Familien, welche sich in prekären[2] Lebenslagen befinden, besuchen häufiger die „KiTa im Wohngebiet", die, in denen es keine Anmelde- bzw. Warteliste gibt und von einer bestimmten Gruppe von Eltern nicht frequentiert wird (vgl. a.a.O.):

> „Bisher gilt jedoch, dass vorzugsweise diejenigen Kinder, die unter hohen materiellen und psychosozialen Risikobedingungen aufwachsen, die schlechteste Förderung erfahren, weil die vorhandene Angebotsstrukturen sie am wenigsten erreichen" (Mayr 2000 zit. von Merten 2011, 504).

Erschwerend kommt hinzu, dass durch den weiter oben beschriebenen Selektionsmechanismus in den Bildungsinstitutionen relativ homogene Gruppen entstehen dadurch, dass Kinder aus ähnlichen sozialen Schichten die Einrichtungen besuchen. So wird von Anfang an, bedingt durch die fehlende Heterogenität der Gruppe, das gegenseitige (Kennen)Lernen von unterschiedlichen Kulturen, Familienmodellen, Lebensstilen oder Freizeitaktivitäten erschwert oder sogar verhindert.

2 Kindertageseinrichtung als Brücke in das Bildungssystem

Kinder aus konfliktbehafteten oder schwierigen Lebensumständen können in der Kita lebenswichtige, positive Erfahrungen sammeln, die ihnen helfen, mit den Widrigkeiten ihrer eigenen Lebenssituation zu leben und zu lernen mit diesen umzugehen. Einige Signale aus der Resilienzforschung scheinen dies zu bestätigen (vgl. u.a. den Beitrag von Uta Hauck-Thum in diesem Band). Wird die prekäre Lebenssituation eines Kindes durch die Pädagog*innen erkannt und fachgerecht interpretiert, kann eine Kumulation verschiedener Risikofaktoren, welche zu erhöhter Vulnerabilität führen, gemildert, im günstigsten Fall sogar verhindert werden. Trotz seiner ggf. auftretenden Verhaltensschwierigkeiten wird das Kind

---

2 Die Autorin ist sich darüber im Klaren, dass dieser Begriff durchaus kontrovers benutzt und unter bestimmten Bedingungen auch partiell abgelehnt wird

durch die Erwachsenen emotional angenommen, adäquat unterstützt sowie seine persönlichen Schutzfaktoren identifiziert und gestärkt. Kindertageseinrichtungen können allerdings auch Orte sein, an denen genau dies nicht der Fall ist. Häufig verhalten sich Kinder, aufgrund ihrer Verstörung durch die widrigen Lebensumstände, individuell unterschiedlich:

> „Manche Kinder reagieren mit starkem Rückzug, sodass es für die Fachkräfte ganz schwer wird, diese zu erreichen. Andere sind aggressiv und halten dadurch die Mitarbeitenden der Kindertagesstätte auf Trab. Egal in welche Richtung, ob introvertierte oder extrovertierte Ausdrucksweisen, auf das damit verbundene herausfordernde Verhalten müssen die Kita-Mitarbeitenden professionell reagieren" (Pfreundner 2018, 22).

Obwohl sich Pädagog*innen aufgrund der kindlichen Verhaltensschwierigkeiten genervt oder erschöpft fühlen, der immerwährend auftretende Stress durch Provokationen zu Ärger, Hilflosigkeit, Überforderung bis hin zu aggressiven Reaktionen führen, darf es nicht zu einer Stigmatisierung der betreffenden Kinder in der Einrichtung kommen (vgl. Pfreundner 2018, 22). Direkte psychische Gewalt, in Form von Abwertung, Ablehnung, dem ständigen Ausüben von Kritik, Beschämen, Einschüchtern, Ausgrenzen oder Ignorieren, dürfen in pädagogischen Institutionen keinen Platz haben (vgl. König & Kölch 2018, 16).

Reagieren Pädagog*innen im Umgang mit Kindern aus widrigen Lebensumständen nicht angemessen professionell, so wird aus der Brücke in das Bildungssystem schnell eine Einbahnstraße.

2.1 Bildungsziele

Ein aktuelles pädagogisches Paradigma geht davon aus, dass jedes Kind ein positives Selbstkonzept hat, selbstbewusst ist und seine persönlichen Ressourcen kennt.

Ziel jeder pädagogischen Einrichtung muss es sein, Kinder bei der Entwicklung sog., im folgenden Text beschriebenen, Schlüsselkompetenzen zu unterstützen:
- *Soziale Fähigkeiten* wie Kommunikations- und Kooperationsfähigkeit, Durchsetzungsvermögen, Empathie, Zuverlässigkeit, Verantwortungsgefühl und -bewusstsein.
- *Methodenkompetenz* wie Problemlösefähigkeit, Kreativität, Lernbereitschaft, das Denken in Zusammenhängen, abstraktes und logisches Denken.
- *Personale Fähigkeiten* wie die individuelle Haltung zur Welt, zu sich selbst und gegenüber Anforderungen; Selbstvertrauen, Motivation, Flexibilität, Konzentrationsfähigkeit, Ausdauer, Selbständigkeit, Resilienz und Zuverlässigkeit.
- *Handlungskompetenz*, als Fähigkeit eines Menschen sich situativ angemessen zu verhalten, selbstbestimmt und eigenverantwortlich Probleme zu lösen, bestimmte Leistungen zu erbringen und mit anderen Menschen angemessen zu interagieren.

– *Medienkompetenz* als kindliche Fähigkeit, eigenverantwortlich und verantwortungsbewusst (digitale) Medien als sinnvolle Möglichkeit des Wissenserwerbs, der Kommunikation, der Dokumentation von Informationen und der individuellen Entspannung zu nutzen (vgl. Gisbert 2004; Fthenakis 2011 und Bertram 2011).

Kinder aus schwierigen Lebensverhältnissen sind grundsätzlich in der Lage, sich *selbstbestimmt* weiterzuentwickeln. Sie bilden ihre Fähigkeiten, die ihnen einerseits helfen sich aus *eigener Kraft* gegen *widrige Umstände* ihres Aufwachsens *zur Wehr zu setzen* und ihnen andererseits ermöglichen, ihre individuellen Entwicklungschancen zu ergreifen und als Staatsbürger ihre Rechte wahrzunehmen, eigenaktiv aus (vgl. Wiere 2017). Gleichzeitig muss aber ins Kalkül gesetzt werden, dass sich diese Prozesse in anderen Zeit- und Erfahrungsräumen vollziehen oder/und von lebensweltlichen Störfeldern begleitet sind (vgl. hier z.B. Brommer 2016, 90).

Die Betreuung in Kindertageseinrichtungen sorgt (im Idealfall) für *kindliches Wohlbefinden,* erkennbar an der Erfüllung der Grundbedürfnisse, an positiven Beziehungen zu Peers und den Betreuungspersonen, an Selbstbestimmung, Selbsttätigkeit und Selbststeuerung im Rahmen des individuellen Entwicklungsstandes. Durch reziproke Erzieher*in-Kind-Interaktionen werden die kindlichen Ressourcen durch adaptive Instruktion aktiviert. Pädagogische Fachkräfte richten ihr Augenmerk zudem darauf, medizinische und psychiatrische Symptome von *Missbrauch* zu erkennen und dafür zu sorgen, dass die Grenzen von Coping, Salutogene und Autopoiese nicht überschritten werden. Bei Formen von Vernachlässigung, sexuellem Missbrauch – allen Formen der Kindeswohlgefährdung – nehmen sie unverzüglich Kontakt mit kooperierenden Fachdiensten auf, welche dann adäquate Maßnahmen zum Schutz des betroffenen Kindes einleiten (vgl. Welter-Enderlin & Hildebrand 2012).

2.2 Professionelle Begleitung der Entwicklung kindlicher Schutzfaktoren

Kindertageseinrichtungen können Orte sein, an denen Kinder, trotz ihrer widrigen Lebensumstände, Kompetenzen erwerben, auf die sie vertrauen können, wenn es die Bewältigung des Alltags erfordert. *Resiliente Kinder* sind in der Lage, Krisen unter Rückgriff auf ihre persönlichen und sozial vermittelten Ressourcen und Fähigkeiten zu meistern und im besten Fall als Anlass für ihre Entwicklung nutzen zu können (vgl. Welter-Enderlin & Hildebrand 2012, 13). Resilienz ist dabei der ...

> „... Prozess, die Fähigkeit oder das Ergebnis erfolgreicher Adaption angesichts herausfordernder oder bedrohender Umstände im Sinne [psychischen] Wohlbefindens und/oder effektiver Austauschbeziehungen" (Masten u.a. 1990, zit. von Wustmann 2004, 19).

Auch die Fähigkeit, *widrige Lebensumstände auszuhalten,* sich an diese anzupassen, damit die primären Bindungsbeziehungen zu den Eltern erhalten bleiben, stellt eine Form von Resilienz dar. Einigen Kindern gelingt dies besser als anderen, da sie auf persönliche und sozial vermittelte Ressourcen zurückgreifen können (vgl. Welter-Enderlin & Hildebrand 2012, 13). Ein fröhliches, gewinnendes Temperament, sehr gute intellektuelle Fähigkeiten, Kreativität, spezielle Interessen und Begabungen, die Überzeugung, aus eigener Anstrengung heraus etwas leisten zu können, wirken als Schutzfaktoren. Die Fähigkeit der Selbststeuerung, erkennbar an Ziel- und Leistungsorientierung, die Kompetenz selbständig Probleme lösen zu können, als aktiver Gestalter einer Situation zu wirken, hohe Motivation und die Fähigkeit zur Selbstregulation sind weitere wichtige Einflussgrößen.

Die Kindertageseinrichtung kann ein Ort sein, an dem sich das Kind, bedingt durch seine hohen kommunikativen Fähigkeiten, als aktiver Gestalter in Situationen erleben kann. Kinder, die sich resilient zeigen sind in der Lage, Situationen realistisch einzuschätzen und aktivierend auf ihre Umwelt einzuwirken. Aufgrund der benannten Persönlichkeitseigenschaften, kombiniert mit Kreativität, sind diese Kinder attraktive und beliebte Spielpartner. Es gelingt ihnen leicht, Freundschaften zu Peers aufzubauen und zu halten (vgl. Fröhlich-Gildhoff & Rönnau-Böse 2014, 42). Die gut ausgebildete metakognitive Fähigkeit der Inhibition hilft Kindern, sich in Konfliktsituationen zu beherrschen, eigene Gefühle zu regulieren und beruhigend auf sich und die soziale Umgebung einzuwirken. Diese Kompetenz ist wichtig dafür, um das Entstehen und Lösen von Problemen in der Peergroup zu verhindern (vgl. Deffner 2018).

3 Die Bedeutung einer alltagsintegrierten Förderung

Die strukturellen Merkmale eines pädagogischen Ansatzes – als Gesamtorientierung für das professionelle Handeln in pädagogischen Institutionen – dienen im Folgenden als inhaltliche Strukturierungshilfe.

Jedem pädagogischen Ansatz liegt eine *spezifische Sichtweise auf Entwicklung und Lernen,* als Grundlage für das *didaktisch-methodische Handeln* zugrunde, welches das *Leitbild* für das *Rollenverhalten* der pädagogischen Fachkräfte bestimmt. Ein begründeter Zusammenhang zwischen *Ziel-, Inhalts- und Methodenentscheidungen* und die Empfehlung für die *organisatorisch-institutionelle* Gestaltung sind weitere bestimmende Momente (vgl. Jank & Meyer 2005).

3.1 Entwicklung und Lernen in der frühen Kindheit

Die so genannte „konstruktivistischen Wende in der Didaktik" (vgl. Neuß 2013) ist u.a. mit einem Paradigmenwechsel verbunden:

"Es bedeutet, dass einerseits akzeptiert wird, dass alle Lernenden unterschiedliche Voraussetzungen in ihren Lernprozess einbringen und individuell angepasste Förderungen, Hilfen, Herausforderungen benötigen; aber andererseits auch, dass alle Erzieherinnen und Erzieher und Lehrkräfte in der Heterogenität der Lerngruppe und den individuellen Bedürfnissen kein Risiko, sondern eine Chance erblicken, allen eine möglichst optimale Lernförderung zukommen zu lassen" (Reich 2018,30).

Übersetzt man dieses Zitat in didaktische Prinzipien für die Gestaltung des institutionellen Alltags, ist es *nicht* erforderlich, eine besondere Didaktik für Kinder in „prekären Lebenslagen" zu entwickeln. *Passende* entwicklungsfördernde Kontexte, gemeint als *soziale, räumlich-materielle und strukturelle Lebensbedingungen*, sind für *jedes* Kind und für die Kindergruppe zwingend nötig.

Aus dieser Grundhaltung heraus ist ein problemstabilisierendes Vorgehen dadurch, dass Kinder aus prekären Lebenslagen *separiert* betreut werden, keine strukturelle Alternative. Die Komplexität des Alltages einer pädagogischen Institution, erzeugt durch das Zusammenleben von Kindern und Erwachsenen außerhalb der Familie, ist für junge Kinder herausfordernd genug, sodass jedes Kind in der Zone der nächsten Entwicklung lernen kann, wenn der Kontext individuell passend gestaltet wird. Im Idealfall verfügen Kindertageseinrichtungen über multiprofessionelle Teams, mit Expert*innen, welche neben den Regelerzieher*innen den Alltag mit Kindern aktiv leben. Unter diesen Bedingungen findet Förderung *immer* statt, egal ob beim Essen oder im Garten.

Ein solches Konzept der *alltagsintegrierten Förderung* ist nicht neu. Schon Saporoshez (1975) postulierte, dass sich das Lernen in der frühen Kindheit im alltäglichen Leben vollzieht. Jeder Bereich, jede Tätigkeit in der Kita beinhaltet Lernmöglichkeiten, primär ist allerdings die dezente Beobachtung und Begleitung des kindlichen Spiels. Die aktuellen Diskurse zu Entwicklung und Lernen in der Pädagogik der frühen Kindheit, basieren auf den Theorien des Begründers der *sowjetischen kulturhistorischen Schule, Lew Wygotski*[3]. Er postulierte, dass die biologischen Anlagen, das Temperament des Kindes und die es umgebende Umwelt, Triebkräfte für die menschliche Entwicklung sind. In der Tätigkeit d.h., in *aktiver Auseinandersetzung* des Menschen mit seinen gesellschaftlich-sozialen, natürlichen, materiell-gegenständlichen und kulturell-geistigen Umweltbedingungen, findet Entwicklung statt. Die kindlichen Entwicklungsprozesse werden durch spezifische Tätigkeiten dominiert, im Kindergarten ist es Spielen und in der Schule Lernen. Lew Wygotski (1980) geht davon aus, dass durch das gemeinsame Tätigsein mit den Erwachsenen und unter deren Anleitung sich Kinder grundlegende gegenständliche Handlungen aneignen. Zunächst können sie diese Handlungen nur vollziehen, wenn ihnen der Erwachsene unmittelbar hilft und sich beteiligt:

---

3 Für dessen Namen werden in der Literatur mehrere Schreibweisen, Wygotski, Vygotski bzw. Vygotskji verwendet. Im Text wird die Version benutzt, welche die zitierten Autoren verwenden.

„Sobald jedoch die Jungen und Mädchen diese Handlungen beherrschen, beginnen sie sie selbständig auszuführen. [...] Der Erwachsene stellt dem Kind nicht nur die Dinge für sein Spiel zur Verfügung, sondern lehrt es auch, zu spielen und mit den Gegenständen umzugehen. In gewissem Sinne könnte man sagen, die gegenständlichen Handlungen des Kindes sei eine gemeinsame Handlung des Kindes und des Erwachsenen, in der der Erwachsene das dominierende Element ist" (Elkonin 1971, 11).

Jede Veränderung der Tätigkeit zieht ein für die Tätigkeit typisches didaktisches Vorgehen nach sich (vgl. Elkonin 1965/1980).
Wygotski sieht die Sprache als eine Mittlerfunktion für die geistige Entwicklung. In diesem Zusammenhang hat für ihn die Nachahmung, als einsichtige, auf das Verstehen beruhende geistige Operation, welche in Interaktion mit einem Erwachsenen stattfindet, eine hohe Bedeutung. Die geistige Fähigkeit der Nachahmung ist immer mit dem kognitiven Entwicklungsniveau des Kindes verbunden, d.h. Nachahmung ist nicht unbegrenzt möglich, sondern hängt immer vom Verlauf der geistigen Entwicklung ab. Aus diesem Grund müssen Bildungsanregungen/gezielte Förderungen den emotionalen Interessen und den Besonderheiten des kindlichen Denkens entsprechen (vgl. hier Brandes 2018).
Ausgehend von der Erkenntnis, dass Entwicklung immer ein diskontinuierlicher Prozess ist und nicht in Phasen bzw. Stufen verläuft, entwickelte Wygotski das Konzept der „Zone der nächsten Entwicklung", welches für Unterricht und die Gestaltung pädagogischer Prozesse eine fundamentale Bedeutung hat:

„Das Kind vermag durch Nachahmung, in kollektiver Tätigkeit, unter Anleitung Erwachsener viel mehr einsichtig zu leisten, als es selbständig tun könnte. Die Differenz zwischen dem Niveau, auf dem das Kind Aufgaben selbständig löst, macht die Zone der nächsten Entwicklung aus" (Wygotski 1987, 287ff zit. nach Brandes 2018, 44).

Folgerichtig müssen pädagogische Fachkräfte, damit ihre didaktischen Interventionen passend sind, d.h. das Lernen des Kindes zur Zone der nächsten Entwicklung hin, herausfordern und unterstützten, die Lebensumstände, die Entwicklung und das Temperament des Kindes genau kennen, um *adaptiv* inhaltlich und methodisch angemessen, im Alltag interagieren zu können.
Wiederholt wird in Auseinandersetzung mit dieser theoretischen Perspektive deutlich, dass Kinder aus sog. „prekären Lebenslagen" *keine besonderen Förderangebote* brauchen, vorausgesetzt, dass die didaktischen Prinzipien in der Kita Anwendung finden, welche sich aus Wygotskis Theorie der Zone der nächsten Entwicklung ergeben. Lehr-Lern-Interaktionen und selbstbestimmte Tätigkeiten halten sich in Balance. Einerseits führen die pädagogischen Fachkräfte die Interaktion, das Kind hat kaum Möglichkeiten zur eigenen Initiative. Ein Großteil der jungen Kinder liebt Input, wenn er a. *Sicherheit und Orientierung* bietet und b. an der oben

skizzierten Schwelle (Zone) der nächsten Entwicklung andockt. Andererseits übernehmen die Kinder die *Verantwortung* für ihr Lernen selbst, indem sie freiwillig und selbstbestimmt Tätigkeiten nachgehen.

Spiel, als Lebensform in der frühen Kindheit, birgt für Kinder aus *allen Lebenslagen* die Chance, sich in verschieden Rollen auszuprobieren und deren Andersartigkeit zu fühlen. Insbesondere Rollenspiele verkürzen, komprimieren, verallgemeinern die Beziehungen unter bzw. mit den Erwachsenen. Durch Spielen erkennen Kinder die Bedeutung der Rolle im „wahren" Leben.

„Das Spiel ist die Hauptform der Aktivität des Vorschulkindes – dabei trainiert es seine Kräfte, erweitert seine Orientierungstätigkeit, eignet es sich soziale Erfahrungen an, indem es Erscheinungen seiner Umwelt reproduziert und schöpferisch kombiniert" (Blonski, 1934, 109ff zit. nach Elkonin 1980, 210).

Besonders durch *teilnehmende Beobachtung* haben pädagogische Fachkräfte die Möglichkeit, die Zone der aktuellen Entwicklung zu analysieren: Sie bekommen eine Ahnung davon, wie Kinder ihre soziale, räumlich-materielle und strukturelle Umwelt erleben. Pädagog*innen sehen, in welchen Beziehungen Kinder untereinander stehen, welche Stellung sie in der Kindergruppe haben. Lew Wygotski (1980, 431) postuliert in diesem Zusammenhang:

„Spielen ist eine Quelle der Entwicklung und lässt die Zone der nächsten Entwicklung entstehen; es bewirkt Veränderung der Bedürfnisse und allgemeine Veränderungen des Bewusstseins" (Wygotski 1980, 431).

Die Komplexität des Spiels, das Schaffen der eingebildeten Situation, die damit verbundene Metakommunikation mit den anderen Spielpartnern, das stetige Überwachen der Umsetzung und adaptieren der Handlungen an das Sujet des Spiels, fordert von den Kindern das Tätigsein auf ihrem höchsten Entwicklungsniveau. Besonders im Rollenspiel ist sehr präzise zu beobachten, auf welchem Niveau Denken und Sprechen entwickelt sind (vgl. Wygotski 1980). Obwohl Wygotski in seinen Schriften zur Zone der nächsten Entwicklung immer nur Bezug auf die entwicklungsfördernden Interaktionen zwischen Erwachsenen und Kindern nimmt, sind seine Erkenntnisse durchaus auch auf die Interaktionen zwischen Peers übertragbar (vgl. Brandes 2008).

3.2 Stabile Beziehungen zwischen pädagogischen Fachkräften und Kindern

Erfahren Kinder Wertschätzung und Anerkennung durch pädagogische Fachkräfte und die Kindergruppe, fühlen sie sich durch das Vorhandensein stabiler Beziehungen emotional sicher und wohl, sodass die widrigen Lebensumstände gemildert und die vorhandenen kindlichen Ressourcen aktiviert und gestärkt werden können. Allerdings scheitert ohne positive Beziehung, d.h. ohne emotionale

Sicherheit, nahezu jede Bemühung, Entwicklung und Lernen zu aktivieren. Daher hat der Beziehungsaufbau zwischen Kindern (gerade jenen mit schwierigen Lebensumständen) und den sie betreuenden *fremden* Erwachsenen höchste Priorität und stellt selbstredend für *alle* Kinder eine wichtige Entwicklungsaufgabe dar. In der Zeit der Transition vom Elternhaus in die institutionelle Tagesbetreuung, wird das Bindungsverhalten des Kindes zu seinen Eltern maximal aktiviert. Kinder, welche mit einem hohen Bedürfnis nach (Bindungs)Beziehungen in die Kita kommen, haben die intuitive Hoffnung, dass Erzieher*innen zu sicherheitsgebenden Personen werden: Sicherheit ist dabei protektiver Faktor und Grundlage für emotionales Wohlbefinden und eine gesunde physische und psychische Entwicklung (vgl. Brisch 2007). Ungünstige, wenig entwicklungsfördernde Beziehungen zu den Erwachsenen und den Kindern der Kindergruppe, können zu einer erhöhten Vulnerabilität des Kindes führen. Besonders für Kinder aus widrigen Lebenslagen kann dies lebenslang schwerwiegende Folgen haben (vgl. Ahnert 2004, 263). Emotionale Sicherheit bildet die elementare Voraussetzung dafür, dass sich Kinder in der Institution öffnen, sich wohlfühlen, lernen können und sich auf dieser Basis Selbstwertgefühl und Selbstwirksamkeit herausbilden. Ein gelungener Beziehungsaufbau ist u.a. daran zu erkennen, dass das Kind exploriert, sich bei Pädagog*innen Unterstützung und Hilfe holt, sich trösten lässt, deren Nähe sucht, über längere Distanzen hinweg Blickkontakt hält und keinerlei Anzeichen von Angst, Stress, Aggressivität oder Rückzug zeigt (vgl. Ahnert 2004).
Sind die Erfahrungen von Schutz und Sicherheit fortwährend gekennzeichnet durch Feinfühligkeit, dialogische Sprache, prompter Wahrnehmung und korrekte Interpretation der Beziehungssignale, können sich die Beziehungserfahrungen ändern und sichere Erzieher*innen-Kind-Bindungen entstehen. Sichere Bindungen führen zu neuen Verhaltensweisen gegenüber anderen Kindern, wahrscheinlich auch verbunden mit mehr Anerkennung und Akzeptanz in der Kindergruppe (vgl. Brisch 2007). Aufgrund der Anzahl der zu betreuenden Kinder ist es für pädagogische Fachkräfte jedoch nahezu unmöglich, auf alle individuellen kindlichen Bedürfnisse prompt zu reagieren. Sie müssen eine Auswahl treffen, um die wichtigsten Bedürfnisse erkennen und befriedigen zu können. Ein emphatisches, gruppenbezogenes Erzieher*innenverhalten reicht für den überwiegenden Teil der Kinder aus, um konstitutiv für die Bindungssicherheit zu sein. Kinder in widrigen Aufwachsprozessen benötigen allerdings ein höheres Maß an Präsenz der Bezugserzieher*in, um in eine positive Beziehung/Bindung zu kommen. Für pädagogische Fachkräfte kann dies ein stetiger Balanceakt sein, zwischen den individuellen kindlichen Bedürfnissen, denen der Gruppe und den eigenen emotionalen, psychischen und physischen Herausforderungen (vgl. Ahnert 2004). Phänomene einer authentischen, professionellen Interaktion zeigen sich im Verstehen des Verhaltens des Kindes, auch wenn es aktuell durch Aggression, durch Stören von Spielgruppen, Verweigerung oder Zurückziehen zum Ausdruck kommt. Aus

ihrem methodischen Repertoire wählen die pädagogischen Fachkräfte in solchen Situationen diejenigen Unterstützungsmöglichkeiten, welche für die Herausforderung der individuellen Entwicklung passend sind.
Lernbegleitung durch wohlwollende Präsenz, Zuhören, freundliche Vermittlung in Spielgruppen oder das Anbieten von gemeinsamen Aktivitäten fördert den Beziehungsaufbau. Pädagog*innen, welche einen eher autoritativen Erziehungsstil leben, geben Kindern durch klare, überschaubare Anforderungen und das Verlangen nach Regeleinhaltung, Verlässlichkeit, Sicherheit und Orientierung. Wenn sie gleichzeitig Kinder als ernstzunehmende Gesprächspartner akzeptieren, räumen sie ihnen im Rahmen der gesetzten Grenzen Möglichkeiten zur Beteiligung und Selbstbestimmung ein (vgl. Liebenwein 2008). Aus einer grundsätzlich wertschätzenden, zugewandten, an den Interessen der Kinder orientierten Grundhaltung heraus, interagieren Erzieher*innen – wie mit einem Schieberegler – zwischen den verschiedenen Erziehungsstilen hin und her, bis sich bei allen Kindern (nicht nur denen aus widrigen Lebensumständen) das Gefühl des Verortetseins, von Schutz und Sicherheit solide herausgebildet hat (vgl. Lachner & Weckend & Zierer 2018).

3.3 Die Bedeutung von Peers für die kindliche Entwicklung

Peerkontakte sind in Kindertageseinrichtungen häufiger als der direkte Kind-Erzieher*in-Kontakt. Natürlicherweise bevorzugen Kinder Peers zum Spielen. Bedeutsam ist allerdings, ob es auffälligen Kindern überhaupt gelingt, beim Spielen mit anderen in Kontakt zu kommen. Besonders bei Kindern aus wenig entwicklungsfördernden Lebenslagen besteht die Gefahr, dass Erzieher*innen das Phänomen des Ausgeschlossenseins zwar bemerken, möglicherweise aber falsch deuten, indem sie das zunehmende aggressive Verhalten oder den Rückzug aus dem Gruppengeschehen einzelner Kinder als (zu) „frech" (häufig bei Jungen) oder (zu) „artig" (besonders bei Mädchen) rahmen. Quintessenz ist, dass es für pädagogische Fachkräfte in Ordnung ist, wenn die anderen Kinder nicht mit ihm/ihr spielen. Tragisch wird es allerdings, wenn die anderen Kinder der Gruppe unhinterfragt die Haltung der Erzieher*in zu dem einzelnen Kind übernehmen und damit den schon weiter oben beschriebenen Prozess der Stigmatisierung forcieren. Die schwierige Lebenslage, in der sich das Kind schon befindet, verschlimmert sich durch den Einrichtungsbesuch und behindert seine (positive) soziale Entwicklung gravierend (vgl. Wiere 2017).
Schon für Dreijährige sind Peers eine wichtige Entwicklungsressource, bereits in den ersten Phasen des Rollenspiels nutzen sie jede Möglichkeit sich kleine Geschichten auszudenken, diese im Spiel umzusetzen und in immer komplexer werdenden Spielhandlungen darüber zu kommunizieren. Sukzessive erschließen sie sich dadurch einen Zugang zu anderen, bis dahin unbekannten Alltagswelten. Spielend nehmen Kinder untereinander Einfluss auf die Entwicklung ihrer kognitiven, sozialen und emotionalen Fähigkeiten und somit auf ihre Identitätsentwick-

lung. Dafür sind symmetrische Beziehungen unabdingbar, da alle in der Situation Handelnden gleichberechtigt sind und selbstständig entscheiden können, wie, wodurch und mit welchen Absichten sie zur Interaktion beitragen möchten. Dies ist in asymmetrischen Beziehungen unmöglich, die mächtigere Person – meist der oder die Erwachsene – bestimmt die Handlung, hat klare Vorstellungen und Erwartungen an deren „richtige" Umsetzung (vgl. Youniss 1994). Durch das Spielen mit Anderen tauchen auch Kinder, welche in wenig feinfühligen Beziehungen leben, in andere Bedeutungswelten ein, sie lernen, die Bedürfnisse und Absichten anderer zu erkennen und Varianten auszuprobieren, wie man angemessen darauf reagieren kann. Kinder, welche zuhause Schutz und Sicherheit nicht erfahren, erlernen so die Fähigkeiten der Perspektivübernahme und Empathie, wenn sie sich in der Kindergruppe wohl, sicher und geborgen fühlen.
Brandes und Schneider-Andrich (2018, 64ff) beschreiben Peerkontexte in pädagogischen Institutionen als verlässlichen Schutzfaktor für Kinder:

> „Das was die Bindungsforschung bezogen auf Kind und Erwachsene als fundamentales Bedürfnis, als Motivsystem der Bindung identifiziert, spielt vermutlich altersübergreifend auch auf der Ebene der Beziehungen zu Gleichgestellten eine zentrale Rolle. […] Es spricht einiges dafür, dass schon im Kindesalter Bindungsbeziehungen zwischen den Peers eine wichtige Funktion neben den familialen Bindungen einnehmen. […] Hier liegt auch der Ursprung des für die Entwicklung des kindlichen Selbst notwendigen Gefühls der Zugehörigkeit. Dies entsteht durch das Ausdrücken von Gemeinsamkeiten, Kooperationen und gegenseitigem Umsorgen. Gemeinsamkeiten werden über die Imitation und die Bezugnahme auf Gleichheit ausgedrückt. Schon kleine Kinder (unter Dreijährige) gestalten so Zusammengehörigkeit" (vgl. Rayna 2001; Hännikäinen 2007 zit. von Brandes & Schneider-Andrich 2018, 66-67).

Kinder bilden schon relativ zeitig geschlechtstypische Peergroups mit entsprechenden Subkulturen aus und ziehen sich darin zurück. Die Beziehungen der Kinder in diesen Subgruppen sind von Vertrauen, Loyalität, Unterstützung und gegenseitiger Hilfe gekennzeichnet. Es ist durchaus möglich und auch wahrscheinlich, dass Jungen, welche aus mäßig stabilen Erziehungsverhältnissen kommen, ein weniger konventionelles, dafür aber attraktiv und originell Verhalten zeigen, welches Vorbild für Peers ist. Das Ansehen in der Gruppe steigt, indem sich diese Kinder trauen, Spielinhalte zu etablieren, welche Erwachsene häufig sanktionieren.
Ahnert (2004) geht in diesem Zusammenhang davon aus, dass das Verhalten der meist weiblichen pädagogischen Fachkräfte durch Geschlechtsstereotype geprägt ist und deren Interaktion mit Mädchen und Jungen demzufolge geschlechtsabhängig ist: Es scheint häufiger sichere Erzieher*innen-Mädchen-Beziehungen/ Bindungen zu geben, da das Erziehungsverhalten weiblich konnotiert ist. Mädchen sind „angenehm", sie weisen eher partnerschaftliche Strukturen auf, sind prosozial, empathisch ausgerichtet, gelten schon im Kleinkindalter als kommunikativer,

emotional besser reguliert und ausgeglichener. Mädchen, aus schwierigen Lebenslagen, erscheinen angepasster und fallen eher positiv als negativ auf. Die Interaktionsangebote „Beschäftigungen", welche von Erzieherinnen unterbreitet werden, scheinen eher an den Interessen der Mädchen orientiert zu sein. Malen, kleben, basteln reißen Jungen nicht so „vom Hocker", solche Tätigkeiten laufen ihrer (Geschlechts-)Identität zuwider und werden von ihnen eher negativ bewertet. Die Subkultur der Jungen entsteht im Rough- and Tumble-play: Durch Balgen, Krieg spielen, in sportlichen Wettkämpfen werden die Beliebtheit und die Hierarchien in der Gruppe immer neu ausgehandelt. Jungen sind aktiver, risikobereiter, aggressiver und emotional deutlich schwächer balanciert.

Jungengruppen gleiten häufig, auch wegen der Nichtbeachtung ihrer Interessen im Alltag der Kita, in Aggressivität ab. Besonders Jungen, welche in Familienstrukturen aufwachsen, die anregungsarm sind, wenig emotionale Sicherheit und kulturelle Orientierung bieten, haben aufgrund mangelnder Vorbilder nur eingeschränkte Chancen, die metakognitive Fähigkeit der Inhibition auszubilden (vgl. Ahnert 2010).

4 Didaktik der Förderung und Unterstützung des Lernens

Kindliches Lernen ist nicht an zeitlich begrenzte, erwachsenendominierte Angebote (Beschäftigungen) gebunden, sondern kann immer stattfinden, wenn Kinder – egal aus welchen Lebenslagen auch immer sie kommen – in sozialen, strukturellen und räumlich-materiellen Kontexten leben, welche passend im Sinne von lernanregend sind. [4]

4.1 Die Beobachtung des kindlichen Lernens

Qualitative Beobachtungen des Lernens der einzelnen Kinder, immer vor dem Hintergrund deren Verortung in der Kindergruppe, müssen durch Beobachtungskriterien validiert werden. Im Fokus der Beobachtungen stehen die Anlässe, warum ein Kind überhaupt lernt und welche Dissonanzen in der Lebensumwelt des Kindes den Prozess des Lernens auslösen. Beobachtungsschwerpunkte sind neben den Fähigkeiten des Kindes, seinem Wissen, seiner Motivation, seinem Engagement und seiner Kommunikationsfähigkeit, die Ausbildung der exekutiven Funktionen – Inhibition, kognitive Flexibilität und Arbeitsgedächtnis. Gleichzeitig sind die Phänomene des Lernens z.B. die Annäherung an neue bzw. un-

---

4 Grundlage für eine passende Gestaltung der pädagogischen Interaktionen ist die Beobachtung der Entwicklung und des Lernens der Kinder in Peer- bzw. Erwachsenen-Kind-Interaktionen. Verschiedene qualitative und quantitative Beobachtungsverfahren sind bspw. durch Viernickel & Völkel (2009) beschrieben und werden an dieser Stelle nicht noch einmal explizit dargestellt.

bekannte Lerngegenstände, die Umstrukturierung vorhandener Wissensbestände bspw. durch Lernen am Modell oder Experimentieren, in den Blick zu nehmen. Ein besonderes Augenmerk liegt in Beobachtungssituationen darauf, wie das Kind mit Herausforderungen umgeht, ob bzw. wann es Erwachsene oder andere Kinder um Hilfe bittet. Pädagog*innen reflektieren einerseits gemeinsam mit dem Kind/der Kindergruppe deren Lernprozesse. Andererseits finden Reflexionsgespräche im Team statt, um die Transparenz der pädagogischen Prozesse zu sichern und zu erhöhen, immer vor dem Hintergrund, die Lernumgebung der Kinder herausfordernd zu gestalten und stetig an deren Bedürfnisse anzupassen.

Ziel qualitativer Beobachtungen ist festzustellen, ob sich jedes einzelne Kind und die Kindergruppe in passenden Lernsettings befindet (vgl. Pallasch & Hameyer 2008; Leu et al. 2007).

4.2 Dialogisch entwickelte Interaktionsprozesse

König (2009, 141) beschreibt die Bedeutung dialogischer, reziproker Interaktionsprozesse – Adaptiver Instruktionen – gemeint als die Balance von Instruktion und Konstruktion wie folgt: Adaptive Instruktionen orientieren

> „... sich am Individuum und dessen Kompetenzen [...]. Lernprozesse sollen durch die Instruktion so angeregt und weiterentwickelt werden, dass das Individuum aktiv am Lernprozess beteiligt ist und Konstruktionsleistungen in Wechselwirkung mit dem Gegenüber aufgebaut werden" (König 2009, 137).

In pädagogischen Prozessen werden kindliche Lernprozesse herausgefordert, die Konstruktion von Wissen wird z.B. durch Cognitive Apprenticeship unterstützt und begleitet, Momente der symmetrischen Ko-Konstruktion unter Peers sind in Balance mit Momenten der Instruktion durch Erzieher*innen und wechseln sich ab. Ausgangspunkt des pädagogischen Handelns sind dabei die Interessen und das Denken der Kinder, welche in den Interaktionen Anregung und Weiterentwicklung erfährt (vgl. König 2009, 142). In adaptiven, *alltagsintegrierten* Instruktionen verbalisieren Fachkräfte die eigenen Handlungen und legen somit ihre Denkprozesse offen. Sie verknüpfen ihr Tun mit genauen und detaillierten Beschreibungen, aus dem Wissen heraus, dass die Verknüpfung dem Kind hilft, die Sprache zur Erleichterung seines Lernens zu nutzen. Neue Begriffe werden in Verbindung mit der entsprechenden Handlung oder unter Verwendung des jeweiligen Objekts eingeführt. Methodisch vielfältig überprüfen die Pädagog*innen, ob die Kinder neu eingeführten Begriffe richtig verstanden haben oder vorher geübte Vorgehensweisen selbst praktizieren bzw. in andere Tätigkeitsfelder übertragen können. Im Rahmen ihrer stetig zunehmenden Fähigkeiten können Kinder darüber sprechen, was sie gerade denken, planen und wie sie ein anstehendes Problem bzw. einen Konflikt lösen wollen.

Interagieren Kinder untereinander, hören die pädagogischen Fachkräfte zu und gewinnen somit Einsicht in die aktuellen Denkprozesse der Kinder. Die in diesen Situationen vorhandene Präsenz zeigt das Interesse der Fachkräfte am kindlichen Tun und wirkt für die gesamte Gruppe motivierend (vgl. Bodrova & Leon 1996).

4.3 Ziel-Inhalt-Methodenrelation

Pädagogische Ziele, Inhalte, Themen und Methoden stehen in einer permanenten Wechselbeziehung zueinander. Die Qualität des pädagogischen Prozesses in der Kindertageseinrichtung wird durch die Stimmigkeit der Ziel-, Inhalts- und Methodenentscheidungen für das einzelne Kind bzw. die Kindergruppe bestimmt (vgl. Jank &Meyer, 2005, 55).

Pädagogische (Erziehungs-)Ziele verfolgen konkrete Absichten, bieten Orientierung für die Arbeit der Erzieher*innen und sichern, dass das professionelle Handeln vorwiegend planvoll und nicht spontan, aus dem Bauch heraus geschieht. Die methodische und inhaltliche Umsetzung der Ziele sieht man im Tagesablauf selbst. Das, was in einer Kindertageseinrichtung erreicht werden soll bestimmt, wie der Alltag und das professionelle Handeln gestaltet werden. Ein zielorientiertes pädagogisches Vorgehen sichert, dass der Erfolg erzieherischen Handelns, die Zielerreichung, erkennbar und reflektierbar wird. Das Formulieren von Handlungszielen, und die Art und Weise, wie die Erziehungsziele erreicht werden können sind dabei wesentlich (vgl. Andres & Laewen 2007, 43ff).

Themen und Inhalte, welche der Alltag den Kindern in der Institution und in der Familie bietet, sind Gegenstand der inhaltlichen Auseinandersetzung. Die beobachteten Themen der Kinder werden genauso im pädagogischen Prozess aufgegriffen, wie die methodische Umsetzung der in den Bildungsplänen der Länder vorgegebenen Ziele. Effekt dieser alltagsintegrierten Förderung ist, dass Inhalte und Themen aller Kinder Berücksichtigung finden.

In einer kindorientierten Didaktik werden *Methoden* ausgewählt, die das eigenaktive und selbstbestimmte Lernen der Kinder entwicklungsangemessen unterstützen, begleiten und herausfordern. Diese dienen dazu, dass Denken und die Deutungen der Kinder zu Tage treten zu lassen und deren individuelle Sichtweisen zu erweitern und zu ergänzen. Die Interaktion zwischen Kindern und Erwachsenen sind auf einem „Kontinuum von starker Fremd- hin zu starker Selbstbestimmung des Lernens" angeordnet (Walter-Laager 2018, 236). Aktivitäten mit hoher bzw. relativ hoher Selbstbestimmung der Kinder (z.B. Spiel und an den Kindern orientierte Lernbegleitung), wechseln sich mit Phasen einer hohen Lenkung durch die Pädagog*innen ab. Interventionsmöglichkeiten sind methodisch vielfältig und didaktisch notwendig, damit sich z.B. das Spielen der Kinder immer auf einem entwicklungsfördernden Niveau befindet. Kinder, welche Unterstützungsbedarf *signalisieren*, sind bspw. daran zu erkennen, dass sie sich destruktiv gegenüber anderen Kindern und Materialien zeigen oder eher defensive Rollen einnehmen, indem sie Baby, Hund oder Katze spielen. Manche Kinder beteiligen sich immer nur an der Verwirklichung der Ideen anderer, ohne eigene Verantwortung für die Weiterentwicklung des Spielgeschehens (mit)tragen zu müssen. Greift man die oben beschriebene Idee des Kontinuums von Catherine Walter-Laager auf, so sind methodische Interventionen von der Beobachtung des Spiels bis hin zum direkten Eingreifen in das Spielgeschehen denkbar. Beobachtung, Beratung, Parallelspiel, direkte Instruktionen z.b. durch Zeigen oder Beobachtungsgänge, Spieltutoring oder Cognitive Apprenticeship sind variabel anwendbare Unterstützungsformen (vgl. Schenker 2018).

4.4 Gestaltung eines entwicklungsfördernden Kontextes

Kontexte, gemeint als die Gesamtheit der Lernumgebung eines Kindes, beinhalten neben dem sozialen, auch die strukturellen und räumlich-materiellen Bedingungen. Das sind, wie oben beschrieben, einerseits die familiale Situation der Familie, deren Schichtzugehörigkeit und deren Kultur, andererseits die konkreten Bedingungen in der pädagogischen Institution, die Einfluss auf die kindliche Entwicklung haben und sich gegenseitig beeinflussen bspw. die sozialen Beziehungen zu Peers und Erwachsenen, die Gruppenstruktur, die Raumgestaltung, das Materialangebot oder die Strukturierung der Abläufe. Auch an dieser Stelle gilt der Grundsatz, dass die Entwicklung des einzelnen Kindes und der Kindergruppe bestimmt, wie der Kontext gestaltet werden muss. Raum-, Zeit- und Materialangebote wandeln sich daher stetig und Gruppen- und Einrichtungsstrukturen müssen kontinuierlich hinterfragt und ggf. verändert werden.

In vielen Kindertageseinrichtungen Deutschlands ist der Ansatz der „Offenen Arbeit" weit verbreitet. Der Alltag wird entwicklungsfördernd gestaltet, indem räumliche Grenzen geöffnet, Gruppenstrukturen durchlässiger und Zeiten flexibler werden. Kinder sollen sich an der Gestaltung des Alltages, bis hin zu gemeinsamer Planung und Arbeitsteilung bei der Gestaltung von Eckpunkten – Essens- oder Ruhezeiten – aktiv beteiligen können (vgl. Regel & Kühne 2014, 81). Die Ansprüche an die Selbstbestimmungsfähigkeiten der Kinder sind hoch. Irritierte Kinder, welche über wenig innere Orientierung und Sicherheit verfügen, sind in diesem Konzept schnell überfordert. Meist finden sie zu keinem konzentrierten Spiel, toben herum, begeben sich in die Defensive bzw. ziehen sich zurück, ohne aktiv zu werden. Hier ist die „Offenheit im Kopf" der pädagogischen Fachkräfte gefragt, erkennbar daran, dass das oberste Prinzip ist, offen für die Individualität *aller* Kinder zu sein. Kinder, welche ein auffälliges Verhalten zeigen müssen, um wahrgenommen zu werden, benötigen solange die hohe Präsenz *einer* pädagogischen Fachkraft, bis eine positive Beziehung/Bindung aufgebaut ist. Erst dann, wenn sich das Kind selbst von der Bindungsperson löst, sich sicher und orientiert im Alltag zeigt, an den Tätigkeiten der anderen Kinder partizipiert, ausdauernd spielt oder konzentriert an anderen Tätigkeiten teilnimmt, kann es die Chancen, welche der Ansatz der Offenen Arbeit in sich birgt, nutzen.

5 Fazit

Beim Schreiben dieses Artikels stellte sich bei mir (ISch) (wiederholt) eine große Ratlosigkeit ein, verursacht durch die Frage, ob es in unserer Gesellschaft überhaupt ein Konstrukt von Chancengerechtigkeit in den jetzt bestehenden Bildungsstrukturen geben kann.

Bedingt durch die sehr früh im Leben eines Kindes wirkenden komplexen Selektionsmechanismen und die damit verbundenen unterschiedlichen Zugangsbedingungen in das deutsche Bildungssystem, haben Kinder aus wenig entwicklungsfördernden Lebensumständen geringere Chance, ihre angeborenen Ressourcen zu nutzen und zu entwickeln. Das verschärft sich, wenn das *Wohlbefinden* in der Gesellschaft durch Selektion, *Selbstbestimmung und Selbsttätigkeit* durch nicht passende soziale, strukturelle und räumlich materielle Kontextbedingungen z.B. in Kindertageseinrichtungen, reduziert wird.

Die gesellschaftliche, an der bürgerlichen Mitte orientierte Perspektive auf Bildung führt weiterhin dazu, dass vielen Kindern und ihren Familien die Anerkennung verwehrt wird, die sie durch ihren Beitrag am Funktionieren unserer Gesellschaft verdienen. Begriffe wie „bildungsferne Elternhäuser" oder „Elternarbeit", die nicht nur im Handlungsfeld kursieren, diskriminieren Eltern und damit auch deren Kinder. Der Begriff der „Betreuungseinrichtung" für Kindertageseinrichtungen als eine Bildungsinstitution, ist nach wie vor im SGB VIII gesetzlich fixiert und wird in Deutschland umgesetzt. Dementsprechend sind die Rahmenbedingungen gestaltet, welche sich deutlich von denen der Bildungsinstitution Schule unterscheiden. Nach wie vor haben pädagogische Fachkräfte schlechte Arbeitsbedingungen, angefangen beim viel zu hohen Betreuungsschlüssel bis hin zur fehlenden Vor- und Nachbereitungszeit oder dem viel zu geringen Gehalt. Kurzfristige Modellprojekte oder Handlungsprogramme bewirken wenig, da sie nicht zu einer dauerhaften Verbesserung der professionellen und strukturellen Qualität führen. Ein flexibel gestaltbares Bildungssystem, welches rasch an die sich verändernden strukturellen und qualitativen Rahmenbedingungen im Handlungsfeld angepasst werden kann, akademisch ausgebildete Pädagog*innen, multiprofessionelle Teams in den Einrichtungen und Politikerinnen und Politiker, welche Kindertageseinrichtungen als Bildungseinrichtung verstehen, erhöhen die Chancen auf eine qualitativ hochwertige Betreuung *aller* Kinder.

Literaturverzeichnis

Ahnert, L. (2004): Frühe Bindung. Entstehung und Entwicklung. München: Reinhardt.
Ahnert, L. (2010): Wieviel Mutter braucht ein Kind? Heidelberg. Berlin: Springer Spektrum.
Andresen, S. (2007): Was ist „private Kindheit". Perspektiven der Forschung. In: Wittmann, S. & Rauschenbach, Th. & Leu, H.R. (Hrsg.): Kinder in Deutschland. Eine Bilanz empirischer Studien. Weinheim. München: Juventa. 63–73.
Bayer, M. (2011): Das kompetente Kind. Anmerkungen zu einem Konstrukt aus soziologischer Sicht. In: Wittmann, S. & Rauschenbach, Th. & Leu, H.R. (Hrsg.): Kinder in Deutschland. Eine Bilanz empirischer Studien. Weinheim. München: Juventa. 219–233.
Beisenkamp, A. & Klöckner A. C. & Hallmann, S. (2011): Voraussetzungen für eine gute Kindheit. In: Wittmann, S. & Rauschenbach, Th. & Leu, H.R. (Hrsg.): Kinder in Deutschland. Eine Bilanz empirischer Studien. Weinheim. München: Juventa. 277–291.
Bertram, H. (2011): Ist Deutschland Mittelmaß für Kinder? Das Konzept „Child well-Beeing" und die Notwendigkeit mehrdimensionaler Beschreibung von Kindheit für die Betrachtung von Forschungsergebnissen zu „kindlichem Wohlbefinden" In: Wittmann, S. & Rauschenbach, Th. & Leu, H.R. (Hrsg.): Kinder in Deutschland. Eine Bilanz empirischer Studien. Weinheim. München: Juventa. 270–276.
Bodrova, E. & Leon, D.J. (1996): Tools of the mind. The Vygotskian Approach to Early Childhood Education. Pearson Education.
Braches-Chyrek, R. & Sühnker, H. (2014): Klassenstrategien und frühe Kindheit. In: Braches-Chyrek, R. & Röhner, Ch. & Sühnker, H. & Hopf, M. (Hrsg.): Handbuch Frühe Kindheit. Opladen. Berlin. Toronto: Verlag Barbara Budrich. S.53–62.
Brandes, H. & Schneider-Andrich, P. (2018): Peers ins Spiel bringen. In: Schenker, I. (Hrsg.): Didaktik in Kindertageseinrichtungen. Eine systemisch-konstruktivistische Perspektive. Weinheim. Basel: Beltz Juventa. 63–80.
Brisch, K.-H. (2007): FORUM: Internetzeitschrift des Landesverbandes für Kinder in Adoptiv- und Pflegefamilien S-H e.V. (KiAP) und der Arbeitsgemeinschaft für Sozialberatung und Psychotherapie (AGSP): Bindungsstörungen – Grundlagen, Diagnostik und Konsequenzen für das sozialpädagogische Handeln. http://www.agsp.de/html/a79.html (Zugriff am 16.10.2015)
Brommer, J. (2016). Der Fall Fares im theoretischen Modell. In: Brommer, J. & Trautmann, T. (2016). Transitionen am Einzelfall untersuchen – Die Welt im Tautropfen oder kasuistischer Ausreißer? In: Trautmann, Th. & Brommer, J. (Hrsg.): Transitionen exemplarisch. Schulanfang, Klassenstufensprung, Schulartwechsel am Einzelfall, Berlin: Logos Verlag 2016. 90–171
Büchner, P. (2007): Bildung im Kindesalter-eine Privatsache? Oder: Bildung von Anfang an – ein Anspruch ohne Realität. In: Wittmann, S. & Rauschenbach, Th. & Leu, H.R. (Hrsg.): Kinder in Deutschland. Eine Bilanz empirischer Studien. Weinheim. München: Juventa.79–81.
Deffner, C. (2018) Exekutive Funktionen – ein Spiel fürs Leben. In: Schenker, I. (Hrsg.): Didaktik in Kindertageseinrichtungen. Eine systemisch-konstruktivistische Perspektive. Weinheim. Basel: Beltz Juventa. 81–103.
Elkonin, D. B. (Hrsg.) (1980): Zur Psychologie der Persönlichkeit und Tätigkeit des Vorschulkindes. Berlin: Verlag Volk und Wissen. Fröhlich-Gildhoff, K.& Rönnau-Böse, M. (2014): Resilienz. 3. Auflage. München: Ernst Reinhardt GMBH & Co.KG.
Fthenakis, E. W. (2011): „Das kompetente Kind" Eine überfällige Debatte für die Elementarpädagogik. In: Wittmann, S. & Rauschenbach, Th. & Leu, H.R. (Hrsg.): Kinder in Deutschland. Eine Bilanz empirischer Studien. Weinheim. München: Juventa. 198–211.
Gisbert, K. (2005): Lernen-lernen. Lernmethodische Kompetenzen von Kindern in Kindertageseinrichtungen fördern. Weinheim. Basel: Beltz.
Hartkemeyer, M. & J. & F. Fremann Dhority. L. (2006): Miteinander Denken. Das Geheimnis des Dialogs. 4. Auflage. Stuttgart: Klett-Cotta.

Jank, W. & Meyer, H. (2005): Didaktische Modelle. Berlin: Cornelson Scriptor.
König, A. (2008): Interaktion als didaktisches Prinzip. Wiesbaden: VS Verlag für Sozialwissenschaften.
König, E. & Kölch, M. (2018): Gewalt hinterlässt Spuren. Gegen übergriffiges Verhalten von Fachkräften. In: TPS Spezial. Wo ist die unsichtbare Linie? Sonderheft. Stuttgart: Klett-Cotta. 16–19.
Lachner, Ch. & Weckend, D. & Zierer, K. (2018): „Visible Education". In: Schenker, I. (Hrsg.): Didaktik in Kindertageseinrichtungen. Eine systemisch-konstruktivistische Perspektive. Weinheim. Basel: Beltz Juventa. 162–183.
Largo, R. (2017): Das passende Leben. Was unsere Individualität ausmacht und wie wir sie leben können. Frankfurt am Main: S. Fischer Verlag GmbH.
Leu, H. R & Frankenstein, Y.& Flämig, K. & Koch, S. & Pack, I. (2007): Bildungs- und Lerngeschichten. Bildungsprozesse in der frühen Kindheit beobachten, dokumentieren und unterstützen. Berlin. Weimar: Verlag dasnetz.
Liebenwein, S. (2008): Erziehungsstile und soziale Milieus. Elterliche Erziehungsstile in milieuspezifischer Differenzierung. Wiesbaden: VS Verlag Sozialwissenschaften.
Neuß, N. (2013): Didaktik-Grundwissen für Kinderkrippen und Kindergärten. 3. Auflage. Berlin: Cornelsen.
Pallasch, W.& Hameyer, U. (2008). Lerncoaching. Theoretische Grundlagen und Praxisbeispiele zu einer didaktischen Herausforderung. Weinheim. München: Juventa.
Pfreundner, M. (2018): Provokationen und Aggressionen von Kindern. Kein Kind ist von Grund aus böse!" In: TPS Spezial: Wo ist die unsichtbare Linie? Sonderheft. Stuttgart: Klett Cotta. 22–25.
Regel, G. & Kühne, T. (2007/2014): Pädagogische Arbeit im Offenen Kindergarten. Freiburg im Preisgau: Herder.
Saporoshez, A.V. (1965/1975): Psychologie von Kindergärtnerinnen. 4. Auflage. Berlin: Volk und Wissen. Volkseigener Verlag.
Schneekloth, U. (2011): Kindheit als Schonraum? Befunde aus der World Vision Studie. In: Wittmann, S. & Rauschenbach, Th. & Leu, H.R. (Hrsg.): Kinder in Deutschland. Eine Bilanz empirischer Studien. Weinheim. München: Juventa. 37–48.
Schenker, I. (2018): Die didaktische Unterstützung des kindlichen Spielens durch pädagogische Fachkräfte. In: Schenker, I. (Hrsg.): Didaktik in Kindertageseinrichtungen. Eine systemisch-konstruktivistische Perspektive. Weinheim. Basel: Beltz Juventa. 250–268.
Siraj-Blatchford, I. & Moriarty, V. (2010). Pädagogische Wirksamkeit in der Früherziehung. In: Fthenakis, W. E. & Oberhuemer, P. (Hrsg.) (2010). Frühpädagogik international. Bildungsqualität im Blickpunkt. 2. Auflage. Wiesbaden: Verlag für Sozialwissenschaften. 87–104.
Viernickel, S. & Völkel, P. (2009): Beobachten und Dokumentieren im pädagogischen Alltag. 4. Auflage. Freiburg im Preisgau: Herder.
Voß, R. (2005): Unterricht aus konstruktivistischer Sicht. 2. Auflage. Weinheim. Basel: BELTZ.
Walter-Laager, C. (2018): Didaktik des Frühbereichs. Ein Balanceakt zwischen verschiedenen Möglichkeiten. In: Schenker, I. (Hrsg.): Didaktik in Kindertageseinrichtungen. Eine systemisch-konstruktivistische Perspektive. Weinheim. Basel: Beltz Juventa 232–249.
Welter-Enderlin, R. & Hildebrand, B. (Hrsg.) (2012): Resilienz – Gedeihen trotz widriger Umstände. Heidelberg: Carl-Auer Verlag GmbH.
Wiere, A. (2017): Kinder stärken. Ein Diskurs zur Resilienzförderung. In: Betrifft Kinder 05/2017. Berlin. Weimar: Verlag dasnetz GmbH.
Wustmann, C. (2004): Resilienz. Widerstandsfähigkeit von Kindern in Kindertageseinrichtungen fördern. Weinheim. Basel: Beltz.
Wygotski, L.S. (1980): Das Spiel und seine Bedeutung in der psychischen Entwicklung des Kindes. In: Elkonin, D. B. Psychologie des Spiels. Berlin: Verlag Volk und Wissen. 441–472.
Youniss, J. (1994): Soziale Konstruktionen und psychische Entwicklung. Frankfurt/Main: Suhrkamp.
Zander, M. (Hrsg.) (2011): Handbuch Resilienzförderung. Wiesbaden: VS-Verlag Sozialwissenschaften.

Unspezifizierte Quellen:
https://www.buergergesellschaft.de/praxishilfen/sozialraumorientierte-interkulturelle-arbeit/die-zu-grunde-liegende-forschung/der-begriff-der-bildungsferne/
https://www.dji.de/sonstige/medien-und-kommunikation-alt/wissen-a-z/wissen-a-zfamilien-in-prekaeren-lebenslagen/familien-in-prekaeren-lebenslagen.html

Nina Brück

Jahrgangsübergreifendes Lernen – Eine Möglichkeit zur Verbesserung der Chancengerechtigkeit in der Grundschule?

Eine angestrebte Chancengleichheit für alle Schülerinnen und Schüler stellt eines der zentralen Probleme des deutschen Bildungssystems (vgl. u.a. Faltermeier & Mund 2009). Den Lernerfolg und den damit einhergehenden Schulerfolg für alle Lernenden zu schaffen, ist und bleibt ein großes und schwieriges Unterfangen. Schülerinnen und Schüler haben mit Eintritt in die Institution Schule durch soziale, sozioökonomische und kulturelle Bedingungen alle unterschiedliche Eingangsvoraussetzungen, ausgehend vom Elternhaus. Um diesen entgegenzuwirken und möglichst gleiche Startbedingungen zu schaffen, hat die Implementierung der Ganztagsschulen in Folge der Chancengerechtigkeitsdebatte über die Ländergrenzen hinaus bereits begonnen (vgl. u.a. Nonte et al. 2014). Durch die kontinuierliche Ganztagsbeschulung, in der die gesamten schulischen Prozesse, wie z.B. Hausaufgaben, auch in der Institution bearbeitet werden, kann die eigenständige Arbeit zuhause entlastet und begrenzt werden. So haben alle Schülerinnen und Schüler einheitliche Möglichkeiten, in der Schule ihre Aufgaben mit dort vorhandenen Hilfestellungen und Materialien zu erledigen. Einhergehend mit der Debatte um die Chancengerechtigkeit wird das Prinzip der individuellen Förderung jedes einzelnen Kindes angestrebt, um somit die Kompetenzentwicklung der Individuen zu fördern. Dieses ist vor allem mit dem Perspektivwechsel einhergegangen, der das Verständnis von dem Versuch, eine möglichst homogene Klasse zu erstellen, hin zur Annahme der heterogenen Schülerschaft einer Klasse, mit sich gebracht hat (vgl. Götz 2017).

Dieser Beitrag soll eine Erweiterung der Strukturwandlung der Ganztagsschulen andenken. Durch die Umstrukturierung der Schulen zu Ganztagsschulen mit einer angepassten Unterrichtsstruktur in Jahrgangsklassen zu einer jahrgangsübergreifenden, ergibt sich womöglich ein erhöhter Beitrag zur Chancengerechtigkeit für die Schülerinnen und Schüler in der Grundschule.

Schulen sind durch unsere Gesellschaft erschaffene Institutionen, die einer stetigen Veränderung unterliegen, denn die Schülerinnen und Schüler als auch das Umfeld der Schule verändern sich und gestalten somit die Institution Schule mit (vgl. Rolff 2016, 115). Gründe für diese Veränderungen können gezielte Prozesse sein, die auf verschiedene Grundlagen zurückzuführen sind. Spezifische Veränderungen können zum einen aus der Schule selbst heraus (z.B. wenn Defizite erkannt werden) oder aus bildungspolitischer Sicht angestoßen werden (vgl. Bischof 2017,

30), dies wird bei der Debatte um die Chancengerechtigkeit angenommen. In den letzten Jahren hat sich der Ansatz „Educational Governance" in der Schulentwicklungsforschung etabliert. Bei diesem Ansatz wird der Begriff der „Steuerung" in den Mittelpunkt gestellt und die Einzelschule in einem eingebetteten System (in Bildungsverwaltung, Bildungspolitik etc.) betrachtet (vgl. Altrichter 2015, 21ff).

1 Jahrgangsübergreifendes Lernen – ein Konzeptfundus

Zunächst soll der Blick auf den Begriff „Jahrgangsübergreifendes Lernen" (JÜL) und die dabei gemeinten Konzepte hinter dem Begriff gerichtet werden. Allerdings ist es hierbei sehr schwierig eine einzelne Definition anzuführen, da es mehrere Formen des jahrgangsübergreifenden Lernens gibt. Bei der Durchsicht der Literatur lässt sich ein gemeinsamer Nenner von allen Definitionen folgendermaßen zusammenfassen: Eine Jahrgangsmischung besteht in dem Moment, in dem Schülerinnen und Schüler aus verschiedenen Altersgruppen in einer Klasse zusammengeführt werden (vgl. Carle & Metzen 2014). Diese durchaus weite Definition kommt aus mehreren Gründen zustande. Erstens passen viele Schulen das Konzept spezifisch auf ihre Bedingungen an. Variationen von diesem Konzept gibt es dazu vielerorts, angefangen von jahrgangsübergreifenden Gruppen in einer Projektwoche bis hin zu alltäglicher Jahrgangsmischung von den Klassenstufen 1-4. Als zweiter erschwerender Aspekt kommt hinzu, dass das Konzept der Jahrgangsmischung unter vielen verschiedenen Begriffen synonym verwendet wird. Hier zu nennen sind z.B. die Altersmischung, altersgemischtes Lernen, jahrgangsübergreifend unterrichten, Jahrgangsmischung uvm. (vgl. Hahn & Berthold 2010, 6). Daraus ergibt sich, dass unter der Überschrift „Jahrgangsübergreifend" mehrere Konzepte mit unterschiedlichen Ausprägungen angesiedelt sein können. Folgende Definitionen, die versuchen die Gesamtheit des Konzepts zu definieren, lassen sich finden: Birgit Gysin (2010) beschreibt nach ihrer Durchsicht der Literatur folgendes: „Kinder unterschiedlichen Alters werden zusammen unterrichtet". Dieses ähnelt der Definition von Carle und Metzen (2014) sehr, doch die Autorin gibt direkt zu denken, dass diese einfache Formulierung viel Raum für die praktische Umsetzung bietet und sich so viele verschiedene Facetten der Jahrgangsmischung im Schulsystem der Bundesrepublik Deutschland etabliert haben. Bei allen Definitionen beinhaltet die jahrgangsgemischte Klasse, dass die Zusammensetzung der Gruppe jedes Jahr verändert wird. Laging (2010) beschreibt, dass sich dadurch die „Qualität sozialer Beziehungen" (Laging 2010, 3) verändert. Er spricht davon, dass das Alter zu einer sozialen Größe werden und so ein „Selbsterziehungsprozess" in Gang gesetzt werden kann, welcher in einer Jahrgangsklasse nicht möglich ist. Die Rollen der Kinder werden so jedes Jahr neu verteilt. Dadurch ergibt sich, dass diese Rollen sich nicht wie in der Jahrgangsklasse über einen längeren Zeitpunkt manifestieren können. So können lernschwache Kinder im nächsten Schuljahr ihre Lernvorsprünge gegenüber den neuen/jüngeren Kindern beweisen und müssen nicht über den Verlauf der gesamten Grundschulzeit die Rolle des „Langsamen" einnehmen. Dieses gilt ebenfalls für die lernstarken Kinder; sie können ihren Lernstand mit anderen älteren Kindern messen und müssen dadurch nicht die Rolle des „Strebers" einnehmen (vgl. Hagstedt 2010, 36). Oder müssen sich immer wieder neu beweisen, weil das geglaubte „Können" möglicherweise herausgefordert wird.

Die Umsetzung des Konzepts ist auf der Ebene der einzelnen Klassenräume noch geprägt von sehr verschiedenen Ansätzen. Die Lehrerrolle sollte sich für eine gute Umsetzung von JÜL auch verändern, denn der Unterricht, den die Lehrerinnen und Lehrer in diesen Klassen planen und umsetzen müssen, ist aufgrund der erhöhten Heterogenität ein anderer. Hinz und Beutel (2010) beschreiben, dass JÜL für Lehrerinnen und Lehrer zur Folge hat, ihre didaktische Ausrichtung noch deutlich stärker auf die innere Differenzierung zu legen (Hinz & Beutel 2010, 105).

Die Vorteile die aus einem jahrgangsübergreifenden Klassenverband entstehen, sind vielschichtig. Ebenso ergeben sich aber auch Nachteile. Hierbei wird vor allem die Mehrbelastung für die Lehrpersonen immer deutlich hervorgehoben. In diesem kurzen Artikel sollen allerdings die Vorteile aufgezeigt werden, um die vorhandenen Ansatzpunkte für die Chancengerechtigkeit an Grundschulen zu verdeutlichen.[1]

Hahn und Berthold (2010) zeigen einige Aspekte auf, die in der JÜL-Klasse vorteilig betrachtet werden können. Der Fokus bei ihren zusammengefassten Aspekten liegt hauptaugenmerklich auf den Vorteilen für die Kinder. Als erstes implizieren sie, dass die Altersmischung in Klassen zur Emanzipation der Kinder beiträgt und somit für die Entwicklung der sozialen Kompetenz zentral ist. Ein weiterer Aspekt liegt darin, die Verdeutlichung der Heterogenität auch und vor allem für die Kinder hervorzuheben, sodass diese mit unterschiedlichen Kompetenzen akzeptiert werden und die heterogenen Kompetenzen für den Fachunterricht einen Gewinn bedeuten. Weitere Vorteile bestehen laut den Autorinnen darin, dass Expertisen von Experten- und Ämtersystemen aufgrund von Interessen und Expertisen der Kinder verteilt werden und nicht nach dem Alter. Und zu guter Letzt bedenken die Autorinnen die Individualisierungschancen jedes einzelnen Schüler*innen. Das Niveau und die Lernanforderungen können (müssen) auf jeden individuellen Entwicklungsstand angepasst werden (vgl. Hahn & Berthold 2010, 8). Die Zusammenfassung dieser Aspekte ergibt folgendes: „Die Potenziale der Altersmischung liegen insbesondere für fachbezogene Lernprozesse darin, in der Auseinandersetzung mit anderen Kindern – älteren, jüngeren, mehr wissen-

---

1 Für eine detaillierte Beschreibung und Abwägung von Vor- und Nachteilen des Jahrgangübergreifenden Lernens wird an dieser Stelle auf die Autoren Haag & Streber (2014) verwiesen.

den, neugierigen, zögernden etc. – zu lernen und zugleich einem eigenen Lernrhythmus folgen zu können" (Hahn & Berthold 2010, 8).
Eine Zusammenfassung von konkret beobachteten Vorteilen des JÜL-Konzepts stellen Köhler und Krammling-Jöhrens (2009) zusammen. Sie fassen in ihrem Bericht über die Glocksee Schule folgende Vorteile von JÜL zusammen, die auf Grundlage der Beobachtungen von Lehrpersonen zusammengefasst wurden:
– Eine altersgemischte Lerngruppe macht den Blick frei für die Verschiedenheit des Einzelnen. Das fördert die Individualisierung des Lernens – sozial und kognitiv.
– Die Möglichkeit der Kinder, ihr individuelles Maß und Tempo beim Lernen zu finden und sich zu gestatten, ist größer. Jüngere können mit Älteren schon etwas „vorweg lernen", wie umgekehrt zusammen mit Jüngeren etwas nachgeholt werden kann – und das, ohne aus dem Rahmen der Klasse zu geraten.
– Jedes Jahr findet eine Veränderung der Gruppenzusammensetzung statt, doch mit den Gleichaltrigen bleibt man zehn Jahre lang zusammen. Es gibt beides: Kontinuität und Chancen für Rollenwechsel.
– Bei Altersmischung ergeben sich, auch in einer einzügigen Schule parallele Klassen, die gemeinsame Vorbereitung und Reflexion von Erfahrungen der Lehrer ermöglichen und verstärken können (Köhler & Krammling-Jöhrens 2009, 94f).

Der Aspekt, dass die Heterogenität in JÜL Klassen betont wird, wird noch einmal von der Klassenlehrerin einer JÜL Klasse unterstrichen. Magdalena Haug (2014) fasst ihre Sichtweise der Vorteile so zusammen: „Jahrgangsübergreifende Klassen fördern den Umgang mit Heterogenität. Wir Lehrerinnen können uns dort nicht mehr in Gleichschritten bewegen. Jahrgangsübergreifende Klassen öffnen die Lernmöglichkeiten, sie begrenzen nicht" (Haug 2014, 101). Wenn der jahrgangsübergreifende Unterricht sich darauf beruft, alle Kinder in ihrer Heterogenität, aber auch in der Gemeinschaft zusammenzuführen, kann dieses Konzept ebenfalls einen effektiven inklusiven Unterricht darstellen (vgl. Sonntag 2012).
In ihrer Studie interviewen die Autorinnen Kucharz und Wagener (2013) sechs Klassenlehrerinnen jahrgangsübergreifender Klassen. Eine Frage lautete: Welche Chancen sehen Sie im jahrgangsgemischten Unterricht? Hierbei nannten alle Lehrerinnen die „Chancen für schwache Schüler" als einen Aspekt. Somit ist dieser Aspekt in der Studie von Kucharz und Wagener der am häufigsten erwähnte. Die Chancen betiteln die Lehrerinnen als die Stärkung des Selbstbewusstseins, ebenso wie die individuelle Förderung. Am zweithäufigsten wurde das „gegenseitige Helfen" von den interviewten Lehrerinnen genannt. Am dritthäufigsten wurde der Aspekt „Förderung für leistungsstärkere Kinder" genannt. Von drei Lehrerinnen wurden zusätzlich noch die Aspekte „individuelles und selbständiges Lernen" und „größere Lernfreude" genannt (vgl. Kucharz & Wagener 2013, 129). Außerdem

wurden die Lehrerinnen gefragt, ob sie das Konzept JÜL weiterempfehlen würden. Diese Frage beantworteten alle Befragten mit ja. Bei der Begründung wurden unterschiedliche Gründe aufgeführt, die einen unterschiedlichen Fokus aufweisen (auf die Kinder bezogen oder auf die eigene Rolle der Lehrperson). Zusammenfassend stellen die Autorinnen fest, dass die interviewten Lehrerinnen den Vorteil für die Kinder vor allem in sozialen und kognitiven Gebieten im JÜL-Unterricht sahen.

Susanne Thurn (2010) zeigt ebenfalls auf, dass durch das jahrgangsübergreifende Lernen und die damit einhergehende individuelle Förderung aller Schülerinnen und Schüler die Wiederholung (das „Sitzenbleiben") einer Klasse für lernschwächere Kinder wegfällt. Dieses sieht sie bezogen auf die gesamte Schulzeit als deutlichen Vorteil. So könnte die demotivierende und zusätzlich teure Prozedur des „Sitzenbleibens" abgeschafft werden. Ebenso könnten sich die Kinder beim Schulanfang in der Schuleingangsphase der ersten zwei Jahre bei der Transition vom Kindergarten individuell den Entwicklungs- und Lernvoraussetzungen anpassen (vgl. Thurn 2010, 30). Die Kinder könnten in der Schuleingangsphase wie geplant zwei Jahre bleiben oder diese beschleunigen oder verlangsamen.

Nicht nur gezielte Förderung aller Kinder, auch die Individualisierung der Lernziele ist eine Forderung der Kultusminister der gesamten Bundesrepublik an die Schulen, welche in den Bildungsplänen der einzelnen Länder schon lange Einzug gehalten hat. Diese Forderung gilt für Jahrgangsklassen wie auch für jahrgangsübergreifende Klassen. In einer jahrgangsübergreifenden Klasse müssen diese Vorgaben nicht neu eingeführt werden, denn hier sind diese Aufgaben implizit und explizit schon immer konzeptspezifisch mitgedacht. Gleiche Leistungsanforderungen an die gesamte Lerngruppe sind hier durch die Altersunterschiede per se nicht möglich.

2 Jahrgangsübergreifendes Lernen in der Praxis

Die Jahrgangsübergreifenden Konzepte variieren stark in der Praxis. Deshalb wurde eine Forschung konzipiert, in der eine spezifische JÜL-Klasse begleitet wurde. Hierbei wurden die internen Prozesse dieser Schulklasse deutlich. Das Forschungsvorhaben wurde folgendermaßen konzipiert:

In einer ethnographisch angelegten qualitativen Studie wurde eine JÜL Klasse mit der Jahrgangsmischung von Klasse 1–4 untersucht. In einem triangulierten Forschungsvorhaben wurde eine Schulklasse als Stichprobe ausgewählt. Die teilnehmende Beobachtung bildet das Grundgerüst einer kontinuierlichen ethnographischen Forschung. Die zugrundeliegende Untersuchung (vgl. Brück 2018) erstreckte sich über den Zeitraum von April 2015 bis Ende Januar 2017. Die Forschungsschule ist eine staatlich anerkannte Grundschule für Kinder im Alter von fünf bis elf Jahren. Die Lerngruppen umfassen bis ca. 23 Kinder und sind jahrgangsübergreifend zusammengesetzt, wobei die Jahrgangsmischung aus den Jahrgängen 1–4 besteht. Die Lerngruppen werden von mehreren Erwachsenen betreut, wobei immer ein Klassenlehrerteam und eine Erzieherin für eine Klasse verantwortlich sind. Zweimal wöchentlich wurde die Forschungsklasse in diesem Zeitraum besucht. Die Interviews mit den Viertklässlern des Jahrgangs 2015/2016 wurden im Mai und Juni 2016 geführt. Mit der Lerngruppe 2016/2017 wurden die Interviews im Zeitraum November/Dezember 2016 geführt. Die Interviews mit den Erstklässlern dieser Lerngruppe wurden erst im Januar 2017 geführt, damit diese Schülerinnen und Schüler viel Zeit zum Kennenlernen und zum Eingewöhnen in die Lerngruppe bekamen, um in den Interviews über die Gruppe reflektieren zu können.

2.1 Kindliche Selbsthilfe – das Patensystem

In der Klassengemeinschaft wird ein Patensystem praktiziert. Wenn am Anfang des Schuljahres neue Erstklässler in die Klasse kommen, können die älteren Schülerinnen und Schüler sich entscheiden, ob sie ein Pate oder Patin (Die Kinder sprechen meist von Patenonkel oder Patentante) eines neuen Erstklässlers oder einer Erstklässlerin werden wollen. In den Beobachtungen wurde deutlich, dass das Patensystem große Bedeutung für den Schulalltag hat und die Schülerinnen und Schüler ihre Rollen als Patenonkel und -tante sehr ernst nehmen. Am Anfang des Schuljahres haben die Paten die Aufgabe, die neuen Erstklässler in der Schule rumzuführen und ihnen zu zeigen, wo alles ist. Die Patenkinder sollen gezielt bei eventuellen Ortswechseln (Sporthalle, Mathewerkstatt, Kunst- und Werkraum) mitgenommen werden. Die Sitzordnung wird am Anfang des neuen Schuljahrs so gewählt, dass die Patenkinder mit den Paten an einem Gruppentisch sitzen. So haben sie die Möglichkeit, ihnen im Unterricht zu helfen. Auch im Schulalltag werden die Kinder u.a. von der Lehrperson immer wieder darauf hingewiesen, dass sie ihre Patenkinder unterstützen sollen. Im nächsten Beobachtungsabschnitt wird deutlich, dass die Patenonkel und -tanten ihren Patenkindern bei organisatorischen Aufgaben helfen sollen.

Kunstunterricht:
Kinder ziehen Kittel an.
Die Oberhemden müssen auf dem Rücken zugeknöpft werden. Die Patenpaare sollen sich gegenseitig helfen. Dann sitzen die Patenpaare jeweils zusammen am Tisch.
(Beobachtungstagebuch)

Die älteren Schülerinnen und Schüler sollen den jüngeren zeigen, wie die „Kittel" im Kunstunterricht angezogen werden. Ebenfalls wird von der Lehrperson eine Sitzordnung im Kunstraum gefordert, bei der die jeweiligen Patenpaare zusam-

mensitzen, da sie ihren Patenkindern bei der Aufgabe (Weihnachtskarten bedrucken) helfen sollen.
In der nachfolgenden Beobachtung wird deutlich, wie sich die Kinder dabei unterstützen, den richtigen Ort in der Schule zu finden. Die Kinder gehen gemeinsam rüber zur Sporthalle, indem die Paten und die Patenkinder sich an die Hand nehmen.

Paten nehmen ihre Patenkinder an die Hand und gehen zur Sporthalle. Die Jungen und Mädchen stellen sich hintereinander vor der Tür der Halle auf. (Beobachtungstagebuch)

In dieser beobachteten Situation, in der die Lehrperson nicht dabei ist, wird deutlich, dass die Schülerinnen und Schüler diesen Ablauf schon häufig gemacht haben. Die Erstklässler gehen an diesem Tag das erste Mal in die Sporthalle, aber sie werden von den erfahrenen Älteren mitgenommen und alle Schülerinnen und Schüler gelangen ohne weitere Lehrperson-Ansagen zum richtigen Unterrichtsort. Auch in den Interviews beschreiben einige Schülerinnen und Schüler dieser Klasse die Wichtigkeit der Paten. Hierbei wurden die Schülerinnen und Schüler befragt, was „Pate sein" für sie genau beinhaltet. Louis erklärt in dem nächsten Interview-Abschnitt seine Sichtweise auf das „Patenonkel sein".

Interviewerin: Was bedeutet es denn Pate zu sein?
Befragter: (2) ähm dass man auf den (.) der (.) bei den ist also bei (.) das heißt dass man (.) die (.) ihm helfen soll ihm die Schule zeigen Sporthalle wo alles ist damit er sich nicht verläuft in den Pausen und dann gut auf ihn aufzupassen die ersten Tage und dann irgendwann wenn er (.) das alles gut kann dann kann man ihn auch mal alleine in die in der Pause spielen lassen wenn er möchte (.) oder ich kann (.) oder wenn er nicht möchte kann ich auch bei ihm bleiben (.) und ja (3) ja (Louis, Jg. 3)

Louis erläutert hiermit, dass die vertrauensvolle Aufgabe der Patenschaft für ihn darin besteht, seinem Patenkind die Räumlichkeiten und Orte zu zeigen, auf es aufzupassen und mit ihm in der Pause zu spielen. Zusätzlich macht er klar, dass die Verantwortung des Patenseins nicht den ganzen Schulalltag beeinflusst, sondern es akzeptiert werden muss, wenn ein Partner der Patenbeziehung etwas alleine machen möchte.

Das Patensystem wird von vielen Schülerinnen und Schülern erwähnt, wenn sie zu dem ersten Schultag mit neuen Erstklässlern befragt werden. In dem nachfolgenden Interviewausschnitt berichtet Emma, warum sie sich über die neuen Erstklässler gefreut hat:

Interviewerin: ok (8) und wie ist es für dich wenn jetzt neue Kinder dazu kommen?
Befragte: ähm das da war ich auch froh weil nicht alle Kinder konnten Paten werden (.) und ich bin halt Patin geworden (.) und ich war glücklich dass ich für mich das niedlichste und liebste Patenkind gekriegt habe von allen (2) (Emma, Jg. 2)

2.2 Kindliche Selbsthilfe – gegenseitiges Helfen

Neben diesen allgemeingültigen Hilfestellungen in dem Patensystem wurde deutlich, dass sich die Schülerinnen und Schüler im Schulalltag auf ihre Klassenkameraden verlassen und vertrauen. Auch im Unterricht bei der Bearbeitung von Lernmaterialien wurde das zugrundeliegende Patensystem deutlich. Besonders auffällig waren die Organisationshilfestellungen von den älteren Schülerinnen und Schülern an die jüngeren. In der nachfolgenden Beobachtungssequenz wird solch eine Organisationshilfe veranschaulicht.

Lea (Jg. 1) nimmt sich Arbeitsmaterial vom Schrank und geht zu ihrem Platz.
Sophie (Jg. 4) steht gegenüber am Tisch bei Emily und sieht Lea, wie sie sich gerade wieder an ihren Platz setzen will.
Sophie zu Lea: „Das ist das falsche."
Lea: „Ich darf das aber machen."
Sophie: „Ja, aber das ist das falsche Logico."
Lea hat einen fragenden Gesichtsausdruck. Sophie nimmt Lea das Logico-Brett aus der Hand und geht mit ihr zusammen zum Regal. Sie gibt ihr das kleinere Logico-Brett und fragt sie: „Was für eine Aufgabe möchtest du machen" und hält ihr zwei verschiedene Blätter hin. Lea nimmt sich eins und geht zu ihrem Platz mit dem kleineren Logico-Brett und einem Aufgabenzettel. (Beobachtungstagebuch)

In dieser Beobachtung stehen Lea und Sophie im Mittelpunkt. Lea ist zu diesem Zeitpunkt im ersten Jahrgang und Sophie im vierten. Lea darf mit dem Logico[2]-Material arbeiten, hat dieses aber vorher noch nicht getan. Bei dem Logico-Material gibt es für die ersten beiden Jahrgänge kleinere Bretter, in die das jeweilige Arbeitsmaterial für die Jahrgänge 1–2 reinpasst. Für die Jahrgänge 3–4 ist das Logico-Brett größer und das Arbeitsmaterial dementsprechend auch. Sophie sieht in diesem Vorgang, wie Lea sich das größere Logico Brett nimmt und weist sie auf ihren Fehler hin. Lea versteht die erste Aussage von Sophie ohne weiteren Kontext nicht und erwidert, dass sie mit dem Material arbeiten darf. Sophie erkennt, dass Lea mehr Hilfe braucht und geht mit ihr zusammen zum Mathematikregal und gibt ihr das richtige Brett mit entsprechendem Arbeitsmaterial. So kann Lea nun mit ihren Aufgaben anfangen. Die Organisation der Arbeitsvorbereitung und -abläufe sind wichtig für einen effektiven Arbeitsfluss.

Die Schülerinnen und Schüler hatten in individuellen Arbeitsphasen unterschiedliches Arbeitsmaterial, dass an ihren Lern- und Leistungsstand angepasst wurde. Es wurde deutlich, dass die Schülerinnen und Schüler trotzdem gegenseitig geholfen haben. Durch diese Arbeitsform interagieren die Schülerinnen und Schüler über unterschiedliches Lernmaterial. Besonders auffällig und mit der höchsten beobachtbaren Anzahl von Hilfsinteraktionen lassen sich Interaktionen feststel-

---

2 Logico ist ein Lernmaterial vom Finken-Verlag welches sich als Lernsystem beschreibt.

len, in denen ältere Schülerinnen und Schüler ihren jüngeren Klassenkameraden helfen. Als ein Beispiel für einen typischen Hilfsprozess zwischen älteren und jüngeren Schülerinnen wird hier eine Interaktion zwischen Lea (Jg. 1) und Anna (Jg. 3) aufgezeigt:

> Lea: *„Äh was soll man denn hier machen?"*
> Anna: *„Hier soll man schneiden."*
> Lea: *„Oh nein, dann hab ich das falsch gemacht."*

Lea, die zu diesem Beobachtungszeitraum im ersten Jahrgang ist, fragt ihre Sitznachbarin Anna (Jg. 3), was sie genau in der Aufgabe machen soll, nachdem sie sie jedoch bereits begonnen hat. Anna kann durch ihren Wissensvorsprung in der Klasse und womöglich auch anhand des Materials Lea aufklären, dass sie hier etwas ausschneiden soll. Dies tut sie jedoch unaufgeregt, ohne Lea darauf hinzuweisen oder zu ermahnen, dass sie etwas falsch gemacht. Dies führt dazu, dass Lea selbst erkennt, dass sie die Aufgabe leider nicht korrekt gelöst hat. Dieser Beobachtungsausschnitt macht deutlich, dass die älteren Schülerinnen und Schüler oft um Hilfe gebeten werden. Die jüngeren Klassenkameraden wissen, dass sie die Älteren um Hilfe fragen können, da diese schon ein fortgeschrittenes Wissen haben. Die beobachtbaren Hilfsprozesse innerhalb der Klassengemeinschaft wurden von den Schülerinnen und Schülern in den Interviews reflektiert. Als häufigsten Grund, warum die Schülerinnen und Schüler ihren Mitschülern helfen, benennen sie das „gute Gefühl" oder den „Spaß" beim Helfen. Die Kinder äußern sich zum Beispiel folgendermaßen:

> *[…] ja (.) mir macht es eigentlich auch gerne Spaß weil ich (.) weil ich fühl mich dann auch ein bisschen glücklich (.) ja (2) wenn andere (.) meine Hilfe brauchen (.) also Esme kommt immer zu mir (.) bei jeder neuen Seite kommt sie zu mir und fragt was muss ich da machen (.) (Lea, Jg. 2)*
> *[…] ähm (7) weil ich Lust habe (Lachen) ähm weiß ich nicht (6) ähm (2) weiß ich nicht (Lachen) warum ich das mache (Ben, Jg. 4)*
> *[…] (5) ja (.) und ich mag wenn ich jemandem helfe (Marie, Jg. 4)*

Bei den Beantwortungen dieser Frage wird deutlich, dass die Schülerinnen und Schüler feststellen, dass sie ein positives Gefühl damit verbinden, wenn sie jemandem helfen. Allerdings scheint diese Frage für die Kinder nicht einfach zu beantworten sein. Dieses lässt sich zum einen an den längeren Denkpausen erkennen und wie bei Ben an der klaren Aussage: „weiß ich nicht". Hier wird möglicherweise deutlich, dass die Schülerinnen und Schüler dieser Klasse das gegenseitige Helfen aus einer intrinsischen Motivation heraus praktizieren.

3 Resümee

Die Schullandschaft erweitert ihr Repertoire an verschiedenen Schulkonzepten. Hier ist das Bestreben zu einer möglichst durchlässigen und fairen Schullandschaft für alle Schülerinnen und Schüler erkennbar. Dieses bedarf aber einer stetigen Erweiterung und Reflexion auf der gesetzgebenden Ebene wie auch auf der Ebene der Einzelschulen. In der heutigen Literatur wird deutlich, dass die Schulentwicklung auf die Entwicklung der Einzelschulen abzielt und nicht auf das Schulwesen als Ganzes. Der Schulentwicklungsprozess begründet sich flächenweit noch ausschließlich auf dem kognitiven Lernzuwachs der Schülerinnen und Schüler. So wird bei der Literaturdurchsicht eines mehr als deutlich: Die drei Pole von Schulentwicklung, Schulqualität und Schuleffektivität beschränken sich in der Theorie und Praxis deutlich auf die kognitiven Leistungsergebnisse der Schülerinnen und Schüler. In der Schulentwicklung und Schulqualität lassen sich jedoch auch Ansätze erahnen, die ebenfalls andere Aspekte des schulischen Alltages in Bezug auf Weiterentwicklung berücksichtigen. Im Zuge der vorgestellten Studie wurde deutlich, dass Schulklassen höchst individuell sind und ihre jeweiligen klasseninternen Prozesse heterogen ablaufen. Die Heterogenität zeigt deutlich auf, dass der Schulentwicklungsfokus auf die Einzelschulen ausgebaut werden sollte und womöglich auch als Triangulation auf mehreren Ebenen von Schule ansetzen sollte. Der erweiterte Zugang, von der Ebene der Klassenräume ausgehend (mit seinen darin stattfindenden konkreten Unterrichtsprozessen), sollte ein fester Bestandteil der zukünftigen Schulentwicklungsforschung sein. Zusätzlich kann abgeleitet werden, dass die Befragung und die Sichtweise der Kinder ein essentieller Bestandteil der Schulentwicklungsforschung sein sollte. Die Perspektive ihrer Mikroebene macht viele Prozesse erst deutlich, die für die eigentlichen Klienten essentiell für die schulische und soziale Entwicklung sind. Die Schulentwicklung auf Theorie und Befragungen von Lehrpersonen aufzubauen, verschließt die Wahrnehmung der Schülerinnen und Schüler, die davon profitieren sollen. Schülerinnen und Schüler haben bereits in der Grundschule eine feste und reflektierte Haltung und können ihre eigene Meinung gut äußern. Dieses Potenzial sollte in der Forschung, wie auch in der Umsetzung von Schulentwicklungs- und Schulqualitätsforschung, einen wegweisenden Bestandteil einnehmen.
Ein Konzept mit Jahrgangsübergreifendem Unterricht in einer Ganztagsschule könnte ein starker Impuls für eine Chancengerechtigkeit in der Grundschule schaffen. Durch das JÜL-Konzept werden die Lehrpersonen fast gezwungen, die Schülerinnen und Schüler in ihrer Individualität und Heterogenität anzuerkennen. In Zusammenhang der Ganztagsschule, die bereits als Chancengerechtigkeitsmotor identifiziert wird, könnte die schulische Landschaft eine Möglichkeit bieten für eine Annäherung an eine Gerechtigkeit für alle Schülerinnen und Schüler.

Die Jahrgangsmischung im Unterricht ermöglicht ein direktes Patensystem innerhalb der Klasse, wodurch die Schülerinnen und Schüler ältere Kinder aus ihrer Klasse zur Seite gestellt bekommen und das Schulleben gemeinsam meistern können. Das Paten-System unter den Schülerinnen und Schülern in der eigenen Klasse wird hervorgehoben als mögliche Instanz, allen Kindern mehr Sicherheit in der Schule zu geben. In Jahrgangsklassen werden Paten meist nur auf schulischer Ebene verteilt. Hier bekommen die Erstklässler meist ältere Schülerinnen und Schüler der Schule als Paten zugeteilt, um das Schulleben vor allem in Pausen schneller zu verstehen. Ein Patensystem in einer Jahrgangsklasse ist meist nicht vorhanden. Ebenso konnte ein hohes Maß an Vorbildcharakter (kognitive und soziale Kompetenzen) der größeren Schülerinnen und Schüler auf die jüngeren Kinder festgestellt werden.

Dieser Beitrag hat somit aufgezeigt, dass eine Überlegung zur neuen Unterrichtsgestaltung, hier jahrgangsübergreifend, neue Anregungen für reale Formen von Chancengerechtigkeit bieten kann.

Literaturverzeichnis

Bischof, L. M. (2017): Schulentwicklung und Schuleffektivität. Ihre theoretische und empirische Verknüpfung. Wiesbaden: Springer VS.

Brück, N. (2018). Prozesse beim gemeinsamen Lernen aus der Sicht von Schülerinnen und Schülern. Eine Studie im jahrgangsübergreifenden Unterricht einer Grundschule. Berlin: Logos.

Carle, U. & Metzen, H. (2014): Wie wirkt Jahrgangsübergreifendes Lernen? Eine wissenschaftliche Expertise des Grundschulverbandes. Frankfurt am Main: Grundschulverband.

Faltermeier, J. & Mund, P. (2009): Kommunale Bildungslandschaften – mehr Chancengerechtigkeit für junge Menschen. In: Faltermeier, J. (Hrsg.): Schulverweigerung – neue Ansätze und Ergebnisse aus Wissenschaft und Praxis. Berlin: Eigenverband des Deutschen Vereins für öffentliche und private Fürsorge e.V., 186–194.

Götz, M. (2017): Die Einzelarbeit in der Grundschule – eine Disziplinierungsgeschichte? In: Heinzel, F. & Koch, K. (Hrsg.): Individualisierung im Grundschulunterricht. Anspruch, Realisierung und Risiken. (Jahrbuch Grundschulforschung. Band 21). Wiesbaden: Springer VS, 13–22.

Gysin, B. (2010): Hintergründe. In: Rathgeb-Schnierer, E. & Schütte, S. (Hrsg.): Mathematiklernen in der jahrgangsübergreifenden Eingangsstufe. Gemeinsam aber nicht im Gleichschritt. München: Oldenbourg Schulbuchverlag, 12–21.

Haag, L. & Streber, D. (2014): Individuelle Förderung. Eine Einführung in Theorie und Praxis. Weinheim und Basel: Beltz Verlag.

Hagstedt, H. (2010): Lernen durch Lehren – zwischen Reformanstrengungen und Forschungsbedenken. In: Laging, R. (Hrsg.): Altersgemischtes Lernen in der Schule. (4. Aufl.) Baltmannsweiler: Schneider Verlag Hohengehren, 30–38.

Hahn, H. & Berthold, B. (Hrsg.) (2010): Lehren und Lernen in altersgemischten Gruppen – fachdidaktische Perspektiven im Kontext pädagogischer Überlegungen. Eine Einführung in die Thematik. In: Altersmischung als Lernressource. Impulse aus Fachdidaktik und Grundschulpädagogik. Baltmannsweiler: Schneider Verlag Hohengehren, 5–17.

Haug, M. (2014): Jahrgangsübergreifendes Lernen als Weg zur schulischen Inklusionsentwicklung. Das Beispiel der Grundschule Klingenberg in Baden-Württemberg. In: Peters, S. & Widmer-Rockstroh, U. (Hrsg.): Gemeinsam unterwegs zur inklusiven Schule. Frankfurt/M.: Grundschulverband, 96–101.

Hinz, R. & Beutel, S.-I. (2010): Altersheterogenität – eine Chance zur positiven Stabilisierung des Selbstkonzeptes bei Schülerinnen und Schülern in der Schuleingangsphase? Reflexionen und weitere Ergebnisse. In: Hahn, H. & Berthold, B. (Hrsg.): Altersmischung als Lernressource. Impulse aus Fachdidaktik und Grundschulpädagogik. Baltmannsweiler: Schneider Verlag Hohengehren, 105–122.

Köhler, U. & Krammling-Jöhrens, D. (2009): Altersmischung als Schulentwicklungsmodell – Erfahrungen aus der Glocksee-Schule. In: Bosse, D. & Posch, P. (Hrsg.): Schule 2020 aus Expertensicht. Zur Zukunft von Schule, Unterricht und Lehrerbildung. Wiesbaden: VS Verlag für Sozialwissenschaften, 93–98.

Kucharz, D. & Wagener, M. (2013): Jahrgangsübergreifendes Lernen. Eine empirische Studie zu Lernen, Leistung und Interaktion von Kindern in der Schuleingangsphase. Baltmannsweiler: Schneider Verlag Hohengehren.

Laging, R. (Hrsg.) (2010): Einführung – Warum altersgemischte Gruppen statt Jahrgangsklassen? In: Altersgemischtes Lernen in der Schule. (4. Aufl.) Baltmannsweiler: Schneider Verlag Hohengehren, 1–5.

Nonte, S. Lehmann-Wermser, A.; Schwippert, K. & Stubbe, T. (2014): Auswirkungen von Schulprofilierungsmaßnahme auf Schülerebene – Re-Analysen unter besonderer Berücksichtigung der Wahrung von Chancengerechtigkeit. In: Drossel, K; Strietholt, R. & Bos, W. (Hrsg.): Empirische Bildungsforschung und evidenzbasierte Reformen im Bildungswesen. Münster: Waxmann, 87–107.

Rolff, H.-G. (2016): Schulentwicklung – von der Standortplanung zur „Lernenden Schule" In: Steffens, U. und Bargel, T. (Hrsg.): Schulqualität – Bilanz und Perspektiven. Grundlagen der Qualität von Schule 1. Münster und New York: Waxmann, 115–140.

Sonntag, M. (2012): Jahrgangsübergreifender und inklusiver Unterricht in der Praxis. In: Zeitschrift für Inklusion. 1:2012. Online unter: http://www.inklusion-online.net/index.php/inklusiononline/article/view/67/67 (Abrufdatum: 02.11.2018).

Thurn, S. (2010): Leben, lernen, leisten in jahrgangsübergreifenden Gruppen. In: Buholzer, A. & Kummer Wyss, A. (Hrsg.): Alle gleich – alle unterschiedlich! Zum Umgang mit Heterogenität in Schule und Unterricht. Seelze-Velber: Kallmeyer in Verbindung mit Klett, 28–39.

Richard Sigel und Kristin Knoll

Individuelle Förderung bildungsbenachteiligter Kinder durch eine verlässliche, adaptive und teildigitalisierte Unterrichtsarchitektur

1 Es geht nicht vorwärts bei der Förderung bildungsbenachteiligter Kinder – einige ausgewählte statistische Daten

Chancengerechtigkeit in der Grundschule richtet den Blick auf die bildungsbenachteiligten Familien und ihre Kinder. In Deutschland stehen Armut und Bildungsferne in einem engen Zusammenhang zu öffentlichen Transferleistungen, zur Nationalität und zur Bildung und Ausbildung (vgl. Palentin, 2005). Wer Unterstützung nach SGB-II (Hartz-IV) erhält, wer einen Zuwanderungshintergrund hat und wer als Familienoberhaupt über geringe Bildung verfügt, ist eher von Armut und Bildungsarmut bedroht (vgl. Holz, 2011). Kinder sind besonders dann risikogefährdet, wenn sie in Familien mit mehreren ungünstigen sozialen Merkmalen aufwachsen: alleinerziehend, bildungsfern, Migrationshintergrund, mehr als zwei Geschwister und als Lebensort ein sozial belastetes Quartier (ebd. 301). Häufen sich diese Merkmale kumulativ, steigt das Risiko der Armutsbedrohung erheblich. Kinder mit Flucht- und Migrationshintergrund sind wegen des sozioökonomischen Hintergrundes der Familie, wegen häufiger traumatischer Erlebnisse und wegen der sprachlichen Lernherausforderungen ganz besonders belastet. Die Bundesländer haben im letzten Jahrzehnt erhebliche Mittel in die schulische Förderung von belasteten Kindern investiert. Eigentlich müsste es deshalb Fortschritte in den nationalen und internationalen Vergleichsstudien geben. Dem ist leider nicht so. Im IQB-Bildungstrend 2016 wird zusammenfassend ein eher negatives Bild gezeichnet (Stanat u.a. 2016, 409):

> „Insgesamt ergibt der IQB-Bildungstrend 2016 für die von Viertklässlerinnen und Viertklässlern in den Fächern Deutsch und Mathematik erreichten Kompetenzen ein Bild, das teilweise auf Stabilität, teilweise aber auch auf eher ungünstige Veränderungen über die Zeit hinweist. Dies umfasst negative Trends, die bundesweit vor allem in den Kompetenzbereichen Zuhören und Orthografie im Fach Deutsch sowie im Fach Mathematik recht ausgeprägt sind. Auch innerhalb der Länder sind kaum signifikant positive Veränderungen zu verzeichnen.

Kinder mit Zuwanderungshintergrund sind im Rahmen der Erhebungen zu Bildungsbenachteiligungen in den internationalen Vergleichsstudien in den Fokus genommen worden. Hier zeigen sich im Vergleich zu 2011 sehr bedenkliche Kompetenzentwicklungen am Ende der vierten Klasse (ebd. 249):

> Besonders große Veränderungen in den durchschnittlich erreichten Kompetenzen zeigen sich für die Gruppe von Schülerinnen und Schülern, die mit ihren Eltern nach Deutschland zugewandert sind (erste Generation). Kinder der ersten Generation erreichen im Jahr 2016 insbesondere im Zuhören (–43 Punkte) und in der Orthografie (–46 Punkte), aber auch im Lesen (–31 Punkte) und in Mathematik (–29 Punkte) deutlich geringere Kompetenzen als im Jahr 2011.

Auch die Daten der Internationalen Grundschul-Leseuntersuchung (IGLU) weisen auf problematische Entwicklungen hin. Lesekompetenz ist eine zentrale Kompetenz im schulischen Lernen. Ohne gute Lesefähigkeiten sind auch keine guten Ergebnisse in den anderen Lernbereichen denkbar. Nachdenklich macht auch, dass die folgenden Daten während einer Zeitspanne erhoben wurden, in der der Ausbau von Ganztagsangeboten stark vorangetrieben wurde. Vielfach ging man in den Expertenkreisen davon aus, dass die ganztägige Betreuung eine große Chance für bildungsbenachteiligte Schülergruppen darstellt. Leider zeigen die Daten, dass dies so nicht eintraf:

> „2001 erzielten Viertklässlerinnen und Viertklässler in Deutschland auf der Gesamtskala Lesen 539 Punkte, im Jahr 2016 537 Punkte. Die Differenz von 2 Punkten ist nicht signifikant. Dieser Befund bleibt auch bestehen, wenn man die Veränderungen in der Zusammensetzung der Schülerschaft berücksichtigt. In einer Reihe anderer Staaten, auch in der EU, ist es jedoch gelungen, die Leistungen in den vergangenen 15 Jahren zu verbessern. Deshalb hat sich die relative Position Deutschlands erheblich verschlechtert. 2001 lasen Kinder in vier Staaten, die 2016 zur EU zählten (Schweden, Niederlande, England, Bulgarien), signifikant besser, 2016 waren es Schülerinnen und Schüler in 13 EU-Staaten" (Bos u.a. 2017, 14).

Und es wird auch bei IGLU deutlich, dass die schwächeren Leserinnen und Leser besonders von negativen Trends betroffen sind. Ihre Lesekompetenzen verringerten sich in den letzten Jahren. Deutschland hinkt im europäischen Vergleich hinterher.

> „Hinsichtlich der unteren Kompetenzstufen lässt sich für Deutschland konstatieren: Knapp 6 Prozent der Viertklässlerinnen und Viertklässler in Deutschland weisen allenfalls ein rudimentäres Leseverständnis (Stufe I) auf. In Europa ist dieser Anteil sehr schwacher Leserinnen und Leser nur in Frankreich, der französischen Gemeinschaft in Belgien, der Slowakei und in Malta nominell größer. Kompetenzstufe III wird in Deutschland von circa 19 Prozent der Viertklässlerinnen und Viertklässler nicht erreicht" (Bos u.a. 2017, 15).

Zu großer Sorge gibt das Fünftel der Kinder Anlass, das am Ende der 4. Klasse die Kompetenzstufe III nicht erreicht. Dies bedeutet, dass 25 % der Kinder in der Sekundarstufe I erhebliche Probleme haben werden, die dortigen Leistungsanforderungen zu erfüllen. Es stellt sich die Frage, aus welchen Gründen die Daten sich nicht verbessert haben. Wir wollen in diesem Beitrag den Fokus auf die Mikroprozesse in der Unterrichtsentwicklung, der Personalentwicklung und auf die organisatorischen Qualitäten innerhalb der Einzelschulen legen.

Chancengerechtigkeit macht sich daran fest, ob Kinder aus ungünstigen sozialen Lagen in der Schule Erfolg haben können. An den sozialen Disparitäten in den Leseleistungen zeigt sich, dass dies nach wie vor eine pädagogisch wie bildungspolitisch nicht gelöste Herausforderung darstellt. IGLU 2016 (vgl. Bos 2017) misst die Disparitäten an drei Indikatoren: Anzahl der Bücher im Haushalt, Berufsstatus der Eltern und Bildungsniveau der Eltern. Bei der Anzahl der Bücher im Haushalt gehört Deutschland neben der Slowakei, Ungarn und Slowenien zu den vier Staaten, in denen seit 2001 eine signifikante Vergrößerung der sozialen Disparitäten zu beobachten ist. Unveränderte soziale Disparitäten seit 2001 gibt es in Deutschland auch in Bezug auf den Berufsstatus der Eltern. Der Vorsprung der Kinder aus Akademikerfamilien gegenüber der Berufsgruppe mit manuellen Tätigkeiten beträgt 72 Punkte und somit eineinhalb Schuljahre. In weiteren Analysen mit Indikatoren, die nur für den deutschen Datensatz vorliegen, wird in IGLU 2016 belegt, dass sich die sozialen Disparitäten in den letzten 15 Jahren statistisch nicht signifikant verändert haben. Die Leistungsunterschiede im Lesetest zwischen Kindern aus ungünstigen und günstigen Lebenslagen liegen ungefähr bei einem Schuljahr. Auch für Kinder mit Migrationshintergrund zeigen sich im Bereich Lesen Disparitäten zu den Kindern ohne Migrationshintergrund. Eine Verringerung der zuwanderungsbedingten Disparitäten ist in den letzten 15 Jahren nicht gelungen.
Die Richtung der Veränderungen seit der ersten IGLU-Befragung 2001 ist jedoch negativ (wenn auch noch nicht statistisch signifikant). Dies sind Hinweise darauf, dass Deutschland den Anspruch auf Chancengerechtigkeit im Bildungssystem nicht erfüllt und dass die Maßnahmen zur Verringerung dieser Disparitäten in den letzten 15 Jahren nicht greifen.
In der folgenden Diskussion soll der Fokus auf innerschulische Maßnahmen auf der organisatorischen Ebene und auf der Ebene der Unterrichtsentwicklung gerichtet werden. Dort sehen wir starken Handlungsbedarf in Richtung Effizienz der Fördermaßnahmen und in der Implementierung von förderdiagnostischen Standards.

2 Adaptiver Unterricht in leistungsheterogenen Klassen – Was sonst?

Die sukzessive Zunahme der Heterogenität ist die große Herausforderung der letzten 20 Jahre Grundschulpädagogik. Brühwiler (2014, 74) definiert adaptiven Unterricht aus der Perspektive der Schülerinnen und Schüler: „Wer adaptiv lehrt ist fähig, den Unterricht so auf die individuellen Voraussetzungen der Schülerinnen und Schüler auszurichten und während des Unterrichts laufend anzupassen, dass für möglichst viele Kinder günstige Bedingungen für das Erreichen der Lernziele geschaffen werden." Dies ist natürlich ein sehr hoher Anspruch, denkt man an heutige Grundschulklassen in sozialen Brennpunktschulen mit einem hohen Migrationsanteil, mit Kindern mit sonderpädagogischem Förderbedarf sowie mit Kindern, die vor kurzem aus Bürgerkriegsländern geflüchtet sind und über keinerlei Deutschkenntnisse verfügen. So ist die Situation und adaptiver Unterricht ist die Chance, den Kindern gerecht zu werden. Martschinke (2015) beschreibt den adaptiven Unterricht als aktive Form (Differenzierung) und als proaktive Form (individuelle Formen der Unterstützung). Die diagnostische Perspektive ist für Martschinke das Hauptkriterium des adaptiven Unterrichts: „Adaptiv sind Lernformen immer nur dann, wenn sie an die individuellen Lernvoraussetzungen der Lernenden angepasst sind (ebd. 17)."

Martschinke (ebd. 27) spricht von nachgewiesenen Gelingensfaktoren in Bezug auf adaptiven Unterricht und nennt dabei kooperative Settings, individuelle Zuwendung, diagnostische Kompetenzen und pädagogische Einstellungen.

Individuelle Förderung und adaptiver Unterricht haben verschiedene Rahmenbedingungen. Eine prägende Rahmenbedingung ist die äußeren Differenzierung (siehe Bos u.a. 2017, 303) wie zum Beispiel

- Integrationsklassen, Willkommensklassen, Sprachlernklassen für neu zugewanderte Kinder,
- Deutschfördergruppen mit 8–12 Unterrichtsstunden in der Woche (ansonsten Verbleib der Kinder in der Regelklasse),
- Förderangebote für leistungsschwache Kinder,
- Förderkurse für lese- und rechtschreibschwache Kinder,
- Zusatzunterricht für DaZ-Kinder,
- Leseförderung durch Lesepaten,
- jahrgangsübergreifende Klassen (ein- bis dreijährige Schuleingangsphase) sowie
- Lernschienen auf Jahrgangsstufenebene mit zusätzlicher Differenzierung bei leistungsschwachen Kindern u.a.m.

Diese Formen der äußeren Differenzierung und der zusätzlichen Förderangebote sollen die große Heterogenität in den Grundschulklassen zeitweise mindern und idealerweise die Lerndefizite in überschaubaren Zeiträumen beseitigen, damit die Kinder danach dem Regelunterricht folgen können.

Den oben beschriebenen Formen stehen Ansätze der inneren Differenzierung in Richtung inklusiver Unterricht, Arbeit mit dem Wochenplan, Projektunterricht und Freiarbeitsmethoden gegenüber. Aus professioneller Sicht sollten folgende Standards in jeder Form des adaptiven Unterrichts berücksichtigt sein:

– Die Lernvoraussetzungen der Kinder sind das Maß für jede Lernaktivität und jede didaktische Maßnahme.
– Lernausgangsdiagnostik und Lernprozessdiagnostik sind aus fachlicher Sicht in Gruppen mit Kindern, die über längere Zeit zusätzlichen Förderbedarf haben, unverzichtbar.
– Förderinhalte und -methoden müssen gemäß des Lernens in der proximalen Zone der Lernentwicklung (Vigotsky 1987) individuell angepasst werden.
– Entsprechende Aus- und Weiterbildungsmaßnahmen der Lehrkräfte sind begleitend zur Verfügung zu stellen.

Betrachtet man entsprechende Forschungsergebnisse, dann ist die Verbreitung von adaptivem Unterricht an bundesdeutschen Schulen eher gering. Wischer (2009) berichtet von eher wenig individueller Passung, Bos (2007) stellt eine nur quantitative Umsetzung fest und Schrader & Helmke (2008) konstatieren wenig konkrete und durchdachte Maßnahmen. Individualisierung hat bei Hattie (2013) durchgehend nur geringe Effektstärken. Wir interpretieren dies aus grundsätzlichen lerntheoretischen Gründen jedoch nicht als Absage an Individualisierung an sich, sondern als Kritik an der nicht ausreichenden Qualität der Maßnahmen. In unseren Vorschlägen werden wir auf eine Verzahnung der unterschiedlichen Differenzierungs- und Individualisierungsmöglichkeiten eingehen und eher alltagstaugliche Lösungsvorschläge unterbreiten. Grundsätzlich stimmen wir Lipowsky zu (Breidenstein u.a. 2015, 53), der die Ansicht vertritt, dass die Grundschulpädagogik schon viel über Ansätze der unterrichtlichen Förderung von bildungsbenachteiligten Kindern weiß, dieses Wissen aber zu wenig nutzt:

> „Grundlage aller Förderung ist, dass Lehrpersonen über ein umfassendes diagnostisches und fachdidaktisches Lehrerwissen verfügen und dass sie ein Interesse an den Lern- und Verstehensprozessen der Schülerinnen und Schüler haben. Hierzu gehört auch, dass Lehrpersonen über fachspezifische Entwicklungsverläufe im Lernen Bescheid wissen, mit typischen Schwierigkeiten beim Lernen vertraut sind und (auch informelle) Verfahren kennen, mit denen sich Lernstände diagnostizieren lassen. Lehrpersonen benötigen jedoch nicht nur Tools, um Lernstände und Lernentwicklungen von Schülerinnen und Schülern wahrzunehmen und sichtbar zu machen, sondern sie benötigen auch Anregungen, Materialien und Unterstützung, um die Lernenden entsprechend zu fördern."

3 Schulorganisatorische und didaktisch-methodische Stellschrauben, die über Erfolg oder Misserfolg von Fördermaßnahmen entscheiden können –
These: Auf die Qualität der Details und ihr Zusammenspiel kommt es an

Die Beispiele stammen aus den Evaluationen der Schulentwicklungsprojekte im Rahmen der Kooperation des Lehrstuhls für Grundschulpädagogik und -didaktik (vgl. Sigel & Kahlert 2006) mit dem Staatlichen Schulamt München und dem Referat für Bildung und Sport der Stadt München (Münchner Konzept zur Schulentwicklung – MÜKOS). In dem Zeitraum von 2002 bis 2018 gab es insgesamt 12 große Schulentwicklungsprojekte mit den zentralen Zielen der Unterrichts-, Schul- und Personalentwicklung. Acht Projekte widmeten sich der Entwicklung zur Leseschule und vier Projekte der Förderung von bildungsbenachteiligten und belasteten Kindern. Die Projekte waren stets als Netzwerke mehrerer Schulen konzipiert (vgl. Kahlert & Sigel 2007). Im Folgenden beschreiben wir wichtige Details und Stellschrauben – oft auf einer Mikroebene – die für eine erfolgreiche Umsetzung von Fördermaßnahmen für bildungsbenachteiligte Kinder verantwortlich sein können

These 1
Die besten Lehrkräfte für die schwächsten Kinder – Etablierung einer Förderkoordinationslehrkraft an sozialen Brennpunktschulen

An unseren erfolgreichen Projektschulen gab es oft einzelne Persönlichkeiten, teilweise schon länger an der Schule arbeitend, teilweise in der Funktion der stellvertretenden Schulleitung, die durch ihre pädagogischen Haltungen und ihre fachdidaktischen Fähigkeiten herausragten und die Förderung der bildungsbenachteiligten Kinder auch zu ihrer persönlichen Aufgabe machten. Diese Pädagoginnen erkannten die Wichtigkeit förderdiagnostischer Arbeit, die Bedeutung von Verlässlichkeit für diese Kinder, den Aufbau von Beziehung für ein gutes Unterrichtsklima und die Relevanz stabiler organisatorischer Strukturen. In einem anderen Teil unserer Projektschulen gab es aus unterschiedlichen Gründen andere, weniger stabile Personalstrukturen mit vielen Lehramtsanwärterinnen, pädagogischen Seiteneinsteigern und überdurchschnittlich vielen Teilzeitlehrkräften mit eher wenigen Stundenverpflichtungen. Dies engt den pädagogischen Gestaltungsspielraum für die Schulleitung ein, weil dieser Personenkreis weniger oft an der Schule ist oder über weniger Erfahrungen in der pädagogischen Arbeit an Grundschulen verfügt. Die Frage lautet: Welche Personen an den Schulen werden mit der Förderung der lernschwachen und benachteiligten Kinder betraut? Gibt es hier Grundhaltungen und pädagogische Schwerpunktsetzungen bei den Schulleitungen hierzu?

Erfahrungen und Daten aus Evaluationen von Schulentwicklungsprojekten
Engagierten Lehrkräften, die schon länger an der Schule arbeiteten und die eine große Bereitschaft zeigten sich fortzubilden, waren oft die Garanten für eine erfolgreiche Umsetzung der Projektziele im Schulentwicklungsprojekt. Andere Lehrkräfte orientierten sich an diesen Führungspersönlichkeiten und beteiligten sich gerne an der Arbeit in der Steuergruppe. Aus unserer Sicht hat an einer sozialen Brennpunktschule die Schulleitung die Aufgabe, zumindest ein Tandem an engagierten Lehrerinnen und Lehrer zu gewinnen, das die Förderarbeit für die benachteiligten Kinder zu ihrer zentralen Aufgabe macht. Diesen fachlich erfahrenen und engagierten Lehrkräften sollte zu jedem Schuljahresbeginn etwa sechs Wochen lang im Umfang von mindestens einem halben Deputat Teilfreistellung die Aufgabe übertragen werden, die Förderstrukturen in den betroffenen Klassen zu organisieren. Dazu gehören folgende Aufgaben:

- Organisation und Durchführung von standardisierten Testverfahren im Lesen, Rechnen und Schreiben,
- sinnvolle Verteilung der belasteten Kinder auf die einzelnen Klassen und Klassenstufen,
- bedarfsorientierte Verteilung der zusätzlichen Lehrerstunden auf die Jahrgangsstufen,
- Erstellung eines passenden Förderstundenplans und Zuordnung der einzelnen Risikokinder zu den passenden Förderangeboten,
- Zuordnung der Förderstunden an geeignete Lehrkräfte und
- Gestaltung der individuellen Lernordner (siehe These 4)

Nach diesen vorbereitenden Aufgaben sollten diese Koordinationslehrkräfte von der Schulleitung mit Förderaufgaben betraut werden. Das pädagogische Führungsprinzip von Schulleitungen *die besten Lehrkräfte für die schwächsten Kinder einzuteilen* garantiert hohe Fachlichkeit und hohes Engagement in den Förderkonzeptionen. Bei Beginn eines Schuljahres schauen alle Beteiligten darauf, dass ihre Interessen bei der Stundenplangestaltung berücksichtigt werden. Die Lehrerinnen wünschen sich einen individuell passenden Stundenplan möglichst ohne Fensterstunden, die Schulleitung will schnell einen geordneten Schulverlauf gewährleisten, die Elternvertreter wünschen sich wenig Stundenausfall und gute Lehrer für ihre Kinder. Nur die bildungsbenachteiligten Kinder haben keine besondere Lobby. Diese Lücke könnten die *Koordinationslehrkräfte für Kinder mit zusätzlichem Förderbedarf* schließen und somit die Interessen der besonders belasteten Kinder wahren.

These 2
Viele Förderstunden in einer Hand – Gute pädagogische Beziehungen durch Kontinuität und Verlässlichkeit ermöglichen

In unseren Schulentwicklungsnetzwerken waren überwiegend Schulen mit sozialem Brennpunktstatus. Der Anteil der Kinder mit Migrations- oder Fluchthintergrund war stets über 60 %. Die Notwendigkeit, neben dem gemeinsamen Unterricht mit allen Kindern, differenzierte Unterrichtszeiten anzubieten, war jeweils groß. Es ging zum einen um sogenannte Liftkurse oder auch Deutsch-Förderklassen, in denen sehr leistungsschwache Kinder während der normalen Unterrichtszeit und/oder additiv an den Randstunden im Schriftspracherwerb gefördert wurden. Zum zweiten ging es auch um sogenannte Lernschienen. Das sind Förderstunden, die für alle Klassen einer Jahrgangsstufe zum gleichen Zeitpunkt angesetzt sind. Zum Beispiel bedeutet eine Lernschiene mit drei Unterrichtsstunden in der Woche, dass alle zweiten Klassen am Montag, Mittwoch und Freitag in der dritten Unterrichtsstunde eine Lernförderung zum Beispiel zur Förderung der Lesekompetenz anbieten. Diese zeitgleiche Ansetzung ermöglicht es, dass sich die Kinder nach Kompetenzstufen differenziert und klassenübergreifend organisieren und dass die sehr schwachen Leser durch drei zusätzliche Lehrerstunden dann in einer sehr kleinen Gruppe intensiv und individuell gefördert werden können. Die Aufteilung der Leseschiene mit 66 Kindern aus drei Klassen sieht dann an den drei Tagen wie folgt aus:

Tab. 1: Aufteilung einer Jahrgangsstufe mit drei Klassen auf vier Gruppen

Gruppe Leselöwen (sehr starke Leser)	Gruppe Lesetiger (gute Leser)	Gruppe Lesebären (schwächere Leser)	Gruppe Lesedelphine (sehr schwache Leser)
25 Kinder 1 Zusatzlehrerin	25 Kinder 1 Klassenlehrerin	10 Kinder 1 Klassenlehrerin	6 Kinder 1 Klassenlehrerin

Die Empfehlung des Schulentwicklungsteams der Universität an die Schulen war stets, das Format drei- oder vierstündig in der Woche anzubieten. Begründung war, dass dann der Lerneffekt größer ist, dass die Kinder durch die größere Häufigkeit die organisatorischen Abläufe besser automatisieren und dass die Lehrkräfte dieses Format in Vor- und Nachbereitung ernster nehmen, weil es häufiger durchgeführt wird. Außerdem ist der Aufbau von pädagogischen Beziehungen zwischen Lehrkraft und belastetem Kind eine wesentliche Voraussetzung für den Lernerfolg (vgl. Pekrun 2015). Zudem führen Lernschienen dazu, dass auch zu diesen Stunden wirklich Leseförderung gestaltet wird. Wenn die Formate etabliert waren, gab es überwiegend positive Rückmeldungen durch die Lehrkräfte wie auch von den Kindern.

Erfahrungen und Daten aus Evaluationen von Schulentwicklungsprojekten
Die Hälfte der begleiteten Schulen entschied sich für einstündige Förderformate, ein Drittel der Schule für zweistündige Formate und ein Sechstel der Netzwerkschulen etablierte dreistündige Formate. Die inhaltlichen und diagnostischen Konzepte waren nur bei den drei- und zweistündigen Formaten gehaltvoll und nachhaltig. Bei den einstündigen Formaten wurde die Differenzierung oft bald wieder aufgegeben. Bei allen Formaten ergaben sich große Probleme bei Krankheitsfällen an den Schulen, weil die zusätzlichen Lehrerstunden, die in diese Formate fließen, dann zur Krankheitsvertretung herangezogen werden. An manchen Schulen wurden dann die Förderformate nach den Phasen mit mehrfachen Krankheitsfällen an der Schule gar nicht mehr aufgenommen. Es gab große Unterschiede zwischen den Schulen beim Umgang mit Krankheitsvertretungen. Ein Teil der Schulen schonte die Differenzierungsstunden und suchte andere Wege der Krankheitsvertretung. Hier handelte es sich um eine pädagogische Wertentscheidung der jeweiligen Schulleitung. Folgende Anregungen mit Blick auf Effizienz und Nachhaltigkeit sind uns wesentlich:

– Liftkurse und Förderschienen sollten mindestens dreistündig angeboten werden. Die Lehrkräfte engagieren sich dann mehr, die Kinder kennen sich schnell mit dem Format aus, nehmen es ernst und die Leseförderung wird real auch dreimal die Woche durchgeführt.
– Die Förderung der schwächeren und sehr schwachen Kinder sollten erfahrene Lehrkräfte übernehmen nach dem Grundsatz: die schwächsten Kinder bekommen die besten Fachkräfte.
– Die Schulleitung sollte in Krankheitsfällen nicht zuerst die Ressourcen aus den Differenzierungsformaten zur Vertretung heranziehen. Fallen Stunden aus den Differenzierungsformaten häufig aus, wächst Unruhe und Unübersichtlichkeit in der Alltagsorganisation. Dies mindert auch die Motivation der Lehrkräfte, sich weiterhin in diesem Format zu engagieren.
– Die Schulleitung sollte didaktisch-methodische Absprachen und regelmäßigen Erfahrungsaustausch unter den beteiligten Lehrkräften initiieren, um eine kontinuierliche fachliche Diskussion zu unterstützen (siehe These 5).

These 3
Ohne pädagogische Diagnostik kann nicht gezielt gefördert werden

Die große Heterogenität in sozialen Brennpunktschulen erfordert eine klare Förderdiagnostik. Hier sitzen Kinder in einer Klasse, die extreme Leistungsunterschiede aufweisen. Auch die Kinder mit gering entwickelten Kompetenzen unterscheiden sich erheblich untereinander. Die folgenden zwei Kompetenzübersichten zu einer 2. und 3. Klasse in einer unserer Projektschulen im Schuljahr 2016/2017 zeigen die massive Leistungsheterogenität auf:

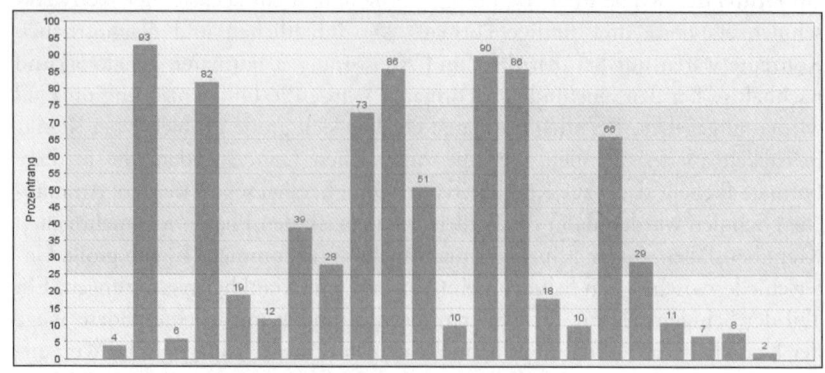

Abb. 1: Diagramm der Prozentränge

Diese Auswertung des DEMAT (Deutscher Mathematiktest) für die 3. Jahrgangsstufe zeigt fünf Kinder mit überdurchschnittlichen Ergebnissen, sechs Kinder im Normbereich und elf Kinder im unterdurchschnittlichen Bereich, wobei unter diesen elf Kindern fünf extrem schwach abschneiden. Um die Unterschiede in den mathematischen Kompetenzen zu verdeutlichen sei hier darauf hingewiesen, dass in dieser 3. Klasse Kinder lernen, die im 1000er Raum rechnen und andere selbst im Zehnerraum nicht sicher rechnen können. Ähnliche Unterschiede kann man in der Übersicht zu einer 2. Jahrgangsstufe im Bereich der Lesekompetenz sehen.

Tab. 2: GS Lesetest SLS 2–9 in den 2. Klassen einer MÜKOS-Projektschule Anfang November 2016

Lesequotient	≤ 69	70–79	80–89	90–109	90–109	
	sehr schwach	schwach	unterdurchschnittlich	durchschnittlich	überdurchschnittlich gut & sehr gut	LQ Mittelwert
2a N 19	3	2	1	9	4	91,67
2b N 21	1	3	7	10	0	89,25
2c N 21	5	5	7	4	0	75,89

Fast ein Drittel der Kinder in dieser 2. Jahrgangsstufe haben einen Lesequotienten unter 80. Insgesamt fünf Kinder aus diesen drei Klassen waren bei der Worterkennung im lautgetreuen Bereich nur mühsam in der Lage, zweisilbige Wörter zu decodieren. Diese ausgeprägte Heterogenität zeigt sehr deutlich auf, dass an einen gleichschrittigen Unterricht für alle Kinder in diesen Klassen nicht zu denken ist. Hier müssen innere und/oder äußere Differenzierungskonzepte greifen. Im Falle von äußeren Differenzierungsmaßnahmen muss dazu eine individuelle Förderkonzeption für jene Unterrichtsstunden erarbeitet werden, die die sehr leistungsschwachen Kinder in der Regelklasse verbringen und dort dem Unterrichtsstoff nicht sinnvoll folgen können (siehe hierzu den ILO – der Individuelle Lernordner für Risikokinder in These 4).

Erfahrungen und Daten aus Evaluationen von Schulentwicklungsprojekten
Förderdiagnostik war in unseren letzten Schulentwicklungsprojekten zentraler Fortbildungsbestandteil. Im Projekt Monitoring von belasteten Kindern haben die Schulen durch bewährte standardisierte Testverfahren (DEMAT, HSP, SLS 2–9 und ELFE) die Leistungsstrukturen der einzelnen Klassen offengelegt und Diagnosedaten für professionelle Reflektionen und Entscheidungen genutzt. Häufungen von Risikokindern in einer Klasse wurden offensichtlich und Kompensationsmaßnahmen wurden ergriffen. ELFE hatte zudem noch den Effekt, dass neben dem Diagnoseinstrument auch eine Fördersoftware zur Verfügung steht. Das ELFE-Diagnose-Tool macht konkrete Vorschläge, in welchen Kompetenzbereichen das jeweilige Kind gefördert werden soll. So sollte die Zukunft der digitalen Förderdiagnostik aussehe, nämlich dass jede Diagnostik konkrete Fördervorschläge generiert.

These 4
Im stressbesetzten Alltag helfen den Lehrerinnen leicht umsetzbare adaptive Konzepte: Zum Beispiel ein Förderplan Lesekompetenz, ein individueller Lernordner und ein Lese-Screening für Risikokinder

In vielen Schulentwicklungsprojekten haben wir in den letzten 15 Jahren den Schulen die Notwendigkeit geschildert, bei Risikokindern förderdiagnostisch vorzugehen. Wir haben die Theorie in Form von Kompetenzstufenmodellen vermittelt (vgl. Sigel 2017 und Schründer-Lenzen 2009) und leider zuerst Vorschläge gemacht, die mehr an statistischen Standards als an schulischer Alltagspraktikabilität orientiert waren. Bisher waren unsere Diagnoseinstrumente zu breit und zu aufwändig konzipiert. In unserem letzten Schulentwicklungsprojekt haben wir uns für eine weniger aufwändige Form des individuellen Förderplans für Risikoschüler entschieden. Er fordert von den Lehrkräften die Kenntnis über ein Kompetenzstufenmodell und die passende Einordnung des Kindes auf jene Kompetenzstufe, die für das jeweilige Kind die nächste Zone der Leselernentwicklung darstellt. Auf dem Förderplan sind die Kompetenzstufen definiert und es werden konkrete Fördermaßnahmen aufgeführt. Alle Lehrkräfte haben Zugang zu den dort beschriebenen Fördermaterialien.

Erste Erfahrungen im Projekt *Monitoring für belastete Schulen* sind nur teilweise positiv. Mit entsprechendem Support und Reflexion im Jahrgangsstufenteam lässt sich der individuelle Förderplan in Verbindung mit dem individuellen Lernorder (ILO) im Förderalltag zeitweise etablieren.

Tab. 3: Individueller Förderplan – Lesen für Risikokinder in Jahrgangsstufe 1 & 2

Individueller Förderplan – Lesen für Risikokinder[1] in Jahrgangsstufe 1 & 2		
Schülername: _____ Klasse: _____ Lehrerin: _____		
Erstsprache: _____ In Deutschland seit: _____		
5 hierarchieniedrige Kompetenzebenen im Lesen & 2 Querebenen	NZL[2]	Material im Lernordner
1. Ebene: Vorläuferkompetenzen Anlaute hören, Silben klatschen, einf. Phonem-Graphem-Korrespondenzen kennen, Buchstaben des eigenen Namens kennen, bewusst Lautieren		Individueller Lernordner – Lernideen
2. Ebene: Worterkennung lautgetreu kurze, lautgetreue Wörter recodieren können (ein- bis zweisilbig), nur einfache und bekannte Wörter üben, erste Leseflüssigkeitsübungen		Individueller Lernordner – Lernideen
3. Ebene: Worterkennung komplex längere Wörter mit mehrgliedrigen Graphemen recodieren & Silben und Häufigkeitswörter auf einen (schnellen) Blick erlesen		Individueller Lernordner – Lernideen
4. Ebene: Sätze sinnentnehmend lesen erst einfache kurze, später längere Sätze sinnentnehmend lesen, bildunterstützte Texte nutzen, nur bekannte Kontexte verwenden		Individueller Lernordner – Lernideen
5. Ebene: Kurze Texte lesen (lokale Kohärenz) 3–10 kurze Sätze lesen, Pronomen-Adverbien-Konjunktionen verstehen & Leseflüssigkeit und Lesegenauigkeit einüben, Lesefreude entwickeln		Individueller Lernordner – Lernideen
Querebene: Motivationaler Bereich Lernmotivation, Anstrengungsbereitschaft, Konzentration, Selbstwirksamkeitsüberzeugung, Kommunikation		
Querebene: Sprachliche Voraussetzungen Qualität Alltagswortschatz, Fachwortschatz, Weltwissen, Kontextwissen, Kompetenzebene mit Sprachvoraussetzungen abgleichen		

1 Für jedes Risikokind wird zu Schuljahresbeginn festgestellt, was das Kind schon kann und in welcher Zone der nächsten Lernentwicklung es sich befindet.
Alle 4–8 Wochen (individuell unterschiedlich) wird der Lernstand überprüft und in einer anderen Farbe (mit Datumsangabe) eingetragen.

In Anlehnung an den individuellen Förderplan für Risikokinder in den 1. und 2. Klassen wird nun der individuelle Lernordner (ILO) beschrieben. Dies ist eine Idee, die im Projekt *Monitoring für belastete Kinder* entstand, als klar wurde, dass die Risikokinder neben dem Unterricht in der Deutsch-Förderklasse (6 Unterrichtsstunden) auch 14 Unterrichtsstunden in der Regelklasse sind und von den dort vermittelten Regelinhalten meist stark überfordert sind. Um auch in diesen Unterrichtszeiten innerhalb der Regelklasse in der individuell nächsten Zone der Kompetenzentwicklung sinnvoll lernend unterwegs zu sein, hat das universitäre Projektteam für jedes der 19 Risikokinder einen individuellen Lernordner mit

'Die Nächste Zone der Lernentwicklung' Förderzeitraum: _____ Klassenwiederholung: ja ☐ nein ☐ // zurückgestellt: ja ☐ nein ☐		
Material in der päd. Mitte	Förderangebot digital (Diese Auswertung des DEMAT Diese Auswertung des DEMAT)	eigenes Material der Lehrkraft
Phonofit 3x, LÜK, Wortschatzkarten, Logiko primo	Pusteblume, Appolino Lesen, ELFE therap.Ber.	
LÜK, Logiko Zündis, Lesedosen	ELFE, Lesedosen, Pusteblume, Appolino Lesen	
LÜK, Logiko Zündis, Lesedosen	ELFE, Lesedosen, Pusteblume, Appolino Lesen	
LÜK, Logiko, Regenbogentexte, Lesehefte Mildenb.	ELFE, Appolino lesen, ABC der Tiere	
Regenbogentexte, LÜK, Logiko	ELFE, Appolino lesen, ABC der Tiere	

---

2 Bitte Nächste Zone der Lernentwicklung ankreuzen, auf der das Kind aktuell gefördert werden muss. Eventuell müssen mit einem kleinen Kreuz auf der vorherigen Zone noch Details gesichert werden (z.B. q, j, b/d, …) und evtl. kann bereits in der übernächsten Zone auf niedrigem Niveau bereits begonnen werden zu üben.

passenden Arbeitsblättern und Hinweisen für die digitalen und analogen Lernmaterialien erstellt.
Die Grundlage für die Arbeit mit dem individuellen Lernordner bildet eine Zusammenstellung verschiedener analoger Fördermaterialen. Ausgehend von den Kompetenzebenen des 6 plus 2 Ebenen-Modells (Sigel 2017) wurden für den Bereich Lesen für jede Lernstufe eine Sammlung verschiedener Arbeitsblätter jeweils in leichter und eher schwieriger Ausführung angelegt oder eigens konzipiert. Der Bereich Schreiben wurde durch Fördermaterialien der alphabetischen, orthographischen und morphematischen Stufen abgedeckt und im Bereich Mathematik erfolgte eine Unterteilung nach Zahlenräumen und den damit einhergehenden Lernerfordernissen. Das erstmalige Anlegen gestaltete sich durchaus zeitintensiv (insgesamt circa zwölf Stunden konzeptionelle Arbeit und nochmals acht Stunden Kopier- und Sortierarbeit), da das Material bezogen auf Wortschatz und Kontextwissen genau geprüft werden musste, um ein selbständiges Arbeiten der Kinder zu ermöglichen. Oft mussten Arbeitsaufträge sprachlich vereinfacht oder völlig neu formuliert werden. Die Auswahl geeigneten Materials setzt eine genaue Kenntnis der jeweiligen theoretischen Kompetenzstufenmodelle sowie Erfahrungen in der Arbeit mit Kindern mit Migrationshintergrund voraus.
Nachdem die Risikokinder in den Bereichen Lesen, Schreiben und Rechnen durch standardisierte Testverfahren sowie eigens entwickelte Lernstandserhebungen diagnostiziert wurden, fand die Festlegung des Förderplans (siehe oben) und die Zuweisung des Fördermaterials statt. Das ausgewählte Material wurde kopiert, im Individuellen Lernordner abgeheftet und im Klassenzimmer der Risikokinder deponiert. Nicht nur im Rahmen von Lernschienen und Förderstunden, sondern auch während des Unterrichts im Klassenverband arbeiten die Kinder immer dann in ihrem individuellen Lernordner oder an den dort empfohlenen digitalen Lernangeboten, wenn der Unterrichtsinhalt im Regelklassenverband zu schwierig und die Lernstandsdefizite zu den anderen Kindern zu groß waren. Besonders erfolgreich verlief die Arbeit am ILO, wenn die verschiedenen Förderpersonen die Auswahl des Materials gemeinsam trafen, wenn der ILO mindestens 3mal pro Woche eingesetzt und die Abläufe automatisiert wurden. Erfreulich motiviert zeigten sich die Kinder beim Arbeiten mit dem ILO, da die Arbeitsaufträge sich wiederholten, das Arbeitspensum zu bewältigen war und somit wichtige Erfolgserlebnisse gerade für schwache Schüler erfahrbar gemacht wurden. Erste Evaluationsergebnisse zeigen, dass die Klassenlehrkräfte die Arbeit mit dem individuellen Lernordner annehmen. Sie setzen ihn immer dann ein, wenn die Unterrichtsinhalte für die Risikokinder zu schwierig sind und eine individuelle Differenzierung notwendig ist. Zusätzlich haben wir ein Schnell-Screening-Lesen entwickelt, das die aktuellen Kenntnisse der Kinder auf der Ebene der Graphem-Kenntnisse, der Worterkennung und leichter Satzrepräsentationen evaluiert.

Individuelle Förderung bildungsbenachteiligter Kinder | 187

Schnell-Screening-Lesen bis Anfang 3. Klasse für Risikokinder

Name: _____ Klasse: _____ Datum: _____

1. Graphem-Phonem-Zuordnung (mit Mehrgraphemen)

n r t d l s ch m f v w g k ck b sch h z p ng j pf chs sp st qu x y c e i a ie u ei o au ü ö eu ä äu N R T D L S Ch M F V W G K B Sch H Z P J Pf Sp St Qu X C E I A U Ei O Au Ü Ö Eu Ä Äu	(Zeilen abdecken und Kinder lesen lassen.) **Förder-schwerpunkte**

Rot markieren : Buchstaben unbekannt oder falsch
Gelb markieren: Buchstabe falsch lautiert (<Be> statt <B> - <Me/Mö> statt <M>)

2. Worterkennung – phonetisches Rekodieren

Niveau 1: lautgetreue & kurze Wörter Niveua 2: lautgetreue & mehrsilbige Wörter Niveau 3: lange Wörter mit Mehrgraphemen	keine Wort-erkennung	liest langsam u. fehlerhaft	liest gedehnt und korrekt	liest flüssig und korrekt
1. Luft - Film - Brot - Heft - Palme Kiste - Löwe - Hals - Wüste				
2. Telefon - Jaguar - Badehose - Fußballtor - Kinderzimmer				
3. Geldbeutel - Spiegel - Kopftücher Verkäuferin - Eidechse - Querflöte				

Förderschwerpunkt:

3. Lesen auf Satzebene – Korrektes Recodieren, Leseflüssigkeit und Sinnentnahme

1. Der Ball rollt ins Tor.   L: Wo rollt der Ball hin?
2. Der Elefant läuft zum Wasser. Er hat Durst.   L: Wohin läuft er?
3. Die Lehrerin schreibt. Sie hat den Stift in der Hand.   L: Wer hat den Stift in der Hand?
4. Paula hat das Spielzeug für ihren Hund hinter dem hohen Baum versteckt.

liest Wort für Wort, mit Fehllesungen, stockend O mit O ohne Sinnentnahme	liest den Satz langsam mit wenigen Fehllesungen O mit O ohne Sinnentnahme	liest langsam und fast ohne Fehllesungen O mit O ohne Sinnentnahme	liest flüssig und ohne Fehllesungen O mit O ohne Sinnentnahme

Förderschwerpunkt:

Abb. 2: Schnell-Screning-Lesen

Das Schnell-Screening-Lesen ist ein zeitlich schnell durchführbares Einzelscreening, womit man den aktuellen Lernstand von Risikokindern im Alphabetisierungsprozess mit überschaubarem Aufwand erheben und Förderentscheidungen sinnvoll treffen kann. Das Instrument wird von den Projektlehrkräften bisher als alltagstauglich akzeptiert.

These 5
Die Etablierung einer Steuergruppe, eines Jour fixe für das gesamte Kollegium und von Team-Fallbesprechungen auf Jahrgangsstufenebene können Förderkulturen professionalisieren

In fast allen unserer Schulentwicklungsprojekte gelang es ohne große Schwierigkeiten Steuergruppen (vgl. Rolff 2013) für das Schulentwicklungsprojekt ins Leben zu rufen. In den Steuergruppen trafen sich meist die engagierten Lehrkräfte mit einem Schulleitungsmitglied, um sich einmal wöchentlich um den Projektverlauf zu kümmern. Die Steuergruppe war stets der Motor des Projektes. Die Etablierung eines Jour fixe für das gesamte Kollegium mit dem Ziel, die Förderung der bildungsbenachteiligten Kinder zu gestalten, war schwieriger. An einer Schule entwickelte sich der Jour fixe sehr positiv, weil eine eigene Steuergruppe mit hohem Aufwand und Engagement die Vor- und Nachbereitung in die Hand nahm und eine externe Beratung hinzugezogen wurde. An der zweiten Projektschule wurde der Jour fixe zwar angenommen, aber die Zielsetzungen wurden im Anfangsprozess verändert und nur mehr zu einem kleinen Teil für das ursprüngliche Ziel der Förderung bildungsbenachteiligter Kinder inhaltlich verwendet.

Erfahrungen und Daten aus Evaluationen von Schulentwicklungsprojekten
Steuergruppen sind immer zu etablieren. Ohne Steuergruppen lässt sich kein Schulentwicklungsprojekt voranbringen (vgl. Buhren & Rolff 2012). Ein Jour fixe mit dem gesamten Kollegium ersetzt die Steuergruppe nicht. Man braucht in einem anspruchsvollen Schulentwicklungsprojekt beides. Ein Jour fixe benötigt klare inhaltliche Zuweisungen. Zudem empfiehlt es sich, dass er zur Dienstpflicht ausgeschrieben wird. Freiwillige Leistungen in diesem Zusammenhang verlieren mit der Zeit an Verlässlichkeit. Wichtig ist, dass in den Jour fixe Terminen Themen und Probleme angesprochen werden, die relevant für die Bewältigung der Probleme und Herausforderungen des Schulalltages sind. Wenn subjektiv die Termine des Jour fixe von den Lehrkräften als gewinnbringend empfunden werden, dann gibt es keine Akzeptanzprobleme. Team-Fallbesprechungen auf Jahrgangsstufenebene können am ehesten in Kooperation mit den Kolleginnen und Kollegen aus der Sonderpädagogik ins Leben gerufen werden. Auch die Schulleitung sollte einmal im Monat die Jahrgangsstufenteams zu Team-Fallbesprechungen zusammen rufen. Gerade an sozialen Brennpunktschulen lassen sich dadurch viele Problem-

stellungen professionell analysieren und zu einer guten Lösung führen. Steuergruppenarbeit, Jour fixe und Team-Fallbesprechungen sind zweitaufwändig und in Teilen der Kollegien nicht beliebt. Aus unserer Sicht gibt es zwei Stellschrauben die hilfreich sein können. Zum einen müssen an allen Terminen pädagogisch wertvolle und durchdachte Tagesordnungen mit jeweils großer Relevanz für die Kolleginnen und Kollegen vorliegen (gut vorbereitet durch die Steuergruppe) und zum anderen muss die Schulleitung auch hohe Standards bei der professionellen Alltagsarbeit einfordern!

4 Digitale Möglichkeiten und Beschwernisse im Rahmen der individuellen Förderung

In der Zukunft wird adaptives Lehren durch digitale Unterstützung leichter werden. Schon jetzt gibt es Diagnoseprogramme mit Förderempfehlungen und Fördersoftware (zum Beispiel ELFE), die ausgereift sind. Auch einige Apps mit Übungsangeboten auf verschiedenen Niveaus lassen sich sinnvoll in adaptive Förderkonzepte integrieren. Schwache Schüler lernen oft mit Tablets und an Computern sehr motiviert, so dass auch aus diesem Grund der Einsatz von Lernsoftware gut begründbar ist. Für die Lehrkraft stellt der Einsatz digitaler Lernprogramme – zumindest in der Zukunft, wenn alle technischen Voraussetzungen verlässlich gegeben sind – eine Arbeitserleichterung dar, da Korrekturarbeiten wegfallen, Diagnostik schneller durchgeführt werden kann und Individualisierung mit wenigen Klicks möglich wird. Gerade in offenen didaktischen Settings, zum Beispiel der Wochenplanarbeit, lassen sich digitale Förderprogramme sinnvoll in die Unterrichtspraxis integrieren. Unerlässlich ist jedoch eine intensive vorausgehende Auseinandersetzung der Lehrkraft mit den Inhalten und dem Gebrauch des Förderprogramms, um eine genaue Passung zu den Schülerbedürfnissen erzielen zu können. Besonders praktikabel erweisen sich solche Lernprogramme, die über eine Rückmelde- und Statistikfunktion verfügten. Somit kann die Lehrkraft auch nach dem Unterricht überprüfen, welche Aufgaben das Kind bearbeitet hat und wie hoch die Erfolgsquote war. Diese Rückmeldung gibt wichtige Hinweise auf die weitere Förderarbeit. Im Rahmen des Projektes machten wir gute Erfahrungen mit den Lern-Apps Appolino Lesen und Schreiben, Pusteblume sowie mit den ELFE – Lese- und Rechenspielen. Diese Lernsoftware-Angebote basieren auf einer soliden Kompetenzstufentheorie und sind in einen adaptiven Unterricht gut integrierbar.

Erfahrungen und Daten aus Evaluationen von Schulentwicklungsprojekten
In dem Projekt *Monitoring von belasteten Schülern* machten wir die Erfahrung, dass das Angebot von zu vielen digitalen Förderprogrammen sowohl die Lehrkräfte als auch die Kinder verwirrte und demotivierte. Als wir uns auf die Etablierung der *ELFE-Spiele Lesen und Rechnen* konzentrierten, arbeiteten mehr Lehrkräfte mit diesem Angebot und die Kinder entwickelten durch oftmaliges Üben die nötigen Fähigkeiten, sinnvoll, produktiv und auch eigenständig mit den Programmen umzugehen. Als durchaus problematisch ist der große Zeitaufwand zu betrachten, der durch technische Hürden und Beschränkungen entstand. Hier bräuchten die Schulen einerseits mehr Unterstützung durch ausgebildetes IT-Fachpersonal und andererseits weniger Beschränkungen, was die Installation von Lernsoftware auf den schuleigenen Laptops und Computern betrifft. Auch das Bespielen der 16 eigens für das Projekt angeschafften iPads erwies sich als äußerst schwierig, da die von Apple bereitgestellte Software zur Verwaltung der unterschiedlichen Apps stark fehleranfällig war und wir somit immer wieder externe IT-Berater heranziehen mussten. Unverzichtbar ist des Weiteren eine schuleigene WLAN-Versorgung, damit die Kinder an jedem beliebigen Rechner des Schulhauses an ihren digitalen Förderprogrammen arbeiten können. Ohne den zusätzlichen Support durch externe IT-Experten und das hohe zeitliche Engagement der wissenschaftlichen Mitarbeiterinnen und Hilfskräfte für die IT-Betreuung hätte keine Lehrerin an der betroffenen Projektschule mit Lernsoftware arbeiten können oder wollen. Wir beobachteten auch ein zu viel an Software-Angeboten. Das stiftete Verwirrung bei den Kindern, aber auch bei den Lehrkräften. Wenn Kinder nicht fast täglich am Computer mit wenigen Programmen arbeiten, dann gewinnen sie keine Routine und verlieren die Motivation digital zu lernen. Wir gehen davon aus, dass es sinnvoll ist, nur wenige Programme an den Schulen einzuführen, da der Zeitaufwand für die Einarbeitung der Lehrkräfte sehr groß ist. Auch die Kinder brauchen Zeit, um zu lernen, wie sie auch selbständig mit einem digitalen Lernprogramm arbeiten können.

5 Eine Matrix zur Beschreibung einflussreicher Faktoren für eine verlässliche Förderung von bildungsbenachteiligten Kindern

Da sich an den Disparitäten im deutschen Bildungswesen in den letzten 15 Jahren so wenig zum Positiven änderte, obwohl in diesem Zeitraum erhebliche zusätzliche Ressourcen (zum Beispiel Ganztagsunterricht und sozialpädagogische Betreuung) in das Bildungswesen flossen, ist es sinnvoll kritisch zu hinterfragen, ob eventuell die Bildungsbemühungen erfolgreicher gestaltet werden können.

Tab. 4: Matrix zu einer förderorientierten Unterrichtsarchitektur – Inhalte & Verantwortungsbereiche

Herausforderungen	Perspektive Lehrerinnen und Lehrer	Perspektive Schulleiterinnen und Schulleiter	Perspektive Schulaufsicht, Kommune, Staat und Universitäten
Schwerpunktsetzung und pädagogische Haltungen	mehr Sensibilität und Aufmerksamkeit für benachteiligte Kinder entwickeln	klare Schwerpunktsetzung des Schulprogramms: Förderung benachteiligter Kinder Entwicklung eines wirksamen Förderkonzepts	zusätzliche Ressourcen generieren – gebunden an konkrete Aufgabenfelder Lehrerausbildung ergänzen & reformieren
Aspekte adaptiven Unterrichts	päd. Diagnostik im Lesen, Rechnen, Schreiben (inkl. Lernprozessdiagnostik) kennen und anwenden individuelle Förderung ausbauen, je passende Auswahl an Methoden & Lernmaterial vornehmen	professionelle Lerngemeinschaften an der Schule gründen (vgl. Rolff 2013) Förderkoordinationslehrkraft etablieren Mindeststandards setzen und überprüfen	Ressourcen für Förderkoodinationslehrkraft bereitstellen Aus- und Weiterbildung intensivieren Alltagstaugliche Diagnose- und Fördermaterialien anbieten
innerschulische Konzepte zur Förderorientierung	nur die besten Lehrkräfte für die schwächsten Kinder viele Förderstunden in einer Hand	päd. Beziehungen L/S durch kluge Stundenplangestaltung ermöglichen Förderkonzeptionen über 3–5 Unterrichtsstunden planen	Professionelle Lerngemeinschaften regional und überregional etablieren – Finanzierung sichern
Digitalisierung	digitale Diagnostik und Lernsoftware kennen und anwenden (falls Technik u. Support vorhanden)	Digitalisierungs-Support einfordern, Lehrkräfte vor Überforderung schützen	Technik und laufenden Support verlässlich etablierern
Steuergruppen, Jour-Fixe & Team-Fall-Besprechungen	Interesse entwickeln an professioneller Unterstützung für belastete Kinder	Etablierung einer Steuergruppe, eines Jour-Fixe und Ermöglichung von Team-Fall-Besprechungen	Bereitstellung von Entlastungsstunden fachliche Unterstützung anbieten und pädagogische Netzwerke ermöglichen
Prozessevaluation	Bereitschaft entwickeln, die Förderkonzeptionen im Prozess kritisch zu reflektieren	laufend Fehlentwicklungen durch Prozessevaluation und kollegiale Beratung korrigieren	Evaluationsstrukturen verlässlich etablieren und mit Beratungsangeboten flankieren

Dabei schauen wir im Folgenden auf die Handlungsebene der Lehrkraft, der Schulleitung und der beratenden sowie kontrollierenden Schulaufsicht. Bewusst vertreten wir hier nicht die These, dass man nur einfach mehr Ressourcen bereitstellen muss, damit es besser wird. Wir sehen durchaus den Bedarf an mehr Ressourcen vor allem für soziale Brennpunktschulen. Jedoch sollen die Schulen verpflichtet werden, den Einsatz der zusätzlichen Ressourcen konzeptionell zu begründen. Wir sind der Ansicht, dass dies die Qualität der Förderkonzeptionen an den Schulen steigern wird. Mit der Matrix wollen wir auch aufzeigen, dass es viele Verknüpfungen bei den angesprochenen Handlungsebenen in der Etablierung und Umsetzung von förderorientierten Unterrichtskonzeptionen gibt. Ziel ist eine Unterrichtsarchitektur, die spürbar diagnostische Aspekte und Facetten der individuellen Förderung in den Mittelpunkt der Alltagsarbeit an den Schulen bringt. Und wir sind der Auffassung, dass die hier beschriebenen Aspekte Einfluss auf die Qualität der Förderkonzeptionen an den Schulen haben. Um Qualität zu evozieren, ist ein detaillierter Blick auf die jeweiligen Umsetzungsbemühungen unerlässlich.

Wirksamer Unterricht hängt von vielen Faktoren ab. Die Förderung von bildungsbenachteiligten Kindern hängt von noch mehr Faktoren ab. Wir gehen davon aus, dass die Lösungen vor allem an den Schulen gefunden werden können (vgl. Buhren & Rolff 2012). Allerdings sehen wir die Notwendigkeit, dass die Schulen vielfältige Unterstützung und auch einige Vorgaben von Seiten der Dienstaufsichtsbehörde brauchen, um erfolgreich sein zu können. Verpflichtende Vorgaben durch eine Aufsichtsbehörde sollten aber stets bei ausreichender Begründung veränderbar sein. An einem adaptiven Unterricht mit pädagogischer Diagnostik und durchdachter individueller Förderung geht kein Weg vorbei. Aus unserer Sicht sind oft Details verantwortlich für Erfolg oder Misserfolg. International gibt es erstaunlich viele Länder, die die Förderung bildungsbenachteiligter Kinder besser gestalten als es Deutschland gelingt. Das sollte alle beteiligten Protagonisten anspornen.

Literaturverzeichnis

Bos, W., Valtin, R., Hornberg, S., Buddeberg, I., Goy, M. & Voss, A. (2007). Internationaler Vergleich 2006: Lesekompetenzen von Schülerinnen und Schülern am Ende der vierten Jahrgangsstufe. In W. Bos, S. Hornberg, K.-H. Arnold, G. Faust, L. Fried, E.-M. Lankes, K. Schwippert & R. Valtin (Hrsg.), IGLU 2006. Lesekompetenzen von Grundschulkindern in Deutschland im internationalen Vergleich (109–160). Münster: Waxmann.

Breidenstein, G. (2015): Lernprozessbegleitung und adaptive Lerngelegenheiten im Unterricht der Grundschule. Ein wissenschaftliches Streitgespräch. In: K. Liebers & B. Landwehr & A. Marquardt & K. Schlotter (Hrsg.): Lernprozessbegleitung und adaptives Lernen in der Grundschule. Wiesbaden: Springer, 47–56.

Brühwiler, C. (2014). Adaptive Lehrkompetenz und schulisches Lernen. Münster: Waxmann.

Buhren, C. & Rolf, H.G. (2012) (Hrsg.): Handbuch Schulentwicklung und Schulentwicklungsberatung. Weinheim und Basel: Beltz.

Dube, J. (2014): Erfolgreiche Leseförderung für ZweitsprachlernerInnen mit einem Recreational Reading Programm. Online unter: www.gfl-journal.de/2-2014/Dube.pdf. (Abrufdatum: 10.01.2019)

Hattie, J. (2013): Lernen sichtbar machen. Überarbeitete deutschsprachige Ausgabe von „Visible Learning" besorgt von Beywl, W. und Zierer, K. Hohengehren: Schneider.

Hußmann, A.; Wendt, H.; Bos, W.; Bremerich-Vos, A.; Kasper, D.; Lankes, E.; Mcelvany, N.; Stubbe, T. C.; Valtin, R. (Hrsg.)(2017): IGLU 2016. Lesekompetenzen von Grundschulkindern in Deutschland im internationalen Vergleich. Münster; New York: Waxmann.

ISB (2004): Praxisleitfaden Schulbibliothek. Online unter: https://www.isb.bayern.de/schulartuebergreifendes/medienbildung/leseforderung-schulbibliotheken/praxisleitfaden-schulbibliothek/

Kahlert, J. & Sigel, R. (2007): Schulentwicklung als regionale Lernpartnerschaft – ein Netz von Schulen, Schulverwaltung und Universität. In: Solzbacher, C. & Minderop, D. (Hrsg.) (2007): Bildungsnetzwerke und regionale Bildungslandschaften. Ziele und Konzepte, Aufgaben und Prozesse. München/Unterschleißheim, 70–79.

LaBerge, D.; Samuels, S. J. (1974): Toward a theory of automatic information process in reading. In: Cognitive Psychology 6, 293–323.

Martschinke, S. (2015): Facetten adaptiven Unterrichts aus der Sicht der Unterrichtsforschung. In: K. Liebers & B. Landwehr & A. Marquardt & K. Schlotter (Hrsg.): Lernprozessbegleitung und adaptives Lernen in der Grundschule. Wiesbaden: Springer, 15–32.

Mayer, A. (2010): Gezielte Förderung bei Lese- und Rechtschreibstörungen. München: Ernst Reinhardt Verlag.

Munser-Kiefer, M. (2014): Leseförderung im Leseteam in der Grundschule. Eine Interventionsstudie zur Förderung von basaler Lesefertigkeit und (meta-)kognitiver Lesestrategien. Münster.

Pekrun, R. (2015): Lernen mit Gefühl. Online unter: https://www.uni-muenchen.de/forschung/news/2015/sl_pecrun_lernen.html (Abrufdatum: 10.01.2019)

Rolff, H.G. (2013): Schulentwicklung kompakt. Modelle, Instrumente, Perspektiven. Weinheim und Basel: Beltz.

Rosebrock, C. & Nix, D. (2008): Grundlagen der Lesedidaktik und der systematischen schulischen Förderung. 2. korrigierte Auflage. Schneider Hohengehren

Schoen, E. (2002). Einige Anmerkungen zur PISA-Studie, auch aus literaturdidaktischer Perspektive. Oder: Lesen lernt man durch lesen. In: K. Franz & F.J. Payrhuber (Hrsg.), Lesen heute. Leseverhalten von Kindern und Jugendlichen im Kontext der PISA-Studie (72–91). Baltmannsweiler: Schneider.

Scholastik.com. Online unter: (https://www.scholastic.com/parents/books-and-reading/reading-resources/book-selection-tips/assess-dra-reading-levels.html . (Abrufdatum: 10.01.2019)

Schründer-Lenzen, A. (2009): Schriftspracherwerb und Unterricht. Bausteine professionellen Handlungswissens, 3. Auflage. Wiesbaden: VS Verlag für Sozialwissenschaften.

Sigel, R. (2010): Förderung von leseschwachen Schülern mit und ohne Migrationshintergrund. In: Bayerisches Staatsministerium für Unterricht und Kultus (Hrsg.): ProLesen. Auf dem Weg zur Leseschule – Leseförderung in den gesellschaftswissenschaftlichen Fächern. Donauwörth: Auer, 37–56.

Sigel, R. (2016): Arme und bildungsbenachteiligte Kinder – Risiko-Monitoring als Präventionschance. In: Inckemann, E./Sigel, R. (Hrsg.): Diagnose und Förderung von bildungsbenachteiligten Kindern im Schriftspracherwerb. Bad Heilbrunn: Klinkhardt.

Sigel, R. (2017): Leitfaden zur Lernausgangs- und Lernprozessdiagnostik für Kinder mit aktueller Flucht- oder Migrationserfahrung. In: Sigel, R. & Inckemann, E. (Hrsg.): Diagnose und Förderung von Kindern mit Zuwanderungshintergrund im Sprach- und Schriftspracherwerb. Bad Heilbrunn: Klinkhardt.

Sigel, R. & Kahlert, J. (2006): Eine Stadt macht Schule. Münchner Konzept zur Schulentwicklung. Bad Heilbrunn.

Speck-Hamdan, A. (2007): Bildungsgerechtigkeit – ein hohles Versprechen. Wie Armut und Bildungsmöglichkeiten zusammenhängen und welche Rolle die Schule dabei spielt oder spielen könnte. In: Grundschule Aktuell. Zeitschrift des Grundschulverbandes (97). Frankfurt/M.: Grundschulverband, 6–10.

Stanat, P., Schipolowski, S., Haag, N., Rjosk, C. & Weirich, S. (Hrsg) (2016): IQB-Bildungstrend 2016. Münster: Waxmann Verlag.

Vygotsky, L. S. (1978). Mind in society: The development of higher psychological processes. Cambridge, MA: Harvard University Press.

Wischer, B. (2009): Umgang mit Heterogenität im Unterricht. Online unter: https://schulaufsicht-aps.tsn.at/sites/bsi.tsn.at/files/dateien/lz/Umgang%20mit%20Heterogenitaet.pdf. (Abrufdatum: 10.01.2019)

Julia Gerick und Knut Schwippert

Die Bedeutung digitaler Medien für die Bildungsbeteiligungen von Grundschüler*innen – Theoretische Bezüge, empirische Befunde und zukünftige Forschungsperspektiven

1 Einleitung

Kinder und Jugendliche lernen nicht nur in institutionalisierten Bildungseinrichtungen. Je nach Alter und Lerngegenstand bieten sich ihnen ganz vielfältige Möglichkeiten, sich Wissen und Können anzueignen. Hierbei gibt es neben dem Elternhaus eine Vielzahl von Einrichtungen, die sich um die Betreuung und Entwicklung von Kindern und Jugendlichen (z.b. bei Kooperationen im Ganztag) bemühen. Zur Systematisierung dieser Institutionen kann die Definition der Europäischen Kommission (2012) von formalen, non-formalen und informellen Bildungsgelegenheiten herangezogen werden. In diesem Beitrag wird der Fokus jedoch auf die beiden zuerst genannten Bildungsgelegenheiten gerichtet, da diese am ehesten institutionell mit der Schule verbunden sind und damit gezielten Förderungs- bzw. Unterstützungsmaßnahmen gegenüber systematisch zugänglich sind. Aber auch wenn das formalisierte Bildungsangebot darauf ausgelegt ist, Schüler*innen im besten Sinne zu bilden, muss festgestellt werden, dass dieses Ziel nicht bei allen gleichermaßen erreicht wird. Um nunmehr keine Debatte um die zum Teil bildungspolitisch aufgeladenen Diskussionen von Chancengleichheit und -erechtigkeit oder normativ bewertbare Mechanismen der Chancenzuweisung im Sinne eines Diskurses für oder wider des Meritokatischen bzw. des Matthäus-Prinzips zu führen, sei als Ausgangspunkt für die Betrachtung digitaler Medien im Bildungsprozess an dieser Stelle auf die Arbeit von Roemer (1998) verwiesen. Er unterscheidet im Zuge der Auseinandersetzung mit Fragen – wie wir heute sagen würden – zur Teilhabegerechtigkeit in die Kategorien ‚Umstände' und ‚Anstrengung'. Diese Dichotomie hilft, die Voraussetzungen von Bildungsprozessen zu unterscheiden, auf die ein*e Lernende*r kein (bzw. kaum einen) Einfluss hat und die, die ein*e Lernende*r selber beeinflussen kann. Im Rahmen dieser Logik werden in diesem Beitrag die ‚Umstände' näher betrachtet, die im Sinne von Roemer als Ursachen von Bildungs(un)gleichheiten anzusehen sind. Der Beitrag geht des Weiteren systematisierend der Frage nach, inwiefern insbesondere digitale Medien ein Potenzial für die Reduzierung von Bildungsbenachteiligungen in der Grundschule aufweisen. Dazu werden die fünf Dimensionen der ‚digital equity'[1] nach Resta u.a. (2018) herangezogen und für jede dieser Dimensionen aktuelle Befunde und Diskurse für Deutschland für den Grundschulbereich bzw. das Grundschulalter betrachtet. Wie gezeigt werden wird, umfasst diese ‚digital equity' dabei nicht nur materielle Ausstattung, sondern es lassen sich auch prozess- bzw. personenbezogene Merkmale daran anknüpfen. Anschließend werden Überlegungen zu Potenzialen digitaler Medien für die Reduzierung von Bildungsbenachteiligungen und zukünftige Forschungsperspektiven skizziert.

2 Theoretische Bezüge, vorliegende Befunde und Diskurse zu digitalen Medien im Kontext von Bildungsbenachteiligung

In unserer Gesellschaft sind die Menschen Individualisten – Individualität wird in vielen Zusammenhängen als positiv beschrieben und mit Attributen wie Spontanität, Kreativität oder Autonomie in Verbindung gebracht. Was wir auf der einen Seite in unserer Gesellschaft wertschätzen, hat auch eine Schattenseite. Insbesondere wenn wir im Bildungssystem auf unterschiedliche Lern- oder sogar Abschlusserfolge von Kindern und Jugendlichen schauen, kommt ein unbehagliches Gefühl auf – dieses wird noch verstärkt, wenn beschrieben wird, dass die Heterogenität im Lernerfolg nicht nur auf dem Meritokratischen Prinzip basiert, sondern vielmehr vielfach an Unterschieden hängt, die nur bedingt mit der Einstellung bzw. der Anstrengung der Individuen zusammenhängen (vgl. Roemer 1998). Der Bildungsforscher Jürgen Baumert hat es in einem Zeit-Interview folgendermaßen ausgedrückt: „[…] Denn bereits am ersten Tag nach der Geburt vergrößern sich die in die Wiege gelegten Unterschiede. […] Die Schere geht oft von Jahr zu Jahr weiter auf." Die hier so treffend beschriebenen Disparitäten im Bildungsbereich rücken für diesem Beitrag in den Fokus: Welche Rolle spielen digitale Medien in Bezug auf Disparitäten in Lernprozessen, und wie unterschieden sich verschiedene Personengruppen diesbezüglich?

Bildungsdisparitäten, die in Abhängigkeit der sozialen Herkunft (im Sinne eines ‚Umstands' gemäß Roemer) im Kontext digitaler Medien entstehen, werden im englischen Sprachraum vielfach vor dem Hintergrund des *digital divide* diskutiert (vgl. z.B. Attewell 2001; Hilbert 2011; Niesyto 2009; Zillien 2009). Dabei werden verschiedene Grade eines digital divides differenziert.

---

[1] An dieser Stelle zeigt sich ein Nachteil der deutschen Sprache: Die bildhafte und kurze Beschreibung ‚digital equity' lässt sich nicht annähern knapp im Deutschen darstellen. Im Sinne der Autor*innen wäre – wenn auch sprach-ästhetisch nicht die erste Wahl – die Übersetzung ‚Zugangsgerechtigkeit zu digitalen Medien'. Aufgrund dieser Umständlichkeit bleiben wir im Beitrag bei dem englischen Original.

- Unter *first-level digital divide* werden Ungleichheiten im Zugang zu und der Ausstattung mit digitalen Technologien und Ressourcen verstanden (vgl. z.B. Campbell 2001; Irion & Sahin 2018; Resta u.a. 2018).
- Der *second level digital divide* umfasst Ungleichheiten in der Art der Nutzung und Anwendung digitaler Technologien (vgl. Attewell 2001; Campbell 2001; Hargittai 2002; Solomon u.a. 2003).
- Darüber hinaus weisen Resta u.a. (2018) darauf hin, dass aktuell *third-level digital divides* sichtbar werden. Nach van Deursen und Helsper (2015) handelt es sich bei third-level divides um "disparities in the returns from internet use within populations of users who exhibit broadly similar usage profiles and enjoy relatively autonomous and unfettered access to ICTs and the internet infrastructure" (ebd., 30).

Sinngemäß kann bei third-level digital divides also von Ungleichheiten in den ‚Erträgen' aus der Internetnutzung gesprochen werden, die innerhalb von Personengruppen mit sehr ähnlichem Nutzungsverhalten und vergleichbarem Zugang zu digitalen Technologien und dem Internet auftreten. Zillien (2009) konnte bereits vor über zehn Jahren auf der Grundlage empirischer und für Deutschland repräsentativer Daten zeigen, dass statushöhere Mediennutzer*innen aufgrund von schichtspezifischen Wissens- und Bedeutungsschemata stärker vom Internet profitieren und prognostizierte damit eine Verfestigung sozialer Ungleichheiten im Sinne eines *digital divides*. Auch aktuell weisen van Deursen und Helsper (2015) darauf hin, dass Personen mit höherem Bildungsabschluss eher vom Internet profitieren können.

Es wird deutlich, dass es um mehr geht als lediglich um die Verfügbarkeit digitaler Technologien in Form von Hardware und der einfachen Verfügbarkeit des Internets. Nach Resta u.a. (2018) umfasst 'digital equity' im Bildungskontext fünf Dimensionen (ebd. 988 und eigene Übersetzung).

1. Zugang zu Hardware, Software und Internetanbindung *(Access to hardware, software, and connectivity to the Internet)*
2. Zugang zu sinnvollen, qualitativ hochwertigen und kulturell relevanten Inhalten *(Access to meaningful, high quality, and culturally relevant content in local languages)*
3. Zugang zur Erstellung, Verbreitung und zum Austausch digitaler Inhalte *(Access to creating, sharing, and exchanging digital content)*
4. Zugang zu Lehrkräften, die wissen, wie man mit digitalen Werkzeugen und Ressourcen umgeht. *(Access to educators who know how to use digital tools and resources)*
5. Zugang zu hochwertiger Forschung über die Anwendung digitaler Technologien zur Verbesserung des Lernens *(Access to high-quality research on the application of digital technologies to enhance learning)*

Diese Dimensionen, die nach Roemer (1968) alle zur Kategorie der ‚Umstände' (oder hier besser: Ausstattung) zu zählen sind, werden im Folgenden herangezogen, um aktuelle Befunde und Diskurse für Deutschland in diesem Kontext für den Grundschulbereich bzw. das Grundschulalter überblicksartig zu betrachten.

2.1 Zugang zu digitalen Medien und Internet im Grundschulalter

Der Zugang zu digitalen Medien nimmt in Deutschland stetig zu. Aktuelle Ergebnisse der KIM-Studie von 2016 zeigen hinsichtlich der Verfügbarkeit von Medien zuhause, dass nach Angaben der Haupterzieher*innen in 97 Prozent der Haushalte mit Kindern zwischen 6 und 13 Jahren ein Computer oder Laptop sowie ein Internetzugang vorhanden sind (vgl. mpfs 2016). Damit ist der Zugang zu Hardware und zum Internet für Kinder in Deutschland nahezu in allen Haushalten gegeben. Betrachtet man den Zugang zu digitalen Medien differenziert nach der sozialen Herkunft, zeigen Untersuchungen in den vergangenen Jahren jedoch Disparitäten in Bezug auf die Verfügbarkeit digitaler Technologien zugunsten privilegierterer Schüler*innenfamilien (vgl. Attewell 2001; OECD 2006; Volman u.a. 2005).

In eigenen Analysen für Viertklässler*innen in Deutschland zur Verfügbarkeit von Hardware und Internet auf Grundlage der Internationalen Grundschul-Lese-Untersuchung (IGLU 2016) zeigen sich Unterschiede nach Bildungsnähe des Elternhauses (siehe Tabelle 1; Indikator: Anzahl der Bücher zuhause, vgl. zur Operationalisierung u.a. Ehmke & Jude 2010; Stubbe u.a. 2016). So wird deutlich, dass Kinder aus bildungsfernen Elternhäusern (Indikator: bis 100 Bücher zuhause) signifikant öfter über einen Computer oder ein Tablet verfügen können als Kinder aus bildungsnäheren Elternhäusern (74% vs. 68%). Im Hinblick auf die Verfügbarkeit einer Internetverbindung zeigen sich dagegen kaum Unterschiede nach sozialer Herkunft (88% vs. 91% / nicht signifikant). Im Hinblick auf die Nutzung von digitalen Technologien und dem Internet zeigen die Ergebnisse der KIM-Studie, dass für Kinder zwischen 6 und 13 Jahren die Verfügbarkeit zuhause nahezu zur Selbstverständlichkeit geworden ist (6- bis 9-Jährige: 97%, 10- bis 11-Jährige: 99%).

Tab. 1: Verfügbarkeit von Hardware und Internetzugang für Viertklässler*innen in Deutschland (eigene Analysen auf Grundlage der IGLU-2016-Daten)

	bis 100 Bücher zuhause		mehr als 100 Bücher zuhause		
	Ja (in %)	SE	Ja (in %)	SE	Differenz
Verfügbarkeit eines Computers/Tablets	74.17	1.22	67.57	1.54	−6.60***
Verfügbarkeit einer Internetanbindung	88.34	0.74	90.75	1.07	2.41 (n.s.)

SE: Standardfehler; Signifikanzlevel: *** $p<0.01$ / ** $p<0.05$ / * $p<0.10$ / n.s. nicht signifikant.

Im Hinblick auf die Internetnutzung in der Schule ist dies dagegen (noch) nicht der Fall, hier liegt der Anteil bei 18 Prozent für die Gruppe der 6- bis 7-Jährigen, 22 Prozent bei der Gruppe der 8- bis 9-Jährigen, 37 Prozent bei der Gruppe der 10- bis 11-Jährigen und schließlich 50 Prozent bei der Gruppe der 12- bis 13-Jährigen (mpfs 2016).

Somit kann in einem ersten Schritt konstatiert werden, dass für Schüler*innen der Zugang zu Computer und Internet bereits im Grundschulalter in Deutschland stark ausgeprägt ist. Dennoch zeigen sich – wenn auch auf insgesamt hohem Niveau – unter Berücksichtigung der sozialen Herkunft Unterschiede in der Verfügbarkeit digitaler Medien. Damit sind bereits unterschiedliche Ausgangspositionen auch in Bezug auf die Nutzung, die im Folgenden näher betrachtet wird, determiniert.

2.2 Nutzung digitaler Medien für den Zugang zu Inhalten und entsprechende Kompetenzen

Aktuelle Befunde der KIM-Studie zur Nutzung digitaler Medien zur Beschäftigung mit verschiedenen Inhalten zeigen, dass Kinder digitale Technologien insbesondere für die Informationsrecherche nutzen. Von den befragten 6- bis 13-Jährigen nutzen 70 Prozent Suchmaschinen mindestens einmal in der Woche. Bei dieser Betrachtung ist jedoch nicht differenziert, ob es sich um bildungsbezogene oder freizeitbezogene Inhalte bzw. Tätigkeiten handelt. Bisherige Forschungen konnten jedoch zeigen, dass Kinder und Jugendliche aus bildungsnäheren Elternhäusern digitale Medien häufiger für bildungsbezogene Aspekte nutzen (vgl. z.B. Eickelmann, Bos u.a. 2015; Otto u.a. 2004). Eigene Analysen der IGLU-2016-Daten für die Grundschule verdeutlichen dagegen, dass Kinder aus bildungsferneren Familien an einem normalen Schultag signifikant mehr Zeit am Computer für bildungsbezogene Tätigkeiten verbringen, hier das Finden und Lesen von Informationen (siehe Tabelle 2).

Tab. 2: Verbrachte Zeit am Computer für bildungsbezogene Tätigkeiten von Viertklässler*innen (eigene Analysen auf Grundlage der IGLU-2016-Daten)

	bis 100 Bücher zuhause		mehr als 100 Bücher zuhause		
	keine Zeit (in %)	SE	keine Zeit (in %)	SE	Differenz
Informationen finden und lesen	38.05	1.44	44.91	2.03	6.86***
Aufsätze und Präsentationen vorbereiten	40.93	7.74	43.9	1.99	2.97 (n.s.)

SE: Standardfehler; Signifikanzlevel: *** p<0.01 / ** p<0.05 / * p<0.10 / n.s. nicht signifikant.

Bei der Vorbereitung von Aufsätzen und Präsentationen gibt es allerdings keine signifikanten Unterschiede zwischen den beiden Gruppen. In der Betrachtung freizeitbezogener Tätigkeiten zeigen die eigenen IGLU-2016-Analysen, dass es ebenfalls die Gruppe der Kinder aus bildungsferneren Elternhäusern ist, die an einem normalen Schultag signifikant öfter Videospiele spielen, Videos anschauen, Chatten und im Internet surfen (siehe Tabelle 3).

Tab. 3: Verbrachte Zeit am Computer für freizeitbezogene Tätigkeiten von Viertklässler*innen (eigene Analysen auf Grundlage der IGLU-2016-Daten)

	bis 100 Bücher zuhause		mehr als 100 Bücher zuhause		
	keine Zeit (in %)	SE	keine Zeit (in %)	SE	Differenz
Spiele spielen	13.89	0.76	20.31	1.51	6.42***
Videos anschauen	18.77	1.08	26.44	1.23	7.67***
Chatten	46.21	1.7	60.09	1.85	13.88***
Im Internet surfen	47.29	1.34	52.88	1.78	5.59**

SE: Standardfehler; Signifikanzlevel: *** p<0.01 / ** p<0.05 / * p<0.10 / n.s. nicht signifikant.

Die bisherigen Betrachtungen haben insbesondere die durch den familiären Hintergrund der Kinder geprägte Nutzung von digitalen Medien in den Blick genommen. Im Folgenden wird ergänzend die durch die Schule initiierte Nutzung von digitalen Medien in den Fokus gerückt. In der KMK-Strategie von 2016 zur ‚Bildung in der digitalen Welt' wird explizit als erster Kompetenzbereich das ‚Suchen, Verarbeiten und Aufbewahren' formuliert, der auch bereits für den Grundschulbereich relevant ist (KMK 2016, 15f):

„**1. Suchen, Verarbeiten und Aufbewahren**
1.1. Suchen und Filtern
    1.1.1. Arbeits- und Suchinteressen klären und festlegen
    1.1.2. Suchstrategien nutzen und weiterentwickeln
    1.1.3. In verschiedenen digitalen Umgebungen suchen
    1.1.4. Relevante Quellen identifizieren und zusammenführen
1.2. Auswerten und Bewerten
    1.2.1. Informationen und Daten analysieren, interpretieren und kritisch bewerten
    1.2.2. Informationsquellen analysieren und kritisch bewerten
1.3. Speichern und Abrufen
    1.3.1. Informationen und Daten sicher speichern, wiederfinden und von verschiedenen Orten abrufen"

Zu der Frage, inwiefern Grundschulkinder über entsprechende Kompetenzen verfügen, liegen nur wenige Befunde vor. Im Rahmen der Evaluation des Modellprojekts ‚Lernen mit digitalen Medien' in Schleswig-Holstein wurden die Schüler*innen der Modellschulen unter anderem um eine Selbsteinschätzung ihrer Kompetenzen in diesem Kompetenzbereich gebeten, der anhand von zwei Items operationalisiert wurde.[2] Die Ergebnisse zeigen, dass obwohl sich die befragten Viertklässler*innen an Modell-Grundschulen für das Lernen mit digitalen Medien befinden, sich jedes fünfte Kind (noch) nicht in der Lage sieht, Texte und Bilder von Internetseiten in eine Text- oder Präsentationsdatei zu kopieren. Rund 7 Prozent der Kinder antworteten auf die Frage, ob sie in entsprechenden Suchmaschinen Informationen finden können, mit ‚Nein' (Gerick & Eickelmann 2017, 21). Die parallele Lehrer*inneneinschätzung der Schüler*innnenkompetenzen an Grundschulen fällt entsprechend verhalten aus. Rund die Hälfte der Lehrpersonen (46.8%) gibt an, dass an ihrer Schule (noch) rund 20 Prozent der Schüler*innen keine Kindersuchmaschine zur Informationssuche nutzen können. Etwas mehr

---
2 Bei der Interpretation dieser Untersuchung ist zu beachten, dass es sich bei den betrachteten Schulen um Modellschulen handelt, die einen expliziten Fokus insbesondere auf die Förderung von ‚Medienkompetenz' legen und damit u.a. in Bezug auf technische Ausstattung, konzeptionelle Einbindung und Einstellung der Befragten tendenziell positiv selektiert sind.

als zwei Drittel (65.5 %) der befragten Lehrpersonen schätzt ein, dass ca. 50 Prozent der Schüler*innen an ihrer Schule (noch) nicht in der Lage sind, Texte und Bilder von Internetseiten in eine Datei zu kopieren.
Ein Blick in die Entwicklungen der Bundesländer zeigt, dass digitale Schulbücher derzeit hinsichtlich der Bereitstellung digitaler Bildungsmedien ein wichtiges Thema darstellen (vgl. Eickelmann 2017, 65). Digitalen Schulbücher können die Möglichkeit bieten, digitale Inhalte zur Differenzierung und Individualisierung zur Verfügung zu stellen. Damit dies jedoch durch die Schüler*innen genutzt werden kann, sind die notwendigen Kompetenzen der Textrezeption bzw. -nutzung durch digitale Medien noch weiter auszubauen. Hierbei scheint es bedeutsam, ein besonderes Augenmerk auf die Kinder zu richten, bei denen eine basale Nutzung von digitalen Medien im häuslichen Umfeld nicht möglich ist.

2.3 Nutzung digitaler Medien für die Erstellung digitaler Inhalte und entsprechende Kompetenzen

Neben der rezeptiven Nutzung digitaler Medien als Zugang zu Inhalten spielt auch der produktive Umgang, die Verbreitung und der Austausch digitaler Inhalte eine Rolle, wenn es um die Frage nach ‚digital equity' geht (s.o.). In der KMK-Strategie zur Bildung in einer digitalen Welt (2016) findet sich dieser Aspekt im Kompetenzbereich ‚Produzieren und Präsentieren', der auch bereits für den Grundschulbereich relevant ist (KMK 2916, 16f):[3]

„3. Produzieren und Präsentieren
   3.1. Entwickeln und Produzieren
      3.1.1. Mehrere technische Bearbeitungswerkzeuge kennen und anwenden
      3.1.2. Eine Produktion planen und in verschiedenen Formaten gestalten, präsentieren, veröffentlichen oder teilen
   3.2. Weiterverarbeiten und Integrieren
      3.2.1. Inhalte in verschiedenen Formaten bearbeiten, zusammenführen, präsentieren und veröffentlichen oder teilen
      3.2.2. Informationen, Inhalte und vorhandene digitale Produkte weiterverarbeiten und in bestehendes Wissen integrieren
   3.3. Rechtliche Vorgaben beachten
      3.3.1. Bedeutung von Urheberrecht und geistigem Eigentum kennen
      3.3.2. Urheber- und Nutzungsrechte (Lizenzen) bei eigenen und fremden Werken berücksichtigen
      3.3.3 Persönlichkeitsrechte beachten"

---

3 Auch wenn es für die Grundschüler*innen als durchaus anspruchsvoll zu charakterisieren ist: Dieser Kompetenzbereich umfasst sowohl Aspekte der Produktion und Weiterverarbeitung von digitalen Inhalten aber auch rechtliche Aspekte, wie zum Beispiel Fragen des Urheberrechts.

Im Rahmen der bereits oben genannten Evaluation der Modellschulen ‚Lernen mit digitalen Medien' in Schleswig-Holstein wurden die Viertklässler*innen an den Modell-Grundschulen auch um die Selbsteinschätzung ihrer Kompetenzen in diesem Kompetenzbereich gefragt. Die Ergebnisse deuten darauf hin, dass rund ein Fünftel der befragten Viertklässler*innen im Mittel einschätzen, (noch) nicht über Kompetenzen im Bereich ‚Produzieren' zu verfügen (Gerick & Eickelmann 2017, 21). Dies gilt – im Vergleich zum Bereich der Textverarbeitung – stärker noch im Bereich der digitalen Präsentationserstellung. Die parallele Lehrer*inneneinschätzung der Schüler*innenkompetenzen verdeutlicht, dass die Hälfte der Lehrpersonen (50 %) einschätzt, dass rund 20 Prozent der Schüler*innen an ihrer Schule (noch) nicht in der Lage sind, einen Text in ein Textverarbeitungsprogramm einzugeben. Fast 90 Prozent (87.6 %) der Lehrpersonen schätzen dagegen ein, dass rund die Hälfte der Schüler*innen an ihrer Schule (noch) nicht dazu in der Lage ist, eine Präsentation mit dem Computer vorzubereiten. Auch hier ist bei der Interpretation wieder zu beachten, dass es sich bei den betrachteten Schulen um Modellschulen handelt, die bereits einen expliziten Fokus auf die Förderung von ‚Medienkompetenz' legen.

Neben den Kompetenzen, über die Schüler*innen für die Erstellung digitaler Inhalte verfügen müssen, stellt sich auch die Frage nach den Gelegenheiten und Umständen der Vermittlung bzw. des Lernens. Neben individuellen Lösungen auf Unterrichtsebene und klassenübergreifenden Ansätzen auf Einzelschulebene finden sich verstärkt Bemühungen auf Landesebene, Schulen eine Infrastruktur zur Verfügung zu stellen, in der auch Schüler*innen die Möglichkeit haben, gemeinsam an Inhalten zu arbeiten. Beispielhaft ist an dieser Stelle das ‚mebis – Landesmedienzentrum Bayern' angeführt, das für Grundschulen und alle weiteren Schulformen neben u.a. einer Mediathek mit urheberrechtlich unbedenklichen Inhalten auch eine Lernplattform enthält, mittels derer virtuelle Klassenräume angelegt werden können, zu denen Lehrpersonen und Schüler*innen Zugang haben und Schüler*innen beispielsweise gemeinsam an Projekten arbeiten können (vgl. Eickelmann 2017). Mit der Plattform ist es im Hinblick auf eine Differenzierung beispielsweise auch möglich, individuelle Texte in den an der Grundschule gebräuchlichen Schriftarten zu verfassen (vgl. MEBIS 2018).

Als Zwischenfazit lässt sich an dieser Stelle feststellen, dass eine reflektierte produktive Nutzung von digitalen Medien bei jungen Schüler*innen, trotz sehr guter Verfügbarkeit und bereits weiter Verbreitung der rezeptiven Nutzung deutlich ausbaufähig erscheint, wenn diese Kompetenz als notwendige Voraussetzung für einen zunehmend selbständig werdenden Lernprozess verstanden wird.

2.4 Lehrer*innenkompetenzen für den Einsatz digitaler Medien

Dass Lehrpersonen eine Schlüsselrolle bei der Digitalisierung von Schule und Unterricht spielen (vgl. z.B. Davis u.a. 2013), ist vielfach belegt. Dabei sind die

Einstellungen von Lehrpersonen entscheidend dafür, inwiefern digitale Medien in den Unterricht integriert werden. Lehrkräfte mit einer positiven Einstellung zur Nutzung digitaler Medien im Unterricht erschließen eher die Potenziale computergestützten Unterrichts und machen sie für den Unterricht nutzbar (vgl. Celik & Yesilyurt 2013; Eickelmann, Gerick u.a. 2015; Petko 2012). Für den Grundschulbereich hat sich in Deutschland die Wahrnehmung der Unterstützung des Umgangs mit Heterogenität für die erfolgreiche Integration von digitalen Medien in den Unterricht als besonders bedeutsam erwiesen (vgl. Eickelmann u.a. 2009). Eickelmann und Lorenz (2014) konnten basierend auf IGLU-2011-Daten zeigen, dass mehr als vier Fünftel der Viertklässler*innen in Deutschland von Lehrpersonen unterrichtet werden, die sich bei der Nutzung von Computern im Unterricht wohlfühlen. Des Weiteren spielen auch die Kompetenzen von Lehrpersonen eine entscheidende Rolle. Im Rahmen der KMK-Strategie zu einer Bildung in der digitalen Welt werden die für die Schüler*innen formulierten Kompetenzen auch für die Lehrpersonen als relevant angesehen, wenn diese die entsprechenden Kompetenzen vermitteln sollen. Die KMK schreibt dazu: „Alle Lehrkräfte müssen selbst über allgemeine Medienkompetenz verfügen […]" (KMK 2016, 24). Im Hinblick auf den Kompetenzstand von Lehrpersonen an Grundschulen in diesem Kontext liegen nur wenige Befunde vor. Beispielhaft sollen im Folgenden die Ergebnisse der Lehrer*innenbefragung im Rahmen der Evaluation des Modellprojekts ‚Lernen mit digitalen Medien' in Schleswig-Holstein dargestellt werden. Mittels Online-Fragebogen wurden unter anderem die Selbsteinschätzungen der Lehrpersonen zu ihren Kompetenzen in einer digitalen Welt untersucht (vgl. Gerick & Eickelmann 2017). Die Ergebnisse für die Modell-Grundschulen zeigen, dass die befragten Lehrpersonen ihre eigenen Kompetenzen im Umgang mit digitalen Medien durchaus als hoch einschätzen bzw. sich vielfach zuversichtlich äußern, selbst herausfinden zu können, wie bestimmte Dinge im Umgang mit digitalen Medien funktionieren (siehe Abbildung 1). Dies ist vor allem der Fall für die Einschätzung der Zuverlässigkeit und Glaubwürdigkeit von Informationen und Daten sowie die Anwendung fortgeschrittener Suchstrategien (jeweils 98.3%, Kategorien *Das kann ich.* und *Ich könnte herausfinden, wie das funktioniert.* zusammengefasst).

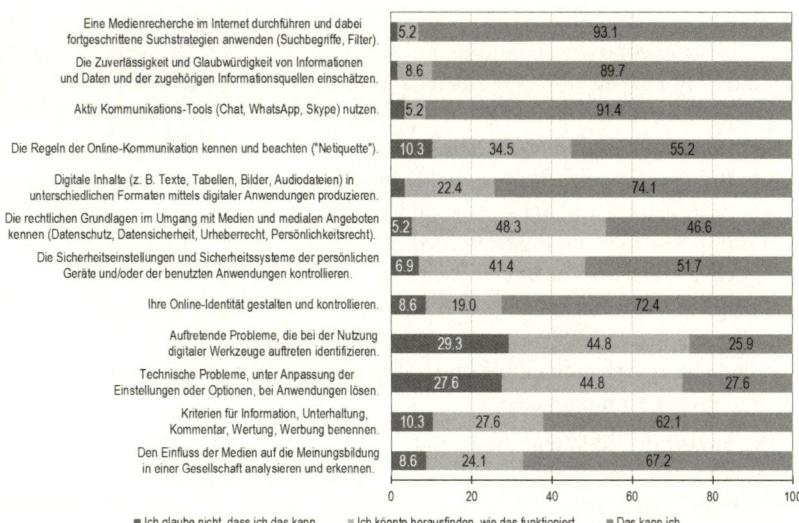

Abb. 1: Selbsteingeschätzte Lehrer*innenkompetenzen im Umgang mit digitalen Medien an den Modell-Grundschulen (Angaben in Prozent; Gerick & Eickelmann 2017, 25)

Nicht nur auf nationaler Ebene, auch auf europäischer Ebene werden Konzepte erarbeitet, über welche Kompetenzen Lehrpersonen in einer digitalen Welt eigentlich verfügen sollten. Ein aktuelles Beispiel dafür ist der Europäische Kompetenzrahmen für die Digitale Kompetenz Lehrender (DigCompEdu) der Europäischen Kommission (vgl. European Union 2017). Darin werden die folgenden sechs Kompetenzbereiche in dem Referenzrahmen differenziert: (1) Berufliches Engagement, (2) Digitale Ressourcen, (3) Lehren und Lernen, (4) Evaluation, (5) Lernerorientierung und (6) Förderung der Digitalen Kompetenzen der Lernenden. Innerhalb dieses Referenzrahmens lassen sich verschiedene Ansatzpunkte und Potenziale für eine Reduzierung von Bildungsbenachteiligungen bei Schüler*innen identifizieren, besonders hervorgehoben werden soll an dieser Stelle der Kompetenzbereich 5 zur Lernerorientierung, insbesondere die beiden Teilkompetenzen 5.1 und 5.2 (European Union, 2017, 1):

> „5.1 *Digitale Teilhabe* Gewährleisten, dass alle Lernenden, auch solche mit besonderen Bedürfnissen, Zugang zu den eingesetzten digitalen Medien und Lernaktivitäten haben. Die Vorkenntnisse und Fähigkeiten der Lernenden berücksichtigen, sowie kontextbezogene, physische oder kognitive Einschränkungen bei der Mediennutzung bedenken
>
> 5.2 *Differenzierung und Individualisierung* Lernenden ermöglichen, ihr individuelles Lernziel in ihrem jeweils eigenen Lerntempo zu erreichen und individuelle Lernwege zu beschreiten"

An dieser Stelle kann festgestellt werden, dass sich durchaus Hinweise darauf finden, dass sich Lehrkräfte an Grundschulen in Deutschland nach eigenen Angaben zumindest in einigen Kompetenzbereichen einer ‚Bildung für eine digitale Welt' als gut gerüstet für die Nutzung von digitalen Medien im Unterricht einschätzen. Dies stützen auch Befunde der *International Computer and Information Literacy Study* (ICILS 2013; vgl. Bos u.a. 2014) für den Sekundarbereich. Dies erscheint als guter Ausgangspunkt, da – insbesondere auch mit dem Blick auf die mögliche zukünftige Nutzung von digitalen Medien – weitere Erwartungen an die Kollegien in den Schulen im Kontext von Schul- und Unterrichtsentwicklung formuliert und eingefordert werden.

2.5 Forschungsbefunde zum Einsatz digitaler Medien zur Förderung fachlicher Kompetenzen

In der Logik von Resta u.a (2018) wäre an dieser Stelle ausführlich auf den Zugang zu hochwertiger Forschung über die Anwendung digitaler Technologien zur Verbesserung des Lernens (siehe oben) einzugehen. Eine systematische Aufarbeitung dieses Forschungsstandes würde jedoch den Umfang dieses Beitrags sprengen – daher wird hier lediglich ein knapper Einblick in ausgewählte Untersuchungen gegeben. Bei der Betrachtung der nachfolgend vorgestellten Befunde erscheint wichtig im Blick zu behalten, dass nicht nur das Lernen über digitale Medien im Sinne eines Erwerbs ‚digitaler' Kompetenzen relevant ist, sondern eben auch die Frage, wie mit digitalen Medien Lernprozesse unterstützt werden können.

Aktuelle Forschungsbefunde zu Zusammenhängen zwischen der Ausstattung mit und der Nutzung von digitalen Medien und den fachlichen Leistungen von Schüler*innen sind durchaus ambivalent. Im Rahmen von internationalen Schulleistungsuntersuchungen sind entsprechende Betrachtungen der Zusammenhänge möglich, da repräsentative Informationen zur Ausstattung und zur Häufigkeit der Computernutzung wie auch Informationen zum Kompetenzstand von Schüler*innen vorliegen. Vennemann und Eickelmann (2014) konnten beispielsweise zeigen, dass Viertklässler*innen, die zuhause über einen Computer und über einen Internetzugang verfügen können, signifikant höhere Mathematikleistungen erreichen als Kinder, die darüber nicht verfügen können. Diese Leistungsunterschiede bleiben auch unter Kontrolle der sozialen Herkunft bestehen (ebd.). Schulz-Zander u.a. (2010) kamen mittels einer Mehrebenenregressionsanalyse auf der Grundlage der *Internationalen Grundschul-Lese-Untersuchung* (IGLU 2006) zu dem Ergebnis, dass zusätzlich zur sozialen Herkunft der häusliche Computerbesitz als eigenständiges Merkmal zur Erklärung der Leseleistung beiträgt.
Im Hinblick auf die Nutzung digitaler Medien verdeutlichen beispielsweise Lorenz und Gerick (2014) auf der Grundlage der IGLU-2011-Daten für den Zusammenhang zwischen der Computernutzung und der Leseleistung von

Viertklässler*innen, dass bezüglich der Häufigkeit der Computernutzung zuhause und dem Nachschauen von Informationen über die Schule eine umgekehrte U-Verteilung vorliegt: Die Leseleistung ist am höchsten, wenn der Computer ein- bis zweimal pro Monat genutzt wird. Wird der Computer häufiger oder seltener genutzt, fällt die Leseleistung geringer aus. Gerick u.a. (2014) betrachteten Zusammenhänge zwischen der Nutzungshäufigkeit digitaler Medien im naturwissenschaftlichen und mathematischen Unterricht der Grundschule für die Bereiche ‚Konzepte explorieren‘, ‚Fertigkeiten üben‘ und ‚Informationen suchen‘ und den naturwissenschaftlichen und mathematischen Kompetenzen von Viertklässler*innen auf Grundlage von TIMSS-2011-Daten. Die Ergebnisse der linearen Regressionsanalyse zeigen keinerlei signifikante Zusammenhänge, und die Erklärungskraft des Modells fällt zudem sehr gering aus. Ähnliche Ergebnisse erzielen Eickelmann, Gerick u.a. (2015) mittels Mehrebenen-Strukturgleichungsmodell für mathematische Kompetenzen unter latenter Modellierung der unterrichtlichen Nutzung von Computern auf Grundlage von TIMSS 2011-Daten. Auch basierend auf den aktuellen TIMSS 2015-Daten konnten Gerick u.a. (under review) keine signifikanten Zusammenhänge zwischen der Nutzungshäufigkeit digitaler Medien im Unterricht und den mathematischen Kompetenzen der Viertklässler*innen zeigen.

Im Hinblick auf die Befunde für die Grundschule muss angemerkt werden, dass bislang insbesondere die Häufigkeit der Nutzung digitaler Medien im Zusammenhang mit Schüler*innenleistungen untersucht wurde und weniger die Qualität der Nutzung. Für die Einordnung der vorliegenden Befunde ist sicherlich auch zu berücksichtigen, dass digitale Medien in der Grundschule in Deutschland aktuell noch nicht flächendeckend eingesetzt werden und sich hier große Differenzen zwischen Schulen und innerhalb von Schulen zeigen. Hier bleibt zu untersuchen, wie sich entsprechende Zusammenhänge im Verlaufe der kommenden Jahre verhalten.

3 Mögliche Potenziale digitaler Medien zur Reduzierung von Bildungsbenachteiligungen – Zukünftige Forschungsperspektiven

Interessen- und Motivationslagen der individuellen Schüler*innen in Bezug auf die Nutzung digitaler Medien (ganz zu schweigen von der damit im Zusammenhang stehenden Herausforderung bezogen auf die Wechselwirkung von Fach und Geschlecht) und damit auf ihre Anstrengungsbereitschaft bei der Nutzung konnten hier nicht betrachtet werden. Gezeigt werden konnte in diesem Beitrag jedoch, dass – selbst, wenn ‚nur' die Umstände (Voraussetzungen) der Nutzung digitaler Medien betrachtet werden, das Ziel einer ‚digital equity' voraussetzungsreich ist und die Reduzierung von Bildungsbenachteiligungen durch digitale Medien eine Herausforderung darstellt. Im Folgenden werden Überlegungen zu möglichen Potenzialen digitaler Medien zur Ermöglichung der Bildungsbeteiligung in der Grundschule verbunden mit zukünftigen Forschungsperspektiven vor dem Hintergrund von Schul- und Unterrichtsentwicklung skizziert. Dabei wird in die Ebenen Individuum und Schule differenziert.

3.1 Ebene des Individuums

Es wurde deutlich, dass sich in Deutschland zwar insgesamt eine hohe Verbreitung im Hinblick auf den Zugang zu Hardware und das Internet zeigt. Dieser Zugang ist als notwendige Voraussetzung für eine ‚digital equity' anzusehen, gleichermaßen darf dieser aber nicht als selbstverständlich für alle Schüler*innen angenommen werden. Trotz weiter Verbreitung digitaler Medien zeigen sich bereits bei deren Nutzung im Kontext von Lernprozessen schichtspezifische Unterschiede (u.a. Drossel et al. 2014). Um diesen Disparitäten bereits auf dieser Ebene zu beggenen, wäre der Zugang zu digitalen Medien für alle Schüler*innen sicher zu stellen und ggf. durch institutionalisierte Angebote zu ergänzen und zwar bei den Lernenden, in deren Elternhäusern dies nicht möglich ist bzw. ermöglicht wird. Auch wenn der aktuelle Forschungsstand zum Zusammenhang von fachlichem Kompetenzerwerb und der Nutzung digitaler Medien kein kohärentes Bild zeigt, so ist – betrachtet man den gesellschaftlichen und beruflichen Wandel im Zusammenhang mit der Digitalisierung privater und beruflicher Handlungsfelder – die Nutzung digitaler Medien inzwischen so selbstverständlich wie das Schreiben mit Stift und Papier bzw. das Lesen von Printmedien. Für zukünftige Forschung erscheint es zunächst wie bereits in Abschnitt 2.5 skizziert zielführend, zum einen anhand aktuellerer Daten Zusammenhänge zwischen der Nutzungshäufigkeit und den Leistungen von Schüler*innen zu untersuchen und zum anderen darüber hinaus neben der Nutzungsquantität auch die Nutzungsqualität in den Blick zu nehmen und zu untersuchen, wofür Grundschüler*innen digitale Medien im Unterricht nutzen und welche Effekte dies auf ihre fachlichen oder ‚digitalen' Kompetenzen hat. Weiterhin erscheint es interessant für den Grundschulbereich, die Inhalte, die über digitale Medien erschlossen werden, nach Bildungshintergrund zu betrachten, um hier ein differenzierteres Bild des Nutzungsverhaltens und damit verbundenen möglichen Ansatzpunkten für Unterrichtsentwicklung mit dem Ziel einer Reduzierung von Bildungsbenachteiligung zu generieren. In diesem Kontext erscheint es lohnenswert, beispielsweise Potenziale von Lernplattformen oder von digitalen Schulbüchern im Grundschulbereich für Kinder aus unterschiedlichen sozialen Lagen differenziert zu betrachten.

3.2 Ebene der Schule

Mit der gleichen Selbstverständlichkeit wie digitale Medien in das Privatleben und vielerorts auch in den beruflichen Alltag Einzug gefunden haben, sollte und muss eine Verfügbarkeit digitaler Medien in Schule und Unterricht nicht nur durch die Bereitstellung von Hardware, sondern insbesondere auch durch deren professionelle Nutzung im Zuge von Lehr- und Lernprozesse sichergestellt werden. Andere Haltungen oder Einschätzungen würden an der Realität vorbeisehen. Dies ist jedoch kein Plädoyer ausschließlich für die Nutzung eben dieser digitalen Medien – dennoch aber für deutlich mehr zielgerichteten und didaktisch sinnvollen Einsatz im Unterricht. Hierbei stehen insbesondere die Lehrkräfte im Fokus. Vorliegende Befunde weisen darauf hin, dass sich die Selbsteinschätzung von Lehrpersonen im Hinblick auf ihre Kompetenzen für die Nutzung digitaler Medien und ihrem Einsatz im Unterricht in vielen Kompetenzbereichen zunehmend positiv entwickelt. Die vielfältigen konzeptionellen Überlegungen, über welche Kompetenzen Lehrpersonen in einer digitalen Welt verfügen sollten, laden dazu ein, darauf generell, aber auch spezifisch im Grundschulbereich im Sinne einer empirischen Kompetenzmodellierung einen Blick zu werfen. Für die beispielsweise im Abschnitt 2.4 hervorgehobenen Kompetenzen zur Lerner*innenorientierung erscheint es spannend zu untersuchen, inwiefern sich diese tatsächlich zum Vorteil der Schüler*innen im Sinne einer Unterstützung von Bildungsbeteiligung auswirken können. Untersuchenswert erscheint zukünftig für den Grundschulbereich auch verstärkt die Gestaltung von Lernsettings, in denen digitale Medien zur Unterstützung des fachlichen und überfachlichen Lernens eingesetzt werden und damit möglicherweise einhergehende Potenziale zur Reduzierung von Bildungsbenachteiligungen. Weiterhin bieten digitale Medien insbesondere in Bezug auf die in der Einleitung genannten formalen und non-formalen Bildungsgelegenheiten Potenziale, um schulische und außerschulische Lernorte miteinander zu verzahnen (vgl. z.B. Lewin & Charania 2018). An dieser Stelle eröffnen sich für den Grundschulbereich interessante Forschungsperspektiven im Kontext der Ermöglichung von Bildungsgelegenheiten, die es im Kontext der Schul- und Unterrichtsentwicklung zu untersuchen gilt.

Abschließend möchten wir noch auf ein mögliches Problem aufmerksam machen: Wie unter anderem bereits in der ICILS-Untersuchung gezeigt (vgl. Eickelmann u.a. 2014), wird im Unterricht – insbesondere in Deutschland – das Potenzial digitaler Medien für die Initiierung, Begleitung oder Unterstützung der Lernprozesse von Schüler*innen bei weitem noch nicht ausgeschöpft. Auch wenn die über Selbstauskünfte berichteten Kompetenzen der Lehrkräfte in diesem Zusammenhang als tendenziell erfreulich zu charakterisieren sind, so ist doch vor einer überhöhten Erwartungshaltung zu warnen. Zu erwarten, dass durch die reine Nutzung digitaler Medien nunmehr gleichzeitig ein optimierter Kompetenzerwerb bei allen Schüler*innen bei gleichzeitigem Abbau von – auf unterschiedlichste Ursachen zurückzuführenden – Disparitäten vollzogen werden würde oder könne, ginge an der Realität vorbei. Zu viele Rahmenbedingungen bzw. Umstände haben einen Einfluss auf das lebenslange Lernen. Der Lernerfolg von Generationen von Schüler*innen in unserer Wissens- und Informationsgesellschaft ist eine gesamtgesellschaftliche Aufgabe, zu der Schul- und Unterrichtsentwicklung allerdings einen wichtigen Teil beitragen können.

Literaturverzeichnis

Attewell, P. (2001): The first and second digital divides. In: Sociology of Education 74 (3), 252–259.
Bos, W., Eickelmann, B., Gerick, J., Goldhammer, F., Schaumburg, H., Schwippert, K., Senkbeil, M., Schulz-Zander, R. & Wendt, H. (Hrsg.). (2014): ICILS 2013. Computer- und informationsbezogene Kompetenzen von Schülerinnen und Schülern in der 8. Jahrgangsstufe im internationalen Vergleich. Münster: Waxmann.
Campbell, D. (2001): Can the digital divide be contained? In: International Labour Review 140 (2), 119–141.
Celik, V. & Yesilyurt, E. (2013): Attitudes to technology, perceived computer self-efficacy and computer anxiety as predictors of computer supported education. In: Computers & Education 60 (1), 148–158.
Davis, N., Eickelmann, B. & Zaka, P. (2013): Restructuring of educational systems in the digital age from a co-evolutionary perspective. In: Journal of Computer Assisted Learning 29, 438–450.
Drossel, K., Gerick, J. & Eickelmann, B. (2014): Digitale Kluft in der Grundschule? Die Ausstattung und Nutzung digitaler Medien von Kindern vor dem Hintergrund sozialer Disparitäten. In: B. Eickelmann, R. Lorenz, M. Vennemann, J. Gerick & W. Bos (Hrsg.): Grundschule in der digitalen Gesellschaft. Münster: Waxmann, 123–140.
Ehmke, T. & Jude, N. (2010): Soziale Herkunft und Kompetenzerwerb. In: E. Klieme, C. Artelt, J. Hartig, N. Jude, O. Köller, M. Prenzel, W. Schneider & P. Stanat (Hrsg.): PISA 2009. Bilanz nach einem Jahrzehnt. Münster: Waxmann, 231–254.
Eickelmann, B. (2017): Kompetenzen in der digitalen Welt. Berlin: Friedrich-Ebert-Stiftung.
Eickelmann, B. & Lorenz, R. (2014): Wie schätzen Grundschullehrerinnen und -lehrer den Stellenwert digitaler Medien ein? In: B. Eickelmann, R. Lorenz, M. Vennemann, J. Gerick & W. Bos (Hrsg.): Grundschule in der digitalen Gesellschaft. Münster: Waxmann, 49–58.
Eickelmann, B., Bos, W. & Vennemann, M. (2015): Total digital? – Wie Jugendliche Kompetenzen im Umgang mit neuen Technologien erwerben. Bonn: Deutsche Telekom Stiftung.
Eickelmann, B., Gerick, J. & Bos, W. (2015): Schulische Prädiktoren für die Nutzung neuer Technologien im Mathematikunterricht der Primarstufe und ihre Zusammenhänge mit Schülerkompetenzen. In: H. Wendt, T.C. Stubbe, K. Schwippert & W. Bos (Hrsg.): IGLU & TIMSS. 10 Jahre international vergleichende Schulleistungsforschung in der Grundschule. Münster: Waxmann, 239–256.
Eickelmann, B., Schaumburg, H., Drossel, K. & Lorenz, R. (2014): Schulische Nutzung von neuen Technologien in Deutschland im internationalen Vergleich. In: W. Bos, B. Eickelmann, J. Gerick, F. Goldhammer, H. Schaumburg, K. Schwippert, M. Senkbeil, R. Schulz-Zander & H. Wendt (Hrsg.): ICILS 2013 – Computer- und informationsbezogene Kompetenzen von Schülerinnen und Schülern in der 8. Jahrgangsstufe im internationalen Vergleich. Münster: Waxmann, 197–229.
Eickelmann, B., Schulz-Zander, R. & Gerick, J. (2009): Erfolgreich Computer und Internet in Grundschulen integrieren. In: C. Röhner, C. Henrichwark & M. Hopf (Hrsg.): Europäisierung der Bildung. Wiesbaden: VS Verlag für Sozialwissenschaften, 236–240.

Europäische Kommission (2012): Empfehlung des Rates zur Validierung der Ergebnisse nicht formalen und informellen Lernens. Online unter: http://www.jugendsozialarbeit.de/media/raw/KOM_Vorschlag_2012_de.pdf. (Abrufdatum: 19.11.2018).

European Union (2017): Europäischer Rahmen für die Digitale Kompetenz von Lehrenden (DigCompEdu). Online unter: https://ec.europa.eu/jrc/sites/jrcsh/files/digcompedu_leaflet_de-2018-09-21pdf.pdf. (Abrufdatum: 19.11.2018).

Gerick, J. & Eickelmann, B. (2017): Abschlussbericht im Rahmen der wissenschaftlichen Begleitung der Evaluation des Projekts „Lernen mit digitalen Medien" in Schleswig-Holstein. Online unter: https://www.schleswig-holstein.de/DE/Fachinhalte/D/digitalesLernen/Downloads/Abschlussbericht_Evaluation.html (Abrufdatum: 19.11.2018).

Gerick, J., Eickelmann, B. & Drossel, K. (under review): Differences in Determinants for ICT Use and Students' Achievement in Mathematics. 8th IEA International Research Conference, Juni 2019, Kopenhagen, Dänemark.

Gerick, J., Eickelmann, B. & Vennemann, M. (2014): Zum Wirkungsbereich digitaler Medien in Schule und Unterricht. In: H.G. Holtappels, A.S. Willems, M. Pfeifer, W. Bos & N. McElvany (Hrsg.): Jahrbuch der Schulentwicklung, Band 18. Weinheim: Juventa, 206–238.

Hargittai, E. (2002): Second-level digital divide: Differences in people's online skills. In: First Monday 7 (4). Online unter: http://firstmonday.org/article/view/942/864. (Abrufdatum: 19.11.2018).

Hilbert, M. (2011): The end justifies the definition. In: Telecommunications Policy 35 (8), 715–736.

Irion, T. & Sahin, H. (2018): Digitale Bildung und soziale Ungleichheit. In: Grundschule 50 (2), 33–35.

KMK (2016): Bildung in der digitalen Welt. Strategien der Kultusministerkonferenz. Online unter: http://bit.ly/2hojKKU. (Abrufdatum: 19.11.2018).

Lewin, C. & Charania, A. (2018): Bridging Formal and Informal Learning Through Technology in the Twenty-First Century. In: J. Voogt, G. Knezek, R. Christensen & K.-W. Lai (Hrsg.): Second Handbook of Information Technology in Primary and Secondary Education. Cham: Springer, 199-215.

Lorenz, R. & Gerick, J. (2014): Neue Technologien und die Leseleistung von Grundschulkindern. In: B. Eickelmann, R. Lorenz, M. Vennemann, J. Gerick & W. Bos (Hrsg.): Grundschule in der digitalen Gesellschaft. Münster: Waxmann, 59–72.

MEBIS (2018): mebis-Anmeldung für Grundschulen. Online unter: https://www.mebis.bayern.de/infoportal/support/mebis-anmeldung-fuer-grundschulen/ (Abrufdatum: 19.11.2018).

mpfs (Hrsg.). (2016): KIM-Studie 2016. Kindheit, Internet, Medien. Online unter: https://www.mpfs.de/fileadmin/files/Studien/KIM/2016/KIM_2016_Web-PDF.pdf. (Abrufdatum: 19.11.2018).

Niesyto, H. (2009): Digitale Medien, soziale Benachteiligung und soziale Distinktion. In: MedienPädagogik 17, 1–19.

OECD (Hrsg.). (2006): Are Students ready for a technology-rich world? What PISA studies tell us. OECD Briefing Notes für Deutschland. Online unter: http://www.oecd.org/edu/skills-beyond-school/36002474.pdf. (Abrufdatum: 19.11.2018).

Otto, H.-U., Kutscher, N., Klein, A. & Iske, S. (2004): Soziale Ungleichheit im virtuellen Raum: Wie nutzen Jugendliche das Internet? Online unter: http://pub.uni-bielefeld.de/publication/2315442. (Abrufdatum: 19.11.2018).

Petko, D. (2012): Hemmende und förderliche Faktoren des Einsatzes digitaler Medien im Unterricht. In: R. Schulz-Zander, B. Eickelmann, H. Moser, H. Niesyto & P. Grell (Hrsg.): Jahrbuch Medienpädagogik 9. Wiesbaden: Springer VS, 29–50.

Resta, P., Laferrière, T., McLaughlin, R. & Kouraogo, A. (2018): Issues and Challenges Related to Digital Equity. In: J. Voogt, G. Knezek, R. Christensen & K.-W. Lai (Hrsg.): Second Handbook of Information Technology in Primary and Secondary Education. Springer: Cham, 987–1004.

Roemer, J. (1998): Equality of Opportunity. Cambridge, MA: Harvard University Press.

Schulz-Zander, R., Eickelmann, B. & Goy, M. (2010): Mediennutzung, Medieneinsatz und Lesekompetenz. In: W. Bos, S. Hornberg, K.-H. Arnold, G. Faust, L. Fried, E.-M. Lankes, K. Schwippert, I. Tarelli & R Valtin (Hrsg.): IGLU 2006 – die Grundschule auf dem Prüfstand. Münster: Waxmann, 91–119.

Solomon, G., Allen, N. & Resta, P. (2003): Toward digital equity: Bridging the divide in education. Boston: Allyn and Bacon.

Stubbe, T.C., Schwippert, K. & Wendt, H. (2016): Soziale Disparitäten der Schülerleistungen in Mathematik und Naturwissenschaften. In: H. Wendt, W. Bos, C. Selter, O. Köller, K. Schwippert & D. Kasper (Hrsg.): TIMSS 2015. Mathematische und naturwissenschaftliche Kompetenzen von Grundschulkindern in Deutschland und im internationalen Vergleich. Münster: Waxmann, 299–316.

Van Deursen, A.J.A.M. & Helsper, E.J. (2015): The third-level digital divide. In: L. Robinson, S.R. Cotten, J. Schulz, T.M. Hale, & A. Williams (Hrsg.): Communication and information technologies annual. Bingley: Emerald, 29–52.

Vennemann, M. & Eickelmann, B. (2014): Digitale Lernressourcen und leistungsbezogene Disparitäten von Grundschulkindern. In: B. Eickelmann, R. Lorenz, M. Vennemann, J. Gerick & W. Bos (Hrsg.): Grundschule in der digitalen Gesellschaft. Münster: Waxmann, 97–110.

Volman, M., van Eck, E., Heermskerk, I. & Kuiper, E. (2005): New technologies, new differences. In: Computers & Education 45 (1), 35–55.

Zillien, N. (2009): Digitale Ungleichheit. Wiesbaden: VS Verlag für Sozialwissenschaften.

Katrin Liebers, Ralf Junger und Eric Kanold

Digitale Lernstandsanalysen am Schulanfang – Ein Beitrag zu mehr Chancengerechtigkeit für benachteiligte Kinder?

In der inklusiven Grundschule wird ein lernprozessbegleitendes Assessment als eine zentrale Bedingung für gelingende Lernprozesse aller Kinder angesehen (vgl. Prengel 2015). Besonders vor dem Hintergrund einer deutlichen Zunahme der Heterogenität der sozialen Herkunft und der Schulleistungen von Kindern in Grundschulklassen (vgl. Hußmann u.a. 2017) kann ein lernprozessbegleitendes Assessment die Basis für proaktive Strategien zum Umgang mit Heterogenität legen und adaptive Lernangebote sowie eine differenzierte oder auch individualisierte Förderung unterstützen. Insbesondere am Schulanfang kommen differenzierten Lernstandsanalysen, die den individuellen Weg in das systematische Lernen in der Schule ebnen sollen, eine besondere Bedeutung zu (vgl. Prengel & Liebers 2010, Sigel 2016).

Digitalisierte Assessments bieten Chancen, die Erzeugung von Differenz durch Diagnostik zu vermindern und mithilfe erweiterter technischer Zugangsoptionen individuelle Lernstände besser ermitteln zu können (vgl. Liebers u.a. 2019). Mit digitalisierten Assessments können jedoch auch neue Benachteiligungen einhergehen, weshalb Chancen und Grenzen digitaler Assessments insbesondere für benachteiligte Kinder genauer in den Blick genommen werden sollen. Dazu werden erste Daten aus dem aktuellen Entwicklungs- und Forschungsprojekt *ILeAplus Deutsch* vorgestellt, in dem digitale Lernstandserhebungen für die Grundschule entwickelt, erprobt und normiert werden. Im Zentrum dieses Beitrags steht die Frage, inwieweit computergestützte Lernstandserhebungen Kinder aus sozial benachteiligten Gruppen unterstützen oder ggf. zusätzlich benachteiligen.

1 Soziale Benachteiligung als Herausforderung für die Grundschule

Seit ihrer Gründung im Jahr 1919 hat die Grundschule den Auftrag, eine für alle Kinder gemeinsame Grundbildung zu sichern, unterschiedliche Lernvoraussetzungen auszugleichen sowie Kinder unterschiedlicher sozialer Schichten in einer gemeinsamen Schule zu integrieren. Die Einlösung des „Gleichheitsversprechen der Demokratie" (Götz 2011, 27) und die Herbeiführung möglichst gleicher

Lernchancen gehören auch heute noch zu den zentralen Herausforderungen der Grundschule. Angesichts der derzeitigen gesellschaftlichen Transformationsprozesse sollen öffentliche Grundschulen mehr denn je diesem Auftrag genügen. Dennoch steigt der Anteil sowohl von Kindern, die Grundschulen privater Träger besuchen der Anteil der Schüler*innen, denen sonderpädagogische Förderbedarfe zugeschrieben werden (vgl. Wocken 2015), wobei dies vielfach Kinder aus einem prekären sozialen Milieu betrifft (vgl. Kocaj u.a. 2014). Ebenso haben Bildungsdisparitäten infolge sekundärer Herkunftsmerkmale beim Übergang in weiterführende Schulen bei Kindern mit vergleichbaren Lernleistungen – trotz zahlreicher Anstrengungen der Bildungspolitik – deutlich an Gewicht gewonnen (vgl. Hußmann u.a. 2017). Insgesamt zeigt sich gegenwärtig, dass es der Grundschule nicht genügend gut gelingt, sozial bedingte Ungleichheiten der Bildungsbeteiligung und Lernentwicklung auszugleichen (vgl. Liebers i.Dr.).

Bereits beim Schuleintritt offenbaren sich manifeste Unterschiede in den individuellen Lernvoraussetzungen je nach sozialer Herkunft und sozioökonomischer Situation, welche sich zu einem großen Teil mit primären familiären Herkunftsmerkmalen, aber auch mit der Qualität der vorschulischen Bildung erklären lassen (vgl. Tietze u.a. 2005, Becker & Biedinger 2006, Holtmann 2017). Die Entstehung einer cognitive gap, d.h. einer Differenz in der kognitiven Entwicklunglässt sich in Längsschnittstudien in Deutschland schon vor Ende des ersten Lebensjahres belegen (vgl. Skopek & Passareta 2018). Die Lernentwicklung von Kindern mit hohem und niedrigem sozialen Status driftet bis zum zweiten Lebensjahr weiter auseinander, bevor mit Eintritt in den Kindergarten eine relative Stabilisierung dieser Differenz einsetzt. Unmittelbar nach dem Übergang in die Schule erhöht sich diese Differenz deutlich, bevor sie sich im Laufe der Grundschulzeit wiederum auf einem konstanten Niveau stabilisiert. Dies interpretieren Skopek und Passareta (2018) als einen ausgleichenden Effekt der Grundschulzeit, in welcher Kinder mit einem niedrigen Sozialstatus stärker von den standardisierten Lernumgebungen und Curricula sowie von Deckeneffekten infolge curricularer Lernplateaus profitieren können als Kinder mit hohem Sozialstatus (a.a.O., 11). Dieser Effekt zeigt sich vor allem für Kinder mit niedrigen sozialen Status in sozial gut durchmischten Grundschulen, während in sozial segregierten Schulen benachteiligte Kinder auch bei gleichen vorschulischen Leistungen hinter die Leistungen altersgleicher Kinder zurückfallen können (vgl. Holtmann 2017). Eine besondere Rolle in der Grundschulzeit spielen die ungleichen familiären Lebens- und Lernumwelten, wie die zahlreichen internationalen Befunde zum hemmenden Einfluss der Sommerferien auf die Lernentwicklung sozial benachteiligter Kinder belegen (vgl. Holtmann 2017).

Insbesondere die Lernvoraussetzungen für den Schriftspracherwerb werden durch die Vorbildwirkung sowohl der familialen Schriftkultur als auch der literalen

Alltagspraxis in der Familie inzidentell und implizit besonders stark beeinflusst. Bezogen auf die frühen schriftsprachlichen Kompetenzen werden bereits am Schulanfang deutliche Nachteile für Kinder aus Familien mit niedrigem sozialen Status im Vergleich zu Kindern mit höherem sozialen Status offenkundig (vgl. Landry & Smith 2006, Kotzerke u.a. 2013, Liebers 2016). Für Kinder aus benachteiligten Familien deuten die Befunde zudem darauf hin, dass sie ihre literalen Erfahrungen aus der Familie in der Schule eher selten produktiv einsetzen können (Nickel 2011). Erschwerend kommt hinzu, dass Kinder aus benachteiligten Verhältnissen infolge gesellschaftlicher Transformationsprozesse vielfach in sozialräumlich segregierten Wohnvierteln oder Regionen leben und segregierte Kitas und Grundschulen besuchen.

Zusammenfassend bedeutet dies, dass sich belastende Einflüsse wie Armut, geringe Unterstützung von Erziehenden, segregierende Bildungseinrichtungen sowie fehlende soziale und informelle Netzwerke kumulierend und disparierend auf die frühe (Schrift-) Sprachentwicklung von Kindern benachteiligter Gruppen auswirken (vgl. Wilson u.a. 2013). Eine lernprozessbegleitende Diagnostik (Liebers 2016), ein systematisches und zielgruppenspezifisches Risikomonitoring für bildungsbenachteiligte Kinder (Sigel 2016) sowie zielgruppenspezifische Schriftspracherwerbskonzepte (Vogt & Krenig 2016) werden als weiterführende Ansätze diskutiert. Die Schuleingangsphase kann dabei für den Schriftspracherwerb als ein neuralgischer Punkt identifiziert werden, weil dort eine wesentliche Basis für den weiteren Schulerfolg gelegt wird.

2 Digitale Lernstandserhebungen unter dem Fokus sozialer Benachteiligung

Eine diagnostische Begleitung von Lernprozessen zielt auf eine Passung zwischen den Lernanforderungen und den individuellen Lernvoraussetzungen. Wenn diese Passung gelingt, kann von adaptivem Unterricht gesprochen werden. Dabei gilt das Konzept adaptiven Unterrichts gegenwärtig als „das wissenschaftlich fundierteste und didaktisch aussichtreichste (...), um auf die großen und stabilen interindividuellen Unterschiede der Schüler in didaktisch angemessener Form (...) reagieren" zu können (Helmke & Weinert 1997, 137).

Trotz dieser Befundlage sind elaborierte diagnostische Praktiken im Unterricht der Grundschule zumeist nur in Ansätzen etabliert (vgl. Schmidt 2018), weil diese in der Praxis als zeitaufwendig und als wenig anschlussfähig zur täglichen Unterrichtspraxis wahrgenommen werden. Große Hoffnungen richten sich deshalb auf die Potentiale digitalisierter Lernumgebungen und individualisierter Förderung in heterogenen Settings (vgl. Schaumburg 2015; Zierer 2017). Dafür werden international und national zunehmend digitalisierte Assessmentverfahren für die Grundschule entwickelt (vgl. Liebers u.a. 2019). Deshalb ist zu diskutieren, welche neuen Chancen und Grenzen digitale Assessments im Kontext sozialer Benachteiligung in der Schule hervorrufen können.

Auf der Hand liegt die *Objektivität* computergestützter Verfahren. Testleitereffekte und Beurteilungsfehler während der Durchführung, Auswertung und Interpretation von Lernstandserhebungen können weitgehend ausgeschlossen werden. Infolge der gegebenen Objektivität kann auch der Aktivierung eventueller *Stereotype Threats* (vgl. Martiny & Götz 2011) in der Assessment-Situation vorgebeugt werden, insofern auch alle Schüler*innen Zugang zum Assessment erhalten. Für vorurteilsbelastete Schüler*innen also bietet sich im Rahmen eines digitalen Assessments die Chance, unter geringerem Angsteinfluss bessere Ergebnisse zu erzielen.

Eine Chance mit eher moderierendem Charakter für die Reduzierung sozialer Benachteiligung kann in der *Zeitökonomie* computergestützter Verfahren gesehen werden. Bereits in der Erhebungssituation kann die Testzeit bei automatisierter Testdurchführung für ergänzende Beobachtungen der Schüler*innen genutzt werden. Auch durch die sofortige fehlerfreie Testwertbestimmung, das Ausgeben von Interpretationshilfen und Förderhinweisen können Lehrkräfte Zeitressourcen gewinnen, die für vertiefende Diagnostik und individuelle Unterstützung genutzt werden kann.

Die wohl bedeutendsten Chancen digitaler Verfahren liegen in den Möglichkeiten zur Steigerung der *ökologischen Validität* (vgl. Kaminski 1988) von Lernstandserhebungen. Eine Möglichkeit führt über die Anpassung der Nutzeroberfläche an kind- und zeitgemäße Lebenswelterfahrungen. Dabei können neben einer alters- und interessengemäßen Farb- und Formengestaltung anthropomorphe Figuren (z.B. Tiere oder Menschen) eingesetzt werden, die mit gesprochenen Instruktionen, ermutigendem Feedback u.a. durch die Aufgaben führen. Anknüpfend an die erste Möglichkeit und diese erweiternd, kann auch die Strukturierung des Assessment als Spiel, im Sinne des Gamification-Ansatzes (vgl. Urh u.a. 2015), zu einer Steigerung der ökologischen Validität führen. Dadurch kann gleichzeitig Demotivationseffekten angesichts großer Aufgabenbatterien vorgebeugt werden (vgl. Sailer 2016).

Hinsichtlich der *Testfairness* ist zu erwähnen, dass es möglich wird, digitale Lernstandserhebungen als adaptive Tests zu gestalten. Diese sind bei entsprechend aufwändiger Modellierung und Programmierung in der Lage, auf Basis bereits gewonnener Informationen den weiteren Testverlauf algorithmisch anzupassen (vgl. Frey 2012). Auf diese Weise können Über- und Unterforderung durch zu einfache oder zu schwierige und zu viele Aufgaben vermieden werden. Die Wahrscheinlichkeit, dass Schüler*innen gar keine Aufgaben lösen können, wird reduziert, indem immer leichtere Aufgaben präsentiert werden.

Eine adaptive Lernstandserhebung kann soziale Benachteiligung nicht kompensieren, erfüllt aber eher die pädagogische Funktion einer anerkennenden und kompetenzorientierten Diagnostik und kann zu differenzierteren Diagnosen führen.
Ein weiterer Aspekt der Testfairness betrifft die Interaktionstechniken mit dem Assessmentprogramm. Erste Befunde aus der Erprobung von *ILeAplus Deutsch* haben gezeigt, dass die klassischen Computereingabegeräte (Maus und Tastatur) für einige Schüler*innen Barrieren darstellen (vgl. Liebers u.a. 2019). Deswegen kann vermutet werden, dass ein Touchscreen als wahrnehmungsnahe und unmittelbare Interaktionstechnik die Testfairness steigern kann. Die Verwendung von Touchscreens kann zudem auch die ökologische Validität verbessern, wenn (exemplarisch für die Entwicklungen in der häuslichen Medienausstattung) berücksichtigt wird, dass mehr als 35 Prozent der Kinder im Alter von 6 bis 9 Jahren und mehr als 56 Prozent der Kinder im Alter von 10 bis 13 Jahren, ein Tablet besitzen oder mitbenutzen dürfen (vgl. Kinder-Medien-Studie 2018).
Zugleich stellt sich jedoch als eine Frage, inwieweit sozial benachteiligte Kinder durch digitale Assessments zusätzlich benachteiligt werden, weil ihnen aufgrund von Armut der Zugang und entsprechende Erfahrung im Umgang mit computerbasierten Medien im häuslichen Umfeld fehlen. Eine andere Frage zielt darauf, ob sie eventuell einen besseren Zugang zu den Aufgabenformaten finden können, weil der Erfahrungsschatz aus dem häuslichen Alltag im Umgang mit computerbasierten Medien größer ausfällt als im Umgang mit Stiften und Papier. Die zweite Vermutung wird gestützt durch Befunde der Studie von Poulain u.a. (2018), die zeigen, dass Kinder aus Familien mit einem niedrigeren sozio-ökonomischen Status, im Alter von 2 bis 6 Jahren mehr Medien (Fernsehen, Spielekonsolen, Computer/Internet) nutzen als Kinder aus Familien mit höherem sozio-ökonomischem Status. Dabei wurde aber nicht die Qualität der Mediennutzung untersucht, die für die Beantwortung der oben gestellten Frage durchaus relevant ist. Aber auch für alle anderen Kinder ergibt sich die Frage, ob die Erfahrungen im Umgang mit Medien die Testergebnisse beeinflussen können.

3 Das Entwicklungs- und Forschungsprojekt *ILeAplus Deutsch*

Seit dem Jahr 2006 sind im Land Brandenburg für die Fächer Deutsch und Mathematik zu Beginn des Schuljahres Individuelle Lernstandsanalysen (ILeA) in den Klassenstufen 1, 3 und 5 verbindlich vorgesehen. Die Analysen sollen feststellen, was die Schüler*innen in zentralen Domänen bereits können, welche Lernziele im Horizont der Rahmenlehrpläne für sie relevant sind und welche nächsten Lernschritte sie auf diesem Weg beschreiten müssen. Für eine Passung zwischen den individuellen Lernvoraussetzungen und den konkreten Lernanforderungen im Unterricht sind sowohl die zugrundeliegenden fachlichen Anforderungen (fachbezogene kriteriale Dimension des Lernwegs, im Hinblick auf Wissen und Können sowie die dafür benötigten Denk-, Arbeits- und Handlungsweisen) wie auch die für den jeweiligen Lerner nächsten Lernschritte (individuelle Dimension des Lernweges) in den Blick zu nehmen (vgl. Prengel & Liebers 2010).

In der zunehmend inklusiveren Schulpraxis wurde deutlich, dass bei einem erheblichen Zeitaufwand in der Vorbereitung, Durchführung und vor allem in der Auswertung die Kompetenzen der Schüler*innen nicht angemessen in der klassenbezogenen Zuordnung der Aufgaben repräsentiert werden konnten. Deshalb erfolgte bereits 2011/12 eine Neuentwicklung der papiergestützten Fassung von *ILeA Deutsch* in den Bereichen Lesen und Rechtschreibung. Durch die neu entwickelte Fassung sollte eine adaptive Annäherung an die Ausgangslagen aller Schüler*innen ermöglicht werden (vgl. Kroner & Liebers 2012). Diese Version brachte allerdings keine Zeitersparnis und stellte hohe Anforderungen an die diagnostischen Kompetenzen der Lehrkräfte, besonders bei der Adaption von inklusiven Lernangeboten an den Könnensstand der Kinder. Zur Entlastung der Lehrkräfte und deren Unterstützung durch entsprechende Durchführungs- und Auswertungsinstrumente entschloss sich 2015 das Ministerium für Bildung, Jugend und Sport (MBJS) in Brandenburg zu einer Digitalisierung der Individuellen Lernstandsanalysen.

Im Teilprojekt *ILeAplus Deutsch* soll die Entwicklung, Erprobung und Validierung eines digitalisierten Verfahrens die lernprozessbegleitende Diagnostik und Förderung von Kompetenzen im Fach Deutsch der Primarstufe unterstützen (vgl. Liebers u.a. 2016). Die Umsetzung orientiert sich an den Merkmalen des formativen Assessments (evtl. Schmidt 2018) und dem damit verbundenen förderdiagnostischen Professionsverständnis. Dabei werden die neuen, inklusiv orientierten Rahmenlehrpläne des Landes Brandenburg berücksichtigt (Schuljahr 2017/2018), die auf einem Modell gestufter Standards beruhen, das gemeinsames und lernzieldifferentes Lernen sowie einen klassenübergreifenden Blick auf die individuelle Lernentwicklung der Schüler*innen erlauben soll (vgl. Liebers u.a. 2016).

ILeAplus Deutsch besteht aus vier Aufgabenpaketen, die mit den Standards des Rahmenlehrplans korrespondieren. Das Aufgabenpaket A für die Schuleingangsphase fokussiert verschiedene Aspekte der frühen Literalität bis hin zum ersten Lesen. Die Pakete B (Klasse 2 und 3), C (Klasse 4 und 5) und D (Klasse 6) enthalten Aufgaben zur Erfassung der Fähigkeiten in den Bereichen Leseflüssigkeit, Leseverständnis und Rechtschreibung (Ritter u.a. 2017).

Bei der Konzeption der Aufgaben zur frühen Literalität am Schulanfang wurde u.a. an Entwicklungsarbeiten aus dem *Projekt ILeA T* (vgl. Geiling et al. 2015) angeschlossen. So wurde einerseits auf erprobte Aufgabenformate aus *ILeA T* zurückgegriffen, die frühe literale Erfahrungen von Kindern abzubilden vermögen.

Dazu zählt unter anderem die Aufgabe *Wimmelbild* zur Erfassung der Zeichenfunktion in der Umwelt. In dieser sollen Ikone und Symbole sowie prägnante Schriftlogos in der Umgebung gedeutet werden. In der Aufgabe *Zauberkugel* sollen Buchstaben als spezifischen Zeichen unter anderen Zeichen identifiziert und Namenswörter (Mama, Papa...) logografemisch erkannt werden (Zeichenfunktion von Schrift). Neben Aufgabenformaten, die Einsichten in die Merkmale und Strukturen von Schrift auf den Stufen der logografemischen und beginnenden alphabetischen Strategie erfassen, gibt es auch eine Aufgabe zum ersten Lesen, in der lautgetreue ein-, auf der zwei- und dreisilbige Worte unter ähnlichen Wörtern lesend identifiziert werden müssen.

Bei der digitalen Umsetzung der Aufgabenpakete wurden Gestaltungsmerkmale von Computerspielen aufgegriffen und die Rahmenhandlung in einen für viele Schulanfänger*innen bekannten Situationsbezug, eingebettet. Auf der narrativen Ebene begleiten sie die Protagonistin Lea und den Protagonisten Leo durch einen Erlebnispark und unterstützen sie bei der Bewältigung spezifischer Bewährungssituationen.

Für die Lehrkräfte werden computergestützte Auswertungen auf der Individual- und der Klassenebene zur Verfügung gestellt. Zukünftig ist vorgesehen, für die Schüler*innen eine Rückmeldung für ihr Portfolio auszugeben.

4 Fragestellung und methodisches Vorgehen für diesen Beitrag

Die explorativ angelegte Pilotstudie zur sozialen Ungleichheit stellt eine Teilstudie der Erprobungsstudie dar, in der die Aufgabenformate der Aufgabenpakete A bis D online erprobt wurden, um die Aufgabenqualität (Faktorenanalyse, Skalen- und Itemanalyse)[1] zu untersuchen und die Aufgabensets zu überarbeiten.

Die in der Erprobung gewonnenen Daten wurden unter der Prämisse der sozialen Ungleichheit erneut analysiert und es wurde explizit der Fragestellung nachgegangen, inwieweit digitale Lernstandserhebungen Kinder mit sozialen Benachteiligungen am Schulanfang ggf. benachteiligen oder unterstützen. Dazu sind folgende Teilfragen zu beantworten:

    1. Inwieweit spiegelt sich soziale Ungleichheit in der häuslichen Medienausstattung und dem Mediennutzungsverhalten wider?

    2. Inwieweit zeigen sich Zusammenhänge sich zwischen der häuslichen Medienausstattung bzw. dem Mediennutzungsverhalten und den Testergebnissen von *ILeAplus Deutsch*?

---

[1] Die psychometrische Prüfung der Aufgabenqualität erfolgte durch Brigitte Latzko, Katrin Gottlebe und Sandra Dietrich, vgl. Latzko u.a. (2018)

Die Operationalisierung *sozialer Ungleichheit* erwies sich als ausgesprochen schwierig. Da eine Elternbefragung zur Ermittlung des höchsten internationalen sozioökonomischen Index des beruflichen Status in der Familie (HISEI) oder zum ökonomischen, sozialen und kulturellen Status (ESCS) aus Datenschutzgründen nicht möglich war, musste stellvertretend mit einem Merkmal gearbeitet werden, welches von den Schulen mehr oder weniger systematisch erhoben wird. Hierbei handelt es sich um die Teilnahme der Schüler*innen am Schulsozialfonds in Brandenburg. Mit diesem wird allen Schüler*innen – unabhängig von der sozialen Lage der Eltern und in Ergänzung der Leistungen aus dem Bildungs- und Teilhabepaket des Bundes – unbürokratisch ermöglicht, an kostenpflichtigen schulischen Angeboten und Aktivitäten teilzunehmen, wenn sich die Eltern in einer finanziellen Notlage befinden (MBJS 2018). Da es sich beim Schulsozialfonds um eine freiwillige Unterstützung bedürftiger Familien handelt, werden allerdings nicht alle sozial benachteiligten Kinder erfasst. Die Daten zur Teilnahme am Schulsozialfonds wurden für die Studie aus dem zentralen Online-Verwaltungssystem „weBBschule" zur Verfügung gestellt.

Aus den erfassten Testergebnissen der Lernstandsanalyse *ILeAplus Deutsch* – Aufgabenpaket A – die von allen beteiligten Schüler*innen online durchgeführt worden ist, wurden auf der Basis der Ergebnisse der Erprobungsdaten zur Skalen- und Itemqualität (vgl. Latzko u.a. 2017) zunächst Teilsummenscores zur basalen Kompetenz, zur Zeichenfunktion in der Umwelt und zu Early Literacy sowie ein Summenscore des gesamten Aufgabenpakets A berechnet. Für diese Skalen liegen legitimierende Ergebnisse der Faktorenanalyse sowie zufriedenstellende bis sehr gute Skalen- und Itemkennwerte vor.

Ergänzt werden diese Ergebnisse durch Daten des Schülerfragebogens zum Mediennutzungsverhalten, der in der Erhebung als Pilotversion zum Einsatz kam (vgl. Junger 2017). Dieser setzte sich aus insgesamt 17 Items zusammen, die zum einen die Bedienungsfertigkeiten und das Aufgabenverständnis erfragen und zum anderen die Mediennutzungshäufigkeit sowie den häuslichen Medienzugang erfassen. Der Fragebogen wurde von den Testleiter*innen vorgelesen. Damit die Kinder sich innerhalb des Fragebogens orientieren können, wurden alle Items mit eindeutig zuordenbaren Bildern (z.B. Früchten) versehen. Zur eindeutigen Unterscheidung von PC und Tablet wurden bei den jeweiligen Fragen ebenfalls Bilder verwendet. Die Bearbeitung des Schülerfragebogens erfolgte im Anschluss an*ILeAplus Deutsch*.

Die Erprobungsstudie beruht auf einer nichtrepräsentativen Gesamtstichprobe von N = 1100 Kindern der Jahrgangsstufen 1 bis 5 aus Grundschulen im Land Brandenburg. Der Fokus der hier vorgestellten Ergebnisse liegt auf der Klassenstufe 1 mit einer Klumpenstichprobe von n = 234 Schulanfänger*innen. Der Geschlechteranteil aus der in 11 Klassen (11 Schulen) erhobenen Stichprobe war mit 119 Jungen und 115 Mädchen ausgewogen. Für neun Prozent der Schulanfänger*innen lag eine entsprechende Meldung über die Teilnahme am Schulsozialfonds vor. Dieser Anteil liegt etwas niedriger als der Anteil der Schulanfänger*innen im Land Brandenburg, deren Familien von einem geringen sozialen Status gekennzeichnet sind (11 Prozent, Landkreis Potsdam Mittelmark 2018). Allerdings lagen die meisten der 11 Erprobungsschulen nicht in den sozial höher belasteten Landkreisen des dezentralen Entwicklungsraumes.

Acht Schulanfänger*innen (5 Prozent) wurde ein sonderpädagogischer Förderbedarf attestiert, für 23 Kinder (14 Prozent) stellte Deutsch nicht die Verkehrssprache in der Familie dar. Nach der Bereinigung und Zusammenführung der Datensätze zu *ILeAplus Deutsch*, der Teilhabe am Schulsozialfonds und dem Schülerfragebogen konnten n = 166 Schulanfänger*innen mit vollständigen Daten zur Berechnung herangezogen werden.

5 Erste Befunde

5.1 Soziale Ungleichheit im Medienzugang und in der Mediennutzung

Die Auswertung der Schülerfragebögen ergibt, dass sich keine statistisch signifikanten Unterschiede im Medienzugang, im Mediennutzungsverhalten und in den Bedienfertigkeiten der Schulanfänger*innen in Abhängigkeit vom sozialen Status aufzeigen lassen. Mit anderen Worten, Kinder, die in der Pilotstichprobe am Schulsozialfonds teilnehmen, haben weder weniger Zugang noch weniger Bedienfertigkeiten als Kinder ohne Beteiligung am Schulsozialfonds. Ebenso unterscheiden sie sich in ihren Selbsteinschätzungen nicht von anderen Kindern durch eine übermäßig hohe Mediennutzung. Diese von den Kindern selbst berichteten Befunde stehen in deutlichem Widerspruch zu den von Poulain u.a. (2018) berichteten Befunden, die von Eltern in Leipzig erfragt wurden. Stellt man die in früheren Studien nachgewiesene hohe Zuverlässigkeit von Kinderaussagen in Befragungen in Rechnung (Fuhs 2012), könnten sich diese Unterschiede durch die unterschiedliche Definition sozialer Benachteiligung, die unterschiedliche Bevölkerungsstruktur in den beiden Stichproben oder aber auch durch sozial erwünschte Ergebnisse bei Gruppen von Eltern erklären lassen.

Tab. 1: Soziale Ungleichheit und Medienausstattung/Mediennutzungsverhalten

	Klasse 1 MW (SD)		Mann-Whitney-U
	ohne SSF n = 146	mit SSF n = 13	
Häuslicher Medienzugang	2.1 (1.14)	2.1 (1.12)	n.s.
Häufigkeit Mediennutzung	2.7 (1.26)	2.8 (1.30)	n.s.
Bedienungsfertigkeiten	3.6 (.61)	3.5 (.52)	n.s.

5.2 Soziale Ungleichheit in den Testleistungen von *ILeAplus* zur frühen Literalität

Bezogen auf die Testergebnisse von *ILeAplus Deutsch* zeigen sich in den Skalen zur *basalen Kompetenz* und den *Zeichenfunktionen* in der Umwelt zunächst keine Unterschiede in Abhängigkeit von der Teilnahme am Schulsozialfonds. Bezogen auf die Skala *Frühe Literalität* sowie den Gesamtsummenscore zeigen sich jedoch wie zu erwarten signifikante Unterschiede, auf die bereits frühere Studien verwiesen haben (z.B. Kotzerke u.a. 2013, Liebers 2016). Je elaborierter die zu erfassenden Kompetenzen sind, desto deutlicher fallen die Leistungsunterschiede zwischen den Erstklässlern mit und ohne Teilnahme am Schulsozialfonds aus. Diese Unterschiede in der Kompetenzentwicklung sind nicht überraschend, denn fast alle Kinder mit Teilnahme am Schulsozialfonds können als mehrfach belastet gelten: Elf von ihnen wiederholen die erste Jahrgangsstufe, acht Kinder wachsen mit einer anderen Verkehrssprache als Deutsch auf und zwei Kinder haben bereits nachgewiesene sonderpädagogische Förderbedarfe.

Tab. 2: Soziale Ungleichheit in den Testergebnissen von *ILeAplus Deutsch*

	Erstklässler ohne SSF (n = 149) MW (SD)	Erstklässler mit SSF (n = 17) MW (SD)	Mann-Whitney-U	P	d_{cohen}
Teilsummenscore Basale Kompetenz	3.9 (.52)	3.6 (.89)	1148,0	.218	–
Teilsummenscore Zeichenfunktion in der Umwelt	6.1 (2.03)	5.3 (1.58)	1021,5	.088	—
Teilsummenscore Frühe Literalität	35.1 (10.62)	27.1 (11.24)	921,0	.008*	–.749
Summenscore Aufgabenpaket A	45.1 (11.69)	36.0 (12.70)	910,00	.007*	–.772

5.3 Zusammenhänge zwischen häuslicher Medienausstattung, Mediennutzungsverhalten und Testergebnissen in *ILeAplus Deutsch*

Anders als erwartet, lassen sich keine signifikanten Zusammenhänge zwischen den drei Dimensionen *häusliche Medienausstattung, Häufigkeit der Mediennutzung* und *Bedienfertigkeiten* sowie den Testergebnissen in *ILeAplus Deutsch* finden. Dies spricht dafür, dass es keine gravierenden Vor- noch Nachteile bei der Bearbeitung der Testaufgaben in Abhängigkeit von den Vorerfahrungen am PC gibt. Auch die Annahme, dass Kinder, die viel Zeit vor dem PC verbringen, schwächere Lernleistungen erbringen (Spitzer 2018), lässt sich in dieser Pilotstichprobe nicht zeigen.

6 Diskussion und Ausblick

Diese Pilotstudie ist durch etliche Limitationen gekennzeichnet, wie die nichtrepräsentative Stichprobe, die unsichere Bestimmung des Anteils der Kinder mit sozialer Benachteiligung und der bis dahin nur als Pilotfassung vorliegende Kinderfragebogen.

Vor diesem Hintergrund bieten die dargestellten Befunde nur Trends innerhalb der Stichprobe ab. So spiegelt sich soziale Ungleichheit zwar in den Leistungen der Schulanfänger*innen wider, aber nicht in der von den Kindern selbst berichteten Medienausstattung, dem Mediennutzungsverhalten und den Bedienfertigkeiten. Zudem lassen sich keine Zusammenhänge zwischen der Medienausstattung, der Mediennutzung und den Bedienfertigkeiten mit den Testergebnissen in *ILeAplus* nachweisen. Dies kann als Hinweis darauf gedeutet werden, dass sozial benachteiligte Kinder durch die computergestützte Durchführung der Lernstandsanalysen nicht zusätzlich benachteiligt werden. Insbesondere Schulanfänger*innen, die durch ihre soziale Herkunft bislang kaum Umgang mit Papier und Stiften hatten, könnte ein solches Medium darin unterstützen, sich stärker auf die Lösungen und weniger auf die Handhabung der Aufgaben zu konzentrieren. Diese Befunde werden im nächsten Forschungsschritt anhand der Daten einer repräsentativen Stichprobe aus der Normierungsstudie 2018 erneut geprüft werden.

Literaturverzeichnis

Becker, B. & Biedinger, N. (2006): Ethnische Bildungsungleichheit zu Schulbeginn. In: Kölner Zeitschrift für Soziologie und Sozialpsychologie, 58 (4), 660–684.

Frey, A. (2012): Adaptives Testen. In: H. Moosbrugger & A. Kelava (Hrsg.): Testtheorie und Fragebogenkonstruktion. Berlin, Heidelberg: Springer, 275–293.

Fuhs, B. (2012): Kinder im qualitativen Interview. Zur Erforschung subjektiver kindlicher Lebenswelten. In: F. Heinzel (Hrsg.): Methoden der Kindheitsforschung. Ein Überblick über Forschungszugänge zur kindlichen Perspektive. Weinheim u.a.: Beltz Juventa (2012) 80–103

Geiling, U., Liebers, K., Prengel, A. (Hrsg.) (2015): Handbuch *ILEA T*. Individuelle Lernentwicklungsanalyse im Übergang. Pädagogische Diagnostik als verbindendes Instrument zwischen frühpädagogischen Bildungsdokumentationen und individuellen Lernstandsanalysen im Anfangsunterricht. Halle: Universität Halle. Online unter: http://ilea-t.reha.uni-halle.de/das_handbuch_ilea_t/ (Abrufdatum: 12.11.2018)

Götz (2011): Kindorientierung – ein gesellschaftsabstinenter Anspruch der Grundschule? In: F. Heinzel (Hrsg.): Generationenvermittlung in der Grundschule (26–39). Bad Heilbrunn: Klinkhardt.

Helmke, A. & Weinert, F. E. (1997): Bedingungsfaktoren schulischer Leistungen. In: F. E. Weinert (Hrsg.): Enzyklopädie der Psychologie, Band 3. Psychologie der Schule und des Unterrichts. Göttingen: Hogrefe, 71–176.

Hußmann, A., Wendt, H., Bos, W., Bremerich-Vos, A., Kasper, D., Lankes, E., McElvany, N., Stubbe, T.C. & Valtin, R. (2017): IGLU 2016. Lesekompetenzen von Grundschulkindern in Deutschland im internationalen Vergleich. Pressemappe. Münster: Waxmann.

Junger, R. (2017): Schüler-Feedbackbogen Kl. 1_A. (Unveröffentlichtes Dokument). Universität Leipzig.

Holtmann, A.C. (2017): Warum man nach Finnland ziehen sollte, um den amerikanischen Traum zu leben. Online unter: https://www.koerber-stiftung.de/fileadmin/ user_upload/koerber-stiftung/redaktion/deutscher-studienpreis/pdf/2018/ Wettbewerbsbeitrag_Holtmann.pdf (Abrufdatum: 09.11.2018)

Kaminski, G. (1988): Ökologische Perspektiven in psychologischer Diagnostik? In: Zeitschrift für Differentielle und Diagnostische Psychologie 9 (3), 155–168.

Kinder-Medien-Studie 2018. Online unter: https://kinder-medien-studie.de/wp-content/uploads/2018/08/KMS2018_Berichtsband_v2.pdf (Abrufdatum: 09.11.2018)

Kocaj, A., Kuhl, P., Kroth, A. J., Pant, H. A. & Stanat, P. (2014): Wo lernen Kinder mit sonderpädagogischem Förderbedarf besser? Ein Vergleich schulischer Kompetenzen zwischen Regel- und Förderschulen in der Primarstufe. In: Kölner Zeitschrift für Soziologie und Sozialpsychologie, 66 (2), 165–191.

Kotzerke, M., Röhricht, V., Weinert, S. & Ebert, S. (2013): Sprachlich-kognitive Kompetenzunterschiede bei Schulanfängern und deren Auswirkungen bis Ende der Klassenstufe 2. In: G. Faust

(Hrsg.): Einschulung. Ergebnisse aus der Studie »Bildungsprozesse, Kompetenzentwicklung und Selektionsentscheidungen im Vorschul- und Schulalter (BiKS)«. Münster: Waxmann, 111–135.

Kroner, H. & Liebers, K. (Hrsg.) (2012): ILEA I – Individuelle Lernstandsanalysen Deutsch Lesen/Rechtschreiben für inklusive Grundschulen. Erprobungsfassung 2012/2013. Ludwigsfelde: LISUM.

Landry, S. H. & Smith, K. E. (2006): The Influence of Parenting in Emergent Literacy Skills. In: Dickinsons, D. K. & Neuman, S. B. (Hrsg.): Handbook of Early Literacy Research, Vol. 2. New York: Guilford, 135–148.

Landkreis Potsdam Mittelmark (Hrsg.) (2018). Erster kommunaler Bildungsbericht. Bad Belzig.

Latzko, B., Gottlebe, K, Dietrich, S. (2018): Bericht zur Itemanalyse der Aufgaben zur frühen Literalität (A-Paket). In: K. Liebers, R. Junger, E. Kanold, B. Latzko, K. Gottlebe, S. Dietrich (Hrsg.): Bericht zur Erprobung der Aufgabenpakte *ILeAplus Deutsch* im Schuljahr 2017/2018 (unveröffentlichtes Projektdokument). Universität Leipzig.

Liebers, K. (2016): Erwerb von Early Literacy unter dem Fokus Bildungsbenachteiligung. In: E. Inckemann & R. Sigel (Hrsg.): Diagnose und Förderung von bildungsbenachteiligten Kindern im Schriftspracherwerb. Bad Heilbrunn: Julius Klinkhardt, 21–34.

Liebers, K., Junger, R., Koch, F. & Wagner, S. (2016). Definition, Operationalisierung und Aufgabenformatentwürfe für den Bereich früher Literalität für ILeAplus (unveröffentlichtes Projektdokument). Universität Leipzig.

Liebers, K. (i.Dr.): Weiterentwicklung der pädagogischen Theorie einer Grundschule für alle Kinder. In: C. Donie, M. Leuchter & A. Wildemann (Hrsg.): Grundschulpädagogik zwischen Wissenschaft und Transfer. Wiesbaden: Springer.

Liebers, K., Kanold, E. & Junger, R. (2019): Digitale Lernstandsanalysen in der inklusiven Grundschule? In: S. Bartusch, C. Klektau, T. Simon, S. Teumer & A. Weidermann (Hrsg.): Lernprozesse begleiten. Anforderungen an pädagogische Institutionen und ihre Akteur*innen. Wiesbaden: Springer VS.

Liebers, K., Latzko, B., Reinhold, S. & Ritter, M. (2016): Vorhabenbeschreibung zum Angebot „Erstellung, Erprobung und Normierung zur lernprozessbegleitenden Diagnostik und Förderung". Unveröffentlichter Antrag. Leipzig & Halle: Universität Leipzig, Martin-Luther-Universität Halle-Wittenberg.

Martiny S. E. & Götz, T. (2011): Stereotype Threat in Lern- und Leistungssituationen. Online unter: http://nbn-resolving.de/urn:nbn:de:bsz:352-182669 (Abrufdatum: 12.11.2018)

Ministerium für Bildung, Jugend und Sport (2018): Sozialfond für Schülerinnen und Schüler. Online unter: https://mbjs.brandenburg.de/bildung/gute-schule/sozialfond-fuer-schuelerinnen-und-schueler.html (Abrufdatum: 09.11.2018)

Nickel, S. (2011): Familie und Illiteralität: Über die Transmission von schriftkultureller Praxis im familiären Alltag. In: J. Bothe (Hrsg.): Funktionaler Analphabetismus im Kontext von Familie und Partnerschaft. Alphabetisierung und Grundbildung, Band 8. Münster, New York, München, Berlin: Waxmann, 16-30.

Poulain, T., Vogel, M., Neef, M., Abicht, F., Hilbert, A., Genuneit, J., Kiess, W. (2018): Reciprocal Associations between Electronic Media Use and Behavioral Difficulties in Preschoolers. In: International Journal of Environmental Research and Public Health, 15 (4), 814.

Prengel, A. (2015): Didaktische Diagnostik als Element alltäglicher Lehrerarbeit – „Formatives Assessment" im inklusiven Unterricht. In: B. Amrhein & K. Ziemen (Hrsg.): Diagnostik im Kontext inklusiver Bildung – Theorien, Ambivalenzen, Akteure, Konzepte. Bad Heilbrunn: Klinkhardt, 49–63.

Prengel, A. & Liebers, K. (2010): ILeA 1. Individuelle Lernstandsanalysen 1. Ein Leitfaden für die ersten sechs Schulwochen und darüber hinaus. Lehrerheft Deutsch/Mathematik. Potsdam und Ludwigsfelde: Landesinstitut für Schule und Medien Brandenburg.

Ritter, M., Ritter, A. & Kirchner, S. (2017): Prozessablauf und Aufgabenkonzeptionen *ILeAplus Deutsch*. Unveröffentlichtes Projektdokument. Halle: Martin-Luther-Universität Halle-Wittenberg.

Sailer M. (2016): Die Wirkung von Gamification auf Motivation und Leistung. Wiesbaden: Springer.

Schaumburg, H. (2015): Chancen und Risiken digitaler Medien in der Schule: Medienpädagogische und -didaktische Perspektiven. Online unter: https://www.bertelsmann-stiftung.de/de/publikationen/publikation/did/chancen-und-risiken-digitaler-medien-in-der-schule/ (Abrufdatum: 12.11.2018).

Schmidt, C. (2018): Formatives Assessment in der Grundschule – Konzept, Einschätzungen der Lehrkräfte und Zusammenhänge. Unveröffentlichte Dissertation, Universität Leipzig.

Scott-Little, C. & Niemeyer, J. (2001): Assessing Kindergarten Children: What Schools Need to Know. Online unter: https://earlysuccess.org/sites/default/files/website_files/files/2012-10-Inter-State-Dicsussion-Time-Doc-2.M.Boyajian.pdf (Abrufdatum: 12.11.2018).

Sigel, R. (2016): Arme und bildungsbenachteiligte Kinder – Risiko-Monitoring als Präventionschance. In: E. Inckemann & R. Sigel (Hrsg.): Diagnose und Förderung von bildungsbenachteiligten Kindern im Schriftspracherwerb. Bad Heilbrunn: Julius Klinkhardt, 89–108.

Skopek, J. & Passaretta, G. (2018): The Social Stratification of Skills from Infancy to Adolescence – Evidence from an Accelerated Longitudinal Design. Discussion Paper. Online unter: https://osf.io/preprints/socarxiv/xkctv/ (Abrufdatum: 12.11.2018).

Spitzer, M. (2018). Die Smartphone-Epidemie: Gefahren für Gesundheit, Bildung und Gesellschaft. Stuttgart: Klett-Cotta.

Tietze, W., Rossbach, H.-G. & Grenner, K. (2005): Kinder von 4 bis 8 Jahren. Zur Qualität der Erziehung und Bildung in Kindergarten, Grundschule und Familie. Weinheim: Beltz.

Urh, M., Vukovic, G., Jereb, E. & Pintar, R. (2015): The Model for Introduction of Gamification into E-learning in Higher Education. In: Procedia – Social and Behavioral Sciences, 197, 388–397.

Vogt, M. & Krenig, K. (2016): Bildungsgerechtigkeit im Schriftspracherwerb – Gestaltungsmerkmale und konzeptionelle Realisierungsmöglichkeiten. In: E. Inckemann & R. Sigel (Hrsg.): Diagnose und Förderung von bildungsbenachteiligten Kindern im Schriftspracherwerb. Bad Heilbrunn: Julius Klinkhardt, 109–124.

Wocken, H. (2015): Die verführerische Faszination der Inklusionsquote. Ein Aufschrei gegen die Etikettierungsschwemme und den Separationsstillstand. Online unter: http://www.hans-wocken.de/Texte/Etikettierungsschwemme.pdf (Abrufdatum: 12.11.2018).

Zierer, K. (2017): Digitales Lernen. Möglichkeiten und Grenzen einer Digitalisierung im Bildungsbereich. Analysen & Argumente 238/2017. Online unter: http://www.kas.de/wf/doc/ kas_47914–544-1-30.pdf?170213164206 (Abrufdatum: 12.11.2018).

Uta Hauck-Thum

„Starke Geschichten – starke Kinder"
Resilienzförderung für Schulanfänger in Deutschklassen

Eine zunehmende Anzahl von Kindern wächst unter widrigen Bedingungen auf. Schwierigkeiten innerhalb der Familie, in der Peergroup, im Rahmen der schulischen und beruflichen Ausbildung oder im gesamtgesellschaftlichen Kontext wirken sich bei Kindern auf ihre individuelle Entwicklung aus. Mehr als 100.000 neu zugewanderte Kinder besuchen derzeit Grundschulen in Deutschland und werden in den kommenden Jahren eingeschult (Kröning 2018). Schwierige Rahmenbedingungen führen jedoch nicht automatisch zu Beeinträchtigungen im kindlichen Entwicklungsverlauf. Ein Großteil der Kinder wächst „trotz dieser erhöhten Entwicklungsrisiken zu erstaunlich kompetenten, leistungsfähigen und stabilen Persönlichkeiten heran." (Wustmann Seiler/Fthenakis 2016, 14).

1 Theoretische Rahmung

1.1 Ergebnisse neuerer Resilienzforschung

Der Begriff der Resilienz rückt angesichts hoher Zahlen an bildungsbenachteiligten Kindern verstärkt in den Fokus zahlreicher Forschungsarbeiten aus den Disziplinen der Pädagogik, der Psychologie und der Gesellschaftswissenschaften (vgl. Laucht et al. 2000, Rutter 2000, Waller 2001, Opp & Fingerle 2008, Lösel & Bender 2008).
Übereinstimmend wird Resilienz in der neueren Forschung nicht als Eigenschaft beschrieben, sondern als Fähigkeit des Einzelnen „erfolgreich mit belastenden Lebensumständen und negativen Stressfolgen" (Wustmann 2004, 18) zurecht zu kommen. Ein Kind ist demnach resilient, wenn es eine bestehende Risikosituation aufgrund vorhandener Fähigkeiten positiv bewältigt (vgl. Fröhlich-Gildhoff & Rönnau-Böse 2015, 10). Aktuell liegt der Schwerpunkt der wissenschaftlichen Untersuchungen im Bereich situationsspezifischer und bereichsspezifischer Resilienz, die sowohl biologische, psychologische als auch psychosoziale Faktoren in den Blick nehmen und die Multidimensionalität von Resilienz hervorheben (Petermann & Schmidt 2006, 121, Fröhlich-Gildhoff & Rönnau-Böse 2015, 11). So ist Resilienz keine stabile Fähigkeit, auf die das Kind in jeglicher Situation zu-

rückgreifen kann, sondern vielmehr eine „variable Größe" (Wustmann 2004, 30), die von den Bedingungen der einzelnen Belastungssituation abhängt. Verfügen Kinder jedoch über bestimmte Kompetenzen und Strategien, sogenannte „personale Resilienzfaktoren" (Fröhlich-Gildehoff & Rönnau-Böse 2018, 5), können diese zur Bewältigung schwieriger Situationen grundsätzlich einen ebenso wichtigen Beitrag leisten wie zur Lösung anstehender Entwicklungsaufgaben (vgl. ebd):

Selbst- und Fremdwahrnehmung
Resiliente Kinder können eigene Emotionen und Gedanken wahrnehmen und sind zur Selbstreflexion fähig. Sie können die Gefühlszustände anderer wahrnehmen, einschätzen und sich in eine andere Sichtweise hineindenken.

Selbstwirksamkeit
Resiliente Kinder haben Vertrauen in ihre Fähigkeiten und sind sich sicher, dass sie Hindernisse auf eine bestimmte Art und Weise und gemäß ihrer Erwartungen überwinden können. Ereignisse können sie auf tatsächliche Ursachen beziehen.

Soziale Kompetenz
Resiliente Kinder schätzen soziale Situationen richtig ein, zeigen angemessene Verhaltensweisen, fühlen sich in andere Menschen hinein, behaupten sich in Konflikten und lösen diese angemessen. Sie gehen offen auf andere zu und kommunizieren in angemessener Art und Weise. Bei Bedarf holen sie sich Unterstützung.

Selbstregulation
Resiliente Kinder können mit Gefühlen und inneren Spannungszuständen bewusst umgehen, diese in Intensität und Dauer kontrollieren und damit im Zusammenhang stehende physiologische Prozesse und Verhaltensweisen mit Hilfe bestimmter Strategien regulieren.

Problemlösefähigkeit
Resiliente Kinder können Probleme analysieren, verstehen, passende Handlungsoptionen entwickeln und diese anwenden (vgl. Leuten et al. 2005, 125). Übergeordnete Problemlösungsstrategien kommen dabei zum Einsatz.

Aktive Bewältigungskompetenz
Resiliente Kinder schätzen belastende Situationen angemessen ein und gehen mit diesen aktiv und reflektiert um. (vgl. ebd.) Eigene Fähigkeiten und Bewältigungsstrategien werden zielgerichtet eingesetzt, um Lösungen zu finden.
Auf Hilfe von außen wird bewusst zurückgegriffen, eigene Grenzen werden respektiert (vgl. ebd.).

Darüber hinaus konnten auch Intelligenz und Kompetenzen im Lesen, Rechtschreiben und in der Mathematik als Resilienzfaktoren empirisch nachgewiesen werden (Noeker & Petermann 2006). Resilienz als dynamischer Bewältigungsprozess vollzieht sich stets in der Interaktion des Kindes mit seiner Umwelt (vgl. Wustmann 2004, 28, Lösel & Bender 2008) und den unmittelbaren Bezugsperso-nen. Macht das Kind dabei positive Bewältigungserfahrungen, wird es befähigt, sein Leben aktiv mitzugestalten.

1.2 Mediensozialisation und Zuwanderung

Wenn das Verhalten zentraler Bezugspersonen aus Familie, Peergroup und Schule sich auf personale Resilienzfaktoren von Kindern auswirkt (vgl. Mikos, 2004, 158), sollte darüber hinaus die zentrale Instanz der Medien verstärkt in den Blick genommen werden (vgl. Fromme et al., 1999, Schorb 2006, 149, Sutter, 2010). Kinder treten bereits früh und selbstverständlich in Kontakt zu unterschiedlichen Verbreitungs- bzw. Kommunikationsmedien, was ihr Denken und Handeln prägt. Bereits im Alter zwischen 6 und 12 Jahren verändern sich dadurch kulturelle Praxen von Kindern, ihre Art zu kommunizieren und ihre kulturellen Ausdrucksformen – unabhängig von der Erstsprache (vgl. Doebeli Honegger 2016, 44ff, Wampfler 2017, 17). Dabei hat sich für Kinder der Gegensatz analoger und digitaler Medien längst aufgelöst.

Auch im Rahmen zeitgemäßer Unterrichtskonzepte sind es „nicht (digitale oder analoge) Medien per se, die einen didaktischen Mehrwert bieten, sondern die geschickte Kombination aus Unterrichtsmethode, Inhalt und Medien" (Döbeli Honegger 2016, 68, vgl. Wampfler 2017, 24, TPACK, Shulman 1986), die sich positiv auf den Kompetenzerwerb von Schülerinnen und Schülern im Umgang mit analogen und digitalen Texten und Medien auswirkt. Dafür bedarf es einer anregenden Lernumgebung, in denen Kinder vielfältige analoge und digitale Angebote nutzen können, die sich an die persönlichen medialen Vorerfahrungen und die individuelle Lernausgangslage anpassen lassen.

Aktuell liegen kaum differenzierte Studien zur Mediennutzung von neu zugewanderten Kindern vor. Die Untersuchungsergebnisse stammen meist aus einer anderen Phase der Zuwanderungsgeschichte der Bundesrepublik Deutschland, die vor allem durch europäische Binnenmigration und Flüchtlingsaufnahmen aus den Balkanstaaten gekennzeichnet war. Im Rahmen der KIM-Studie 2016 wurden Kinder mit Zuwanderungserfahrung mit erhoben, allerdings mit der Einschränkung, dass diese und deren Haupterzieher bereits deutschsprachig waren (KIM 2016, 4). Untersuchungen zu älteren Jugendlichen fokussieren in erster Linie auf das Gefährdungspotential von Medien, insbesondere für Kinder mit Zuwanderungshintergrund. So die Studie des Kriminologischen Forschungsinstituts Niedersachsen (KFN), die die Ausstattung mit Bildschirmmedien (Fernsehen, Spielkonsolen, Computer) im Kinderzimmer, die Nutzungsdauer der Medien und der Konsum von nicht altersgerechten Filmen und Computer- bzw. Videospielen, jeweils differenziert nach Herkunft der Kinder erhebt. Eine gesonderte Analyse widmete sich dem Zusammenhang von Mediennutzung und Schulleistungen bei den sogenannten „PISA-Verlierern", zu denen wiederum SchülerInnen aus Zuwandererfamilien gehören (Pfeiffer et al. 2007). Auch eine weitere, bundesweite Schülerbefragung des KFN in den Jahren 2007/2008 thematisierte die Mediennutzung mit einem Fokus auf potenziell problematische Aspekte, wie die Nutzung von Gewaltspielen (Baier et al. 2010). Die Studie wurden im Rahmen des Niedersachsensurveys in regelmäßigen Abständen fortgeführt. Der Blick richtete sich dabei auch aktuell in erster Linie auf die Gefahren der Mediennutzung für neu zugewanderte Kinder (Bergmann, M.C. et al. 2016).

Mit weniger defizitärer Ausrichtung befasst sich der Integrationsreport des Bundesamtes für Migration und Flüchtlinge (BAMF) mit der Qualität der Mediennutzung unter Zugewanderten im Allgemeinen, die auch Rückschlüsse auf die kindliche Mediennutzung zulassen. Darin wird auf eine komplementäre Nutzung deutscher und herkunftssprachiger Medien unter Zugewanderten verwiesen. Deutschsprachige Formate in Tageszeitungen und im Fernsehen werden von ihnen vorwiegend zur Information genutzt, Angebote in der Herkunftssprache dienen eher Unterhaltungszwecken und als Anlass für ein gemeinsames Familienerlebnis, an dem auch Kinder teilhaben, aber auch der Information über Geschehnisse im Herkunftsland. Eine bedeutende Rolle vor allem für die jüngere Generation spielen das Internet und die Teilhabe an sozialen Netzwerken. Netzwerke übernehmen eine wichtige soziale und emotionale Funktion und fungieren als Brücke zu Freunden und zum Herkunftsland. In der neuen Umgebung helfen Internet und neue Medien zudem beim Einleben und beim Erlernen der Sprache (BAMF, 5). Kinder wenden sich grundsätzlich mit vielfältigen Motiven und handlungsleitenden Anliegen ihren Medienfavoriten und medialen Interaktions- und Ausdrucksformen zu. Handlungsleitende Themen stehen einerseits in engem Zusammenhang mit den jeweiligen alters- und geschlechtsspezifischen Entwicklungsaufgaben. Andererseits sind sie abhängig vom persönlichen Lebenskontext des Heranwachsenden. In beiden Kontexten sind Mädchen und Jungen auf der Suche nach ethisch-normativen Vorgaben, nach erstrebenswerten Persönlichkeitsfacetten oder personalen Vorbildern (vgl. Hauck-Thum 2011, 37). Handlungsleitende Themen sind die „treibende Kraft für die Orientierungssuche, eine Art Dreh- und Angelpunkt im alltäglichen Medienumgang" (Theunert 2007, 122), der auf vielfältige Art und Weise individuelle Sozialisationsprozesse beeinflussen kann. Medien wirken dabei jedoch nicht einfach auf Kinder ein. Vielmehr setzen sich Kinder auf Basis ihres Alters, gemäß ihres kognitiven, emotionalen und sozialen Entwicklungsstandes mit Ihnen auseinander und lassen Symbolan-

gebote der Medien in ihr individuelles Selbstkonzept einfließen oder eben nicht (vgl. Paus-Haase 1999, 82).
In diesem Zusammenhang zeigen die Ergebnisse der genannten Studien, dass bildungsbenachteiligte Mädchen und Jungen mediale Angebote im Freizeitbereich zu weiten Teilen rezeptiv nutzen und es in Bezug auf die Qualität der häuslichen Nutzung vor allem auf Seiten der Jungen zu Schieflagen kommt.

Um zu mehr Chancengleichheit beizutragen, sollten Lehrkräfte im schulischen Rahmen in diesem Zusammenhang den Fokus verstärkt auf mediale Angebote legen, die Kindern vor allem Gelegenheiten zur produktiven Auseinandersetzung mit analogen und digitalen Formaten unter Berücksichtigung des individuellen Entwicklungsstandes, der medialen Nutzungsgewohnheiten, des Sprachstandes und der Interessenlage ermöglichen (vgl. Hauck-Thum 2017, 197) und sie dazu anregen, sich interaktiv und kollaborativ mit Medien auseinander zu setzen, mediale Formate miteinander in Verbindung zu bringen, zu bewerten, zu analysieren, zu verstehen, zu nutzen, kritisch zu reflektieren und aktiv mitzugestalten (vgl. Forschungsgruppe Lehrerbildung Digitaler Campus Bayern 201, 4ff). Medienkompetent zu sein bedeutet, einen Zugang zur Welt zu haben, der Teilhabe am öffentlichen und kulturellen Leben ermöglicht und konstruktives soziales Handeln zulässt. Dies gilt für Kinder mit und ohne Zuwanderungshintergrund. Ein kompetenter Umgang mit alltagsrelevanten Medien kann Kinder befähigen, Einschränkungen in ihrer Alltagsbewältigung zu überwinden oder auszugleichen und kann somit als relevanter personaler Resilienzfaktor angesehen werden.

1.3 Aktuelle Studien und Projekte zur Resilienzförderung mit Medien

Eine aktuelle Studie des Internationalen Zentralinstituts (IZI) verweist auf das besondere Potential des unterrichtlichen Einsatzes von Filmen, die starke Geschichten erzählen, um personale Resilienzfaktoren von Kindern zu fördern (Holler 2018, 40). Die ersten Ergebnisse der Videographiestudie mit 108 Mädchen und Jungen aus Taiwan und Deutschland dokumentieren eine hohe Gesprächsbeteiligung der Kinder nach der Rezeption ausgewählter Filme und veranschaulichen anhand individueller Aussagen zum Handeln der Protagonisten einen hohen Grad an Selbst- und Fremdverstehen. Zudem zeigen die Kinder aktive Bewältigungskompetenzen beim Sehen, indem sie den Wert von Zielstrebigkeit, Gefahrenwahrnehmung und Problemlösestrategien erkennen und eigene Strategien entwickeln, wie sie mit der gezeigten Situation umgegangen wären.
Das Projekt „Here's my story" (Mendel & Dillmann 2018, 40) ermöglicht Jugendlichen mit Fluchterfahrung, ihre eigenen Geschichten über den Zeitraum von einer Woche am Tablet-PC aktiv zu dokumentieren. Die Fragebogenauswertung zu Beginn und zum Ende des Projekts zeigt, dass bei allen Jugendlichen vor allem eine Steigerung von Selbstwirksamkeit („Ich bin entschlossen") und Selbst-

wertgefühl („Ich habe eine positive Einstellung zu mir selbst gefunden") durch diese Form der Medienarbeit stattfand. Sprachliche Barrieren konnten durch die multimodale Darstellung von Texten am Tablet überwunden werden. Insbesondere der eigenaktiv handelnde Umgang mit dem digitalen Medium motivierte die Akteure des Projektes in besonderem Maße und bestärkte sie in dem Gefühl, kompetent zu sein und eine erzählenswerte Lebensgeschichte zu haben.

2 Medien, Teilhabe und Resilienz

Die Ergebnisse neuerer Resilienz- und Mediensozialisationsforschung fließen zusammen mit den Erkenntnissen aus Vorläuferprojekten in die Pilotierung des Projektes „Medien, Teilhabe und Resilienz" des Lehrstuhls für Grundschulpädagogik und -didaktik des Ludwig-Maximilians-Universität München ein. Im Rahmen des Projektes soll der Frage nachgegangen werden, wie der Umgang mit Tablets im Unterricht einer Deutschklasse gestaltet werden muss, um zu Teilhabe und Resilienz bei Kindern mit Zuwanderungserfahrung beizutragen.

Die Pilotierung findet von Oktober 2018 bis Februar 2019 an einer Münchner Grundschule statt. Beteiligt ist eine Deutschklasse mit 20 Schülerinnen und Schülern mit Zuwanderungserfahrung. Die Kinder werden dreimal wöchentlich von Studierenden des Lehramts an Grund- und Förderschulen betreut. Die Pilotierung dient der Ausarbeitung eines Förderkonzeptes, das im Schuljahr 2019/20 in zwei Deutschklassen (n=40) erprobt und im Rahmen eines Pretest-Posttest-Designs evaluiert wird.

2.1 Testverfahren

Für Pre- und Posttest war neben eines Fragebogens zu den kindlichen Mediennutzungsgewohnheiten zunächst eine stark vereinfachte Form der Rosenberg-Skala (Ferring & Filipp 1996, 284ff) mit 5 Items zum Selbstwertgefühl vorgesehen. Die Fragen waren auch nach mehrfacher Vereinfachung für die Kinder der Deutschklasse sprachlich noch immer zu schwer verständlich, sodass derzeit Standbilder zur Überprüfung der Kompetenzen in den Bereichen Selbstwahrnehmung, Selbstwirksamkeit und Problemlösefähigkeit getestet werden. Erste Ergebnisse zeigen, dass es die Bilder den Kindern erleichtern, ein Verständnis für die Zusammenhänge zu entwickeln und sie zur Reflexion anzuregen. Die Standbilder orientieren sich an Inhalten aus Filmen, die in einer weltweiten Studie des IZI zu Stärkeerlebnissen von Kindern entstanden sind (Götz 2018, 29).

Das erste Bild dient der Untersuchung kindlicher Selbstwahrnehmung. Es zeigt ein neugeborenes Kind im Kreise seiner Familie. Ein Geschwisterkind steht abseits. Beim Betrachten des Bildes sollen sich die Kinder in die abgebildeten

Personen hineinversetzen, Gefühle aufzeigen und benennen. Resiliente Kinder können in diesem Zusammenhang ihre eigenen Stimmungen und die anderer Personen erkennen und einordnen, Gefühle und Gedanken reflektieren und in Bezug zu anderen setzen (vgl. Fröhlich-Gildhoff/ Rönnau-Böse 2015, 46).

Ihrer Selbstwirksamkeit sind sich Kinder bewusst, wenn ihnen klar ist, dass ihr Handeln eine Situation zum Guten hin verändern kann. Zur Evaluation wird ein Bild eingesetzt, das einen Lehrer zeigt, der ein Kind wegen einer kleinen Regelübertretung nach dem Unterricht maßregelt. Ein weiteres Kind beobachtet das Ereignis. Die Kinder sollen die Szene beschreiben und die Ereignisse auf ihre wirkliche Ursachen hin beziehen können (vgl. ebd.).

Zur Evaluation von Problemlösefähigkeiten zeigt ein letztes Bild ein Kind, das bei starkem Wind auf einen Kirschbaum klettert, bei dem die besten Kirschen weit oben hängen. Resiliente Kinder können realistische Ziele formulieren und sind fähig, Probleme anzugehen. Zudem kennen resiliente Kinder Problemlösestrategien, entwickeln unterschiedliche Lösungsmöglichkeiten und setzen diese proaktiv und verantwortungsbewusst um (vgl. ebd., 56).

Die Auswertung der kindlichen Äußerungen erfolgt im Forschungsprojekt mit Hilfe qualitativer Videoanalyse.

2.2 Projektverlauf
Jede/Jeder Studierende erhält für den Zeitraum der Pilotierung ein Tablet, mit dem in Kleingruppen von drei Kindern gearbeitet wird. Dadurch wird bei jedem Kind ein enger Kontakt zur Bezugsperson und zur Peergroup gewährleistet. Das Tablet verfügt über eine einfache Benutzeroberfläche, lässt sich im Unterricht flexibel einsetzen und ermöglicht eine produktive und rezeptive Nutzung, die an vielfältige mediale Vorerfahrungen der Kinder anknüpft, sie miteinander in Kontakt bringt und zum persönlichen Ausdruck anregt. Resiliente Kinder können Kommunikation mit anderen Kindern herstellen und auf Basis emotionaler Kompetenz und Empathie zur Lösung von Konflikten beitragen (vgl. Fröhlich-Gildehoff/Rönnau-Böse 2015, 52). Voraussetzung dafür sind neben den äußeren Rahmenbedingungen Themen, die die Kinder unmittelbar betreffen und Methoden der Umsetzung, die sie aktiv zum Sprechen und Handeln motivieren. Thematisch besteht das laufende Projekt aus vier Bereichen, von denen zum jetzigen Zeitpunkt lediglich die ersten drei konkret umgesetzt wurden. Diese werden im Folgenden exemplarisch vorgestellt:

1. Das bin ich. Das macht mich aus.
2. Das sind Menschen/Tiere/Dinge die ich mag. Das sind ihre Eigenschaften, die mir gefallen.
3. Das kann ich. Das sind meine Fähigkeiten.
4. Das sind meine Erfahrungen.

Zunächst war geplant, für jedes Kind ein individuelles digitales Buch anzulegen. Ein Buch pro Kleingruppe erwies sich jedoch als besser geeignet, Kinder zum sozialen Austausch anzuregen, der ihnen die Möglichkeit der Bestätigung des Eigenen gibt, bei dem sie aber auch mit Widerspruch zurechtkommen müssen.
Genutzt wird die App *Book Writer* am Tablet, die die digitale Speicherung der Ergebnisse eines handlungs- und produktionsorientierten Umgangs mit Texten und Medien ermöglicht und gleichzeitig einen neuen digitalen Lerngegenstand für den Unterricht generiert. Im Laufe der Treatments entsteht ein sogenanntes enhanced eBook, das von den Kindern in vielfältigen „Beteiligungs- und Handlungssituationen" (Prüß 2004, 173) aktiv mitgestaltet wird. Das Tablet kommt zunächst zum Einsatz, damit sich die Kinder ein Bild von sich selbst machen können. Sie zeichnen einen Umriss ihrer eigenen Person und importieren diesen in der App. Gefüllt wird die Silhouette mit Tonspuren, die über den Audiobutton aufgenommen werden können. Um den Kindern den Wert ihrer Mehrsprachigkeit zu verdeutlichen, erfolgen die Aufnahmen sowohl in der Erstsprache als auch auf Deutsch. Die Tonspuren enthalten Informationen zur Familie des Kindes oder zu besonderen Vorlieben und Hobbies (vgl. Abb. 1). Auch Kinder mit geringen schriftsprachlichen Kenntnissen erhalten über die Produktion akustischer, visueller und audiovisueller Ausdrucksformen eine Stimme.

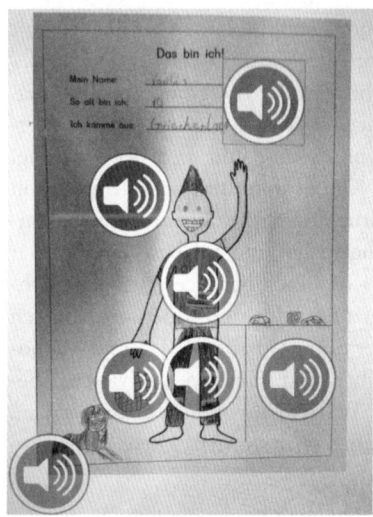
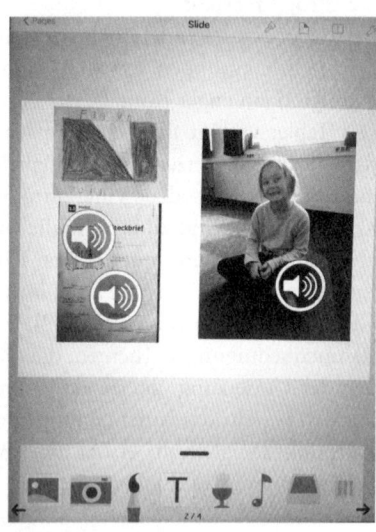

Abb. 1: Das bin ich   **Abb. 2:** Book Writer

Die Menüleiste ermöglicht eine einfache Integration multimodaler Elemente wie Tonspuren, Fotos oder Zeichnungen auf den Seiten des eBooks (Abb. 2). Kinder können sich dadurch im medialen Raum positionieren und verorten. Diese

Verortung bildet die Grundlage der Auseinandersetzung mit der eigenen Lebenswelt und der weiteren sozialen und kulturellen Welt. In der Auseinandersetzung mit relevanten Themen werden anwendungsorientierte und kreative Zugänge zu di-gitalen Medien eröffnet, die das medienbezogene Interesse erhöhen, Kinder in ihren medienbezogenen Fähigkeiten bestärken und für eine positive medienbezogene Einstellung sorgen (vgl. Schulz-Zander 2002, 251ff). Sie haben dadurch die Chance, sich unabhängig vom aktuellen Sprachstand als kompetent zu erleben, stolz auf die eigenen Fähigkeiten und Kenntnisse zu sein und eigenaktiv daran weiterzuarbeiten (Abb. 3).

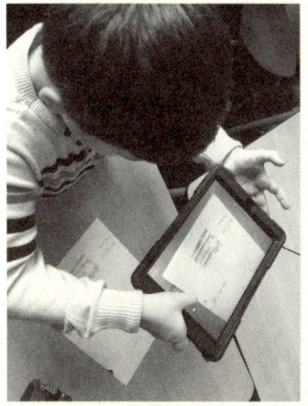

Abb. 3: Eigenaktives Gestalten am Tablet

Abb. 4: „Du bist ein schlauer, schneller Hase!

Dadurch wird ein Crossover von digitalen und analogen Gestaltungsmethoden ermöglicht, das sich positiv auf Sprach-, Lese- und Schreibmotivation auswirkt. Entsprechende Selbstkonzepte spielen als Resilienzfaktoren für Kinder eine wichtige Rolle (vgl. Bertschi-Kaufmann 2002, 145, Hauck-Thum 2011, 67).

Bei der Beschäftigung mit dem Bereich „Das sind Menschen/Tiere/Dinge, die ich mag. Das sind Eigenschaften, die mir gefallen." fiel es den Kindern schwer, eigene Eigenschaften, Fähigkeiten und Stärken zu benennen. Mit Bezug auf Johnson, der betont, dass Menschen die eigenen Charakterzüge erst an anderen ausmachen, bevor sie erkennen, dass es auch die eigenen sind (vgl. Johnson 2013, Mendel/Dillmann 2018, 39), erhielten die Kinder deshalb den Auftrag, in die Rolle ihrer Lieblingstiere zu schlüpfen und sich gegenseitig zu beschreiben.
Dieser Umweg erhöht die kindliche Gesprächsbeteiligung und erleichtert es den Kindern, für sie wichtige Eigenschaften zu verbalisieren und im Anschluss am Tablet zu dokumentieren (vgl. Abb. 4).

Zur Darstellung eigener Fähigkeiten der Kinder wird die App PuppetPals HD genutzt, die die Erstellung einfacher Trickfilme ermöglicht. Zunächst werden Stärkegeschichten der Kinder gesammelt, die unterschiedliche Themenbereiche abdecken: „Ich bin ein guter Fußballer.", „Ich bin eine gute Freundin.", „Ich helfe meiner Mutter.", „Ich habe für meine Nachbarin eingekauft." usw. Wiederum in Kleingruppen zeichnen die Kinder notwendige Avatare, die in der App importiert und animiert werden. Gemäß der individuellen sprachlichen Lernausgangslage können sich die Kinder an der Darstellung der Szenen teilhaben. Die Sprachproduktion erfolgt spontan zum szenischen Spiel und reicht dabei von ei-nem Wort bis hin zu mehreren Sätzen. (Abb. 5).

Abb. 5: Stärkegeschichte als Trickfilm (Puppet Psls HD)

Die aktive Verwendung von Sprache erfüllt dabei unterschiedliche Funktionen. Sprache ist ein wichtiger Bestandteil der aktiven Produktgestaltung, dient als Mittel der Kommunikation unter den Projektbeteiligten und ermöglicht die Reflexion bei der Präsentation des medialen Produktes (vgl. Hauck-Thum 2011, 142ff). Vor allem der Erfahrung der Präsentation eigener Ergebnisse im Anschluss an jede Einheit kommt eine wichtige Bedeutung zu. Die Auseinandersetzung mit eigenen Stärken und die Anerkennung der Mitschülerinnen und Mitschüler führte zu einem hohen Maß an Zufriedenheit der Kinder. Beim Präsentieren nehmen sich die Kinder als aktiver Teil eines kollaborativen Projektes war und werden durch das Gefühl der Teilhabe in ihren individuellen Kompetenzen bestärkt. „Und dann war meine Stimme im Film. Das ist ein gutes Gefühl.", bestätigte eine Projektteilnehmerin im Anschluss an die Präsentation ihres Trickfilms diese These.

Die nicht-analytische, sinnlich-individuelle und handwerkliche Auseinandersetzung mit Text und Medium in Form szenischer, visueller und akustischer Ausdrucksformen kommt den unterschiedlichen Begabungstypen und Fähigkeiten der Kinder in besonderem Maße entgegen (vgl. Haas et al. 1994, 17). Das Hineinversetzen in unterschiedliche Avatare kann sowohl zum Selbst- und Fremdverstehen als auch zur Selbstwirksamkeit als personale Resilienzfaktoren beitragen (Fröhlich-Gildehoff & Rönnau-Böse 2018, 5) (vgl. Abb. 3).

2.3 Fazit

Die Förderung von Medienkompetenz, Resilienz und Teilhabe wird im Zusammenhang mit Chancengleichheit für bildungsbenachteiligte Kinder in der Grundschule bislang kaum diskutiert. Das Konzept der Resilienzförderung durch eine produktiv-kreative Gestaltung von Medien versucht, die Diskursstränge der Förderung von Medienkompetenz und Resilienz zu verbinden.
Mit Blick auf das gemeinsamen Ziel der Teilhabe, das die Bildungprozesse beider Bereiche bestimmt, gilt es im Unterricht verstärkt mediengestützte Partizipationsangebote zu planen, umzusetzen und zu evaluieren, die vor allem Kinder mit Zuwanderungserfahrungen in ihren medialen und fachspezifischen Kompetenzen gleichermaßen stärken und ihnen Chancen zur Teilhabe an medienkulturellen Austauschprozessen eröffnen. Um zu untersuchen, wie diese Angebote im Detail gestaltet sein müssen und welche Evidenzen sich aus einem produktiv-kreativen Medieneinsatz für die Förderung von Resilienz ergeben, soll im Rahmen des Forschungsprojektes im Anschluss an die Pilotierung geklärt werden.

Verwendete Apps
Book Writer 2017, Good Effect
iBooks 2017, Apple
Puppet Pals HD 2016, Polished Play LLC

Literaturverzeichnis

Baier, D./Pfeiffer, C./Rabold, S./Simonson, J. & Kappes, C. (2010): Kinder und Jugendliche in Deutschland: Gewalterfahrungen, Integration, Medienkonsum. Zweiter Bericht zum gemeinsamen Forschungsprojekt des Bundesministeriums des Inneren und des KFN. Hannover: Kriminologisches Forschungsinstitut Niedersachsen.
Bergmann, M.C./Beckmann, L./Krieg, Y./Schepker, K./Baier D. & Mößle, T. (2016): Cyberbullying, Cyberstalking und Cybergrooming – Gefahren der Nutzung neuer Medien Eine Befragung an Katholischen Schulen in Nordrhein-Westfalen. KFN-Forschungsbericht. Hannover: KFN.
Bertschi-Kaufmann, A. (2002): Multimedia und Leseförderung in der Schule. Ergebnisse aus den Forschungsprojekten „Literalität im medialen Umfeld" und „Lesen im Kontext neuer Medien". In: Bonfadelli, H./Bucher, P. (Hrsg.): Lesen in der Mediengesellschaft. Stand und Perspektive der Forschung. Zürich: Pestalozzianum, 145–161.
Doebeli Honegger, B. (2016): Mehr als 0 und 1. Schule in einer digitalisierten Welt, Kornwestheim: hep.

Ferring, D. & Filipp, S.-H. (1996). Messung des Selbstwertgefühls: Befunde zu Reliabilität, Validität und Stabilität der Rosenberg-Skala. Diagnostica, 42(3), 284–292.

Forschungsgruppe Lehrerbildung Digitaler Campus Bayern (2017): Kernkompetenzen von Lehrkräften für das Unterrichten in einer digitalisierten Welt. In: merz – medien + erziehung, Zeitschrift für Medienpädagogik, 65–74.

Fröhlich-Gildehoff, K. & Rönnau-Böse, M. (2015): Resilienz. München: Reinhardt.

Fröhlich-Gildehoff, K. & Rönnau-Böse, M. (2018): Was ist Resilienz und wie kann sie gefördert werden. In: Sieh zur Sonne und stoß dich so stark ab, wie du kannst, TELEVIZION. Internationales Zentralinstitut für das Jugend- und Bildungsfernsehen (IZI), 31/1, 4–8.

Fromme, J., Kommer, S., Mansel, J. & Treumann, K. (Hrsg.) (1999): Selbstsozialisation, Kinderkultur und Mediennutzung. Opladen: Leske und Budrich Verlag.

Götz, M. (2018): „Wann hast du gemerkt, dass du stark bist?" Stärkeerlebnisse von Kindern weltweit. In: Sieh zur Sonne und stoß dich so stark ab, wie du kannst, TELEVIZION. Internationales Zentralinstitut für das Jugend- und Bildungsfernsehen (IZI), 13/1, 24–30.

Haas, G./ Spinner, K. & Menzel, W. (1994): Handlungs- und produktionsori-entierter Literaturunterricht. In: Praxis Deutsch 123, 17–25.

Hauck-Thum, U. (2011): Geschlechtersensible Medienarbeit im Deutschunterricht der Grundschule. Baltmannsweiler: Schneider Hohengehren 2011, 182 ff.

Hauck-Thum, U. (2017): Adaptable Books – Inszenierungsräume für individuelle sprachliche und literarische Bildungserfahrungen (2017). In: Abraham, U./Brendel-Perpina, I. (Hrsg.): Kulturen des Inszenierens, Stuttgart: Fillibach/ Klett, 197–210.

Holler, A. (2018): „Die hat ihr Ziel erreicht, das sie machen wollte." Eine Rezeptionsstudie zum Format The Day I became strong. In: Sieh zur Sonne und stoß dich so stark ab, wie du kannst, TELEVIZION. Internationales Zentralinstitut für das Jugend- und Bildungsfernsehen (IZI), 13/1, 31–34.

Johnson, R. (2013): Das Gold im Schatten: Impulse für die seslische Ganzwerdung. Wuppertal: Hammer.

Kröning, A. (2018): Für viele Flüchtlinge wird die Schule zur Sackgasse, in: Die Welt online, https://www.welt.de/print/die_welt/politik/article174108470/Fuer-viele-Fluechtlinge-wird-die-Schule-zur-Sackgasse.html, (aufgerufen am 12.10.2018).

KIM, Online unter: https://www.mpfs.de/fileadmin/files/Studien/KIM/2016/KIM_2016_Web-PDF.pdf (aufgerufen am 12.10.2018).

Laucht, M./Schmidt, M.H. & Esser, G. (2000): Risiko- und Schutzfaktoren in der Entwicklung von Kindern und Jugendlichen. Frühförderung interdisziplinäre, 19/3, 97–108.

Leutner, D./Klieme, E./Meyer, K. & Wirth, J. (2005): Die Problemlösekompetenz in den Ländern der BRD. In: Prenzel, M. et al. (Hrsg.): PISA 2003. Der zweite Vergleich der Länder in Deutschland. Münster: Waxmann, 125–146.

Lösel, F. & Bender, D. (2008): Was Kinder stärkt. Erziehung zwischen Risiko und Resilienz, München: Ernst Reinhardt.

Mendel, C. & Dillmann, E. (2018): Heeres my story. Kann ein medienpädagogisches Projekt Resilienz stärken? In: Sieh zur Sonne und stoß dich so stark ab, wie du kannst, TELEVIZION. Internationales Zentralinstitut für das Jugend- und Bildungsfernsehen (IZI), 31/1, 38–41.

Mikos, L. (2004): Medien als Sozialisationsinstanz und die Rolle der Medienkompetenz. In: D. Hoffmann & H. Merkens (Hrsg.), Jugendsoziologische Sozialisationstheorie. Impulse für die Jugendforschung (157–171). Weinheim. München.

Noeker, M. & Petermann, F. (2008): Resilienz: Funktional Adaption an widrige Umgebungedingungen. Zeitschrift für Psychiatrie, Psychologie und Psychotherapie, 56(4), 255–263.

Opp, G. & Fingerle, M. (2000): Risiko und Residenz in der frühen Kindheit am Beispiel von Kindern aus sozioökonomisch Benachteiligten Familien: amerikanische Erfahrungen mit Head Start. In:

Weiß, H. (Hrsg.): Frühförderung mit Kindern und Familien in Armutslagen, München: Ernst Reinhard, 164–174.

Petermann, F. & Schmidt, M. H. (2006): Ressource – ein Grundbegriff der Entwicklungspsychologie und Entwicklungspsychopathologie? Kindheit und Entwicklung 15/2, 118–127.

Paus-Haase, I. (1999): Medienrezeption und Medienaneignung von drei bis zehnjährigen Kindern und daraus resultierende Ansatzpunkte für die Förderung von Medienkompetenz. In: Schell, F./Stoltenberg, E. & Theunert, H. (Hrsg.): Medienkompetenz, Grundlagen und pädagogisches Handeln. München: Kopaed.

Pfeiffer, C./Mößle, T./Kleimann, M. & Rehbein, F. (2007): Die PISA-Verlierer – Opfer ihres Medienkonsums. Eine Analyse auf der Basis verschiedener empirischer Untersuchungen, herausgegeben vom Kriminologischen Forschungsinstitut Niedersachsen, Online unter: http://www.kfn.de/versions/kfn/assets/pisaverlierer.pdf, (Abrufdatum: 12.10.2018).

Prüß, F. (2004): Chancen zur Entwicklung der Schule als sozialer Ort unter Berücksichtigung der Partizipation. In: Henschel, A./Krüger, R./Schmitt, C./Stange, W. (Hrsg.): Jugendhilfe und Schule Handbuch für eine gelingende Kooperation. Wiesbaden, 165–178.

Rosenberg, M. (1965): Society and the Adolescent Self-Image. Princeton University Press.

Rutter, M. (2008): Resilience considered: Conceptual considerations, empirical findings, and policy implications. In: Schonkost, J.P./Meisels, J. (Hrsg.): Handbook of early childhood intervention. Cambridge: Cambridge University Press, 651–682.

Schulz-Zander, R. (2002): Geschlecht und neue Medien im Bildungsbereich Schule – Empirische Befunde zur Computernutzung, zu Interessen, zu Selbstkonzept, Interaktion und Förderungsmaßnahmen. In: Kampfshoff, M./Lumer, B. (Hrsg.): Chancengleichheit im Bildungswesen. Opladen: Leske u. Budrich, 251–272.

Shulman, L. S. (1986): Those who understand: Knowledge growth in teaching. In: Educational Researcher 15/2, 4–31.

Worbs, S. (2010): Integrationsreport, Mediennutzung von Migranten in Deutschland. Working Paper 34 der Forschungsgruppe des Bundesamtes, im Auftrag des Bundesamtes für Migration und Flüchtlinge (BmMF).

Schorb, B. (2006): Identitätsbildung in der konvergenten Medienwelt. In: Wagner, U./ Theunert, H. (Hrsg.): Neue Wege durch die konvergente Medienwelt. Studie im Auftrag der Bayrischen Landeszentrale für neue Medien (BLM). BLM-Schriftenreihe Bd. 85. München, 149–160.

Sutter, T. (2010). Medienanalyse und Medienkritik. Forschungsfelder einer konstruktivistischen Soziologie der Medien (1. Aufl.): Wiesbaden: VS Verlag für Sozialwissenschaften.

Theunert, H. (2007): Medienkompetenz bei Kindern. In: Theunert, H. (Hrsg.): Medienkinder von Geburt an. Medienaneignung in den ersten sechs Lebensjahren. München: Kopaed, 9–127.

Wampfler, P. (2017): Digitaler Deutschunterricht. Göttingen: Vandenhoeck & Ruprecht.

Waller, M.A. (2001): Resilience in ecosystems context: Evolution of the concept. American Journal of Orthopsychiatry, 71/3, 290–297.

Wustmann, C. & Fthenakis, W.E. (2004): Resilienz. Widerstandsfähigkeit von Kindern in Tageseinrichtungen fördern. Weinheim und Basel: Beltz.

Wustmann, C. & Fthenakis, W.E. (2016): Resilienz. Widerstandsfähigkeit von Kindern in Tageseinrichtungen fördern. Beiträge zu Bildungsqualität, 6. Auflage, Berlin: Cornelsen.

Mohcine Ait Ramdan und Verena Beschinsky

Entwicklung der makrostrukturellen Erzählkompetenzen von neuzugewanderten Kindern – Impulse für die Lernausgangsdiagnostik

1 Einleitung

Die Erzählerwerbsforschung zeigte in den letzten Jahrzenten einen nachweisbaren Zusammenhang zwischen der narrativen Kompetenz und der Entwicklung weiterer sprachlicher Fähigkeiten. Die Erzählkompetenz bildet daher eine wichtige Voraussetzung für den Schulerfolg (vgl. Schmölzer-Eibinger u.a. 2018) und ist für die Bildungskarrieren bildungsbenachteiligter, neu zugewanderter Kinder von besonderer Relevanz. Neben den Lernpotentialen einer erzählbasierten Didaktik in der Schule (z.B. für den Sachunterricht vgl. Kahlert 2005) kommt dem Erzählen in Bezug auf die Weitergabe von Erfahrungswissen eine elementare Rolle zu, wenn Kinder ihre persönlichen Erfahrungen wiedergeben. „Kinder brauchen Geschichten, [...] um sich selbst durch erzählte Geschichten mittelbar und unmittelbar verständlich zu machen [...] oder ihre Situation zu Wort kommen zu lassen" (Claussen 2009, 5). Meistens ist die Qualität von Kinderzählungen ein Indikator für die Entwicklung weiterer sprachlicher Kompetenzen wie des Wortschatzumfangs, des Lese-Sinn-Verständnisses, sowie schriftsprachlicher und mathematischer Leistungen (Ringmann 2014,17). Jüngere Studien zum Spracherwerb von neuzugewanderten Kindern unterzeichnen einen positiven Einfluss des Entwicklungsgrades narrativer Kompetenzen auf die allgemeinen sprachlichen Kompetenzen in der Zweitsprache Deutsch (vgl. Lindner u.a. 2019). Hier zeigt sich, dass besonders Schüler*innen mit Fluchthintergrund, die im Heimatland keine Schule besuchten, sowie keine Erzählerfahrungen nachweisen, beim Erzählerwerb in der Zweitsprache vor zusätzliche Herausforderungen gestellt werden.

Die Entwicklung der Erzählkompetenz beginnt schon im Vorschulalter und wird von mehreren Faktoren beeinflusst. Für den Erwerb dieser Kompetenz in der Zweitsprache Deutsch spielen vor allem der sozioökonomische Status sowie die Vorerfahrungen in der Erstsprache der Kinder eine elementare Rolle (vgl. Dobek u.a. 2018).

Im vorliegenden Beitrag wird der Erwerb und die Entwicklung der mündlichen Erzählkompetenz in der Zweitsprache Deutsch anhand der Ergebnisse einer Longitudinalstudie mit 10 syrischen Kindern mit Fluchthintergrund in ihrem ersten Schuljahr in Deutschland abgebildet. Durch die Nutzung eines ganzheitlich methodischen Verfahrens ist es Ziel der Studie, einerseits die Entwicklung der narrativen Kompetenzen auf der makrostrukturellen Ebene aufzuzeigen sowie andererseits die dahinterstehenden Einflussfaktoren zu bestimmen. Dies wird anhand der Analyse von Fantasieerzählungen der Kinder sowie durch die Einbeziehung von sprachbiographischen narrativen Elterninterviews zu literalen Praktiken und sprachlichen Vorerfahrungen der Kinder erreicht.

2 Makrostruktur einer Erzählung

Für den Aufbau einer Erzählung kursieren in der Forschung eine Reihe von konkurrierenden Ansätzen, deren übergeordnetes Ziel es ist, ein Erzählschema zu bestimmen und systematische Elemente einer Erzählung zu identifizieren. Nach Becker (2017, 335) umfasst eine idealtypische Erzählung die Wiedergabe von vergangenen oder fiktiven Ereignissen, die mithilfe einer übergeordneten Struktur dargestellt werden und einen wesentlichen Aspekt beinhalten, der besonders erzählwürdig erscheint.

Kennzeichnend für Erzählungen ist der textsortenspezifische Aufbau, der Einsatz bestimmter grammatischer Muster sowie die emotionale Involviertheit des Erzählers. Je nach Art der Erzählung treten hier unterschiedliche Parameter und Strukturen auf, die für eine Erzählung als typisch gelten. Neben den grammatischen Strukturen, die für eine Erzählung typisch sind (Kohäsionsmittel wie Konjunktionen, Tempuswechsel, indirekte Rede usw.) umfasst die Makrostruktur einer Geschichte ein Set inhaltlicher Strukturelemente (wie etwa die Charaktere, Ort und Zeit, handlungsauslösende Ereignisse) in einer festgelegten Reihenfolge. Ein Erzähltext gilt nach dem Modell von Boueke u.a. (1995) erst dann als Geschichte, wenn alle wichtigen Ereignisse Erwähnung finden. Diese sollen in eine lineare und kohärente Abfolge gesetzt werden. Dabei soll der Verlauf der Geschichte durch einen Planbruch gestört werden.

Der Ansatz der story grammar bestimmt in einem scharf umrissenen Modell sieben makrostrukturelle Elemente, die eine Erzählung beinhalten soll. Diese Bestandteile umfassen: Charaktere, Setting, auslösendes Ereignis, emotionale Reaktion, Plan, Handlung und eine Konsequenz (für eine Illustration siehe Tabelle 1). Diese Elemente gelten als idealtypische Erzählung und entwickeln sich während des Handlungsverlaufs. Sie konstituieren den logisch gewichteten Sinnzusammenhang einer Erzählung. Eine Untersuchung von Kauschke & Siegmüller (2010) zeigt, dass sprachlich auffällige Kinder signifikant weniger Makrostrukturanteile produzieren. Dies deutet auf den Entwicklungsstand der makrostrukturellen Kompetenz der Kinder beim Erzählen hin. Um den Grad des Ausbaus des makrostrukturellen Schemas von neuzugewanderten Kindern im ersten Schuljahr in Deutschland zu ermitteln, können Fantasiegeschichten genutzt werden.

3 Fantasiegeschichten als Messinstrument für Erzählkompetenzen

Verschiedene Untersuchungen postulieren, dass narrative Kompetenzen abhängig von der jeweiligen Textsorte sind und „textsortenspezifisch variieren " (Becker 2011, 52). Textsorten, die für Kinder von Relevanz sind, lassen sich hierbei in fiktive und non-fiktive Texte (vgl. ebd.) oder auch in Alltagserzählungen und literarische Erzählungen (vgl. Rank 1995) unterteilen. Zu fiktiven Texten gehören beispielsweise Märchen, Fabeln und Fantasiegeschichten. Zu non-fiktiven zählen Erlebniserzählungen sowie realistische Geschichten (Becker 2011, 52f). Kern & Quasthoff (2005, 37) stellen in ihrer Studie fest, dass Kinder mit dem Genre der non-fiktionalen Erzählungen vertrauter sind, als mit der fiktionalen Textsorte. Becker (2011, 179) stellt in einem Vergleich unterschiedlicher Erzählformen (Bildergeschichten, Fantasiegeschichten, Nacherzählungen, Erlebniserzählungen) fest, dass Fantasiegeschichten mit Abstand die komplexesten Strukturen aufweisen. Hier lässt sich anmerken, dass in Bildergeschichten, Nacherzählungen und in ereignisbasierten Erzählungen eine Makrostruktur durch die gegebenen Episoden bzw. Ereignisse bereits vorgegeben ist, sodass die Wiedergabe einer Erzählung hierdurch unterstützt wird.

Um das Vorhandensein eines allgemeinen makrostrukturellen Erzählschemas bei Kindern festzustellen, können unterschiedliche methodische Verfahren bei der Impulsgebung herangezogen werden. Nach Kern & Quasthoff (2005, 45) können zwei Methoden eingesetzt werden: 1) Das Kind soll eine Fantasiegeschichte nach einem vorgegebenen Anfang erzählen (Es war einmal…), 2) Das Kind liest eine Geschichte vor und muss ab dem Höhepunkt die Geschichte selbst weitererzählen.
Fantasiegeschichten können auch durch einen einzigen Bildimpuls, der den Kindern gezeigt wird, angeregt werden. Akbulut (2018, 80) kritisiert den Einsatz von Bildergeschichten, jedoch lässt sich hier anmerken, dass je nach Zielsetzung der jeweiligen Studien, unterschiedliche Erzählimpulse angemessen sind. Im Falle der vorliegenden Studie eignet sich eine Fantasiegeschichte mit einem Bildimpuls gut, da die Kinder eigenständig die Strukturelemente der Erzählung hervorbringen und kohärent aufeinander beziehen. Somit kann das Vorhandensein eines allgemeinen makrostrukturellen Schemas ermittelt werden.

4 Einflussfaktoren auf die Erzählkompetenz

Kinder, die eine Zweitsprache lernen, haben in ihrer Erstsprache bereits ein genrespezifisches Wissen davon entwickelt, wie Erzählungen funktionieren (Schätz 2017, 149). Knapp (1997) analysiert beispielsweise Fantasiegeschichten von Kindern mit der Zweitsprache Deutsch. Dabei stellt er fest, dass Makrostrukturen von der Erstsprache auf die Zweitsprache übertragen werden können, sofern die Kinder in ihrer Erstsprache schriftsprachlich sozialisiert wurden. Auch Rehbein und Meng (2007, 19) bestätigen positive Auswirkungen auf die Erzählkompetenz in der Zweitsprache bei mehrsprachigen Kindern, wenn eine frühe Literalitätsförderung in der Erstsprache erfolgt. Es bestehen also Wechselwirkungen zwischen der Erst- und Zweitsprache, die vor allem in Bezug auf schriftliche Texte nachgewiesen werden konnten (vgl. Riehl 2016).

Darüber hinaus untersucht Schätz (2017) Einflussfaktoren auf den Erwerbsverlauf. Auch hier zeigt insbesondere die familiäre Sprachpraxis deutliche Auswirkungen auf die Erzählkompetenzen von mehrsprachigen Kindern. Dobek u.a. (2018, 53) konnten in diesem Zusammenhang nachweisen, dass der sozioökonomische Status von austro-türkischen Kindergartenkindern in Österreich als Einflussfaktor bei der Entwicklung narrativer Strukturen fungiert. Kinder von Eltern mit höherem sozioökonomischem Status bzw. höherem Bildungsgrad verfügen sowohl in der Erstsprache als auch in der Zweitsprache über eine elaboriertere narrative Kompetenz. Dies liegt daran, dass sich die literalen Praktiken in Familien mit höherem sozioökonomischem Status sowohl quantitativ als auch qualitativ von denen mit niedrigerem sozioökonomischem Status unterscheiden. Im vorliegenden Beitrag soll untersucht werden, ob auch innerhalb der Gruppe der Kinder mit Fluchterfahrung und der Erstsprache Arabisch bezüglich des sozioökonomischen Status Unterschiede bestehen.

5 Projektbeschreibung, Probanden und Messinstrument

Die im Rahmen des vorliegenden Beitrags im Hinblick auf ihre Makrostruktur analysierten Erzählungen wurden innerhalb des Projekts: *Specific needs in literacy and language learning of refugee children: A comparison of Germany and Canada*[1] erhoben. Das Projekt hat eine umfassende Analyse der Entwicklung sprachlicher

---

[1] Das Projekt Specific needs in literacy and language learning of refugee children: A comparison of Germany and Canada wurde in Kooperation zwischen dem Institut für Deutsch als Fremdsprache an der Ludwig-Maximilians-Universität in München und dem Centre for Educational Research on Languages and Literacies an der University of Toronto durchgeführt. Mitbeteiligt an diesem Projekt sind Katrin Lindner, Claudia Riehl, Becky Chen. Die Finanzierung erfolgte durch die kanadische Stiftung Child and Youth Refugee Research Coalition.

Kompetenzen sowohl in der Erstsprache als auch in der Zweitsprache von neuzugewanderten syrischen Kindern mit Fluchterfahrung zum Ziel. Insgesamt umfasst die deutsche Probandengruppe sechs Schüler und vier Schülerinnen im Alter zwischen acht und 14 Jahren. Allen Kindern ist gemeinsam, dass sie aus derselben Region in Syrien stammen und arabisches Syrisch als Erstsprache sprechen. An zwei Erhebungszeitpunkten werden mittels standardisierter Messinstrumente die sprachlichen Bereiche: Wortschatz, phonologische Strukturen, Satzproduktion und -rezeption sowie Textverständnis getestet. Ein Teil der Kinder nahm zum Zeitpunkt der Studie gerade erst den Schulbesuch auf, der andere Teil besuchte bereits im Heimatland eine Schule.

Mithilfe des *Test of Narrative Language* (vgl. Gillam u.a. 2017) wurden in der Zweitsprache Deutsch mündliche Erzähltexte erhoben. Mittels eines Bildimpulses, der eine Alien-Familie zeigt, die gerade ihr UFO verlässt und dabei von zwei Kindern beobachtet wird, sollten die Kinder eine Fantasiegeschichte erzählen. Dabei soll die Handlung der Geschichte von den Kindern gänzlich konstruiert werden.

Neben der Untersuchung der erwähnten sprachlichen Teilkompetenzen wurden narrative Interviews mit den Eltern durchgeführt, um die externen Einflussfaktoren auf den Spracherwerb zu erfassen. Ziel der Interviews ist es, vor allem Informationen zu sprachlichen und literalen Erfahrungen der Kinder sowie zum Bildungshintergrund und den sozioökonomischen Hintergründen zu erfahren.

6 Ergebnisse

Im Folgenden werden die Ergebnisse zur Entwicklung makrostruktureller Erzählkompetenzen der Probanden präsentiert, die an zwei Zeitpunkten erhoben wurden. Zwischen den beiden Erhebungszeitpunkten liegen fünf Monate. Die Transkription und Auswertung der von den Kindern erzählten Geschichten erfolgten nach den vorgestellten makrostrukturellen Elementen und der dazugehörigen Auswertungskriterien des TNL-2 (vgl. Gillam u.a. 2017, 100). Jede Erzählung soll insgesamt sieben makrostrukturelle Bestandteile beinhalten: Charaktere, Setting, auslösendes Ereignis, emotionale Reaktion, Plan, Handlung und eine Konsequenz. In Tabelle 1 ist die Makrostruktur einer Erzählung nach Gillam u.a. (2017) anhand der Fantasieschichten der Proband*innen aus der vorliegenden Untersuchung illustriert. Je nachdem wie explizit eine Ebene ausgeführt wird, können mittels eines Auswertungsrasters zwischen null und drei Punkten vergeben werden, insgesamt können 21 Punkte erreicht werden.

Das in Kürze vorgestellte Auswertungsverfahren wurde bei den Texten der zehn Kinder angewandt. Die Ergebnisse der ersten Erhebung zeigen, dass sieben von den zehn untersuchten Schüler*innen überdurchschnittliche Werte erreichten (siehe Tabelle 2). Die Kinder, die eine Grundschule besuchen, erreichen im Vergleich zu den älteren Studienteilnehmer*innen niedrigere Werte. Dies bedeutet, dass der makrostrukturelle Aufbau der Geschichten der Grundschüler*innen in dieser Studie weniger ausgeprägt ist als der der Kinder, die in eine Mittelschule eingeschult werden. Jedoch zeigte sich, dass das zweijüngste Kind in der Studie (ID008) 16 von 21 Punkten erreichte. Somit ist das Alter kein alleiniger Indikator für den Entwicklungsgrad der Erzählkompetenz.

Tab.1: Die Makrostruktur einer Erzählung nach Gillam u.a.2017 (eigene Übersetzung) (*diese Felder waren im Datensatz nicht vorhanden und wurden daher ergänzt)

Punkte / Story-Elemente	1 Punkt	2 Punkte	3 Punkte
Aktanten	Enthält mindestens eine Hauptperson; keine spezifischen Namen	Enthält mindestens eine Hauptperson; Verwendung eines echten Namens	Enthält mehr als eine Hauptperson; Verwendung echter Namen
Personen, die eine Handlung vollziehen	*Da waren einmal ein Junge und ein Mädchen*	*Es war einmal ein Junge.**	*Es war einmal zwei Geschwister. Die Mädchen heißt Alina und der andere der Junge heißt Abdallah.*
Setting	Verweis auf einen allgemeinen Ort oder eine Zeit	Verweis auf einen spezifischen Ort oder eine Zeit	Konkrete Ortsnamen oder Angabe einer spezifischen Zeit
Informationen über Ort oder Zeit	*Hier sind ein Junge und ein Mädchen, sie spielen draußen.*	*Die spielten im Park.*	*Der Junge und das Mädchen spielten im Stadtpark im Münchner Westen.**
Auslösendes Ereignis	keine weitere Handlung wird ausgelöst	Enthält ein Ereignis, das eine Handlung auslöst	Enthält zwei oder mehrere Ereignisse, die separate Handlungen auslösen (komplexe Geschichte mit Episoden
Ein Ereignis, das Personen dazu motiviert, eine Handlung zu vollziehen	*Es war einmal eine Alienfamilie, die wollen Urlaub machen, dann sind die zu unsere Erde gekommen.*	*Sie haben eine Ufo gesehen. Und sie wollten [hin]gehen und schauen, was is das ein Mensch.*	*… und dann hat Alina was gehört und dann sind die da gegangen. Dann haben die ein Raubschirm [Raumschiff] gefunden mit Aliens. Und dann wollte sie nach Hause gehen […] und ihre Mutter das erzählen.*
Emotionale Reaktion	Enthält Emotionen, die aber nicht unbedingt mit dem auslösenden Ereignis zusammenhängen	Enthält Emotionen, die klar mit dem auslösenden Ereignis zusammenhängen	Enthält mehrere Emotionen, die klar mit dem auslösenden Ereignis zusammenhängen

Emotionen eines Aktanten, die in Bezug zum auslösenden Ereignis stehen	Da waren einmal zwei (…), ein Junge und ein Mädchen. Und dann hat der Junge Angst gehabt.	Und dann wussten sie nicht, wieso die Raumschiff in die Erde gekommen ist. Deswegen wollten sie es fotografieren. [...] Dann ihr Bruder ist nicht mitgekommen, weil er hatte Angst.	Und dann hat Abdallah Angst gehabt. Er fande das nicht gut, wenn halt Alina zu den hallo sagt. Und er sagte: „Nein, Alina!" und sie sagte: „Komm mit!", sie hatte keine Angst.
Plan	Äußerungen über einen Plan, nicht in Zusammenhang mit dem auslösenden Ereignis	Äußerungen über einen Plan, in Zusammenhang mit dem auslösenden Ereignis	Mehrere Äußerungen über einen Plan, in Zusammenhang mit dem auslösenden Ereignis
Gedanken einer Person, die in Verbindung mit einer Handlung stehen	Dann wollen sie ein Haus finden.	Aber dann hat der Hund ihn gesehen und dann sind sie weggelaufen, dann konnten sie nicht ein Bild machen. Aber dann wollten sie nochmal hingehen.	Dann wollte sie nach Hause gehen, ganz schnell wie sie kann und ihre Mutter das erzählen
Handlungen	Beschreibende Sätze; keine Verbindung zum auslösenden Ereignis	Verwendung von Verben, die eine Handlung ausdrücken; klare Verbindung zum auslösenden Ereignis	Einbindung einer verkomplizierenden Handlung, die andere Handlungen erschwert
Handlungen, die in Bezug auf das auslösende Ereignis von einer Person ausgeführt werden	Dann haben die irgendwo gegangen und dann haben die gesucht und die kommen hier.	Die wollten spielen und dann kommte ein Mädchen und ein Junge. Die hatten Angst. Und die Mädchen lachte und die Junge schreite und sie sind wieder zurück und hatten die Eltern gesagt.	Und dann sind sie wiedergekommen und sie hat nur den Raubschirm [Raumschiff] gefunden. Und dann hat sie [die Mutter] gesagt: „Das ist nur ein Spielzeug". Und dann hat der Vater gesagt: „Das ist nur ein Spielzeug. Kommt, spielt mit mir!" Und dann sind sie reingegangen.
Konsequenz	Ergebnis einer Handlung hängt nicht mit dem auslösenden Ereignis zusammen, sondern mit einer anderen Handlung	Ein Ergebnis einer Handlung; in Verbindung mit dem auslösenden Ereignis	Zwei oder mehrere Ergebnisse einer Handlung; in Verbindung mit dem auslösenden Ereignis
Endergebnis der Handlungen	Dann sind die wieder zurück, dann warn die Ufos weg. Und die hatten ein kleine Lamm.	Dann sind sie reingegangen und dann ist das geflogen. Und das war mein Geschichte.	Wenn sie gegangen sind, dann waren sie weg. Weil sie konnten nicht gut Luft an der Erde ist ganz anders als ihr Land. Und dann hat die Mädchen gesagt: „Wieso hab ich kein Bild gemacht? Es war schön mit Außerirdische". Und sie war traurig.

Tab. 2: Ergebnisse der ersten und zweiten Erhebung

Story-Elemente		Aktanten		Setting		Auslösendes Ereignis		Emotionale Reaktion		Plan		Handlung		Konsequenz		Gesamt	
Kind	Alter	EZ 1	EZ 2	EZ 1	EZ 2	EZ 1	EZ 2	EZ 1	EZ 2	EZ 1	EZ 2	EZ 1	EZ 2	EZ 1	EZ 2	EZ 1	EZ 2
ID001	13	1	3	0	0	3	3	0	2	3	3	3	3	3	3	13	17
ID002	9	1	1	1	0	2	3	2	2	0	2	1	2	2	2	9	12
ID003	12	3	3	2	2	3	3	3	3	3	3	3	3	2	2	19	19
ID004	13	3	3	2	2	3	3	3	2	3	3	3	3	2	3	19	19
ID005	7	1	1	0	0	0	0	1	1	0	1	1	1	0	0	3	4
ID006	12	3	3	2	2	2	1	3	2	1	0	2	0	1	0	14	8
ID007	13	3	3	0	0	2	1	2	3	2	1	2	1	1	1	12	10
ID008	8	3	3	2	2	3	3	2	3	0	2	3	3	3	2	16	18
ID009	14	3	3	2	2	2	2	3	3	2	2	0	1	0	0	12	13
ID010	12	1	1	2	2	2	2	0	1	2	2	0	1	0	0	7	9

Die in Tabelle 2 abgebildeten Werte spiegeln den Entwicklungsgrad der einzelnen Bestandteile der makrostrukturellen Erzählkompetenz wider. Diese zeigen sich in den Erzählungen der Kinder unterschiedlich ausgeprägt. Gruppenspezifische Merkmale lassen sich hierbei nur für einen Bestandteil der Erzählung feststellen. So lässt sich bei allen Kindern beobachten, dass beispielsweise Informationen zum Setting (Ort und Zeit) nicht relevant sind, warum sie relativ oberflächlich bzw. gar nicht erwähnt werden. Interessanterweise stellen hingegen die Einführung der Charaktere und das auslösende Ereignis der Geschichte für neun Kinder zentrale makrostrukturelle Bestandteile dar, die in fast allen Erzählungen der Studie Erwähnung finden. Bei den weiteren makrostrukturellen Elementen zeichnet sich insgesamt in Bezug auf deren Relevanz sowie deren qualitativen Ausführung ein heterogenes Bild ab. Bemerkenswert in diesem Zusammenhang ist, dass vor allem Kinder, die die höchsten Werte erreicht haben, vorwiegend bei allen makrostrukturellen Bestandteilen der Geschichte konstante Werte erfüllen. Dies spricht für ein ausgeglichen gewichtetes makrostrukturelles Erzählschema und bedeutet, dass bei Kindern mit einer ausgeprägten Makrostruktur, alle Bestandteile die gleiche Relevanz besitzen.

Insgesamt lässt sich bei den meisten Kindern bis zum zweiten Erhebungszeitpunkt eine Entwicklung feststellen. Die Ergebnisse zeigen, dass in den Erzählungen mancher Kinder neue makrostrukturelle Elemente, wie die emotionale Reaktion im Handlungsverlauf (ID001, ID007, ID010) sowie die explizite Nennung eines Plans der Aktanten (ID002, ID005, ID008), stärker betont werden. Im Gegensatz dazu bleiben die weiteren Werte bei den meisten Kindern erhalten oder gehalten oder gehen leicht zurück. Erstaunlicherweise gehen die Leistungen zweier Kinder insgesamt zurück (vgl. Abb. 1 ID006 & ID007), bei ID006 sogar unter den Normbereich. Bis auf ein Kind (ID005), das in beiden Erhebungszeitpunkten sehr niedrige Werte erreichte und somit eine schwache makrostrukturelle Kompetenz aufweist, konnten die Grundschüler*innen im zweiten Erhebungszeitpunkt alle bessere Werte erzielen. Dies zeugt von minimalen Veränderungen in der Makrostruktur der erzählten Texte, in denen die individuellen Ausprägungen der Kinder erhalten bleiben.

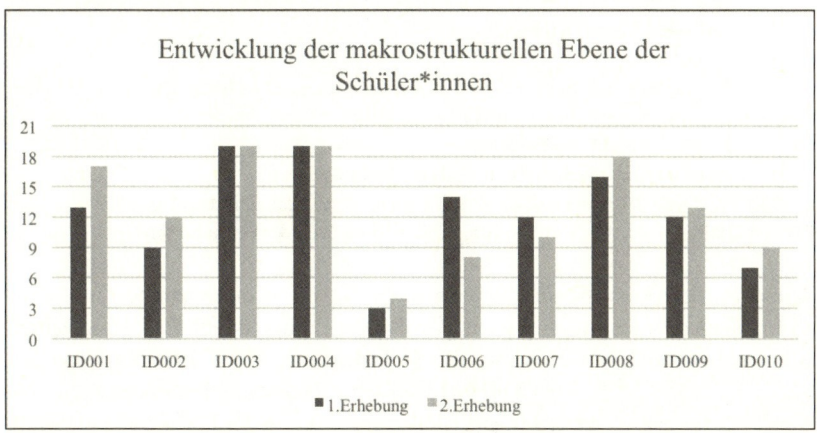

Abb. 1: Entwicklung der makrostrukturellen Ebene zwischen dem 1. und 2. Erhebungszeitpunkt

7 Einflussfaktoren

Werden die vorgestellten Ergebnisse vor dem Hintergrund der im Rahmen des Projekts erhobenen narrativen Interviews interpretiert, so spielen die familiäre Sprachpraxis, der sozioökonomische Hintergrund, sowie die vorgegangenen Literalitätserfahrungen der Kinder bzw. der Familien eine große Rolle. Wie bereits erwähnt entstammen alle Kinder aus insgesamt drei Familien. Betrachtet man die einzelnen Familien, so fällt auf, dass vor allem die Kinder einer Familie besonders gut abschneiden (ID001, ID003, ID008) und auch die größte Entwicklung zum zweiten Erhebungszeitpunkt zeigen (Siehe Abb. 1).

Das folgende Ausschnitt aus dem Elterninterview kann diesbezüglich weiter Aufschluss geben, warum gerade bei den Kindern dieser Familie eine überdurchschnittliche makrostrukturelle Kompetenz festzustellen ist:

I: Aber machen Sie irgendetwas, um die arabische Sprache zu fördern? Vorlesen? Oder irgendetwas?
B1: **Ich erzähle ihnen jeden Tag eine Gute Nacht Geschichte.**
I: **Jeden Tag. Wie lange ungefähr? Halbe Stunde?**
I: Welche Geschichten?
B1: Ganz unterschiedliche tolle Geschichten **aus der arabischen Geschichtentradition,** auch religiöse Geschichten und über Propheten, aber auch ganz / Mythen und arabische traditionelle Geschichte.

I: Aus dem Kopf?
B1: Ja.
I: Wow! Woher können Sie das?
B1: Das ist eine Überlieferung, das habe ich von meiner Oma mitbekommen.
MR **Auf syrischem Dialekt.**
I: Achso!
B2: **Früher habe ich immer Geschichten auf Hocharabisch** aus dem Internet vorgelesen, aber das haben sie nicht verstanden.
I: Haben sie nicht verstanden?
I: **Aber warum machen Sie das, dass Sie da vorlesen?**
B2: Wir sind aus Syrien dran gewöhnt, weil der Strom immer ausgefallen ist, dann hatten wir keine Unterhaltung und **weil es auch die Sprache fördert.**

Wie dem Interviewausschnitt zu entnehmen ist, pflegt die genannte Familie ein allabendliches Erzählritual, bei dem den Kindern unterschiedlichste Geschichten auf syrischem Arabisch erzählt werden (vgl. Beispiel, Zeile 5). Auch wurden den Kindern bereits Geschichten auf Hocharabisch vorgelesen. Dies bedeutet, dass die Kinder dieser Familie bereits über Erzählerfahrungen in der Erstsprache verfügen. Darüber hinaus ist der Vater der Familie ausgebildeter Grundschullehrer und arbeitete in Syrien mehrere Jahre in diesem Beruf. Die Kinder konnten außerdem in Syrien, aufgrund dessen ununterbrochen die Schule besuchen. Auch ein Bewusstsein über die Bedeutung von Sprachförderung ist in dieser Familie vorhanden, wie der Interviewausschnitt zeigt (vgl. Beispiel, Zeile 17). Des Weiteren zeigt sich diese Familie im Vergleich zu den anderen Familien bemüht, durch diverse Maßnahmen und vor allem durch eine stabile Wohnsituation, den Kindern eine anregende und fördernde Umgebung zu bieten.

Bezüglich der genannten Punkte unterscheiden sich die beiden anderen Familien immens von der ersten Familie. Die beiden übrigen Familien leben in Massenunterkünften und haben für jeweils neun bzw. elf Personen insgesamt zwei Räume, einen engen Raum, um den Kindern eine lernfördernde Umgebung zu bieten. Dazu zeigt sich in den aus diesen sozial benachteiligten Familien, dass die Kinder keinen reichhaltigen sprachlichen Input im Elternhaus erfahren. Darüber hinaus lassen sich bei den Kindern dieser Familien mehrere Unterbrechungen während des Schulbesuchs im Heimatland feststellen. Bei diesen Familien gingen jeweils nur die nur die zwei ältesten Kinder im Heimaltland zur Schule, allerdings mussten sie aufgrund der Kriegshandlungen häufiger umziehen und die Schule wechseln. Die Eltern gaben zusätzlich an, keine Fördermaßnahmen explizit anzuwenden, um die Kinder in ihrer sprachlichen Entwicklung im Deutschen und im Arabischen zu stärken. Einen weiteren Hinweis auf diese Einstellung gibt auch der Bildungshintergrund der Eltern. In beiden Familien weisen die Eltern einen sehr niedrigen Bildungshintergrund. In beiden Familien reichen die Schulerfahrungen der Eltern nicht über den Primarbereich hinaus.

8 Fazit und Desiderata für die Lernausgangsdiagnostik benachteiligter Schüler

Ziel des Beitrags war es, die Entwicklung der makrostrukturellen Kompetenz bei neuzugewanderten Kindern mit Fluchthintergrund in ihrem ersten Schuljahr aufzuzeigen sowie den Einfluss des sozioökonomischen Status, der Erstsprache sowie des Bildungshintergrunds auf diese Kompetenz zu eruieren. Die Analyse der Erzählungen der in dieser Studie teilnehmenden Kinder lässt schlussfolgern, dass die meisten Kinder über eine makrostrukturelle Kompetenz verfügen, die für den Aufbau einer Geschichte notwendig ist. Dabei zeigen die Erzählungen bezüglich der Elaboriertheit bzw. Explizitheit der Ausführung der wichtigsten makrostrukturellen Bestandteile graduelle Unterschiede. Offenbar spielen die sozioökonomischen Hintergründe der Familien eine große Rolle für die qualitativen Unterschiede zwischen den Erzählungen der einzelnen Kindern. In dieser Hinsicht stimmen die Ergebnisse der vorliegenden Studie mit den Ergebnissen weiterer Studien überein, die diese Faktoren als entscheidend für die allgemeine sprachliche Entwicklung der Kinder bestimmen (vgl. Dobek u.a. 2018). Darüber hinaus kann festgestellt werden, dass viele der Kinder, die bereits schriftsprachlich sozialisiert wurden in der Studie gute Werte erzielten. Dies deutet auf Wechselwirkungen zwischen der Erstsprache und der Zweitsprache der Kinder hin, die dafür sprechen, dass Makrostrukturen von Erzählungen von der einen auf die andere Sprache übertragen werden können (vgl. Katie E. Squires 2014).

Insgesamt zeigt die durchgeführte Studie auch, dass sich die Kinder im Hinblick auf ihre Lernausgangskompetenzen enorm voneinander unterscheiden. Die aufgedeckten Einflussfaktoren auf diese Kompetenzen dienen als Anregung dazu, bei der präventiven Diagnostik Aufschluss darüber zu geben, woran bestimmte Defizite bei der Erzählkompetenz der Kinder liegen. Diese Faktoren sollen in der Lernausgangsdiagnostik erhoben und berücksichtigt werden, um eine gerechte Förderung für die Kinder gewährleisten zu können. Hiernach können Fördermaßnahmen systematisch nach den Bedürfnissen der Kinder unter Berücksichtigung deren Ausgangskompetenzen in der Erzählkompetenz gestaltet werden, um mehr Effektivität bei der Förderung zu erzielen. Allein die in den gängigen diagnostischen Verfahren erhobenen Aspekte (Sigel 2017), reichen nicht aus, um die Hintergründe der Defizite der Kinder herauszufinden. Hierzu ist es wichtig zu erheben, ob die Kinder in ihrer Erstsprache Erzählerfahrungen vorweisen. Für die Kinder, bei denen Indizien festgestellt werden, die auf eine mangelnde Erzählkompetenz hinweisen, muss genug Raum für mündliches Erzählen im Unterricht gegeben werden. Dies kann bspw. durch die Etablierung von Erzählritualen im Unterricht für Kinder, die im Elternhaus keine Erzählkultur pflegen, stattfinden.

Literaturverzeichnis

Akbulut, M. (2018): Zur Kritik an der Bildergeschichte. In: S. Schmölzer-Eibinger & M. Akbulut & D. Rotter (Hrsg.): Erzählen in der Zweisprache Deutsch. Stuttgart: Klett. 77–94.

Becker, T. (2017): Erzählkompetenz. In: Matías Mastínez (Hrsg.): Erzählen. Ein interdisziplinäres Handbuch. Stuttgart: Metzler, 335–345.

Boueke, D. & Schülein, F. (1995): Wie Kinder erzählen. Untersuchungen zur Erzähltheorie und zur Entwicklung narrativer Fähigkeiten. München: Fink.

Claussen, C. (2009): Erzähl mal was! Erzählkompetenzen in der Grundschule. Kreative Unterrichtsideen. 3. Aufl. Donauwörth: Auer (Auer Grundschule).

Dobek, N. & Korecky-Kröll, K. & Dressler, W.U. (2018): Wie erzählen austro-türkische Kindergartenkidner mit unterschiedlichen sozialen Hintergründen eine Bildgeschichte auf Türkisch und auf Deutsch? In: S. Schmölzer-Eibinger & M. Akbulut & D. Rotter (Hrsg.): Erzählen in der Zweisprache Deutsch. Stuttgart: Klett, 53–76.

Gillam, R. B. & Pearson, N. (2004): Test of narrative language. Austin, TX: Pro-Ed.

Gillam, S.L. & Gillam, R.B. & Fargo, J.D. & Olszewski, A. & Segura, H. (2017): Monitoring Indicators of Scholarly Language: A Progress-Monitoring Instrument for Measuring Narrative Discourse Skills. In: Communication Disorders Quarterly 38 (2), 96–106.

Kahlert, J. (2005): Story Telling im Sachunterricht – Lernpotenziale von Geschichten. In: G. Reinmann (Hrsg.): Erfahrungswissen erzählbar machen. Narrative Ansätze für Wirtschaft und Schule. Lengerich: Pabst Science Publishers, 207–222.

Kauschke, C. & Siegmüller, J. (2010): Patholinguistische Diagnostik bei Sprachentwicklungsstörungen. München: Elsevier.

Kern, F. & Quasthoff, U. (2005): Fantasy stories and conversational narratives of personal experience. Genre-specific, ineractional and developmental perspectives. In: T. Becker & U. Quasthoff (Hrsg): Narrative Interaction. Amsterdam & Philadelphia: Benjamins, 15–56.

Knapp, W. (1997): Schriftliches Erzählen in der Zweitsprache. Tübingen: Niemeyer.

Lindner, K. & Riehl, C. & Ait Ramdan, M. & Yamashita, A. (2019 In Vorbereitung): Specific needs in literacy and language learning of refugee children: A comparison of Germany and Canada. In: Applied Psycholinguistics, 40.

Rank, B. (1995): Wege zur Grammatik und zum Erzählen. Grundlagen einer spracherwerbsorientierten Deutschdidaktik. Baltmannsweiler: Schneider.

Rehbein, J. & Meng, K. (2007): Kindliche Kommunikation als Gegenstand sprachwissenschaftlicher Forschung. In: J. Rehbein & K. Meng (Hrsg.): Kindliche Kommunikation – einsprachig und mehrsprachig. Münster: Waxmann, 1–39.

Riehl, C. M. & Woerfel, T. & Yilmaz, S. (2016): Mehrschriftlichkeit. In: P. Rosenberg & C. Schroeder (Hrsg.): Mehrsprachigkeit als Ressource in der Schriftlichkeit. Berlin & Boston: DeGruyter, 305–336.

Ringmann, S. (2014): Therapie der Erzählfähigkeit bei Kindern – Eine Einzelfallserie. In: Logos 22 (1), 16–29.

Schätz, R. (2017): Deutsch als Zweitsprache fördern. Studie zur mündlichen Erzählfähigkeit von Grundschulkindern. Wiesbaden: Springer.

Schmölzer-Eibinger, S. & Akbulut, M. & Rotter, D. (2018): Erzählen in der Zweitsprache: Einleitung. In: S. Schmölzer-Eibinger & M. Akbulut & D. Rotter (Hrsg.): Erzählen in der Zweisprache Deutsch. Stuttgart: Klett, 7–12.

Sigel, R. (2017): Leitfaden zur Lernausgangs- und Lernprozessdiagnostik. In: R. Sigel & E. Inckemann (Hrsg.): Diagnose und Förderung von Kindern mit Zuwanderungshintergrund im Sprach- und Schriftspracherwerb. Bad Heilbrunn: Klinkhardt, 217–228.

Birgit Grasy

Das Projekt der Inklusionsdidaktischen UNI-Klasse – ein Beitrag der Lehrerbildung für chancengerechteres Unterrichtshandeln

1 Einleitung

Gesellschaftliche und bildungspolitische Entwicklungen der letzten Jahre machen Kompetenzen der Grundschullehrkräfte für den Umgang mit sprachlicher und kultureller Vielfalt, die gemeinsame Unterrichtung von Kindern mit und ohne Migrationshintergrund und von Kindern mit und ohne sonderpädagogischem Förderbedarf erforderlich. Vor dem Hintergrund eines weiten Begriffsverständnisses von Inklusion, geht es bei einem inklusionsorientierten Bildungsanspruch darum, Bildungsbenachteiligungen zu vermeiden und auszugleichen sowie zukünftige Lehrer*innen auf ihre Aufgaben in einer durch große Heterogenität gekennzeichneten Grundschule vorzubereiten.

Der Beitrag stellt eine hochschuldidaktische Konzeption vor, die den Anspruch erhebt, Grundschullehrkräfte in der ersten Phase der Lehrerbildung auf diese gesellschaftlichen Herausforderungen vorzubereiten. Die Seminarkonzeption der Inklusionsdidaktischen UNI-Klasse (LMU München – QO Lehrerbildung) basiert dabei auf dem an die Erfordernisse inklusionsorientierten Unterrichtens adaptierten Modell professioneller Handlungskompetenz von Baumert & Kunter (2011). Durch das Seminar soll ein prozessorientierter Diskursraum geschaffen werden, in dem Studierende als Lernende auf der einen Seite theoriebasiert Wissen und Handlungskompetenzen im Umgang mit Vielfalt erwerben können und andererseits die eigenen Einstellungen und Haltungen reflektieren lernen und die schulische Praxis mit ihren spezifischen Herausforderungen damit in Beziehung setzen sollen. Ziel ist der Erwerb einer professionellen Handlungskompetenz inklusionsorientierten Unterrichtens.

Erste, in einer Pilotierung gewonnene Evaluationsdaten machen zuversichtlich, dass die Seminarkonzeption der Inklusionsdidaktischen UNI- Klasse tatsächlich Einstellungen gegenüber inklusionsorientiertem Unterrichten positiv beeinflussen kann und zur Entwicklung einer inklusionssensiblen Haltung zukünftiger Grundschullehrkräfte beitragen kann.

2 Der inklusive Bildungsanspruch – Chancengerechtigkeit für Risikokinder

Vor dem Hintergrund der demokratisch- emanzipatorischen Grundidee von Schule und dem modernen Bildungsverständnis ist der mit Inklusion verbundene pädagogische Anspruch nicht neu. Artikel 3, Absatz 3 des Grundgesetzes wurde 1994 um den Satz erweitert: „Niemand darf wegen seiner Behinderung benachteiligt werden." (BGB1 I, 1994, 3146). Im pädagogischen Feld trat Comenius bereits 1677 dafür ein, Alle („Omnes") zur „Vollkommenheit ihrer Menschennatur" (1677/1991, 18ff) zu führen. Ausdrücklich bezieht er Menschen mit Behinderungen ein: „In dem Maße, wie jemand an der menschlichen Natur Anteil hat, soll er an jener Wartung teilnehmen; besonders ist dort, wo die Natur sich wegen eines inneren Mangels nicht selbst helfen kann, äußere Hilfe nötig […] Keiner darf übergangen werden" (ebd. 36f).

Trotz dieser langen Tradition, wird kaum eine Frage aktuell im deutschen Bildungswesen derart weitreichend, umfassend, vielschichtig und gleichzeitig derart polarisierend und normativ fixierend geführt. Der Begriff Inklusion, für den in der deutschsprachigen Diskussion derzeit eine konsensfähige Definition fehlt (vgl. Amrhein 2011, Heinrich & Urban u.a. 2013, Grosche 2015, Löser & Werning 2013a), versammelt „die größten moralisch-politischen Ansprüche und die höchsten pädagogischen Versprechen" (Tenorth 2011,1) in sich. Je nach dem, wohin man hört, stehen sich Positionen gegenüber, die einerseits konstatieren, dass das deutsche Bildungssystem aus bildungssoziologischer Sicht als eines angesehen werden kann, dass Inklusion bereits vollzogen hat (Hillenbrand 2013, Tenorth in Baumert 2013, Speck 2015), andererseits proklamieren Autoren wie Hinz (2009) und Wocken (2011) das genaue Gegenteil.

Im Zusammenhang des Projektes Inklusionsdidaktische UNI-Klasse wird von einem weiten, allgemein auf Diversitätsmerkmale bezogenen Adressatenverständnis von Inklusion (Lindmeier & Lütje-Klose 2015) ausgegangen. Dieses Verständnis bedeutet, „sich nicht mehr *ausschließlich oder exklusiv* […] mit Menschen mit Behinderungen zu befassen, sondern das Blickfeld hinsichtlich anderer Gruppen zu weiten, die als marginalisiert beziehungsweise vulnerabel gelten" (Kiuppis 2014, 33, Hervorhebung im Original).

Im Kontext der Lehrerbildung bezieht sich dieser weite Inklusionsbegriff auf Kinder und Jugendliche mit unterschiedlichen Heterogenitätsdimensionen (Löser & Werning 2013a, 18).

Alle Kinder und Jugendlichen sollen die Chance bekommen, ihre Persönlichkeit nach Maßgabe von Anlagen, Fähigkeiten und Interessen so zu entfalten, dass sie am gesellschaftlichen Leben möglichst selbstbestimmt teilnehmen können. Anders ausgedrückt muss ein altes Problem der Pädagogik offenbar neu bearbeitet werden: Wie kann man „Gleichheit und Differenz, Individualisierung und

Universalisierung in einer Praxis zur gleichen Zeit, am gleichen Ort, in vielleicht graduierten, aber nicht qualitativ unterschiedenen Zielen und Programmen, Praktiken und Arbeitsformen so realisier[t]en, dass jede Individualität zu ihrem Recht kommt"? (Tenorth 2013, 10) In diesem Kontext der Vermeidung von Bildungsbenachteiligungen rücken neben den Kindern mit sonderpädagogischem Förderbedarf auch alle diejenigen Kinder in den Focus, die in verschiedener Weise belastet sind: sei es durch (Bildungs-)Armut, einen Zuwanderungshintergrund, Fluchterfahrungen o.ä.

3 Hochschule als Ort des Erwerbs professioneller Handlungskompetenz für inklusionsorientiertes Unterrichten

Um diesen Anspruch eines weiten Inklusionsverständnisses in der schulischen Praxis umzusetzen, bedarf es einer Aus- und Weiterbildung, die Lehrkräfte für die Anforderungen inklusionsorientierten Unterrichtshandelns vorbereitet (vgl. Seitz 2011). So formulieren die Kultusministerkonferenz (KMK) und die Hochschulrektorenkonferenz (HRK) in ihrer gemeinsamen Erklärung aus dem Jahr 2015 als Ziel für alle Bundesländer, die Ausbildungsstrukturen der ersten Phase der Lehrerbildung auf eine „Schule der Vielfalt" als „Querschnittsaufgabe" für alle Disziplinen auszurichten (KMK/ HRK 2015). Zudem gilt es, den ebenfalls immer deutlicher formulierten Anspruch eines inklusionsorientierten Unterrichts zu berücksichtigen, bei dem die „Fachdidaktiken sowie die Schulpädagogik [...] verstärkt an der Entwicklung inklusionsdidaktischer und inklusionspädagogischer Lehrbausteine für die Lehreraus- und fortbildung arbeiten" sollten (Heimlich, Kahlert u.a. 2016, 150). Als ein besonders wichtiges Feld der Kompetenzentwicklung von Lehrer*innen hat sich zudem das Microteaching (Hattie 2014) erwiesen. Auch und gerade während der ersten und zweiten Phase der Lehrerbildung ist die persönliche Eignung für den Beruf nicht außer Acht zu lassen und es ist bedeutsam, Anforderungen im Hinblick auf die persönliche Haltung und die persönliche Kompetenz zu reflektieren (vgl. KMK 2015). Da die Forschungen zum inklusionsorientierten Unterrichten noch ziemlich am Anfang stehen, orientieren sich die verfügbaren zum großen Teil an den Modellen und Fragestellungen, die auch für den „Regelunterricht" relevant sind. So zeigen die Untersuchungen, dass Einstellungen, Überzeugungen (Feyerer u.a. 2014) und Selbstwirksamkeitserwartungen eine wichtige Rolle spielen (Kopp 2009, Scheer u.a. 2015). Eher inklusionsspezifisch, weil sie die in der Inklusion geforderte multiprofessionelle Zusammenarbeit thematisieren, sind diejenigen Studien, die die Aufgaben- und Rollenklärung (Kreis u.a. 2014) bzw. die Frage der Kooperation von Grund- und Förderschullehrkräften (Löser & Werning 2013) untersuchen.

Hilfreich im Hinblick auf die in der Lehrerbildung zu erlernenden Kompetenzen ist das Modell professioneller Kompetenz, das von Baumert & Kunter (2006, 2011) im Rahmen der COACTIV- Studie entwickelt wurde und auf das im Zusammenhang der Inklusionsdidaktischen UNI-Klasse, Bezug genommen werden soll. Grundannahme des Modells ist, dass professionelles Wissen, berufsbezogene Überzeugungen, motivationale Orientierungen und die Fähigkeit zur Selbstregulation „berufsspezifische, lehrerseitige Merkmale darstellen, die für die erfolgreiche Bewältigung der beruflichen Anforderungen notwendig sind" (Voss 2015, 189). Das sich daran anlehnende Modell, ordnet die motivationalen Voraussetzungen den allgemeinen individuellen Voraussetzungen zu und bezieht die übrigen Elemente inhaltlich auf Inklusion. So wird die berufsbezogene Haltung als die Anbahnung einer *inklusionssensiblen Haltung* konkretisiert, der Selbstregulation wird die *inklusionsbezogene Reflexionsfähigkeit* vorangestellt, das *Professionswissen inhaltlich auf Inklusion bezogen*.

Die ursprünglich auf Shulman (1986) basierenden Komponenten des Professionswissens (*Fachwissen, fachdidaktisches Wissen* und *pädagogisches Wissen*) werden von Baumert & Kunter um das *Organisations- und Beratungswissen* erweitert, das gerade in inklusionsorientierten Settings von besonderer Bedeutung ist.

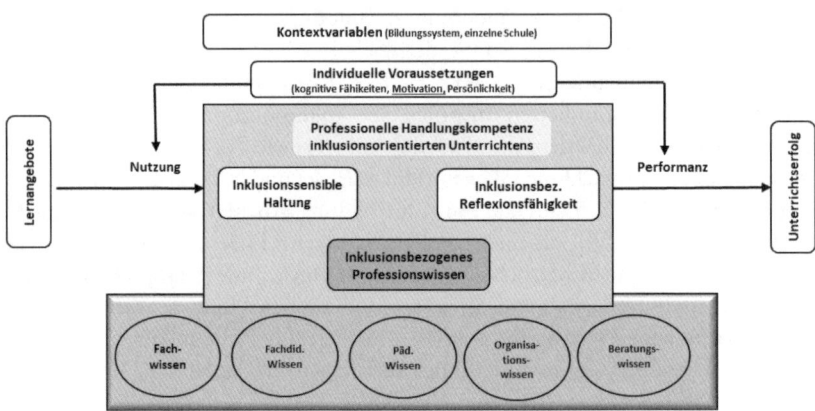

Abb. 1: Modell professioneller Handlungskompetenz inklusionsorientierten Unterrichtens in Anlehnung an Baumert & Kunter (2011)

Ziel des Projekts der Inklusionsdidaktischen UNI- Klasse ist es, auf der Grundlage dieses adaptierten Modells, eine hochschuldidaktische Konzeption zu entwickeln, die einen prozessorientierten Diskursraum schafft, in dem Studierende als Lernende inklusionsbezogenes Professionswissen erwerben können. Dazu setzen sie sich mit theoretischen Grundlagen inklusionsorientierten Unterrichtens auseinander (Fachwissen), lernen inklusionsspezifische, fachdidaktische Unterrichtsplanungsmodelle (inklusionsdidaktische Netze) kennen, erweitern ihr pädagogisches Wissen um Elemente eines inklusions- und heterogenitätssensiblen Handelns und erhalten Einblicke in Organisationsstrukturen und Beratungsstrategien im Hinblick auf die schulische Umsetzung von Inklusion. Gleichzeitig soll die Möglichkeit gegeben werden, die eigenen Einstellungen und Haltung zu reflektieren und die schulische Praxis mit ihren spezifischen Herausforderungen damit in Beziehung zu setzen.

Wichtig ist dabei festzuhalten, dass eine professionelle Handlungskompetenz inklusionsorientierten Unterrichtens keinen Zustand beschreibt, der sich kriterial eindeutig beschreiben ließe, so dass in einer binären Logik entscheidbar wäre, wann eine solche realisiert ist und wann nicht. Eine inklusionssensible Haltung, eine inklusionsbezogene Reflexionsfähigkeit und Professionswissen sind nicht mit systemischen Haurock-Methoden umzusetzen. Vielmehr bedeutet es für die handelnden Personen eine langsame Annäherung und ein permanentes Aushandeln der Verteilung verschiedener, im Kern vor allem pädagogisch begrenzter Ressourcen (Kahlert/Grasy 2018, i.V.). Ein solches Abwägen der Zuteilung individueller, pädagogisch- didaktischer und gesellschaftlicher Ressourcen schafft Zielkonflikte für Institutionen (wie die Schule) und für die in den Institutionen Handelnden (wie für Lehrer*innen). "Individualisierung ist nicht immer möglich, Diagnose ist immer begrenzt. Selbst die empathischsten Lehrkräfte können einzelnen Schüler*innen nur begrenzt Aufmerksamkeit bieten [...] Und die kreativsten Lehrkräfte stoßen mit ihren Differenzierungsideen an die Grenzen aufeinander aufbauender Curricula." (Heimlich & Kahlert 2012, 155)

4 Das Projekt Inklusionsdidaktische UNI-Klasse

Das Projekt Inklusionsdidaktische UNI-Klasse der Qualitätsoffensive Lehrerbildung ist an der Ludwig-Maximilians-Universität – Lehrstuhl Grundschulpädagogik und -didaktik verortet und verbindet die Raumausstattung und das Element der Videographie aus dem UNI-Klassen Konzept (Nitsche 2014) mit Inhalten, die auf inklusionssensibles pädagogisches Handeln und inklusionsorientiertes Unterrichten vorbereiten sollen.

Den Rahmen dieser Konzeption bildet der *Raum* der Inklusionsdidaktischen UNI-Klasse, ein speziell ausgestatteter Klassenraum in den Räumen der Universität, in dem durch ein ferngesteuertes Kamerasystem und moderne Aufnahmetechnik (vier vernetzte Kameras, acht Funkmikrofone, akustische Optimierung, digitale Vernetzung) eine Beobachtung und Aufzeichnung des Unterrichtsgeschehens in einem Nebenraum möglich ist. Dies ermöglicht eine Live-Beobachtung und Reflexion, ohne den Unterricht zu stören. So können auch während des Unterrich-

tens kurzfristig situative Beobachtungsaufträge an die Studierenden (Beobachter) erteilt werden. Die Inklusionsdidaktische UNI-Klasse ist räumlich zudem mit der sonderpädagogischen Lernwerkstatt „Nashornwerkstatt" verbunden, womit eine lehrstuhlübergreifende Ausstattung mit innovativen Medien und Materialien gewährleistet wird und die Kooperation unter den Lehrstühlen gefördert wird.
Inhaltlich gliedern sich Seminare, die der Konzeption der Inklusionsdidaktischen UNI-Klasse folgen, in drei Abschnitte:

1. Studierende unterschiedlicher Fachrichtungen (LA Sonderschule, LA Grundschule und verschiedener Fachdidaktiken) *entwickeln* gemeinsam Lernszenarien, in denen ein gemeinsamer Unterrichtsgegenstand bezüglich verschiedener fachspezifischer Perspektiven und Entwicklungsbereiche inklusionsorientiert entfaltet wird.
2. Die von den Studierenden entwickelten Lernumgebungen werden in Zusammenarbeit mit Münchner Grundschulen mit dem Schulprofil Inklusion und einem Förderzentrum in der Inklusionsdidaktischen UNI-Klasse *erprobt* und
3. durch die Analyse und Reflexion der videografierten Sequenzen *evaluiert*.

Ziel der Seminarkonzeption ist es, fachliches, fachdidaktisches und (sonder-)pädagogisches Wissen aufzubauen, ohne weitere, insbesondere für Studierende eher überfordernde, Kompetenzkataloge inklusiven Unterrichtens und Lehrerhandelns zu generieren. Im Seminar soll zudem für die Studierenden die Möglichkeit geschaffen werden, eigene Einstellungen, Werte und Motive zu reflektieren, um eine inklusionssensible Haltung anzubahnen.
Methodisch steht im Zentrum der Lehre in der Inklusionsdidaktischen UNI-Klasse die Unterrichtsentwicklung mithilfe des Planungsinstruments der inklusionsdidaktischen Netze (Heimlich & Kahlert 2012) und das Microteaching in Verbindung mit Videographie der entwickelten inklusionsorientierten Lernumgebungen. Dabei konstituiert ein permanenter Wechsel zwischen theoriebasierten Entwicklungsphasen (dunkelgrau) und praktischen Erprobungsphasen (hellgrau) die Seminarstruktur.

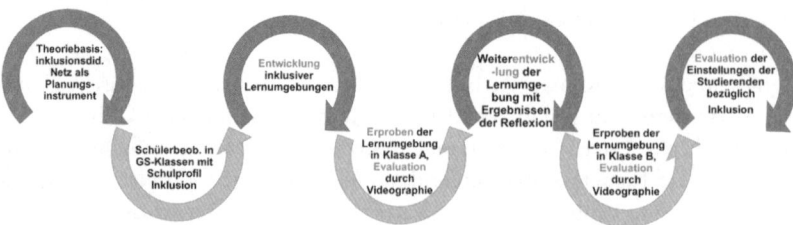

Abb. 2: Seminarstruktur

Als besonders hilfreich erweist es sich, dass zwischen der theoretischen Grundlegung und der Entwicklung einer Lernumgebung zu einem gemeinsamen Thema, die Studierenden in der kooperierenden Schule hospitieren. So werden die Lernumgebungen mit Bezug auf mindestens zwei Klassen geplant: Die Förderbedarfe und Ressourcen der Schüler*innen werden mit Hilfe von Beobachtungsbögen erhoben und dienen als Grundlage der Unterrichtsentwicklung. Zur Erprobung der Lernumgebungen kommt zunächst eine hospitierte Klasse (Klasse A) in den Raum der Inklusionsdidaktischen UNI-Klasse, ein Teil der Studierenden unterrichtet, der andere Teil beobachtet live in einem Nebenraum mit gezielten Beobachtungsaufträgen das Unterrichtsgeschehen. In der darauffolgenden Seminarsitzung wird das Unterrichtsgeschehen analysiert, die Erkenntnisse, die durch die Evaluation gewonnen werden, gehen in die Weiterentwicklung der Lernumgebungen ein. So haben die Studierenden die Möglichkeit, ihre Unterrichtsplanung und bereitgestellte Materialien, aber auch das eigene Lehrerhandeln zu reflektieren und gegebenenfalls zu verändern, um sie in einem zweiten Unterrichtsversuch erneut zu erproben und zu evaluieren.

Im zweiten Erprobungsdurchgang besucht eine zweite Klasse (Klasse B) die UNI-Klasse, der zunächst beobachtende Teil der Studierenden erprobt nun den Unterricht, der „unterrichtserfahrene" Teil beobachtet das Unterrichtsgeschehen. Abschließend wird in einer weiteren Seminarsitzung die gesamte Erprobungsphase reflektiert.

5 Evaluation des Projektes

Im Rahmen des Forschungsprojekts Inklusionsdidaktische UNI- Klasse soll sich die Evaluation nicht nur auf die seminarinterne Evaluation der erarbeiteten und erprobten Lernumgebungen beschränken. Ziel ist es auch zu erheben, ob und inwieweit die vorgestellte Seminarkonzeption Auswirkungen auf die Einstellungen der Studierenden bezüglich inklusionsorientierten Unterrichtens hat und ob das Ziel, eine inklusionssensible Haltung anzubahnen, realisierbar ist.

Eine erste Pilotierung (WS 17/18; Sose 2018) nutzte den Fragebogen EFI-L (Seifried 2015), der sowohl „kognitive Zuschreibungen und Überzeugungen, als auch verhaltensbezogene und affektive Dispositionen, die mit dem Einstellungsobjekt inklusiver Unterricht zusammenhängen" (Seifried 2016, 32) erhebt. Eine Auswahl erster Ergebnisse aus der Pilotierung von Erhebungen in der Inklusionsdidaktischen UNI-Klasse werden hier abschließend vorgestellt:

In einem Teil des Fragebogens werden Profile von Kindern mit sonderpädagogischem Förderbedarf vorgestellt, wobei die Studierenden u.a. zur Frage Stellung nehmen sollen, ob sie sich eine Beschulung verschiedener typisierter Schüler in einem inklusiven Setting vorstellen können (Kind A: Förderschwerpunkt Lernen, Kind B: schwer mehrfach behindert, Förderschwerpunkt geistige Entwicklung, wird über Sonde ernährt, Kind C: hochbegabt, sozio-emotionaler Förderbedarf, Kind D sehbehindert, nutzt die Braille-Schrift).

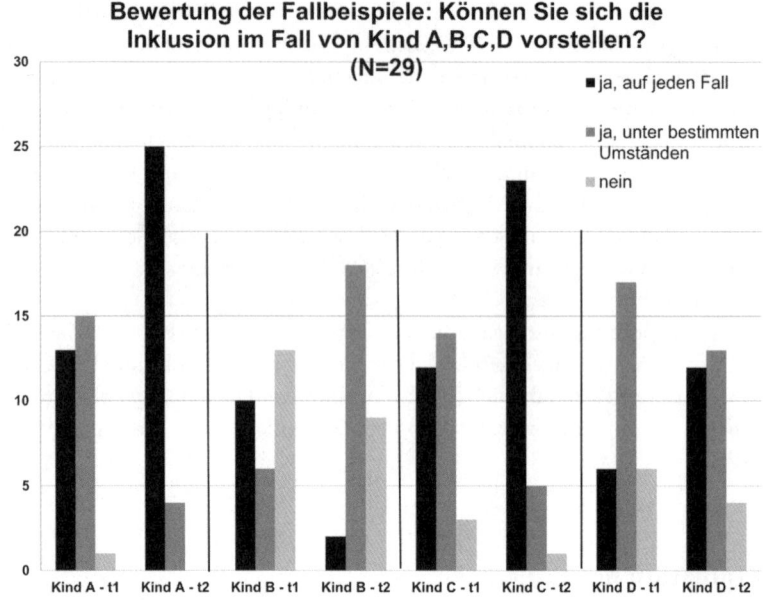

Abb. 3: Item „Bewertung von Fallbeispielen" aus Seifried (2015)

Die Grafik zeigt, dass sich die Studierenden der Regelschule durch das Seminar eher zutrauen, Kinder mit Lernbehinderungen (Kind A) und sozio-emotionalem Förderbedarf (Kind C) inklusionsorientiert zu unterrichten. Die Werte der uneingeschränkten Zustimmung bei der Beschulung eines schwer mehrfach behinderten Kindes (Kind B) gehen zugunsten einer Inklusion „unter bestimmten Umständen" zurück. Da durch ein weiteres Item Begründungen zur Entscheidung abgefragt wurden, kann angenommen werden, dass sich hier Klärungsprozesse bei den Studierenden vollzogen haben und sie gegen Ende des Seminars realistischer einschätzen können, wo evtl. Grenzen einer Inklusion „in jedem Fall" liegen und wo es „bestimmter Umstände" bedarf (strukturell-organisatorischer und personeller Art), um eine gemeinsame Beschulung sinnvoll umsetzen zu können. Ähnliches ist auch bei der Inklusion des sehbehinderten Kindes (Kind D) zu erkennen. Hier scheint das inklusionsbezogene Professionswissen, die Unterstützung bei Sinnesbehinderungen betreffend, im Verlauf des Seminars zugenommen zu haben. Auch bezüglich der inklusionsbezogenen Reflexionsfähigkeit gewinnen die Studierenden allgemein an Sicherheit, was sich am Item „Befürchtungen eines Unterrichtens in einer inklusiven Schule" deutlich zeigt. Die Beschäftigung mit den Grenzen der Zuteilung individueller (persönliche Überforderung), pädagogischer (Berücksichtigung individueller Bedürfnisse) und gesellschaftlicher (Ausgrenzung, Rahmenbedingungen) Ressourcen, kann Einstellungen auf individueller und pädagogischer Ebene positiv beeinflussen. Fehlende Rahmenbedingungen auf gesellschaftlicher Ebene können naturgemäß nicht durch eine hochschuldidaktische Konzeption verändert werden.

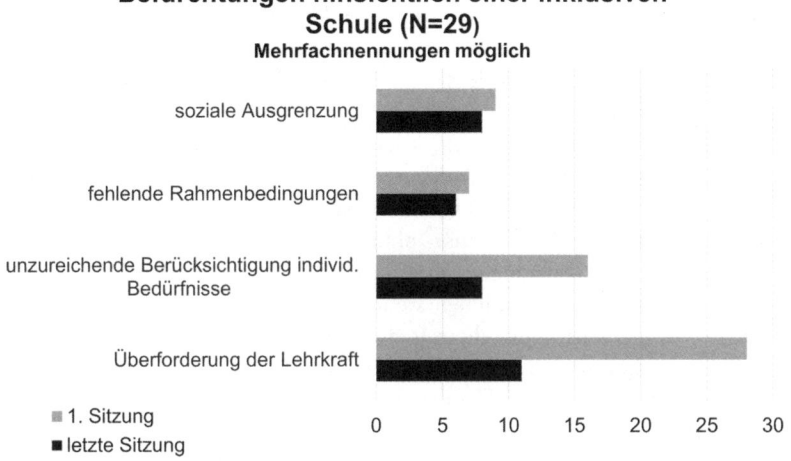

Abb. 4: Item „Befürchtungen hinsichtlich einer inklusiven Schule" aus Seifried (2015)

Diese ersten aus der Pilotierung gewonnen Daten machen zuversichtlich, dass die Seminarkonzeption der Inklusionsdidaktischen UNI-Klasse tatsächlich inklusionsbezogenes Professionswissen vermitteln und zur Entwicklung einer inklusionssensiblen Haltung zukünftiger Grundschullehrkräfte beitragen kann. Befragt, ob sich die Studierenden vorstellen können, im kommenden Schuljahr in einer inklusiven Klasse zu unterrichten, ergab sich zum Seminarende auf der Skala „Fachliche Förderung im inklusiven Unterricht" eine signifikant positivere Einstellung (p< .001), ebenso signifikant positiv waren die Ergebnisse hinsichtlich der persönlichen Bereitschaft zu inklusivem Unterricht (p <.05).

6 Fazit und Ausblick

Mit dem Projekt Inklusionsdidaktische UNI-Klasse liegt eine hochschuldidaktische Konzeption vor, die durch ihre Struktur und Methoden geeignet scheint, Studierenden einen Baustein auf dem Weg zum Erwerb einer professionellen Handlungskompetenz für ein Unterrichten in sehr heterogenen Klassen bereitzustellen. Seit dem Wintersemester 2016/17 haben 18 Klassen mit 454 Schüler*innen die Inklusionsdidaktische UNI-Klasse besucht, 213 Studierende haben Lernumgebungen entwickelt, erprobt und evaluiert. In einer das Seminar abschließenden Reflexionsrunde äußerte eine Studentin: „Wenn jedes Kind auf seinem individuellen Niveau dazulernen darf und jedes Kind die Förderung und Einbindung bekommt, die es benötigt, dann ist das eine inklusive Schule" (Studentin 1). Erfreulicherweise konnten viele Studierenden die Inhalte des Professionswissen durch die konkrete Unterrichtsgestaltung mit ihrer zukünftigen Praxis verbinden: „Der Gedanke der Inklusion wurde im Seminar nicht nur in der Theorie behandelt, sondern ich konnte erfahren, wie das wirklich mit Kindern umzusetzen ist. Ich habe gelernt, dass ich Freude an der Heterogenität haben kann" (Studentin 2).
Eine Weiterentwicklung des Projekts zielt darauf ab, diese Verknüpfung von Wissen, Reflexionsfähigkeit und Aufbau einer inklusionssensiblen Haltung auch für weitere Phasen der Lehrerbildung nutzbar zu machen. So wurden bereits 53 Multiplikatoren der Arbeitskreise Inklusion, die auf Regierungsbezirksebene die inklusive Schulentwicklung voranbringen, fortgebildet. Zudem ermöglichen gemeinsame Veranstaltungen mit der zweiten Phase der Lehrerbildung einen Austausch von Studierenden und Lehramtsanwärtern über das Entwickeln und Umsetzen von inklusionsorientiertem Unterricht. Bereits 15 Lehramtsanwärterinnen entwickeln und reflektieren in Kooperation mit den Seminaren inklusionsorientierten Unterricht.
So kann man sich abschließend der Aussage einer Studentin anschließen: „Alle Kinder sollten das Recht haben, besondere Betreuung zu haben, wenn sie diese benötigen. Ist dies der Fall in einer inklusiven Schule, denke ich, dass es zu einer chancengerechteren Schule beiträgt."

Literaturverzeichnis:

Amrhein, B. (2011): Inklusive LehrerInnenbildung – Chancen universitärer Praxisphasen nutzen. In: Zeitschrift für Inklusion, Online unter: https://www.inklusion-online.net/index.php/inklusion-online/article/view/84/84. (Abrufdatum: 5.11.2018).
Baumert, J. & Kunter, M. (2006): Stichwort: Professionelle Kompetenz von Lehrkräften. In: Zeitschrift für Erziehungswissenschaft 9 (4), 469–520.
Baumert, J./Blum, W. & Kunter, M. (Hrsg.) (2011): Professionelle Kompetenz von Lehrkräften. Ergebnisse des Forschungsprogramms COACTIV. Münster: Waxmann.
Baumert, J./Masuhr, V./ Möller, J./Riecke-Baulecke, T./Tenorth, H.-E. & Werning, R. (2013): Inklusion. Forschungsergebnisse und Perspektiven. München: Oldenbourg (Schulmanagement-Handbuch, 32.2013,146).

BGB I (1994): Gesetz zur Änderung des Grundgesetzes vom 27. September 1994. Berlin: Beck.
Comenius, J. A. & Schaller, K. (Hrsg.) (1991): Pampaedia Allerziehung. Sankt Augustin: Academia-Verl. (Schriften zur Comeniusforschung, 20).
Feyerer, E/Dlugosch A. & Prammer-Semmler E. (2014): Einstellungen und Kompetenzen von LehramtstudentInnen und LehrerInnen für die Umsetzung inklusiver Bildung. Forschungsprojekt BMUKK-20.040/0011-I/7/2011, (Abrufdatum 05.11.2018).
Grasy, B. & Kahlert, J. (2018 (i.V.): Inklusionssensibel unterrichten – inklusive Kompetenz anwenden und ausbauen. In: J. Kahlert (Hrsg.): Wenn Inklusion gelingt, profitieren alle. Inkjlusive Kompetenz für die Grundschule. Stuttgart: Kohlhammer Verlag.
Greiten, S./Geber, G./Gruhn, A. & Köninger, M.(Hrsg.) (2017): Lehrerausbildung für Inklusion. Fragen und Konzepte zur Hochschulentwicklung. Tagung „LehrerInnenbildung für Inklusion". Münster, New York: Waxmann (Beiträge zur Lehrerbildung und Bildungsforschung, Band 3).
Grosche, M. (2015): Was ist Inklusion? Ein Diskussions- und Positionsartikel zur Definition von Inklusion aus Sicht der empirischen Bildungsforschung. In: P. Kuhl, B. Stanat, B. Lütje-Klose und H. Gresch (Hrsg.): Inklusion von Schülerinnen und Schülern mit sonderpädagogischem Förderbedarf in Schulleistungserhebungen. Wiesbaden: Springer VS, 17–39.
Hattie, J. & Beywl, W. (2014): Lernen sichtbar machen für Lehrpersonen. Überarb. dt.-sprachige Ausg./besorgt von Wolfgang Beywl und Klaus Zierer. Baltmannsweiler: Schneider-Verl. Hohengehren.
Heimlich, U. & Kahlert, J. (Hrsg.) (2012): Inklusion in Schule und Unterricht. Wege zur Bildung für alle. Stuttgart: Kohlhammer Verlag.
Heimlich, U. & Kahlert, J.; Lelgemann, R. (2016): Inklusives Schulsystem. Analysen, Befunde, Empfehlungen zum bayerischen Weg (Klinkhardt Forschung).
Heinrich, M./Urban, M. & Werning, R. (2013): Grundlagen, Handlungsstrategien und Forschungsperspektiven für die Ausbildung und Professionalisierung von Fachkräften für inklusive Schulen. In: Inklusive Bildung professionell gestalten: Situationsanalyse und Handlungsempfehlungen. Münster [u.a.]: Waxmann, 69–133.
Hillenbrand, C. (2013): Inklusive Bildung in der Schule: Probleme und Perspektiven für die Bildungsberichterstattung. In: Zeitschrift für Heilpädagogik (5), 359–367.
Hinz, A. (2009): Inklusive Pädagogik in der Schule – veränderter Orientierungsrahmen für die schulische Sonderpädagogik!? Oder doch deren Ende?? In: Zeitschrift für Heilpädagogik (5), 171–179.
Kahlert, J. (Hrsg.) (2018 (i.V.): Wenn Inklusion gelingt, profitieren alle. Inkjlusive Kompetenz für die Grundschule. Stuttgart: Kohlhammer Verlag.
KMK_HRK-Empfehlung-Vielfalt.docx. Lehrerbildung für eine Schule der Vielfalt. Online unter: https://www.kmk.org/fileadmin/Dateien/veroeffentlichungen_beschluesse/2015/2015_03_12-Schule-der-Vielfalt.pdf (Abrufdatum: 25.10.2018).
Kiuppis, F. (2014): Heterogene Inklusivität, inklusive Heterogenität. Fallstudie über den Bedeutungswandel imaginierter pädagogischer Konzepte im Kontext internationaler Organisationen. 1. Aufl. Münster: Waxmann Verlag GmbH.
Kopmann, H. & Zeinz, H. (2015): Einstellungen zur Inklusion in der Grundschule und pädagogisch-didaktische Orientierungen. In: K. Liebers, B. Landwehr, S. Reinhold, S. Riegler und R. Schmidt (Hrsg.): Facetten grundschulpädagogischer und -didaktischer forschung. [Place of publication not identified]: Vs Verlag für Sozialwissenschaft, 75–80.
Kopp, B. (2009): Inklusive Überzeugung und Selbstwirksamkeit im Umgang mit Heterogenität. Wie denken Studierende des Lehramts für Grundschulen? Lengerich, Berlin, Bremen: Pabst Science Publ.
Kreis, A./Kosorok L. C. & Wick, J. (2014): Wahrgenommene Zuständigkeiten von pädagogischem Personal in integrativen Schulen des Kantons Thurgau: Pabst Science Publishers.
Lindmeier, C. & Lütje-Klose, B. (2015): Inklusion als Querschnittsaufgabe in der Erziehungswissenschaft. Online unter: https://www.pedocs.de/volltexte/2016/11565/pdf/Erziehungswissenschaft_2015_51_Lindmeier_Luetje_Klose_Inklusion.pdf, (Abrufdatum: 09.11.2018).

Löser, J. M. & Werning, R. (2013a): Inklusion aus internationaler Perspektive. Ein Forschungsüberblick. In: Zeitschrift für Grundschulforschung 6 (1), 21–33.
Löser, J. & Werning, R. (2013b): Besser gemeinsam als allein. Teamarbeit kann Unterricht und Schule verbessern. In: Lernchancen 16 (96), 20–23.
Lütje-Klose, B. (2016): Online unter: https://www.schleswig-holstein.de/DE/Landesregierung/IQSH/Arbeitsfelder/Fuehrungskraefte/Veranstaltungsdokumentation/Beitraege/2016/Downloads/Grundschultagung/teamstrukturenPrimarstufe.pdf?__blob=publicationFile&v=3, zuletzt aktualisiert am 18.02.2016. (Abrufdatum: 26.02.2018).
Lütje-Klose, B. & Urban, M.: Professionelle Kooperation als wesentliche Bedingung inklusiver Schul- und Unterrichtsentwicklung. Teil 1: Grundlagen und Modelle inklusiver Kooperation. Teil 2: Forschungsergebnisse zur professionellen Kooperation im Rahmen inklusiver Schul- und Unterrichtsentwicklung. In: Vierteljahrsschrift für Heilpädagogik und ihre Nachbargebiete (VHN) (2 und 4).
Nitsche, K. (2014): UNI-Klassen – Reflexion und Feedback über Unterricht in Videolabors an Schulen. Dissertation, LMU München: Fakultät für Psychologie und Pädagogik
Scheer, D./Scholz, M./Rank, A. & Donie, C. (2015): „Alle außer Aaron …". Fallbezogene Selbstwirksamkeitserwartungen, Einstellungen und Überzeugungen zukünftiger Lehrkräfte im Kontext Inklusion. In: Zeitschrift für Heilpädagogik 66 (8), 388–400.
Seifried, S. (2015): Einstellungen von Lehrkräften zu Inklusion und deren Bedeutung für den schulischen Implementierungsprozess – Entwicklung, Validierung und strukturgleichungsanalytische Modellierung der Skala EFI-L. Heidelberg, Pädagogische Hochschule Heidelberg, Diss., 2015. Pädagogische Hochschule Heidelberg, Heidelberg.
Seifried, S. (2016): Konstruktion und Validierung eines Einstellungsfragebogens zu Inklusion für Lehrkräfte (EFI-L). Lengerich, Berlin, Bremen, Miami, Riga, Viernheim, Wien, Zagreb: Pabst.
Seitz, S. (2011): Eigentlich nichts Besonderes – Lehrkräfte für die inklusive Schule ausbilden. In: Zeitschrift für Inklusion. Online unter: https://www.inklusion-online.net/index.php/inklusion-online/article/view/83/83 (Abrufdatum 20.10.2018).
Shulman, L. S. (1986): Those Who Understand: Knowledge Growth in Teaching. In: Educational Researcher 15 (2), 4–14.
Speck, O. (2015): Inklusive Missverständnisse. In: Süddeutsche Zeitung vom 26.1.2015. Online verfügbar unter: https://www.sueddeutsche.de/bildung/inklusions-debatte-inklusive-missverstaendnisse-1.2182484. (Abrufdatum 27.01.2019)
Stiller, E.: HRK-KMK-Empfehlung_Inklusion_in_LB_032015. (Abrufdatum: 31.10.2018).
Tenorth, H.-E. (2011): Inklusion im Spannungsfeld von Universalisierung und Individualisierung. Bemerkungen zu einem pädagogischen Dilemma. Tagung: Schule auf dem Weg zur Inklusion – Unterschiedliche Leistungen als Herausforderungen. Zentrum für Lehrerbildung und Bildungsforschung der Universität Würzburg, 13./14.11 2011, in: Baumert, Jürgen; Masuhr, Volker u.a. (2013): Inklusion. Forschungsergebnisse und Perspektiven. München: Oldenbourg (Schulmanagement-Handbuch, 32.2013,146).
Voss, T./Kunina-Habenicht, O./Hoehne, V. & Kunter, M. (2015): Stichwort Pädagogisches Wissen von Lehrkräften: Empirische Zugänge und Befunde. In: Zeitschrift für Erziehungswissenschaft 18 (2), 187–223.
Wocken, H. (2011): Rettet die Sonderschulen? – Rettet die Menschenrechte! Ein Appell zu einem differenzierten Diskurs über Dekategorisierung. Zeitschrift für Inklusion. Online unter: https://doc-0k-a0-apps-viewer.googleusercontent.com/viewer/secure/pdf/3nb9bdfcv3e2h2k1cmql0ee9cvc5lole/aptralg1uv34in54otds5sjveev2gsa7/1519919550000/drive/*ACFrOgAMwrHLqjaHmRnVRDxXBGERnWyWOiN8pxTKDJTt9zwLOCM9I-sSAsRCq5_pfdhcXDVjr6p2c-5yOTyhTwj-kZIk-C_ztKPgk7uId6f9So7N5crJXJQ1D7ENwSM=?print=true. (Abrufdatum: 26.02.2018).

Autorinnen und Autoren

Verena Beschinsky
LMU München, Institut für Deutsch als Fremdsprache. Arbeitsschwerpunkte: Sprachwissenschaften (Kognitive und Kontrastve Linguistik), Sprachbedürfnisse von Kindern mit Fluchthintergrund.
E-Mail: schreibzentrum@lrz.uni-muenchen.de

Dr. Nina Brück
Universität Hamburg, Institut für Erziehungswissenschaft. Arbeits- und Forschungsschwerpunkte: Interaktion und Kooperation von Schülerinnen und Schülern im Unterricht der Grundschule. E-Mail: nina.brueck@outlook.com

Prof. Dr. Julia Gerick
Universität Hamburg, Fakultät für Erziehungswissenschaft. Arbeits- und Forschungsschwerpunkte: Schulentwicklungsforschung, Schulqualität, Digitale Medien in Schule und Unterricht, Schulleistungsstudien.
E-Mail: julia.gerick@uni-hamburg.de

Dr. Birgit Grasy
LMU München, Inklusionsdidaktische UNI-Klasse. Arbeits- und Forschungsschwerpunkte: Unterrichten in inklusiven Settings, Heterogenität im schriftsprachlichen Anfangsunterricht. E-Mail: birgit.grasy@edu.lmu.de

Prof. Dr. Uta Hauck-Thum
LMU München, Department für Pädagogik und Rehabilitation. Arbeits- und Forschungsschwerpunkte: Lehren und Lernen unter den Bedingungen von Digitalisierung und Digitalität, Resilienzförderung mit Medien, Erzählen im Dialog.
E-Mail: uta.hauck-thum@lmu.de

Prof. Dr. Elke Inckemann
LMU München, Department für Pädagogik und Rehabilitation. Arbeits- und Forschungsschwerpunkte: Schriftspracherwerbsdidaktik, Umgang mit Heterogenität, Professionalisierung für inklusiven und sprachsensiblen Unterricht.
E-Mail: elke.inckemann@edu.lmu.de

Ralf Junger
Universität Leipzig, Schulpädagogik des Primarbereichs. Arbeits- und Forschungsschwerpunkte: Verwendung unterschiedlicher Interaktionsmedien und das Mediennutzungsverhalten von Schulanfänger*innen bei der digitalen Erfassung von Lernständen am Schulanfang. E-Mail: ralf.junger@uni-leipzig.de

Eric Kanold
Universität Leipzig, Schulpädagogik des Primarbereichs. Arbeits- und Forschungsschwerpunkte: Erziehung in der Grundschule aus der Sicht von Lehrkräften, Computergestützte Lernstandsanalysen für das Fach Deutsch im ersten Schuljahr.
E-Mail: eric.kanold@uni-leipzig.de

Winfried Kneip
Geschäftsführer der Stiftung Mercator und Leiter des Ressorts Bildung.
E-Mail: winfried.kneip@stiftung-mercator.de

Kristin Knoll
LMU München, Lehrstuhl für Grundschulpädagogik und -didaktik. Arbeits- und Forschungsschwerpunkte: Schul-, Personal- und Unterrichtsentwicklung, Förderung von bildungsbenachteiligten Kindern, Individuelle Förderung.
E-Mail: kristin.knoll@LMU.de

Prof. Dr. Katja Koch
Technische Universität Braunschweig, Institut für Erziehungswissenschaft. Arbeits- und Forschungsschwerpunkte: Empirische Bildungsforschung, Mehrsprachigkeit und Heterogenität, Übergänge im Schulwesen. E-Mail: katkoch@tu-bs.de

Anna Lautenschlager
LMU München, Lehrstuhl für Grundschulpädagogik und -didaktik. Arbeits- und Forschungsschwerpunkte: Schriftspracherwerb im mehrsprachigen Kontext.
E-Mail: anna.lautenschlager@edu.lmu.de

Prof. Dr. Katrin Liebers
Universität Leipzig, Schulpädagogik des Primarbereichs. Arbeits- und Forschungsschwerpunkte: Formatives Assessment, Veränderter Schulanfang, Übergang Kita Schule, Heterogenität. E-Mail: katrin.liebers@uni-leipzig.de

Jessica Lindner
Universität Bayreuth, Didaktik der deutschen Sprache und Literatur, Didaktik des Deutschen als Zweitsprache. Arbeits- und Forschungsschwerpunkte: Schriftspracherwerb und seine Vorläuferfähigkeiten im Kontext des Deutschen als Zweitsprache am Übergang von der Elementar- in die Primarstufe.
E-Mail: j.lindner@uni-bayreuth.de

Marielle Micha, M.Ed.
Universität Hamburg, Elementar- und Primarstufe. Arbeits- und Forschungsschwerpunkte: Professionalisierungsaspekte Lehramtsstudierender durch mentorielle Begleitung von Schülerinnen und Schülern.
E-Mail: marielle.micha@uni-hamburg.de

Autorinnen und Autoren

Mohcine Ait Ramdan
LMU München, Lehrstuhl für Grundschulpädagogik und -didaktik. Arbeits- und Forschungsschwerpunkte: Kognitive und Interkulturelle Semantik, Schriftsprachenerwerb und Alphabetisierung. E-Mail: ramdan@daf.lmu.de

Prof. Dr. Carolin Rotter
Universität Duisburg-Essen, Institut für Erziehungswissenschaften. Arbeits- und Forschungsschwerpunkte: Lehrerhabitus, Lehrerprofessionalität, Lehrkräfte mit Migrationshintergrund. E-Mail: carolin.rotter@uni-due.de

Ina Schenker
Diplom- Sozialpädagogin, Evangelischen Hochschule Dresden. Arbeits- und Forschungsschwerpunkte: Spiel, Lerntheorien, Didaktik im Handlungsfeld, Kommunikation und Hochbegabung. E-Maul: ina.schenker@ehs-dresden.de

Stefanie Schulz
Technische Universität Braunschweig, Institut für Erziehungswissenschaft. Arbeits- und Forschungsschwerpunkte: Mehrsprachigkeit und Heterogenität.
E-Mail: stefanie.schulz@tu-bs.de

Prof. Dr. Knut Schwippert
Universität Hamburg, Allgemeine - Interkulturelle - International Vergleichende Erziehungswissenschaft. Arbeits- und Forschungsschwerpunkte: Effektive Schulen, Large-Scale Untersuchungen, Systemmonitoring.
E-Mail: knut.schwippert@uni-hamburg.de

Dr. Richard Sigel
LMU München, Lehrstuhl für Grundschulpädagogik und -didaktik. Arbeits- und Forschungsschwerpunkte: Schul-, Personal- und Unterrichtsentwicklung, Leseförderung, Förderung von bildungsbenachteiligten Kindern, Individuelle Förderung, Offene Unterrichtsformen. E-Mail: sigel@LMU.de

Ulrike Sommer
Geschäftsführerin der RuhrFutur GmbH.
E-Mail: ulrike.sommer@ruhrfutur.de

Prof. Dr. Thomas Trautmann
Universität Hamburg, Elementar- und Primarstufe. Arbeits- und Forschungsschwerpunkte: Unterrichtsforschung, Kommunikation, Spiel und die Förderung Hochbegabter, Leitung des Projektes WEICHENSTELLUNG für Viertklässler der ZEIT-Stiftung. E-Mail: thomas.trautmann@uni-hamburg.de